한 권으로 읽는 종용록

한 권으로 읽는 종용록

1판 1쇄 발행 2018. 5. 11.
1판 3쇄 발행 2024. 5. 2.

지은이 만송 행수
옮긴이 혜원

발행인 박강휘
편집 고정용 | 디자인 이은혜
발행처 김영사
등록 1979년 5월 17일 (제406−2003−036호)
주소 경기도 파주시 문발로 197(문발동) 우편번호 10881
전화 마케팅부 031)955−3100, 편집부 031)955−3200 | 팩스 031)955−3111

값은 뒤표지에 있습니다.
ISBN 978-89-349-8148-0 03220

홈페이지 www.gimmyoung.com   블로그 blog.naver.com/gybook
인스타그램 instagram.com/gimmyoung   이메일 bestbook@gimmyoung.com

좋은 독자가 좋은 책을 만듭니다.
김영사는 독자 여러분의 의견에 항상 귀 기울이고 있습니다.

이 도서의 국립중앙도서관 출판예정도서목록(CIP)은 서지정보유통지원시스템 홈페이지
(http://seoji.nl.go.kr)와 국가자료공동목록시스템(http://www.nl.go.kr/kolisnet)에서
이용하실 수 있습니다.(CIP제어번호 : CIP2018012424)

한 권으로 읽는

종^從 용^容 록^錄

만송 행수 편저 · 혜원 역해

김영사

차례

일러두기

- 《종용록》 번역 · 해설의 저본은 《대정장경》 권48과, 대만에서 영인한 판본 《종용암록》(臺灣:廣文書局, 1971)이다.
- 해설은 시중, 본칙, 송에 대해서만 한정했다.
- 각 칙의 제목은 원문 제목을 번역한 것이고 원문은 아래에 표기했다.
- 우리말 해석의 원문은 [ ] 안에 넣었다.
- 부록으로 《종용록》 등장 선사의 불조법계도와 행장을 함께 실었다.

제1칙

세존, 자리에 오르시다

세 존 승 좌
世尊陞座

【시중】

문을 닫고 잠을 자는 것은 최상의 근기를 대하는 일이고 이리저리 살 피고 (몸을) 구부렸다 폈다 하는 것은 중·하근기를 대하는 일이다. 어 찌 큰 의자에 앉아 도깨비 눈망울을 번뜩이는가. 이 같은 생각을 긍정 하지 못한다면 나와라. 그렇다고 그를 별난 놈이라고 하지 않겠다.

폐 문 타 수　　접 상 상 기　　고 감 빈 신　　곡 위 중 하　　나 감 상 곡 록 목
閉門打睡。 接上上機。 顧鑑頻申。 曲爲中下。 那堪上曲觳木。
농 귀 안 정　유 개 방 불 긍 저 출 래　 야 괴 이 부 득
弄鬼眼睛。 有箇傍不肯底出來。 也怪伊不得。

본칙

세존께서 하루는 설법 자리에 오르셨다. 문수보살이 나무판을 치면서,

"법왕의 법을 자세히 살피니 법왕의 법은 이와 같다"라고 말했다. 세존께서 곧바로 자리에서 내려오셨다.

거   세존일일승좌   문수백추운   체관법왕법   법왕법여시
擧。 世尊一日陞座。 文殊白槌云。 諦觀法王法。 法王法如是。
세존변하좌
世尊便下座。

【송】

한 가닥 진풍경, 보았는가 못 보았는가.

베를 짜는 노파는 끝없이 베틀 북을 만지고

짜인 비단은 봄 풍경을 머금었네.

동군東君의 누설을 어찌할 수 있으랴.

일 단 진 풍 견 야 마   면 면 화 모 리 기 사
一段眞風見也麽。 綿綿化母理機梭。
직 성 고 금 함 춘 상   무 내 동 군 누 설 하
織成古錦含春象。 無奈東君漏泄何。

해설

《종용록》의 첫 번째 공안은 석존이 설법의 자리에 올라 무엇을 설했는 가를 참구하는 것으로, 이를 통해 불법이란 어떤 것인가를 알게 한다. 만송은 '시중'이라는 형태로 그 요체를 보이고 있다.

시중에서 말하길, 상근기의 수행자에게는 지도가 필요하지 않지만 중·하근기의 수행자는 어쩔 수 없이 여러 방편과 수단을 가지고 지도 해야 한다고 한다. 그런데 당시 곳곳의 내로라하는 선사들은 구부정한

의자에 허리를 대고 귀신같은 눈을 뜨고는 '할喝'을 한다든가 몽둥이를 휘두르는 바보짓을 하니, 만송은 이를 도저히 두 눈 뜨고 볼 수 없다며 한탄하고 있는 것이다. 그러면서, 이를 납득할 수 없는 이가 있다면 괴이하다 하지 않을 테니 주저 말고 나오라고 말한다. 이것은 수행자를 낚기 위한 말이다.

이어서 만송은 본칙 공안을 제시한다. 석존이 설법 자리에 막 오르시니 곧바로 문수보살이 나무판을 치면서 '법왕의 법을 잘 살피니 법왕의 법은 이와 같다'고 알린다. 법왕은 곧 석가모니이며 체관은 분명히 확인한다는 뜻이다. 다시 말해 '이처럼 그대들이 본 그대로가 불법이다'라는 것이며, 세존이 바로 자리에서 내려온 것이 공안이 된다.

'거擧'는 본 문제, 즉 공안을 들어 보인다는 뜻이다. '거'라는 한 글자에 불법의 정수가 들어 있음을 보인다. 세존이 자리에 오르고 다시 자리에서 내려오는 것까지가 불법이 드러난 것임을 문수보살은 백추로써 알렸다.

천동의 송은 한시漢詩의 형태로 되어있다. 읽으면 읽을수록 본칙의 정신이 드러나 깊은 맛이 난다. 이 송은 석존의 대설법을 절찬하고 있다. 자연의 운행, 봄의 광경을 빌려 세존의 대정신을 설명한다.

그대들은 '세존승좌'의 진풍을 틀리지 않고 바르게 볼 수 있는가? 마치 직물을 짜는 여인네가 날렵하게 북을 좌우로 움직여 비단을 짜는 것처럼, 만물의 창조신이 춘하추동을 끊임없이 드러내며 사물을 변화시키는 것 같지만 실은 만물은 본래 있는 그대로일 뿐이다. 석존의 승좌는 직물로 짠 옛 비단 같은 것으로, 거기에 봄의 모습을 머금고 있다. 보이지 않는 것을 보는 것이 문수의 지혜안智慧眼이다. 봄이 되면 저절로 초목의 싹이 움트는 것처럼, 문수가 입을 벌린 것은 무엇이라고 할 수 없는 자연스럽고 절묘한 작용이다.

　제1구는 우리들에게 자각을 촉구한다. '석존의 설법을 보았는가'라고. 2구와 3구는 봄의 여신이 베틀로 비단을 짜듯, 아름다운 봄의 경색을 한없이 만들어내고 있음을 노래한다. 4구에서는 봄의 여신이 봄의 경색景色을 짜면서 흥얼흥얼 알 수 없는 노래를 읊조린다. 사계절을 방향으로 나눈다면 봄은 동東, 여름은 남南, 가을은 서西, 겨울은 북北이 된다. 봄의 신을 동군東君이라고 부르는 것은 이 때문이다. 봄의 신이 봄을 흘려보내는 것처럼 석존은 밤낮으로 쉬지 않고 설법한다. 곧 현신現身 설법이며, 전신全身 설법이다. 이 공안에서는 승좌·하좌가 설법이 되어 드러났다. 이를 재빨리 본 것이 동군인 문수다.

제2칙

달마의 확연

달 마 확 연
達磨廓然

【시중】

변화卞和가 세 번 바쳤으나 형벌을 피하지 못했고, 야광인에게 던져주니 칼을 뽑지 않을 때가 드물었다. 졸객에게는 졸주가 없다. 체면만을 보일 뿐이지 참됨을 보이지 않았다. 진귀한 보배를 권해도 사용할 줄 모르니 죽은 고양이의 머리라도 집어 들어 보이겠다.

변 화 삼 헌　　미 면 조 형　　야 광 투 인　　선 불 안 검　　졸 객 무 졸 주　　의 가 불
卞和三獻。未免遭刑。夜光投人。鮮不按劍。卒客無卒主。宜假不
의 진　　차 진 이 보 용 부 저　　사 묘 아 두 염 출 간
宜眞。差珍異寶用不著。死猫兒頭拈出看。

본칙

양무제가 달마대사에게 물었다. "어떤 것이 가장 성스러운 진리입니

까?" 달마가 대답했다. "텅 비어 성스럽다 할 것도 없소." 양무제가 다시 물었다. "짐을 마주하고 있는 이는 누구요?" 달마가 대답했다. "모릅니다." 황제는 알지 못했다. 바로 달마는 강을 건너 소림에 이르렀고 9년 동안 면벽했다.

<ruby>擧</ruby>。<ruby>梁武帝問達磨大師</ruby>。<ruby>如何是聖諦第一義</ruby>。<ruby>磨云</ruby>。<ruby>廓然無聖</ruby>。<ruby>帝</ruby>
<ruby>云</ruby>。<ruby>對朕者誰</ruby>。<ruby>磨云不識</ruby>。<ruby>帝不契</ruby>。<ruby>遂渡江至少林</ruby>。<ruby>面壁九年</ruby>。

거 양무제문달마대사 여하시성제제일의 마운 확연무성 제
운 대짐자수 마운불식 제불계 수도강지소림 면벽구년

【송】

텅 비어 성스러움마저 없다 하니

와서 법을 듣는 사람과 크게 어긋난다.

얻음은 칼을 휘둘러도 코를 다치지 않음이고

잃음은 시루를 떨어뜨리고도 돌아보지 않음이네.

쓸쓸히 소림에 앉았으니

묵묵히 정령을 완전히 드러낸다.

가을의 맑은 달은 서리를 굴리고

은하의 맑은 북두는 밤의 표주박이다.

끊임없이 의발을 자손에게 전하니

이로부터 인천人天의 약과 병이 생겼네.

확연무성 내기경정
廓然無聖。來機逕庭。
득비범비이휘근 실불회두이타증
得非犯鼻而揮斤。失不廻頭而墮甑。
요요냉좌소림 묵묵전제정령
寥寥冷坐少林。默默全提正令。
추청월전상륜 하담두수야병
秋清月轉霜輪。河淡斗垂夜柄。

해설

달마는 석존을 이은 제1조 마하가섭존자로부터 제28대 조사이다. 달마와 양나라 무제와의 문답을 다룬 이 공안은 불조佛祖의 선이 중국에 전해진 것을 보여주고 있다. 이 문답이 처음으로 실린 문헌은 《조당집》(952)이다. 달마를 만난 무제는 자신의 불법흥륭을 자랑하고 싶은 마음에 달마에게 '가장 성스러운 진리', 즉 불법의 핵심이 무엇인가를 물었다. 이에 달마는 한마디로 '텅 비어 성스러울 것도 없다'고 답했다. 이는 무제가 늘 생각한 불법과는 전혀 다른 것이었다. 손님인 달마와 주인인 무제는 전혀 통하는 구석이 없었다. 무제는 방편가설만을 존중하고 있었기 때문에 달마의 대답을 의심했다.

시중에서는 "진귀한 보배를 보배인줄 모르니 죽은 고양이 머리나 만져 봐라!"라는 공안을 던진다. 죽은 고양이 머리에 대해서는 《오등회원》 13권에 다음과 같은 문답이 있다. 한 스님이 조산曹山 스님에게 묻기를 "세간에서 어떤 것이 가장 귀한 것입니까?" 하니 조산 스님은 "죽은 고양이 새끼가 가장 귀하지"라고 하였다. 그 스님이 왜냐고 물으니 누구도 가격을 정할 수 없기 때문이라고 답했다. '텅 비어 성스럽다고 할 것도 없다'고 하는 달마와 '그대는 누구인가'고 묻는 무제, 그들 경계가 너무나 동떨어져 있다. 선禪 명인인 달마는 무제를 지도하는 것에 실패를 맛보고 본래의 자리로 돌아간다. 면벽 9년이다. 그러나 송의 제2구에서는 달마가 실패를 넘어서 있음을 노래한다. 무제는 법집을 없앰으로써 동시에 성과를 얻었다. 옛 영인郢人(초나라 사람)의 코 끝에 묻어 있는 작은 흙덩이를 상처를 내지 않고 도끼로 떼어내는 것 과 같이, 달마가 묘한 수법으로 무제의 법집法執을 없애버린 것이다. 하지만 동시에 무제가 잃은 것도 있다. 달마가 무제를 단념하고 돌아 간 것을, 맹민孟敏이 도기를 굽는 시루를 지고 가다 떨어뜨렸어도 뒤도 돌아보지 않고 가버린 것에 비유한다.

천동은 달마의 9년 면벽의 경지를 활달한 선의 경지에서 노래한다. 달마는 소림굴에 들어가 고고하게 앉아 분별망상의 열기를 완전히 제 거하고 불법의 대호령[正令]으로 환하게 드러내보였다. 천동은 묵묵히 좌선하고 있는 달마의 모습이, 전 우주를 향하여 불법을 완전히 거양 하는 것임을 노래했다. 차디찬 가을밤에 텅 빈 달이 흘러가는 듯하며, 은하에서 북두칠성의 광선이 표주박의 자루처럼 드리워진 것 같다고. 석존 이래 불법은 달마에게까지 전해졌으며 그의 선법은 면면히 금일 에 이르렀지만, 미오득실迷悟得失로 소란해졌다. 불법은 인간의 심병을 다스리는 묘약이지만, 약의 부작용으로 깨달음의 병에 걸려버리니 크 게 주의해야 한다는 것이다.

제3칙

동인도 왕이 조사를 청하다

동 인 청 조
東印請祖

【시중】

겁이 시작되기 이전의 소식은 눈먼 거북이가 불을 향하는 것과 같고,

가르침 밖에 따로 전하는 일구는 찧는 방아의 부리에 꽃이 피는 것과

같다. 말해보라. 그래도 경전을 수지독송할 것이 있겠는가.

겁 전 미 조 지 기　　오 구 향 화　　교 외 별 전 일 구　　대 취 생 화　　차 도　　환 유
劫前未兆之機。烏龜向火。敎外別傳一句。碓觜生花。且道。還有
수 지 독 송 분 야 무
受持讀誦分也無。

본칙

동인도 국왕이 27조 반야다라 존자를 청하여 재를 올렸다. (존자만이

독경하지 않았다.) 왕이 묻기를 "왜 경을 읽지 않으시오?" 존자가 말

하기를 "빈도는 숨을 들이쉴 때 음계에 머무르지 않고 숨을 내쉴 때에
도 뭇 인연에 걸리지 않지요. 항상 이같이 읽은 경이 백천만억 권이나
됩니다."

거 동인토국왕 청이십칠조반야다라재 왕문왈 하불간경 조
擧。東印土國王。請二十七祖般若多羅齋。王問曰。何不看經。祖
운 빈도입식불거음계 출식불섭중연 상전여시경백천만억권
云。貧道入息不居陰界。出息不涉衆緣。常轉如是經百千萬億卷。

【송】

구름물소가 달을 희롱하니 찬연함이 광채를 머금었고

목마가 봄을 즐기니 날래어 굴레를 씌울 수 없네.

눈썹 밑 한 쌍의 차가운 푸른 눈

간경으로 어찌 쇠가죽을 뚫으랴.

명백한 마음은 오랜 겁을 뛰어넘고

영웅의 힘은 겹겹의 울타리를 돌파한다.

묘하고 둥근 추구는 영기를 굴리고

한산이 오던 길을 잊어버리면

습득이 이끌어 손잡고 데려오네.

운 서 완 월 찬 함 휘   목 마 유 춘 준 불 기
雲犀玩月璨含輝。木馬游春駿不羈。
미 저 일 쌍 한 벽 안   간 경 나 도 투 우 피
眉底一雙寒碧眼。看經那到透牛皮。
명 백 심 초 광 겁   영 웅 력 파 중 위
明白心超曠劫。英雄力破重圍。
묘 원 추 구 전 영 기
妙圓樞口轉靈機。
한 산 망 각 내 시 로   습 득 상 장 휴 수 귀
寒山忘却來時路。拾得相將携手歸。

겁이 시작되기 전이란 천지개벽 이전을 말하며, 기機는 작용(소식)이다. 곧 후천적인 지식이나 경험이 있기 이전의 천성이며 본래의 작용이다. 이를 시중에서 "눈먼 거북이가 불로 향하는 것"이라고 비유하였다. 눈먼 거북은 자신도 타인도, 미혹함도 깨달음도 보지 못한다. 불가에서는 이를 진정한 해탈인이라고 한다. 완전히 보지 못하는 장님이면 불에도, 물에도 그대로 동화되기 때문이다. 어디에도 부자유하지 않으며 신통묘용하다. '나'라는 분별이 있기 이전 무의식의 세계에서의 의식을 "눈먼 거북이가 불을 향하는 것"이라고 하였으며, "가르침 밖에 따로 전하는 일구"를 돌절구 가장 끝머리에 핀 꽃으로 비유하였다.

'교'는 경론을 말한다. 경론에서는 '본래의 나'에 대한 성질과 작용을 설명하고 논증했다. 그러나 글과 말로도 미치지 않는 실재에 대해서는 아무런 설명이 없다. 실재란 그것을 깨달은 스승이 제자에게 전하거나 스스로 깨닫는 것 외에는 알 방법이 없다. 시간이 흐르기 이전, 분별이 있기 이전의 기機와, 경론 이전의 일구는 모두 무분별의 분별, 무의식의 의식의 세계를 뜻한다. 반야다라존자는 바로 이러한 세계에서 유희하는 자다. 존자의 삶이 그대로 독경이다. 그의 입식과 출식은 이원 대립의 세계를 여의고 분별없는 지혜의 본래면목 자리에서 이루어진다. 존자의 이 같은 경[如是經]은 "백천만억 권"이나 된다. 그러나 중생계에 있는 왕은 이를 보지 못하고 간경하지 않는 것을 원망한 것이다. 존자의 이 같은 경을 천동은 "구름물소가 달을 희롱하니 찬연함이 광채를 머금었고 목마가 봄을 즐기니 날래어 굴레를 씌울 수 없네"라고 노래하였다. 물소나 목마는 분별망상이 없는 반야 지혜의 활발발한 작용을 의미한다.

선구禪句에 "목인이 노래하고 석녀가 춤을 춘다"는 말이 있다. 이 구는 분별로는 이해할 수 없다. 분별 이전의 소식이다. 천동은 존자의 세계가 망상집착의 굴레에서 벗어난 자연 그대로의 생활이라고 노래하였다. 존자의 모습, 좌우 눈썹 아래 푸른 눈이 차갑고 날카롭다. 이미 이러한 눈을 가진 존자가 종이에 쓴 경을 읽을 필요가 어디 있겠는가.

"투우피透牛皮"라는 말에는 사연이 있다. 송을 쓴 굉지선사는 약산 유엄선사의 20대손이다. 약산 도량에서는 좌선 이외의 것은 절대 허락하지 않았다. 아주 엄격하였으므로 이를 참고 견디는 수행자는 20여 명 안팎이었다. 수행자들에게 경을 읽는 일은 허락하지 않았지만 선사 자신은 늘 간경했다. 승들이 그 이유를 물으면 "아니, 나는 다만 눈을 감고 있을 뿐이다"라고 답했다. 승이 "그렇다면 우리도 스님처럼 하면 안 될까요?"라고 재차 묻자, 약산선사는 "그대들이 만약 간경한다면 마땅히 소가죽도 뚫을 수 있을 정도라야 한다"고 했다. 여기에서 '우피를 뚫다'는 말이 나온 것이다.

송은 다시 "명백한 마음은 오랜 겁을 뛰어넘고 영웅의 힘은 겹겹의 울타리를 돌파하였다"며 존자의 마음을 노래한다. 여기에서 영웅은 불도의 영웅을 말한다. 팔만사천의 번뇌 망상이 겹겹이 본래면목을 둘러싸고 있지만 영웅은 이를 한 번에 돌파한다. 존자의 형형한 눈빛에서 성성한 마음과 영웅적 기개가 넘쳐 남을 노래한 것이다.

"묘하고 둥근 추구는 영기를 굴리고"라는 구절은 앞뒤의 구를 이어주는 쐐기의 역할을 한다. 묘원은 아주 둥글다는 것이며 추구는 차의 축을 끼우는 구멍을 말한다. 바퀴에 둥근 구멍에 꽉 끼운 축이 차를 굴린다. 이는 어떤 것에도 매이지 않는 자유자재한 작용을 비유한 것이다.

한산과 습득의 이야기는 옛날 중국 천태산 국청사에 전한다. 그 절에는 풍간豊干이라는 기이한 선사가 살았다. 어느 날 여구윤閭丘胤이 절에 와서 선사를 뵙고, 절의 깊숙한 곳간에 가보니 이상하게 생긴 두 사람이 있다고 말했다. 그러자 선사는 그들이 문수보살과 보현보살이라고 답했다. 놀란 여구윤은 다시 곳간으로 가서 정중히 예배하였다. 절을 받은 둘은 입을 모아 풍간선사의 말씀이 지나치다고 하고, 선사는 아미타여래의 화신이므로 자신들보다 선사에게 예배하는 것이 좋겠다고 했다. 여구윤이 한 번 더 놀라 방장에 올라가보니 선사의 모습이 보이지 않았다. 다시 곳간으로 가자 이번에는 두 사람의 모습도 보이지 않았다.

이는 《한산시》《습득록》이라는 진귀한 책에 남아있는 이야기로,《한산시》의 마지막 구인 "십 년 돌아오지 못하면 올 때의 길을 망각한다[十年歸不得 忘却來時道]"를 인용한 것이다. 한산은 문수보살을, 습득은 보현보살을 상징한다. 문수보살은 절대평등의 반야지혜가 가장 뛰어난 이며, 보현보살은 절대차별의 세계를 미묘히 관찰하는 이다. 문수보살의 지혜와 보현보살의 자비를 완전히 갖춘 이를 부처라 하며, 이를 반야다라 존자의 경계로 노래한 것이다.

세존, 땅을 가리키다

세 존 지 지
世尊指地

【시중】

터럭 하나를 살짝 드니 대지가 전부 들린다. 한 필의 말과 한 자루의 창으로 변경을 개척하고 영토를 넓힌다. 가는 곳마다 주인이 되고 만나는 것마다 진리다. 이는 누구인가?

일 진 재 거　　대 지 전 수　　필 마 단 창　　개 강 전 토　　변 가 수 처 작 주　　우 연
一塵纔舉。大地全收。匹馬單槍。開疆展土。便可隨處作主。遇緣
즉 종 지　　시 심 마 인
卽宗底。是甚麼人。

본칙

세존께서 대중과 함께 길을 가다가 손으로 땅을 가리키며 말씀하셨다. "여기 절을 세우면 좋겠구나." 이에 제석이 풀 한 줄기를 땅에 꽂

으면서 말하기를 "절을 다 지었습니다" 하였다. 세존께서 미소를 지
으셨다.

_거 擧。_{세 존 여 중 행 차} 世尊與眾行次。_{이 수 지 지 운} 以手指地云。_{차 처 의 건 범 찰} 此處宜建梵刹。_{제 석 장 일 경 초} 帝釋將一莖草。
_{삽 어 지 상 운} 挿於地上云。_{건 범 찰 이 경} 建梵刹已竟。_{세 존 미 소} 世尊微笑。

【송】

풀 끝마다 가없는 봄이여

손 가는 대로 집어 들어도 어색하지 않다.

장육금신에는 공덕이 쌓여있고

거리낌 없이 손을 내밀며 홍진으로 들어간다.

티끌 속에서 주인이고

교화 밖에서 스스로 온 손님이라네.

평생, 처한 곳마다 분수에 따라 만족하고

기량이 남들 같지 않음을 좀처럼 불평하지 않는다.

_{백 초 두 상 무 변 춘} 百草頭上無邊春。 _{신 수 념 래 용 득 친} 信手拈來用得親。
_{장 육 금 신 공 덕 취} 丈六金身功德聚。 _{등 한 휴 수 입 홍 진} 等閑携手入紅塵。
_{진 중 능 작 주} 塵中能作主。 _{화 외 자 래 빈} 化外自來賓。
_{촉 처 생 애 수 분 족} 觸處生涯隨分足。 _{미 혐 기 량 불 여 인} 未嫌伎倆不如人。

시중의 첫 구 "터럭 하나 살짝 드니 대지가 전부 들린다"는 본칙을 그대로 나타낸다. 이는 제석천이 풀 한 줄기를 땅에 꽂고 나서 "절을 다지었다"고 한 것과 같다. 여기에는 일즉일체一卽一切, 일체즉일一切卽一의 화엄철학의 정신이 나타나 있다.

사물은 피상적으로 보면 대소, 선악, 물심 등의 이원적인 모습으로 나타난다. 그러나 그 진상을 깊게 파고들면 절대일원의 세계임을 알 수 있다. 우리는 위대한 존재인 자신을 작고 빈약하게 낮추며 일상을 살아가고 있다. 이 상태를 일시에 부수어버리기 위해서는 선교방편이 필요하다. 순일무잡의 정신으로 장군이 말 한 필, 창 한 자루로 변경을 개척하고 영토를 늘릴 수 있는 것처럼, 크게 깨달아 단번에 전 우주를 점령하는 것이 필요하다. 이것 역시 수행의 대세지大勢至에서 비롯된다. 있는 자리마다 주인이 되고 만나는 연마다 바로 진리임을 아는 자, 그는 누구인가?

바로 본칙에 나오는 세존과 제석천이다. 부처는 대원만한 가람의 당체로서, 이원대립의 미혹한 세계에는 있지 않고 언제나 원만하고 완전한 깨달음의 세계에 안주한다. 본래 범찰은 세워져 있지만 세존은 제자들에게 "여기 절을 세우면 좋겠구나"라고 하였다. 동시에 수행한 제자의 심경을 보고 있었을지도 모른다. 바로 그때 일척안을 갖춘 제석천이 세존의 뜻을 알고는 한 줄기 풀을 지상에 꽂고 절이 완전히 지어졌다고 말한 것이다. 이에 세존은 미소로 증명하였다. 이미 가람인데 다시 무엇을 지으랴. 어리둥절한 제자들 앞에 세존은 제석천으로 나타나 일거에 깨치도록 했다.

천동은 손 가는 대로 집어 와서 살기에 편하면 훌륭한 절이라고 노래했다. 그 안에 공덕으로 이루어진 거대하고 금빛 찬란한 부처님이 계신다는 것이다. 이것은 곧 크게 자각한 '나'라는 주인공을 말한다.

《벽암록》제7칙에 다음과 같은 공안이 있다. "혜초가 법안에게 물었다 '무엇이 부처입니까?' 법안이 말하기를 '그대는 혜초.'" 이는 '부처를 달리 찾을 것이 아니라 그대가 바로 부처이지 않은가'라는 말씀이다. 장육금신은 석존을 공경하는 표현이고 부처님의 공덕이 광대무변함을 의미한다. 또한 그것은 바로 우리 자신을 상징하는 것이다. 그러나 범부는 이 공덕을 매일 사용하지만 스스로 알지 못할 뿐이다. 공덕을 구족한 석존은 제자들과 함께 범부의 세상, 즉 육진의 세계로 들어가 티끌 속의 주인이 된다. 제석천은 석존의 교화의 대상인 세계 밖에서 온 손님이다. 그러나 이 모두 본래 자신이며, 자신의 광명이므로 자신에게 안과 밖이 있을 까닭이 없다. 때문에 자신은 한평생 부족함이 없고 언제나 안주하며 어떠한 것도 가치가 있으며 기량이 남보다 못하다고 절대 기죽지 않는다는 것이다. 보잘 것 없는 한 줄기 풀이 곧 가람이라는 것은 이를 나타낸다.

청원의 쌀값

청 원 미 가
淸源米價

【시중】

사제는 살을 베어 어버이에게 공양했으나 〈효자전〉에 들지 못했고, 조달이 산을 밀어 부처님을 압살하려 할 때 어찌 갑작스런 우레 소리를 두려워했겠는가. 가시덤불도 지나 전단숲도 다 베었다. 지금 한 해가 다한 그믐날을 기다렸는데 예와 같이 이른 봄은 여전히 차갑구나. 부처님의 법신, 어느 곳에 계시던가.

사제할육공친　불입효자전　조달추산압불　기파홀뇌명　과득형
闍提割肉供親。不入孝子傳。調達推山壓佛。豈怕忽雷鳴。過得荊
극림　작도전단수　직대년궁세진　의구맹춘유한　불법신재심마
棘林。斫倒栴檀樹。直待年窮歲盡。依舊孟春猶寒。佛法身在甚麼
처 야
處也。

어느 스님이 청원에게 "불법의 요체가 무엇입니까?"라고 물으니, 청원이 대답하기를, "노릉의 쌀값이 얼마나 되던고?" 하였다.

<ruby>擧</ruby><ruby>僧</ruby><ruby>問</ruby><ruby>淸</ruby><ruby>源</ruby>。<ruby>如</ruby><ruby>何</ruby><ruby>是</ruby><ruby>佛</ruby><ruby>法</ruby><ruby>大</ruby><ruby>意</ruby>。<ruby>源</ruby><ruby>云</ruby>。<ruby>盧</ruby><ruby>陵</ruby><ruby>米</ruby><ruby>作</ruby><ruby>麼</ruby><ruby>價</ruby>。

거 승문청원 여하시불법대의 원운 노릉미작마가
擧。僧問淸源。如何是佛法大意。源云。盧陵米作麼價。

【송】

태평의 치적에는 형상이 없으며

촌로의 가풍도 그지없이 순박하다.

다만 시골에 노래와 술만 있다면

순舜의 덕德, 요堯의 인仁을 어찌 알 필요가 있겠는가.

태 평 치 업 무 상   야 로 가 풍 지 순
太平治業無象。 野老家風至淳。
지 관 촌 가 사 음   나 지 순 덕 요 인
只管村歌社飮。 那知舜德堯仁。

해설

사제는 부모를 봉양했는데 〈효자전〉에 들지 못했고, 조달[1]은 부처님 몸에 피를 흘리게 했는데 우레를 두려워하지 않았던 이유는 무엇일까? 불법에는 '중생이 본래 부처'라는 진실만을 설하는 제일의第一義와 방편을 설치하는 제이의第二義가 있다. 범부는 제일의를 알지 못하

---

1   데바닷따를 말함. 석존의 사촌동생이며 아난다의 형이 된다.

므로, 그로 하여금 알게 하고 믿게 하는 것이 가르침이다. 그렇지만 이 것 역시 그림의 떡이다. 이 사실을 체득하게 하는 것이 공안이다. 제이 의문은 대립의 세계로, 선과 악, 효와 불효, 지옥과 천당 등이 있다.

사제가 〈효자전〉에 들지 못한 것과 조달이 지옥에 떨어졌지만 두려 워하지 않은 것은 모두 제일의의 이야기다. 제일의는 선악, 고락을 초 월한 세계이기 때문이다.

조달은 악업의 결과로 지옥에 떨어졌다. 아난이 석존의 명을 받고 지옥에 있는 조달을 살펴보러 왔는데, 조달은 자신이 제삼선천第三禪天 에 있다고 했다. 아난이 돌아가 석존에게 말하니, 다시 그로 하여금 조 달이 언제쯤 나오는가를 묻게 했다. 이에 조달은 석존이 이곳에 오실 때 자신이 나간다고 했다. 이는 공안에 나오는 이야기다. 조달은 선악 의 이원대립에서 벗어나 있으니, 우레를 두려워할 이유가 없었다.

"가시덤불도 지나 전단 숲도 다 베었다"라는 구절에서 가시덤불은 망상분별을 의미한다. 이를 불교 방식으로 말하면 견혹, 사혹, 진사, 무 명 등이다. 이러한 망상분별의 숲을 벗어나면 향기 가득한 전단나무 숲이 나온다. 이는 대오철저의 경지를 가리킨다. 그러나 전단나무 숲 을 무너트린다는 것은 대오조차 집착하지 않는다는 것을 말한다. 이 같은 절박한 상황을 "한 해의 끝자락인 그믐"이라고 표현했다. 바로 여기에서, "지금 한 해가 다한 그믐날을 기다렸는데 예와 같이 이른 봄 은 여전히 차갑구나"라며 깨치기 전과 깨친 후가 다름이 없음을 비유 한 것이다.

그렇다면 우리가 찾는 부처님의 법신은 어느 곳에나 있는 것인가? 청원에게 한 스님이 불법의 요체를 물은 것은 이론적이고 논리적인 가 르침을 떠난 절대적인 불법이 무엇인지를 물은 것이다. 청원선사는 곧

바로 노릉의 쌀값을 물으며 불법에 집착하는 생각을 끊고 늘 먹는 쌀의 값이 얼마인지 아는 것이 곧 불법이라고 말한다. 말하자면, 살고 있는 그 자리를 성성하게 아는 것이 불법의 핵심이라고 한 것이다.

천동은 이러한 청원선사의 경계를 천하태평에 비유하여 노래한다. 천하가 태평할 때는 태평한 줄을 모른다. 예나 지금이나 근심 걱정 없는 순박한 백성들은 곧잘 잔치를 벌여 술과 노래로 즐길 뿐이다. 중국의 성군 요·순 임금이 인정과 덕정을 베풀었으나 백성들이 느끼지 못한 것과 같다. 곧 청원의 깨침이 그의 인격과 동화되고 생활 속에 스며들었음을 송은 노래한다.

제6칙

마조의 백과 흑

마 조 백 흑
馬祖白黑

【시중】

입을 열지 못하는데 혀 없는 사람이 말을 하고, 다리를 들지 못하는데
다리 없는 사람이 걸어간다. 만일 저 함정[彀中]에 떨어져 어구에 걸려
들면 어찌 자유롭겠는가. 네 산이 서로 덮칠 때 어떻게 벗어날 수 있
을까?

개 구 부 득 시　　무 설 인 해 어　　대 각 불 기 처　　무 족 인 해 행　　약 야 낙 타 구
開口不得時。無舌人解語。擡脚不起處。無足人解行。若也落他彀
중　　사 재 구 하　　기 유 자 유 분　　사 산 상 핍 시 여 하 투 탈
中。死在句下。豈有自由分。四山相逼時如何透脫。

본칙

어느 스님이 마대사에게 여쭈었다. "네 구절도 떠났고 백비도 끊었습

니다. 청하옵건대, 스승께서는 저에게 곧바로 '서래의西來意'를 가르쳐

주십시오." 대사께서 말씀하기를, "오늘은 내가 피곤해서 자네에게 말해

줄 수 없으니 서당 지장에게 가서 물어보라." 지장에게 가서 묻자 지장

이 대답했다. "어찌하여 큰스님께 묻지 않았느냐?"

스님이 말하기를, "큰스님께서 여기 와서 물으라 하셨습니다." 지장

이 말하기를, "내가 오늘 머리가 아프니 자네에게 말할 수 없네. 해형

에게 가서 물어보아라." 스님이 회해에게 묻자 회해가 말하기를, "나도

여기에 이르러 결국 알지 못했네." 스님이 마조대사께 말씀드리자 대

사 말하기를, "장의 머리는 희고, 해의 머리는 검구나."

거　승문마대사　이사구　절백비　청사직지모갑서래의　대사
舉。僧問馬大師。離四句。絕百非。請師直指某甲西來意。大師
운　아금일로권　불능위여설　문취지장거　승문장　장운　하불
云。我今日勞倦。不能爲汝說。問取智藏去。僧問藏。藏云。何不
문화상　승운　화상교래문　장운　아금일두통　불능위여설　문
問和尙。僧云。和尙教來問。藏云。我今日頭痛。不能爲汝說。問
취해형거　승문해　해운　아도저리각불회　승거사대사　대사
取海兄去。僧問海。海云。我到這裏却不會。僧擧似大師。大師
운　장두백　해두흑
云。藏頭白。海頭黑。

【송】

약이 병이 되는 전례는 옛 성인에게도 있었다.

병이 의약이 되게 하는 자는 진정 누구일까?

백두 흑두여, 좋은 가문의 아들이구나.

유구 무구여, 분별망상의 흐름을 절단한 기機.

당당히 앉아 혀놀림을 끊으니,

비야의 노고추가 (우리를) 웃게 만든다.

_{약 지 작 병}　_{감 호 전 성}
藥之作病。鑒乎前聖。
_{병 지 작 의}　_{필 야 기 수}
病之作醫。必也其誰。
_{백 두 흑 두 혜 극 가 지 자}　_{유 구 무 구 혜 절 류 지 기}
白頭黑頭兮克家之子。有句無句兮截流之機。
_{당 당 좌 단 설 두 로}　_{응 소 비 야 노 고 추}
堂堂坐斷舌頭路。應笑毘耶老古錐。

해설

세상 사람들은 말을 할 때 입을 쓰고, 걸을 때는 다리를 쓴다. 그런데 불법에서는, 말할 때 입으로 하지 않고 걸을 때 다리로 걷지 않는다. 실은 걸을 때 다리가 있다는 것도, 걷는다는 것도 느끼지 못한다. 말하는 것도 마찬가지다. 말을 듣고 그 말에 걸리면 생각이 자유롭지 못하게 된다.

시중에서 스님에게 '네 산'이 서로 덮칠 때는 어떻게 하겠는가를 다그쳐 묻는 것이 공안이다. 《아함경》에서는 네 산을 노산, 병산, 사산, 쇠모산이라고 한다. 노산은 소장小壯을, 병산은 색력色力(건강)을, 사산은 수명을, 쇠모산은 모든 부귀영화를 파괴한다고 한다. 사구를 떠나 백비 역시 끊고 다시 사산마저 덮쳤을 때, 즉 모든 지식을 끊어버리고 인생의 근본적인 문제에 봉착했을 때 어떻게 벗어나야 할지를 묻는 것이 이 칙의 공안이다.

혜능선사의 제자 남악 회양의 법을 이은 마조 도일선사는 정원 석문산에 올라 시자에게 말했다. "나의 유해가 다음 달 이 땅에 돌아갈 것이야." 2월 4일이 되니 과연 병세가 보였고 목욕 후 결가부좌를 하고 입멸했다. 도일에게는 대적선사大寂禪師라는 시호가 내려졌다.

본칙에서 스님이 마조대사에게 물은 것은 개념불교가 아니라 '서래의' 즉, 서쪽에서 온 달마가 전한 '자기본래의 면목'이다. 대사는 그를 고제高弟인 지장에게로 보냈다. 스님은 곧장 지장에게 갔다. 이것이 바로 스님이 마대사의 구중에 떨어진 것이며, 언구에 빠져버린 것이다. 지장에게 간 스님을 선사는 다시 백장에게 보냈으나, 백장도 "나도 여기에 이르러 알지 못했다"고만 했다. 스님이 다시 마조에게 돌아가 말씀드리니, 대사는 "장은 희고 해는 검다"고 한 것이다. 이것이 곧 마조의 '서래의'다. 여기에서 과연 스님은 깨쳤을까?

약이 오히려 병이 되는 것은 약을 쓰는 쪽의 탓이다. 훌륭한 불조의 말씀도 듣는 이에 따라 화가 될 수 있다. 반대로 병도 약이 된다. 천동은 과연 이러한 자가 누구인가 물으며 은근히 마조를 칭송한다. 마조의 제자들이 훌륭하다는 것은 그들이 본래 부처이기 때문이다. '유구무구'에서 유구는 언구를 말하며, '서래의'가 무구다. '설두로舌頭路'는 분별망상이다. 유구든 무구든 모두 분별망상임을 알고 끊어내는 작용이 기機다. 마조의 아들(제자)들은 유구무구를 자유로이 사용하여 당당히 분별망상을 끊어내는 데는 수단도 시간도 걸릴 것이 없다고 했다. 비야는 유마가 있던 성이다. 노고추는 경어이며 존칭이다. 말하자면 유마거사를 지칭한 것이다. 유마거사가 불이법문[西來意]을 설해야 하는데 침묵하여 한마디도 하지 않았다는 것은 웃을 일이라며 천동은 유마를 격하시켰다.

제7칙

약산, 법좌에 오르다

_{약 산 승 좌}
藥山陞座

【시중】

눈·귀·코·혀는 각각 한 가지 기능을 가지고 있는데 눈썹은 위에 있다. 사·농·공·상을 하는 자는 각각 한 가지 업무에 종사하지만 재주 없는 자는 언제나 한가하다. 본분종사는 어떻게 시설할까?

_{안 이 비 설} _{각 유 일 능} _{미 모 재 상} _{사 농 공 상} _{각 귀 일 무} _{졸 자 상}
眼耳鼻舌。 各有一能。 眉毛在上。 士農工商。 各歸一務。 拙者常
_한 _{본 분 종 사} _{여 하 시 설}
閑。 本分宗師。 如何施設。

본칙

약산선사가 오랫동안 법좌에 오르지 않아 원주가 여쭈었다. "대중들이 오랫동안 가르침을 고대하고 있습니다. 청컨대 화상께서 설법을 해주십시오." 이에 선사가 종을 치게 하니 곧 대중들이 모였다. 선사가 법상에 올라 잠시 가만히 있다가 바로 내려와서 방장으로 돌아갔다. 원주가 뒤따라가면서 화상에게 물었다. "좀전에 대중들에게 설법해 주겠다고 하시더니 어째서 한마디도 하시지 않았습니까?" 선사가 말씀하셨다. "경에는 경사가 있고 논에는 논사가 있거늘 어찌 이 노승을 괴이하다고 여기는가?"

擧。藥山久不陞座。院主白云。大衆久思示誨。請和尙爲衆說法。
山令打鐘。衆方集。山陞座。良久。便下座。歸方丈。主隨後問和
尙。適來許爲衆說法。云何不垂一言。山云。經有經師。論有論
師。爭怪得老僧。

【송】

어리석은 아이, 지제전에 끌리고

양사, 추풍도 채찍의 그림자를 돌아본다.

구름 걷힌 드높은 하늘, 달에 깃든 학이여

싸늘한 맑은 기운, 뼛속에 사무쳐 잠들지 못하네.

癡兒刻意止啼錢。良駟追風顧影鞭。
雲掃長空巢月鶴。寒淸入骨不成眠。

사람의 몸에는 눈·귀·코·혀가 있어 각각 형상·소리·향기·맛의 능력을 갖추어 작용한다. 그런데 눈 위에 있는 눈썹은 그렇지 못하다. 세간에는 사농공상의 직분이 있는데 이와 별도로 눈썹처럼 한가롭게 지내는 사람이 있다. 선가에서는 이런 자를 선지禪旨에 통달했다고 하여 본분종사라 한다. 이 사람은 유위·무위에 걸리지 않고 어떤 수단으로 학인의 마음공부를 저울질할까? 이것이 곧 조어(선자에게 문제를 제기하는 말)다.

약산선사가 한마디도 설법하지 않았다는 것은 겉만 맞고 속은 틀린 말이다. 이 칙은 제1칙 '세존승좌'와 다를 바가 없다. 이를 유칙類則이라 한다.

절의 원주가, 대중이 약산선사의 가르침을 듣고 싶어 한다고 전하는 것을 보면 선사가 오랫동안 설법을 하지 않았던 모양이다. 그러나 사실 약산선사는 늘 설법을 해온 것인데 원주가 간파하지 못했을 뿐이다. 선사는 종을 쳐서 대중을 모으고는 법상에 잠시 올라 있다가 곧 내려와 방장으로 돌아간다. 이것은 제일의를 역력히 보여준 것인데 원주는 이를 모르고 따라 들어가 어째서 한 말씀도 하지 않느냐며 선사를 책망한다. 선사가 곧바로 "여기는 가르치는 곳이 아니야. 경의 강해를 듣고 싶다면 강사가 있는 곳에 가야지. 진본을 보였는데 보지 못하고 대드는가"라고 말했다. 노승은 졸자이고 언제나 한가롭다. 그러나 다만 학인의 눈에 보이지 않았을 뿐 그는 진검을 보였다.

천동은 송에서, 우는 아이는 가짜 돈만 보여도 울음을 그치고, 세상의 명마는 채찍 그림자만 보아도 바람같이 달리듯, 수행승 가운데는 여러 근기가 있음을 노래했다. 송의 마지막 두 구는 약산선사의 심경을 나타낸다. 깨달았다는 운무도 없고 어떠한 향기도 풍기지 않는 고고한 학이다. 뼛속까지 스며든 차디찬 맑은 기운으로, 성성적적의 심경으로 여여함을 노래했다.

제8칙

백장과 여우

백 장 야 호
百丈野狐

【시중】

'일一' 자만이라도 마음속에 기억하고 있다면 쏜살같이 지옥에 떨어지고, 단 한 방울이라도 여우의 침을 삼킨다면 30년 동안 토해도 나오지 않는다. 이는 서천의 영令이 엄해서가 아니라 단지 어리석은 이의 업이 무겁기 때문이다. 일찍이 잘못 범한 일이 있어서일까.

기 개 원 자 각 재 심　　입 지 옥 여 전 사　　일 점 야 호 연 연 하　　삼 십 년 토 불
記箇元字脚在心。　入地獄如箭射。　一點野狐涎嚥下。　三十年吐不
출　불 시 서 천 령 엄　　지 위 애 랑 업 중　　증 유 오 범 자 마
出。　不是西天令嚴。　只爲獃郎業重。　曾有悮犯者麼。

본칙

백장이 설법을 할 때면 언제나 한 노인이 법문을 듣고, 설법이 끝나면

사람들 틈으로 사라지곤 했다. 하루는 노인이 가지 않고 있어서 백장이 물었다. "서있는 사람은 누구요?" 노인이 말하기를, "저는 과거 가섭불 시대에 이 산에서 일찍이 살았습니다. 어떤 학인이 '대수행자도 인과에 떨어집니까?' 라고 묻기에 '인과에 떨어지지 않는다'고 말해주었습니다. 그 때문에 여우의 몸으로 오백생을 살게 되었습니다. 지금 청컨대 화상께서 대신 한 말씀 해주시기 바랍니다." 이에 백장이 말하기를, "인과에 어둡지 않다"라고 하니 노인이 그 말에 크게 깨달았다.

擧。百丈上堂。常有一老人聽法。隨衆散去。一日不去。丈乃問立者何人。老人云。某甲於過去迦葉佛時。曾住此山。有學人問。大修行底人還落因果也無。對佗道不落因果。墮野狐身五百生。今請和尙代一轉語。丈云。不昧因果。老人於言下大悟。

【송】

한 자의 물, 한 길의 파도.

오백생 동안 어떤 것도 할 수 없었다.

불락 불매를 생각하니,

또다시 갈등 속으로 박혀버렸네.

아하하, 알겠는가.

만일 여기에 그대가 얽매이지 않는다면

내가 옹알거려도 상관없으리.

신들의 축제, 저절로 곡을 만들고

박수치며 흥얼거리네.

일 척 수 일 장 파　　오 백 생 전 불 내 하
一尺水一丈波。五百生前不奈何。
불 락 불 매 상 량 야　　의 전 당 입 갈 등 과
不落不昧商量也。依前撞入葛藤窠。
아 가 가　　회 야 마
阿呵呵。會也麼。
약 시 니 쇄 쇄 낙 락　　불 방 아 치 치 화 화
若是你灑灑落落。不妨我哆哆和和。
신 가 사 무 자 성 곡　　박 수 기 간 창 리 라
神歌社舞自成曲。拍手其間唱哩囉。

해설

백장은 백장산에서 주지를 지낸 회해懷海선사를 말한다. 선사는 〈백장
청규〉라고 하는 선가의 규칙을 최초로 제정하였으며 '하루 일하지 않
으면 하루 먹지 않는다[一日不作 一日不食]'라는 명구를 후세에 남긴 선
가의 거장이다.

시중에서 원자각을 비유하여 마음에 한 글자라도 걸려 있다면 바로
지옥행이라고 하였다. 한 글자란 분별망상을 말하며 불락인과, 불매인
과 모두가 여기서는 한 글자다. 한 글자는 30년 동안 토해도 나오지 않
는다는 것이다. 30년은 '영구永久'를 의미한다. 곧 마음에 조금이라도
어떤 이론이 걸려있다면 영원히 미혹하다는 것이다. 이는 불법이 엄해
서가 아니라 무지몽매한 분별망상이 수행자를 지옥으로 떨어뜨리기
때문이다. 그래서 "일찍이 잘못 범한 일이 있어서일까"라는 공안이 나
왔다. 이 공안은 인과불이因果不二를 보이고 있다.

본칙의 노인은 단지 여우가 아니고, '중생이 본래 부처'라고 하는 노
인이다. 때문에 절대 죽지 않는 노인이며 이 노인을 미타彌陀라고도, 대
일大日이라고도 한다. 곧 본래면목이고 무자無字다. 그런데 한 방울의

여우의 침을 삼킴으로써 홀연히 자유를 잃고 의심이 일어난 것이다.

　노인이 과거 가섭불 시대에 백장산에 살았다고 하지만 이는 말뿐이다. 본래는 아주 오랫동안 오온五蘊이라는 산중에 있었다. 오온은 범부의 신심身心으로, 이를 무명의 산 또는 미혹한 산이라고 한다. 그렇지만 무명의 산중에 법신여래가 있다.

　《증도가》에서 "무명의 실성實性 즉 불성, 환화幻化의 공신空身 즉 법신"이라고 하지 않았는가. 노인에게 학인이 물었다. 대수행자도 인과에 떨어지는지를, 즉 석가나 미타도 인과의 법칙에 지배받는지 물은 것이다.

　'여우의 침'에 취한 노인은 "불락인과다"라고 말하는 잘못을 저질렀다. 그 죄로 오백생 동안 여우의 몸, 즉 축생의 길에 태어났다. 그런데 축생의 길이란 무엇인가. 여우의 손과 부처의 손, 무엇이 다른가. 지옥의 세계도 부처의 세계도 절대평등이라고 하는 명안明眼을 가져야 한다. 그러나 노인은 지옥에 있음을 노골적으로 드러내며 대화상에게 일전어一轉語를 부탁하는 것이다. 화상은 "불매인과"라고 단도직입으로 말한다. 인과는 절대로 속일 수 없다는 것이다. 이 말에 노인은 홀연히 깨친다.

　묵墨으로 호랑이를 그리면 호랑이 그림이 되고 말을 그리면 말 그림이 된다. 붓이 움직이는 대로 묵에 따라 인과필연이다. 이것이 곧 불매인과이며 인과차별이다. 그렇지만 묵으로 고양이를 그려도 소를 그려도 묵은 고양이나 소가 될 수 없다. 무엇을 그려도 묵은 묵이다. 곧 불락인과이다. 절대 인과의 지배를 받지 않으니, 불성평등의 의미가 여기에 있다.

　불교의 요점을 사상적으로 설명한다면, '불성평등 인과차별'이라고 할 수 있다. 지옥의 저 밑바닥에서 불계佛界의 정상에 이르기까지 모든 존재는, 한 생각이 움직이면 모두 인과필연이며 그것은 불성의 천변만화千變萬化이자 부처의 장엄광명이다. 바꾸어 말하면 불락의 불매이며 불매의 불락이다. 다시 말하면 평등 즉 차별이며, 차별 즉 평등이다. 불성평등이라는 측면에서만 보게 되면 단견에 떨어져 삼세인과 윤회전생을 무시하게 하는 과오를 범한다. 인과차별이라는 측면에서만 보게 되면 상견常見에 떨어져 영혼을 인정하고 아체我體를 인정하여 해탈의 길을 잃는다.

한 자[尺]의 물이 한 장丈의 물결을 일으킨다. 이는 인소과대因小果大다. 인과관계의 실제라고 하는 것은 실로 복잡미묘한 것이다. 대오大悟가 철저하기 전에는 인과의 도리가 확실히 와닿지 않는다. 인과와 불성은 한 가지이기 때문에 불성을 철견하기 전에는 인과가 명료하지 않다. 불성을 물이라고 하면 인과는 물결이다. 물을 알지 못하는 사람이 물결에 대해 설명한다면 이는 개념으로서의 물결이지 진정한 물결이 아니다. 불매인과의 물결은 불락인과의 물이다. 때문에 무엇이 되어도 천하태평이다. 그것을 모르기 때문에 노인은 오백생 동안 어찌할 방도가 없이 여우의 몸으로 살며, 불매인과가 좋은지 나쁜지 불락인과가 나쁜지 좋은지 상량商量하고 있었던 것이다. 이러한 논의를 하는 사이 저도 모르게 갈등의 굴 속으로 머리를 처박고 옴짝달싹 못하고 말았다.

불락도 미오迷悟도 모두 갈등이다. 바로 일여一如라고 하는 사상思想의 동굴이다. 이 얼마나 바보스러운가! 모든 것이 망상인데도 말이다. 만약 부처가 나타나 뭐라 말해도, 악마가 나타나 무슨 짓을 해도 태평무사하고 자유로운 사람은, 신들의 축제에서 흐르는 곡에 맞추어 저절로 박수치고 춤을 추면서 룰루랄라 흥얼댈 것이다.

제9칙

남전, 고양이를 베다

남 전 참 묘
南泉斬猫

【시중】

창해를 걷어차 뒤엎으면 대지가 먼지처럼 날고, 백운을 소리쳐 흩어버

리면 허공이 가루같이 부서진다. 정법을 엄하게 행하여도 오히려 절반

만을 보였을뿐, 대용을 완전히 드러내려면 어떻게 시설해야 할까?

척 번 창 해　　대 지 진 비　　할 산 백 운　　허 공 분 쇄　　엄 행 정 령　　유 시 반
踢翻滄海。 大地塵飛。 喝散白雲。 虛空粉碎。 嚴行正令。 猶是半
제　　대 용 전 창　　여 하 시 설
提。 大用全彰。 如何施設。

본칙

어느 날 남전의 회상에서 동서 양당의 대중이 고양이를 두고 다투고

있었다. 이를 본 남전이 고양이를 집어들고 말했다. "누구든 한마디 할

수 있다면 베지 않겠다." 대중이 말이 없자 고양이를 두 토막 내버렸다. 남전이 다시 조주에게 이 이야기를 들어 물으니, 조주가 곧장 짚신을 벗어 머리에 이고 나가버렸다. 남전은 말했다. "그대가 있었더라면 고양이를 살릴 수 있었을 텐데!"

^거擧。^{남전일일동서양당쟁묘아}南泉一日東西兩堂爭猫兒。^{남전견}南泉見。^{수제기운}遂提起云。^{도득즉불참}道得卽不斬。
^{중무대}衆無對。^{천참각묘아위양단}泉斬却猫兒爲兩段。^{천부거전화문조주}泉復擧前話問趙州。^{주변탈초혜}州便脫草鞋
^{어두상대출}於頭上戴出。^{천운}泉云。^{자약재}子若在。^{흡구득묘아}恰救得猫兒。

【송】

양당의 운수들 모두 우왕좌왕하는데
왕노사가 능히 정과 사를 가려냈네.
날카로운 칼로 망상亡像 모두 끊으니
오랜 세월, 후인들이 작가를 사랑하는구나.
이 도는 아직 상실되지 않았고
지음知音이 기뻐하는구나.
산을 뚫어 바다로 통하게 하니 위대한 우왕이 홀로 존귀하고
돌을 깎아 하늘을 받치니 오직 여와씨 홀로 현명하다.
조주 노장에게 생애가 있으니
짚신을 머리에 이는 것이 조금은 견줄 만하다.
다른 부류로 왔으나 오히려 밝게 비추어보이니
오직 순금은 모래에 섞이지 않을 뿐이네.

^{양당운수진분나}兩堂雲水盡紛拏。^{왕노사능험정사}王老師能驗正邪。

46

^{이 도 참 단 구 망 상} ^{천 고 령 인 애 작 가}
利刀斬斷俱亡像。千古令人愛作家。
^{차 도 미 상} ^{지 음 가 가}
此道未喪。知音可嘉。
^{착 산 투 해 혜 유 존 대 우} ^{연 석 보 천 혜 독 현 여 와}
鑿山透海兮唯尊大禹。鍊石補天兮獨賢女媧。
^{조 주 노 유 생 애} ^{초 혜 두 대 교 사 사}
趙州老有生涯。草鞋頭戴較些些。
^{이 중 래 야 환 명 감} ^{지 개 진 금 불 혼 사}
異中來也還明鑒。只箇眞金不混沙。

해설

시중에서 창해와 대지는 단순한 자연계의 비유가 아니라 진실의 세계에 눈뜨게 하기 위한 구句로서, 모두 미혹함을 뜻한다. 풀어 말하면, 창해는 '사상병'에 걸린 자들로 이것도 저것도, 부정도 긍정도 아닌 것에 이리저리 흔들대며 헤매는 자들이다. 이를 걷어차니 이번에는 대지가 나온다. 대지는 완고한 표본이며 누구말도 듣지 않는 자들이다. 어찌보면 신념이 강한 사람일 수도 있으나 너무 완강하다. 이러한 병에 걸린 양쪽을 모두 부숴버린다.

그런데 '백운'병이라는 것도 있다. 바람에 따라 구름이 흘러가는 것은 자연스러우나 그 경지에 조금이라도 끌린다면 그것도 일종의 병이 되므로 호되게 꾸짖지 않으면 안 된다. 그리고 나니 이번에는 '허공'병이 나온다. 모든 것이 청소되어 있어서 어떤 것도 취하지 않는다고 하는 자다. 굉장하지 않은가. 이를 조금이라도 좋다고 생각한다면 홀연히 병에 든다. 허공병도 보잘 것 없는 티끌이므로 부숴버리는 것이다. 그러나 완전히 깨끗이 청소가 된 입장에서 정법을 실행해도 불도의 반밖에는 안 된다. 그렇다면 불도를 완전히 드러내려면 어떻게 해야 할까. 이러한 이가 바로 남전임을 보이기 위해 본칙을 끌어온다.

이 공안은 《벽암록》 63칙, 《무문관》 14칙에도 나온다. 동서양당이라고 하는 것을 보니 좌선당이 둘임을 짐작할 수 있다. 좌선당은 운수납자가 엄격하게 좌선수행하는 도량이다. 고양이를 가지고 다툰 것은 고양이의 불성의 유무에 대한 법론 때문이다. 남전은 하등의 가치가 없는 법전法戰을 두 눈 뜨고 볼 수가 없었다. 남전은 전광석화 같이 바로 고양이를 붙들어 보이며 무섭고 사나운 표정으로 우레같이 소리쳤다. "한마디 일러봐라, 말하면 베지 않겠다."

부처님의 대자대비를 배우고 '중생무변서원도'를 신념으로 삼는 운수의 도량에서 고양이를 베는 것은 있을 수 없는 일이다. 그렇지만 양당 사이에서는 한마디도 나오지 않았다. 절박한 순간에 대중은 모든 생각이 끊어진 상태로 멍하니 바라보기만 할 뿐이었다. 바로 그 자리에서 남전은 고양이를 두 동강 내버렸다. 대중의 만 가지 생각이 끊어졌다. 고양이는 무엇인가? 분별망상이다. 자신의 일 밖의 고양이만을 보고 설전을 벌이는 순간에 남전은 바로 참묘斬猫했다. 일이 벌어졌을 때 조주는 외출 중이었다. 그가 돌아온 후 남전은 참묘의 사연을 조주에게 전하며 견처見處를 물었다. 조주는 바로 짚신을 벗어 머리 위에 이고 나가 버렸다. 그러자 남전은 "만약 그 자리에 그대가 있었다면 고양이 새끼를 살릴 수 있었을 텐데"라는 말로 조주의 견처를 인정하였다.

천동은 "양당의 운수는 모두 우왕좌왕하는데 왕노사만이 정사正邪를 가려냈네"라는 노래로 이 일을 묘사했다. 왕노사는 남전의 성을 따서 부른 이름으로, 당시 남전 자신도 자주 이렇게 불렸던 것 같다. 양당의 대중들은 정사를 가리고자 했지만 모두 사邪뿐이었다. 남전은 예리한 검으로 심상에 남겨져 있는 천차만별의 창해나 백운을 내리친 것이다. 불성평등, 인과차별이라는 불교교리도 마찬가지다. 선의 대가인 남전을 작가作家라고 한다. 천고만고千古萬古 사람들이 이 같은 남전을 애경愛敬한다.

송에서는 남전의 선도禪道를 "지음知音이 가히 알 뿐이다"라고 하였다. 남전과 조주는 사제지간이면서 지음이다. 남전의 지도력과 조주의 사법嗣法을 여기서는 대우와 여와씨에 비유했다. 대우는 홍수를 다스리기 위해 9년 동안이나 분주히 산을 뚫어 황하의 물을 바다로 흘려보냈다. 이와 같이 분별망상의 물이 무명번뇌의 산으로 넘쳐나는 것을 남전이 일도양단하여 대해로 빠져나가게 했다. 남전이 살인도를 휘둘러 일체의 분별을 끊자 이어서 조주가 활인검을 사용하여 일체를 살리는 작용을 드러냈다.

조주는 짚신을 머리에 얹음으로써 그의 생애生涯를 보여주었다. 생애란 정신생활이 확립되어 있음을 뜻한다. 조주는 철저히 큰 바보가 됨으로써 비로소 조금은 우리와 어울린다. 그렇기 때문에 송에서 "약간 견줄 만하다"라고 했다. '다른 부류로 왔다[異中來]'는 것은, 참묘의 현장에 있지 않았던 조주가 밖에서 돌아와 이야기를 듣고 다른 방면에서 문제를 해결하였다는 것을 말한다. 도리어 남전의 경계를 거울에 비추듯 잘 보여주었으므로, 조주는 순금이다. 그의 경계는 모래 속에 있어도 금빛 찬란하게 빛난다.

제10칙

대산의 노파

대 산 파 자
大山婆子

【시중】

거두기도 하고 놓기도 하고, 간목으로 자유자재로 죽이기도 하고 살리기도 하니, 저울대가 손아귀에 있다. 진로마외[1]가 다만 손가락 끝에 있고 대지산하가 모두 장난감이 되었으니, 말해보라, 이 무슨 경계인가.

시 중 운　　유 수 유 방　　간 목 수 신　　능 살 능 활　　권 형 재 수　　진 로 마 외 진
示衆云。有收有放。干木隨身。能殺能活。權衡在手。塵勞魔外盡
부 지 호　　대 지 산 하 개 성 희 구　　차 도　　시 심 마 경 계
付指呼。大地山河皆成戲具。且道。是甚麽境界。

---

1   진로는 번뇌이며, 마외는 천마외도, 즉 언제나 사람을 유혹하여 악도에 빠트리는 악
　　마를 말한다.

대산 길목에 한 노파가 있었다. 어느 스님이 "대산 가는 길이 어디요?" 라고 물으니 노파가 말했다. "곧장 가시오." 스님은 그대로 갔다. 노파가 말했다. "멀쩡하게 생긴 스님인데 또 저렇게 가시네." 스님이 이를 조주에게 말씀드리자 조주가 말했다. "기다려라. 알아보겠다." 조주 역시 똑같이 물었다. 다음 날 상당하여 말했다. "내가 그대 때문에 노파를 감파했다."

거 대산노상유일파자 범유승문대산노향십마처거 파운
擧。 臺山路上有一婆子。 凡有僧問臺山路向什麼處去。 婆云。
맥직거 승재행 파운 호개아사우임마거야 승거사조주
驀直去。 僧纔行。 婆云。 好箇阿師又恁麼去也。 僧擧似趙州。
주운 대여감과 주역여전문 지내일상당운 아위여감파파자
州云。 待與勘過。 州亦如前問。 至來日上堂云。 我爲汝勘破婆子
료야
了也。

【송】

연로하여 정령이 되니 잘못 전하지 않았고

조주 고불, 남전을 이었네.

늙은 거북, 목숨을 상하게 하는 것은 도상[2] 때문이고

양사, 추풍도, 채찍과 고삐가 누가 된다.

감파해버린 노파선,

사람들한테 이야기한다면 한 푼의 값어치도 안 된다.

연로성정불유전 조주고불사남전
年老成精不謬傳。 趙州古佛嗣南泉。

---

2   거북의 등껍질을 태워서 길흉을 점칠 때 등껍질 표면에 나타나는 모양.

고 구 상 명 인 도 상   양 사 추 풍 누 목 견
枯龜喪命因圖象。良駉追風累纆牽。
감 파 료 노 파 선   설 향 인 전 부 직 전
勘破了老婆禪。說向人前不直錢。

시중의 첫 구는 선사가 수행자를 지도하는 데 자유자재한 방편을 보이
는 것을 말한다. 거두고 놓고 죽이고 살리는[收放殺活] 것을 '간목'과
'저울대'에 비유하여 그 정신을 밝힌다. 간목은 인형놀이에서 인형을
조종하는 막대기인데, 선사가 납자의 안목과 경계의 심천深淺을 측정
하는 저울을 이에 비유하였다. 선사는 수행자의 역량을 헤아려 그 기機
를 살리기도 죽이기도 한다. '진로'는 곧 번뇌다. 참된 나를 더럽히기
때문에 진塵이라고 하고 이것이 사람을 괴롭히기 때문에 노勞라고 한
다. 인식도 관념도 신앙도 깨달음도 모두 진로다. '마외'는 천마의 외도
인데, 기적도 신통력도 모두 이것이다.

그러한 것을 손가락 끝으로 자유자재로 나타내며, 대지도 허공도 천
국도 정토도 모두 장난감이 된다. 이것은 도대체 어떤 경계인가를 말
해보라고 하여 본칙을 불러낸다.

본칙에서, 대산은 문수보살의 영지靈地인 오대산을 가리킨다. 문수
는 지혜의 권화權化이며 지혜는 반야다. 본래 누구에게나 갖추어진 무
분별지다.

어느 스님이 오대산으로 가는 길을 노파에게 물었을 때, 노파는 "곧
장 가시오!"라고만 하였다. 그런데 스님은 그 말만을 듣고 그대로 가버
렸다. 우치愚癡의 모습을 본 노파는 크게 실망한다. "바보 같은 승이로

군, 곧바로 가라고 했는데." 스님은 돌아간 것이다.

노파의 한마디는 학인의 망상을 거두어버린 '직심直心의 도량'이다. 스님은 조주선사에게 노파의 태도를 물었다. 조주는 직접 노인을 알아보겠다[勘過]고 하였다. 다음날, 조주는 상당하여 말하기를 "나는 그대 때문에 노파를 감파했다"고 했다. 그러나 무엇을 감파했는지는 말하지 않았으니 천하의 운수에게 참구과제를 준 것이다.

천동은 이를 노래하였다. "나이 들어 정령이 되었다"는 것은 조주가 조사들 사이에서도 걸출했음을 말한다. 그에게는 방과 할을 사용하지 않고 조용하게 말 한두 마디로 수행자의 분별망상을 꺾는 힘이 있었다. 그래서 고래로 조주의 선을 구순피선口脣皮禪이라고 하여 혀끝에서 빛이 났다고 하였다. 그는 정전正傳의 불법을 인격화, 생활화했다. 천동은 이러한 그를 고불古佛이라고 찬탄했다.

고구枯龜는 오래 산 늙은 거북이를 말한다. 옛날 중국에서는 구복龜卜이라고 하여 거북의 등껍질을 태워 그 표면에 나타나는 모양을 보고 길흉을 점치는 풍습이 있었는데, 거북이 그 등껍질 때문에 목숨을 잃는 것에 빗대어 여기에서는 머리에 깨달음이 있으면 그것이 화가 됨을 노래했다. 어설픈 신앙을 가지면 도리어 자유를 잃는 것과 같다. 이 스님도 전법만을 생각하기 때문에 노파의 말에 걸려들어 허둥대는 망상이 일어난 것이다.

양사, 추풍은 모두 명마를 뜻하는데, 이는 곧 노파를 칭한다. 명마에게는 채찍이 소용없다. 선계禪界의 명마인 노파가 조주의 점검을 만난 것이다. 마지막 구절은 천동이 조주를 감파한 것이다. 조주는 원숙한 선사이지만 '중생본래 성불'로서 볼 때 지나친 친절을 베풀고 있다. 천동은 이를 크게 꾸짖는다. 천동의 눈에 노파선은 아이들의 선이다. 그

래서 감추고 있을 때는 몰라도 사람들 앞에 보일 때는 한 푼도 건지지

못하는 가치가 없는 선이라고 본 것이다.

제11칙

운문의 두 가지 병

운 문 양 병
雲門兩病

【시중】

몸 없는 사람이 병을 앓고, 손 없는 사람이 약을 짓는다. 입 없는 사람
이 식사를 하고, 아무것도 받지 않는 사람이 안락하다. 말해보라. 고황
의 병을 어떻게 치료할까.

무 신 인 환 질　　무 수 인 합 약　　무 구 인 복 식　　무 수 인 안 락　　차 도　　고 황
無身人患疾。無手人合藥。無口人服食。無受人安樂。且道。膏肓
지 질　　여 하 조 리
之疾。如何調理。

본칙

운문대사가 말씀하시기를 "완전히 깨치지 못하는 것은 두 가지 병이
있기 때문이다. 첫째는 모든 곳이 밝지 않은 것은 면전에 무엇인가가

있어서이고, 둘째는 모든 사물이 공함을 투탈해도 묘하게 어떤 것이 있다고 여겨진다면 이 역시 완전히 깨치지 못한 것이다. 또 깨쳤다 해도 역시 두 가지 병이 있다. 깨쳐도 법집을 끊지 못하면 자기의 견해가 아직 남아 깨침의 언저리에 떨어지는 것이 첫째이고, 설사 깨쳤다 해도 그냥 지나쳐버리면 안 된다. 자세히 점검해 봐서 어떤 기식氣息이 남아 있다면 이 역시 병이다"라고 하였다.

擧。雲門大師云。光不透脫有兩般病。一切處不明。面前有物是一。透得一切法空。隱隱地似有箇物相似。亦是光不透脫。又法身亦有兩般病。得到法身。爲法執不忘。己見猶存。墮在法身邊是一。直饒透得放過卽不可。子細點檢將來。有甚麼氣息亦是病。

【송】

삼라만상은 제각각이어서

완전히 벗어나 확 트였다고 해도 눈을 가리네.

저 뜨락을 쓸어낼 힘이 있는 자는 누구인가

사람들은 제각기 마음속으로 헤아리고만 있네.

가을 들녘 머금은 배, 옆으로 푸른빛에 젖어 있고

노 저어 갈대꽃 속으로 들어가니, 눈처럼 빛나네.

비단잉어 낚은 늙은 어부, 저자로 갈 생각인지

표표히 일엽, 물결 위를 떠가네.

森羅萬象許崢嶸。透脫無方礙眼睛。

소 피 문 정 수 유 력　　은 인 흉 차 자 성 정
掃彼門庭誰有力。隱人胸次自成情。
선 횡 야 도 함 추 벽　　도 입 노 화 조 설 명
船橫野渡涵秋碧。棹入蘆花照雪明。
천 금 노 어 회 취 시　　표 표 일 엽 낭 두 행
串錦老漁懷就市。飄飄一葉浪頭行。

운문은 운문산에서 지낸 문언文偃선사로, 운문종의 개조開祖이다. 처음 목주睦州 진존숙陳尊宿에게 공부하여 대사大事를 알았고, 이후 설봉의존선사에게서 깨치고 그의 법을 이었다.《종용록》에는 운문 공안이 여덟 번,《벽암록》에는 열여덟 번 나온다. 그만큼 운문이 선문에서 중요한 위치를 차지하고 있음을 알 수 있다.

　만송노인은 시중에서 네 종류의 병을 앓고 있는 자들을 예로 들어 보였다. 몸이 없는데 앓고 있는 자, 손이 없는데 약을 짓는 자, 입이 없는데 밥을 먹는 자, 어떤 것도 받지 않아도 안락한 자다. 받는다는 것은 괴로움를 자초하는 일이다. 명예, 지위, 권력, 재산을 받는 데에는 모두 괴로움이 따르기 때문이다. 범부가 받기 좋아하는 것을 낙전도樂顚倒라고 한다. 아무것도 받지 않으려는 자를 소승불교 수행자라고 하며, 어떠한 것을 받아도 집착하지 않고 자유로워지면 비로소 진정한 안락을 얻는데, 이를 대승보살이라고 한다.

　고황은 난치병을 말한다. 만송은 이러한 네 가지 병을 어떻게 치료하면 좋을지 말해보라고 하였다. 운문선사는 빛과 법신에 각각 두 가지 병이 있음을 설한다. 깨달음은 자기광명 즉, 빛이다. 철저한 깨달음이 아니면 무엇인가 걸려있는 듯하여 확연·명백하지 않다. 여기에는 두 가지 병이 있기 때문이라는 것이다. 깨닫기 전에는 나와 대상을 대립의 세계로 인식하지만, 깨달으면 대상과 자신이 둘이 아님을 체득하게 된다. 그러나 석두의 《참동계》는 자타가 일체임을 아는 것만으로는 깨달음이 아니라고 하였다. 깨달음이 철저하면 자신 이외에 어떤 것도 없음을 명확하게 안다. 그러나 이것이 첫째 병이다. 선사는 또 하나의 병을 제시한다. 자기가 없다는 인공人空과 법의 실체가 없다는 법공法空을 체득해야 하는데, 얕은 견성은 인공에는 이르렀지만 법공에는 체달하지 못한다. 일체가 공임을 철저히 알아차렸지만, 맑은 하늘에 구름 한 점이 남아있는 것처럼 아직 보일 듯 말 듯 미세한 것이라도 남아 있다면, 이것은 온전한 견성이 아니라는 것이다.

또한 법신에도 역시 두 가지 병이 있다고 하였다. 법신은 참된 자기를 말하니, 법신에 이른다는 것은 진아眞我를 체득했다는 것이다. 그러나 완전히 깨달았다는 기쁨이 남아 이러한 세계를 사람들은 모른다고 생각하는 것이 병이다. 이것을 바로 법집이라고 한다.

여기서 기견己見은 범부의 아견我見이 아니다. 깨달음은 이런 것이라고 머릿속으로 그림을 그리고, 이를 자신이 바라보고 있음을 "자기의 견해가 아직 남아"라고 한 것이다. 이 때문에 "법신 언저리에 떨어지는 것"이라 하였다. 이것이 병의 핵심이다. 법신의 세계에 완전히 들어갔다고 생각해서 방과放過하면 게으르게 되어 자신의 견해가 일어나니 시시각각 주의해야 할 일이다. 자세히 점검해서 전혀 흠집[氣息]이 없다 해도 이것 역시 병이라고 하였다. 선사는 이와 같이 네 가지 고치기 어려운 고황의 병을 제시하여 깨침의 경계를 치밀히 살피도록 하였다.

삼라만상은 있는 그대로다. 투탈하여 본래 일물도 없음을 깊이 깨달지만 이 깨침 역시 병이 되어 안정眼睛을 방해하는 것이다. 뜨락을 청소하는 것은 머릿속의 쓰레기를 소제하는 것이다. 깨달음 병의 청소다. 이를 위해서는 힘이 필요한데 이렇게 할 수 있는 자가 있는가를 묻는다. 그러나 사람들은 마음속으로 이를 헤아리고만 있다. 뒤의 두 구는 깨침의 세계를 노래한다. 시골 냇가에 작은 배가 떠 있고 물가에는 갈대꽃이 눈처럼 하얗게 빛나고 있다. 그 속에 배가 떠 있고 노가 걸쳐 있다. 천하태평의 경지다. 이도 잠시, 늙은 어부는 낚은 잉어를 팔 생각인지 작은 배를 서서히 돌려 앞으로 향한다. 천동은 이 두 구로 깨침의 지혜와 자비를 드러냈다.

제12칙

지장, 밭을 갈다

지 장 종 전
地藏種田

【시중】

재사는 붓으로 밭을 갈고, 변사는 혀로 밭을 간다. 우리 납자들은 길에

있는 흰 소도 돌보기를 게을리하고 뿌리 없는 상서로운 풀도 돌아보지

않는다. 어떻게 일상을 보내는가.

재 사 필 경　　변 사 설 경　　아 납 승 가　　용 간 노 지 백 우　　불 고 무 근 서 초
才士筆耕。辯士舌耕。我衲僧家。慵看露地白牛。不顧無根瑞草。
여 하 도 일
如何度日。

본칙

지장이 수산주에게 물었다. "어디서 왔소?" 수산주가 대답하였다. "남

방에서 왔습니다." 지장이 묻기를, "남방은 요새 불법이 어떠하오?" 수산주가 대답하기를, "법론이 성대합니다." 지장이 말하기를, "이곳에서는 밭을 갈고 밥을 지어 맛있게 먹는데 어찌 이와 같겠나." 수산주가 묻기를, "삼계를 어찌하시겠습니까?" 지장이 묻기를, "그대는 무엇을 삼계라 하는가?"

擧。地藏問脩山主甚處來。脩云。南方來。藏云。南方近日佛法如何。脩云。商量浩浩地。藏云。爭如我這裏種田博飯喫。脩云。爭奈三界何。藏云。你喚甚麼作三界。

【송】

종과 설을 논함은 격론일 뿐이며

입에서 귀로 전하면 바로 지리멸렬해진다.

밭 갈고 밥 먹기는 일상의 일

이는 포참인이 아니면 알지 못하리.

충분히 참구해서 분명히 알아 구할 바 없음이

장자방이 끝내 봉후를 귀하게 여기지 않음이네.

기機를 잊고 돌아가 물고기, 새와 함께하고

발을 씻은 창랑, 물안개 자욱한 가을이네.

宗說般般盡强爲。　流傳耳口便支離。
種田博飯家常事。　不是飽參人不知。
參飽明知無所求。　子房終不貴封侯。
忘機歸去同魚鳥。　濯足滄浪煙水秋。

지장은 지장원에 머물렀던 계침선사이다. 그 후 나한원에 장기간 머물렀으므로 나한 계침이라고 하였다. 현사 사비대사의 법을 이었고, 그 문하에서 법안 문익선사가 나왔다.

글쓰기에 재주가 있는 사람은 글로 업을 삼고 말 잘하는 사람은 웅변이나 강연 등으로 살아가지만, 선수행에 뜻있는 납자들은 물질적으로는 최저, 정신적으로는 최고의 생활을 한다. 노지의 백우라는 것은 참된 자기를 표현한 것이다. 그런데 납자들은 참된 본래면목도 거들떠 보지 않고 미오迷悟의 뿌리에도 걸리지 않는 열반적정의 경계마저 돌아보지 않는다. 그러면 이 같은 자들의 일상생활은 어떤 것인가.

지장은 수산주의 경계를 살핀다. 우선 어디서 왔는가를 물으니, 수산주는 남방이라고 답했다. 남방은 당시 불교가 성한 지방이었다. 요즈음 그곳은 불법이 어떠냐는 물음에 문답상량이 굉장하다고 하였다. 지장은 "이곳은 말이야, 농사짓고 쌀로 밥을 지어 모두가 맛있게 먹고 있지"라고 한다. 이렇게 말한 지장의 뜻을 헤아리지 못하고 수산주는 마뜩찮게 말했다. 삼계 즉 미혹한 세계를 어떻게 하시려는지. 말하자면 그렇게 게을리 산다면 언제 중생계를 제도하겠는지 책망하는 것이다. 지장은 "그대는 무엇을 삼계라고 하는가"라고 다그쳤다. 삼계라고 하는 미혹의 세계가 어디에 있겠는가 하는 힐책이다. 불도 즉 깨달음이라는 것은 농사를 짓고 밥을 짓는 데 있다. 그러나 쉬운 일은 아님을 지장은 은연하고도 치밀하게 일갈하였다.

천동의 노래에서 앞의 두 구는 수산주의 머리에 대한 것이다. 종설은 종과 설을 말한다. 종은 사상을 초월한 진실이며 사실이다.《화엄경》에는 이언진여離言眞如라는 말이 있다. 말과 사상으로는 절대 취할 수 없는 세계다. 그 세계를 말로 나타내는 것을 의언진여依言眞如라고 하는 것이다. 알고 보면 종과 설은 불이不二이다.

강위强爲는 격론을 의미하니, 이것은 강제적인 행위이며 무리한 일이다. 이구耳口로 유전한다는 것은 설한다든가 듣는다는 것이다. 이렇게 된다면 참된 사실은 지리멸렬하게 되어 생명을 잃는다. 그렇다면 진실은 무엇인가. 이를 뒤의 네 구에서 보인다.

농사짓고 밥 먹는 일상의 일조차도 애쓰지 않으면 알지 못한다. 분명 알아 이제는 더 이상 구할 바가 없음을, 한漢 고조高祖가 은상恩賞을 내리려 할 때 장자방이 이를 사양했다는 고사故事에 비유했다.

마지막 두 구는 지장화상의 경계를 노래하고 있다. '기機를 잊고 돌아 가'는《열자列子》에 나온다. 옛날 한 청년이 매일 바다에서 오리 무리들과 놀았다. 어느 날 그의 아버지가 한 마리 잡아 오라고 하여 바다로 나가보니 오리가 한 마리도 가까이 오지 않았다. 여기서 '기機'는 '잡아야지'라는 분별의 작용이다. 분별 없이 무심하다면 물고기도 새도 함께 놀게 된다는 것이다. "발을 씻은 창랑"도 고사에 나온다. 굴원屈原이 '세상 사람들은 모두 탁하지만 나만은 깨끗해야겠다'고 하여 세상을 개탄하는 것에 비해 어부는 '성인은 사물에 얽매이지 않는다. 창랑의 물이 맑을 때는 관끈을 씻으면 좋고 창랑의 물이 탁할 때는 발이라도 씻으면 좋지 않은가'라고 하였다. 미혹을 버려야겠다는 망상도 없고 깨달음을 얻어야겠다는 망상도 없게 되는 것이 "기를 잊은" 소식이다. 바로 이러한 풍정風情을 "물안개 자욱한 가을"이라고 노래했다.

임제의 눈먼 당나귀

임 제 할 려
臨際瞎驢

【시중】

한결같이 사람을 위하다 보면 자기를 잊고, 오직 법령을 엄격히 시행해서 백성이 없어짐을 상관치 않는다. 반드시 목침을 부숴버리는 것 같은 악랄한 수단을 써야 한다. 그렇다면 임종 바로 그때는 어떻게 해야 하나?

일 향 위 인　부 지 유 기　직 수 진 법　불 관 무 민　수 시 요 절 목 침 악 수
一向爲人。不知有己。直須盡法。不管無民。須是拗折木枕惡手
각　임 행 지 제 합 작 마 생
脚。臨行之際合作麼生。

본칙

임제가 열반에 들려 할 때, 삼성 혜연에게 유촉하였다. "내가 천화한

후, 나의 정법안장을 없애지 말라." 삼성이 대답했다. "어찌 감히 화상의 정법안장을 없애겠습니까?" 임제가 일렀다. "홀연히 어떤 사람이 그대에게 정법안장을 묻는다면 어떻게 대답하겠느냐?" 삼성이 지체 없이 "할!" 하니, 임제가 말하길 "누가 알았겠는가? 나의 정법안장이 이 눈먼 당나귀에서 없어질 줄을!"

_{거 임제장시멸 촉삼성 오천화후 부득멸각오정법안장}
舉。臨際將示滅。囑三聖。吾遷化後。不得滅却吾正法眼藏。
_{성운 쟁감멸각화상정법안장 제운 홀유인문여작마생대}
聖云。爭敢滅却和尙正法眼藏。際云。忽有人問汝作麼生對。
_{성변할 제운 수지오정법안장향저할려변멸각}
聖便喝。際云。誰知吾正法眼藏向這瞎驢邊滅却。

【송】

믿음의 옷, 한밤중에 혜능에게 전해지니

요란한 황매의 칠백 대중.

임제의 한 가닥 정법안장

눈먼 당나귀에서 없어지니 사람들의 미움을 샀네.

마음과 마음이 계합하니

조사에서 조사로 법등이 전해졌다.

바다와 산, 여여하고

큰 물고기, 붕새로 변화됨이여.[1]

말만으로는 짐작키 어려우니

---

1 《장자莊子》〈소요유逍遙遊〉에 나오는 말. 해당 대목을 한글로 번역하여 인용하면 다음과 같다. "북명에 물고기가 있으니, 그 이름을 곤鯤이라 한다. 곤의 크기는 몇 천 리가 되는지 알지 못한다. 변하여 새가 되면 그 이름을 붕鵬이라 하는데 붕의 등은 몇 천 리나 되는지 알 수가 없다."

큰 수단은 번등을 아는 것이라네.

신 의 반 야 부 노 능　　교 교 황 매 칠 백 승
信衣半夜付盧能。攪攪黃梅七百僧。
임 제 일 지 정 법 안　　할 려 멸 각 득 인 증
臨際一枝正法眼。瞎驢滅却得人憎。
심 심 상 인　　조 조 전 등
心心相印。祖祖傳燈。
이 평 해 악　　변 화 곤 붕
夷平海嶽。變化鯤鵬。
지 개 명 언 난 비 의　　대 도 수 단 해 번 등
只箇名言難比擬。大都手段解飜騰。

해설

임제는 황벽선사의 법을 이었으며 임제종의 개조이다. 스승은 자신을
잊은 채 온갖 친절과 결단과 엄격함으로 진실한 제자를 키운다. 그 엄
격함은 엄정한 국가법 때문에 백성이 다른 나라로 도망갈 정도다. 이
같은 교육은 승단 제일의第一義 법문으로 제일류의 인물을 교화하는
특별한 경우에 해당된다. 스승은 학인이 이 같은 가르침을 받아들일지
말지는 안중에 없다. 목침을 부술 정도의 악랄한 수단으로 다만 지도
할 뿐이다. 그렇다면 임종의 순간에 이르러서는 어떤 교화를 쓸까. 본
칙은 임제의 교화를 내보인다.

　입멸할 즈음, 임제는 제자 삼성 혜연에게 부촉하였다. 임제는 대단
한 교학자였다. 사상적으로 불교를 이해하였고 그래서 이를 그대로 실
행하면서 지내면 된다는 신념을 가졌다. 그는 황벽선사의 도량에 와서
3년간 순일하게 행업을 닦았다. 그때 수좌 목주睦州에게 주의를 받고,
황벽선사에게 독참獨參하여 '불법의 대의가 무엇인가'를 세 번 묻자

세 번 다 아프도록 얻어맞았다. 황벽은 선사를 대우大愚화상 처소로 보냈는데 그곳에서 단 한 번의 만남으로 크게 깨달았다.

생애 마지막 날, 임제는 제자들이 둘러 모여 있을 때 삼성에게 유촉하였다. 최후의 설법으로 "내가 천화한 후, 나의 정법안장을 없애지 말라"고 하였다. 천화는 도인의 죽음을 말하는데, 교화를 다른 세계로 옮기는 것이다. 정법안장은 진실의 불법을 말한다. 이는 우리들의 본래면목을 말한다. 대사는 입적 후에도 진실의 불법을 없애지 말라고 부촉하면서 제자들의 안목과 경계의 심천深淺을 살피고 있다. 삼성은 절대 그런 일은 없을 것이라고 말씀드린다. 여기서 화상은 임제대사만을 가리키는 것이 아니다. '화상의 정법안장'이라고 한 것은, 우리들이 본래 구족한 정법안장이다.

대사는 다시 다그치며 묻는다. '순간 누군가 와서 자네에게 내 정법안장을 묻는다면 어떻게 할 텐가'라고. 삼성은 틈을 주지 않고 바로 '할'을 했다. 할에는 어떠한 특별한 의미가 없다. '바보!' '침묵!' 등의 복합적인 뜻이 내포되어 있으니 삼성의 본래면목을 드러낸 것이다. 그런데 대선사의 죽음 앞에서 '할'을 하는 것은 비상식적이고 무례하지 않은가. 임제선사와 제자간의 경계의 간파는 생사를 초월한 도량에서 이루어진다. 삼성이 어떠한 태도로 답했는지는 각자가 알 일이다. 선사는 듣고 바로 말했다. '나와 삼성만이 알지 어느 누가 알까.' 즉 '내 불법이 이 눈먼 삼성에게서 멸각될 줄을 누가 알리오'라는 것이다. 이렇게 표면적으로는 실망스럽게 보이지만, 실은 눈먼 당나귀라고 한 것은 삼성을 극구 칭찬한 말이다. 대오철저한 사람은 크게 어리석은 [大愚] 사람이다. 대오철저한 눈을 갖춘 사람을 정할正瞎, 진할眞瞎, 초할超瞎 등으로 선문에서는 말한다. 임제선사가 제자 삼성을 불법의 냄

새가 전혀 나지 않는 진정한 납자임을 '눈먼 당나귀'로 인가한 것이다.

신의信衣는 석존으로부터 대대로 전해진 가사를 말한다. 이는 불법의 정전正傳의 증거물이다. 이 가사를 홍인선사가 한밤중에 혜능에게 주어 그를 육조로 증명하였다. 신의가 혜능에게 전해졌음을 안 황매산의 수많은 수행자들은 대소동을 일으켰다. 지금은 임종을 맞은 임제가 삼성에게 법을 부촉하는 장면이다. 임제가 큰 나무라면 '정법안'은 한 가닥 줄기다. 이 줄기를 받은 삼성은 임제의 칭찬에 사람들로부터 미움을 샀다. 천동은 임제와 삼성의 이심전심은 물론이고 당대의 조사들이 법등을 전승해 왔음을 노래했다.

'해악海嶽은 이평夷平'하다는 것은 미혹함과 깨침, 시비와 득실 등의 해악을 본래의 모습, 즉 이평으로 하는 역량을 말하고, 큰 물고기가 붕새로 변함은 천하의 납승들을 교화하는 위대한 무사인無事人임을 노래하는 것이다. '나의 정법안장이 이 눈먼 당나귀에서 없어지다'라는 것은 참으로 굉장한 말이다. 선사가 참된 제자를 만났음을 임종 시에 표출한 것이다. 정법안장을 자유분방하게 설해버린 것을 '번등을 알다'라고 했다.

제14칙

곽시자, 차를 드리다

<ruby>廓<rt>곽</rt></ruby><ruby>侍<rt>시</rt></ruby><ruby>過<rt>과</rt></ruby><ruby>茶<rt>다</rt></ruby>

【시중】

탐간探竿을 손에 들고, 영초影草를 몸에 둘렀다. 때로는 무쇠로 솜뭉치를 싸고, 때로는 비단으로 큰 돌을 싼다. 강한 것으로 부드러움을 처리하는 것은 바로 이렇지만 강함을 만나면 약해지는 것은 어떤가.

探竿在手。影草隨身。有時鐵裹綿團。有時錦包特石。以剛決柔則故是。逢强卽弱事如何。

본칙

곽시자가 덕산에게 물었다. "과거의 성현들은 어느 곳을 향해 가셨습니까?" 덕산이 말했다. "뭐라고? 뭐라고?" 곽시자가 말했다. "비룡마에게 칙명을 내렸는데 노마가 나와버렸군." 덕산은 그냥 가만히 있었다.

다음 날 덕산이 목욕하고 나오자 곽시자가 덕산에게 차를 드렸다. 이

에 덕산이 곽시자의 등을 한번 어루만져 주었다. 곽시자가 말했다. "이

노장이 비로소 알아차렸군." 덕산은 다시 잠자코 있었다.

擧。廓侍者問德山。從上諸聖向什麼處去也。山云。作麼作麼

廓云。勅點飛龍馬。跛鼈出頭來。山便休去。來日山浴出。

廓過茶與山。山撫廓背一下。廓云。這老漢方始瞥地。山又休去。

【송】

눈앞에 다가올 때 작자는 안다.

그 가운데서는 전광석화조차 느리다.

질 것처럼 보이는 전략가에게는 깊은 뜻이 있고

적을 속인 장수는 별 생각이 없다.

쏘면 반드시 적중하니 누가 만만히 여길까.

뒤통수에서 뺨을 보니 사람들이 근접하기 어렵고

눈썹 밑에 눈이 붙었으니 그는 편리하겠구나.

覿面來時作者知。可中石火電光遲。

輸機謀主有深意。欺敵兵家無遠思。

發必中。更謾誰。

腦後見腮兮。人難觸犯。

眉底著眼兮。渠得便宜。

탐간은 낚시할 때 물속을 뒤져 물고기가 모이도록 하는 막대기이고, 영초는 비가 올 때 몸에 두르는 도롱이다. 여기서 탐간과 영초는 상대가 가진 역량을 살피는 것과 내가 가진 것을 상대가 못 보게 하는 것을 각각 의미한다. 이들은 사람의 역량에 따라 시의적절하게 나타내는 작용들이다. 어느 때는 강철같이 무서운 얼굴을 하고 있지만 내심 솜같이 부드러운 자애로움이 있다.

특석은 특별한 돌인데, 표면은 부드럽게 보이지만 속은 돌보다도 견고하다. 각각 문수의 지혜와 보현의 자비를 나타내었다. 강자인 스승이 약자인 제자를 야단치는 것은 당연하겠지만 반대로 강한 자가 약한 자에게 져준다고 하는 자재신통의 힘을 갖는 것은 그리 쉽지 않다. 이러한 실력을 보는 것이 공안참구다.

곽시자는 보응 혜옹선사의 시자 수곽守廓이다. 그는 삼세제불 역대 조사 모든 성인이 어디로 갔는지 물었다. 부처는 오고감이 자유자재하므로 여래如來, 선서善逝라고 한다. 모든 곳에 두루하시다. 고로 '부처, 진법신은 다만 허공과 같다. 물物에 따라 형태가 나타나는 것은 수중의 달과 같다'고 하였다. 곽시자는 불조의 침상을 살피면서 덕산의 침상을 점검하고 자신의 침상이 보이는가도 은근히 물은 것이다. 덕산은 이를 알아채고 귀가 먹은 체 하며 "뭐라고!"라고 했다. 비룡마는 명마名馬이고 파별은 절룩거리는 자라 같은 노마駑馬다. 칙점은 절대명령이다. 곽시자가 명마를 불렀는데 노마가 나온 것이다. 덕산은 제자에게 당한 것처럼 가만히 있었다. 이것이 덕산의 삼매의 힘이다. 다음 날, 덕산이 목욕을 하고 나니 곽시자가 차를 올렸다. 덕산은 등을 어루

만지며 인정 어린 행동을 했지만 여기에는 다른 의미가 들어 있다. '모든 성인이 간 곳을 알았는가'라는 탐간영초였다. 곽시자는 자신의 본래면목의 자리를 알아차렸다. 그러나 덕산은 아무런 일도 없던 것처럼 다시 잠자코 있었다. 덕산은 자유자재한 신통을 침묵으로 일갈했다.

천동은 먼저 노장 덕산을 칭송했다. 그는 눈앞에만 있어도 알아차린다. 이는 전광석화보다 빠르다. 다음은 곽시자를 노래했다.

일부러 져주는 덕산의 전략을 시자가 알아챘다면 적을 속인 것이 되지만, 못 알아챘다면 적에게 속아 넘어간 것이다. 덕산이 쏘는 화살은 백발백중이니, 누구도 덕산을 바보라고 생각하지 않는다. 그 다음 구는 덕산을, 그 뒤에서는 곽시자를 노래했다. 머리 뒤에서 봤을 때 옆으로 삐져나온 턱뼈를 가진 자는 근성이 사나운 자라고 한다. 이는 덕산의 저의를 절찬한 비유다. 눈썹 아래에 눈이 붙었다는 것은 눈이 쑥 들어간 사람을 말하는데, 이는 안목이 있음을 의미하는 것이다. 시자도 깨달음의 눈빛을 가졌기에 비룡마, 노마라고 마구 부르는 것이다. 이런 이유로 천동은 그를 '득편의得便宜'라고 했다. 낙편의落便宜라고 하지 않는 것은 아직 완전한 깨침에 이르지 못했다고 본 것이다. 천동은 두 사람 모두를 칭송했다.

제15칙

앙산이 가래를 꽂다

앙 산 삽 초
仰山挿鍬

【시중】

말하기 전에 먼저 아는 것을 묵론이라 하고, 밝히지 않아도 스스로 드러나는 것을 암기라고 한다. 산문 앞에서 합장하고 양쪽 복도에서 경행하는 것은 그런대로 의미가 있다. 안마당에서 춤을 추고 있는데 뒷문 밖에서 머리를 끄떡이는 것은 또한 무엇인가

미 어 선 지　위 지 묵 론　불 명 자 현　위 지 암 기　삼 문 전 합 장
未語先知。 謂之默論。 不明自顯。 謂之暗機。 三門前合掌。
양 랑 하 행 도　유 개 의 탁　중 정 상 작 무　후 문 외 요 두　우 작 마 생
兩廊下行道。 有箇意度。 中庭上作舞。 後門外搖頭。 又作麼生。

본칙

위산이 앙산에게 물었다. "어디서 오는가?" 앙산이 대답했다. "밭에서

옵니다." 선사가 말하였다. "밭에 사람이 얼마나 있던가?" 앙산이 가래를 땅에 꽂고 손을 모으고 서니 선사가 말하였다. "남산에서 여러 사람들이 띠를 베야겠구나." 앙산은 다시 가래를 뽑아 들고 나가버렸다.

거 위산문앙산심처래 앙운 전중래 산운 전중다소인 앙삽
擧。潙山問仰山甚處來。仰云。田中來。山云。田中多少人。仰揷
하초자 차수이립 산운 남산대유인예묘 앙념초자변행
下鍬子。叉手而立。山云。南山大有人刈茆。仰拈鍬子便行。

【송】

노각, 정이 많아 자손을 생각하고

바로 지금, 부끄러워하며 가문을 일으킨다.

남산의 말씀, 새겨들어

뼈에 새기고 살에 기록하여 모두 은혜를 갚아야 하네.

노 각 정 다 념 자 손 이 금 참 괴 기 가 문
老覺情多念子孫。而今慚愧起家門。
시 수 기 취 남 산 어 누 골 명 기 공 보 은
是須記取南山語。鏤骨銘肌共報恩。

해설

묵론과 암기는 선지禪智를 담고 있는 원상의 여섯 가지 명칭 가운데 들어 있다. 원상은 원각이며 참된 자기다. 원상의 성능性能에 이 두 가지가 나온다. 묵론默論은 마치 이심전심처럼 이유 없이 이해가 되는 것이다. 여기서 한층 더 서로 자유자재한 작용을 암기暗機라고 한다. 승려들이 산문 앞에서 합장하여 복도를 따라 걷는 것은 서로 암묵적으로 뜻이 통하여 이루어지는 것이다. 중정에서 춤추는데 뒤뜰에서 고개를 끄떡이는 것도 어떤 이유도 없이 뜻이 통했기 때문이다. 이것은 의식과 개념이 탈락한 가운데서 일어난 일이다. 시중에서 '이건 무엇인가' 참구를 재촉한다.

위산은 애제자 앙산에게 물었다. "어디 갔다 오는가?" 장소를 묻는 것이 아님을 알아챈 앙산은 천연스레 밭에서 왔다고 답한다. 여기에서 묵론이 작용한다. 본래 마음의 밭을 가는 것이 불제자의 본분사다. 위산과 앙산은 묵론 암기의 지음知音이지만 앙산이 "밭에서 왔다"고 하니 위산은 앙산을 다시 검토해 본다. "밭에 몇 사람이 있던가?" 위산은 기분 좋게 물었다. 이 또한 앙산의 본래면목을 살피는 것이다. 앙산은 가래를 땅에 꽂고 손을 모으고 우뚝 섰다. 여기서 위산은 주의를 주며 그것만으로 돌파되었다고 할 수 없다는 것을 은근히 보인다. 오늘은 큰 운력의 날이니 모두 띠를 베야 한다고 하는 것은 정진에 더욱 매진해야 한다는 뜻이다. 앙산은 이렇다 말을 전혀 하지 않은 채 가래를 뽑아 들고 바로 나갔다. 이는 위산과 앙산의 암기를 보인 것이다.

노각老覺은 위산선사를 가리킨다. 그는 법의 자손들이 불도성취하기를 염원한다. 앙산은 위산에게 주의를 받고 자기의 견식見識을 버리고 가래를 뽑아 나가버렸다. 이는 앙산이 위산의 불법의 가문을 일으킨다는 의미다.

언제나 게으르지 말고 무섭게 정진해야 하며, 마음에 새겨 잊지 말아야 할 일이다. "남산에 많은 사람들이 띠를 베야 한다"는 것은 이를 말한다. 뼈에 새기고 살갗에 기록해 두어 초견성에 안주하지 말고 자신을 갈고 닦아 사람들을 교화해야 한다. 이것이 바로 은혜에 보답하는 일임을 천동은 노래했다.

마곡, 석장을 내리치다

마 곡 진 석
麻谷振錫

【시중】

사슴을 가리켜 말이라 하고, 흙을 쥐면 금이 된다. 혀로 바람과 우레를
일으키고, 미간에 피 묻은 칼을 감추었다. 앉아서 성패를 보고, 서서 생
사를 시험한다. 말해보라. 이는 무슨 삼매인가?

지 록 위 마　　악 토 성 금　　설 상 기 풍 뢰　　미 간 장 혈 인　　좌 관 성 패　　입 험
指鹿爲馬。握土成金。舌上起風雷。眉間藏血刃。坐觀成敗。立驗
사 생　　차 도 시 하 삼 매
死生。且道是何三昧。

본칙

마곡이 석장을 짚고 장경에게 가서, 선상을 세 바퀴 돌고 석장을 들어
한 번 내리친 후 우뚝 섰다. 장경이 "옳다, 옳다" 하였다. 마곡은 또 남

전에게 가서 선상을 세 번 돌고 석장을 들어 한 번 내리친 후 우뚝 섰다. 남전이 "틀렸다, 틀렸다" 하였다. 이에 마곡이 말하기를, "장경은 옳다고 말했는데 화상께서는 어찌하여 틀렸다고 합니까?" 남전이 말하기를, "장경은 옳지만 그대는 틀렸다. 이는 바람의 힘으로 굴려진 것이니 결국에는 무너진다"고 하였다.

擧。麻谷持錫到章敬。遶禪牀三匝。振錫一下。卓然而立。敬云
是是。谷又到南泉。遶禪床三匝。振錫一下。卓然而立。泉云。
不是不是。谷云。章敬道是。和尚爲什麼道不是。泉云。章敬卽
是。是汝不是。此是風力所轉。終成敗壞。

【송】

옳음과 그름,

함정을 잘 살펴야 한다.

억누르는 듯, 추켜세우는 듯

난형난제로다.

허락함은 그가 이미 때에 이르러서고

허락지 않음은 내가 무언가 특별한 것은 아니다.

금석을 한 번 떨친 고고한 풍채와

승상을 세 번 도는 여유로운 유희,

총림은 떠들썩한 시비를 일으키니

해골에 붙은 귀신을 보는 듯하네.

是與不是。好看楮橀。

사 억 사 양　난 형 난 제
似抑似揚。難兄難弟。
종 야 피 기 임 시　탈 야 아 하 특 지
縱也彼旣臨時。奪也我何特地。
금 석 일 진 태 고 표　승 상 삼 요 한 유 희
金錫一振太孤標。繩床三遶閑游戲。
총 림 요 요 시 비 생　상 상 촉 루 전 견 귀
叢林擾擾是非生。想像髑髏前見鬼。

마곡산 보철선사는 마조 도일의 법을 이었다. 선사에게는 '바람의 성
품은 항상 머무르지만 처소가 없고 두루 하지 않다[風性常住 無處不周]'
라는 유명한 공안이 있다.

　"사슴을 말이라 하고 흙을 쥐면 금이 된다"는 구절에는 고사古事가
있다. 진시황을 이은 황제는 현명하지 못했다. 승상 조고趙高가 어느
날 사슴을 타고 황제를 수행했다. 황제가 왜 사슴을 타는가 묻자 조고
는 그것이 사슴이 아니라 말이라고 했다. 황제가 사슴이라고 말하니
조고는 군신들에게 물어보기를 청했다. 황제의 물음에 군신 중 반은
사슴, 반은 말이라고 했다. 위세가 큰 조고가 황제를 바보로 만든 이야
기다. 또, 석가의 조카 석마남釋摩男이라는 비구가 흙을 쥐면 그것이
홀연히 금으로 변했다는 이야기가 있다.

　어떤 것도 고정된 모습, 의미, 가치, 성질이라는 것은 없다. 범부를
부처라고, 깨친 자를 장님이라고도 할 수 있다. "사슴을 가리켜" "흙을
쥐고" 두 구는 본칙에 나온 장경과 남전을 말하는 것이다.

　"혀로 바람과 우레를 일으키고"는 때와 장소에 따라 적절한 말이 자
연히 튀어나오는 것을 말하며, "미간에 칼을 감춘다"는 것은 피를 내

지 않고 베어버리는 자를 말한다. 상대의 태도나 동작을 한 번 딱 보고 감쪽같이 죽일 것은 죽이고 살릴 것은 살린다는 것이다. 역시 장경과 남전을 두고 하는 말이다. 또한 "앉아서 성패를 보고, 서서 생사를 시험한다"는 것은 일부러 설 필요도 없고 앉을 필요도 없이 곧바로 상대의 태도나 동작을 한 번 보고는 경계의 심천을 간파하며 죽었는지 살았는지도 시험해 버린다는 것이다. 바로 이것이 무슨 삼매의 힘인지 말해보라는 것이 공안이다.

본칙에 나오는 마곡, 장경, 남전은 모두 마조 도일의 제자다. 석錫은 석장인데 길이가 180센티미터나 되며 상부에 6개의 고리가 달려 있다. 석장을 들고 걷는 것은, 소리가 나게 하여 땅위에 있는 벌레가 도망가 밟히지 않게 하기 위해서이며 또한 맹수가 가까이 오지 않도록 하기 위함이다.

선상을 세 번 돈다는 것은 최고의 예경이다. 돌고 난 후 석장을 땅에 내려치는 것은 무슨 의미일까. 장경은 곧바로 "옳다"고 했다. 혀로 바람과 우레를 일으킨 것이다. 장경은 피를 내지 않고 잘라버렸다. 마곡은 어떤 비판도 하지 않고 휙 나가버렸다. 다음은 남전에게 가서 마찬가지로 세 번 돌고 우뚝 서서 석장을 땅에 내리쳤다. 남전은 한마디로 "틀렸다"라고 했다. 마곡의 헛된 견식을 딱 잘라 말해버렸다. 마곡은 "장경은 옳다고 했는데 화상은 어째서 틀렸다고 하는가"라고 다그친다. 남전은 "그것은 바람의 힘으로 굴려진 것이니 끝내 무너진다"고 하였다. 풍력이란 이로움[利], 쇠퇴함[衰], 비난[譏], 명예[譽], 칭찬[稱], 패배[毀], 괴로움[苦], 즐거움[樂] 등 8풍이다. 이러한 바람으로 경계를 얻은 것은 무너져 버린다고 남전은 마곡을 흔들어 보는 것이다.

천동은 노래한다. "옳고 그름, 이 모두 함정이니 잘 살펴야 한다." 그르다고 내리누르고, 옳다고 치켜세우는 듯하지만 어떤 것도 옳고 그름에 있지 않다. 난형난제다.

종縱은 '허락함'이고 탈奪은 '허락지 않음'을 뜻한다. 종의 설법은 장경의 것이고 탈의 설법은 남전의 것이다. 옳다거나 그르다고 말한 것은 단지 마곡의 경계를 살피는 것이고, 때에 맞추어 인사를 한 것뿐이다. 금석은 석장이니, 고고함의 상징이다. 승상繩床은 선상禪床이다. 한가히 유희한다는 것은 어떠한 계획도 기대도 없이 다만 연에 맡긴 '유희삼매'다. 마곡이 장경과 남전의 수완을 보고 시험하러 온 것도 모두 그렇다. 때문에 세 사람 모두 승패가 없다. 그럼에도 총림의 수행자들은 세 사람의 문답에 대해 시끄럽게 시비를 하게 되고, 그것은 마치 일이백 년 된 해골에 유령이 달라붙어 시끄럽게 구는 것 같은 느낌이라고 천동은 절묘하게 주의를 준다.

제17칙

법안의 털끝

【시중】

한 쌍의 외로운 기러기는 땅을 박차고 높이 날고, 마주 보는 원앙새는 못가에 외로이 섰다. 화살촉이 서로 맞닿은 것은 잠시 미루어 두고, 톱으로 저울 추를 자를 때는 어떠한가?

일 쌍 고 안 박 지 고 비　　일 대 원 앙 지 변 독 립　　전 봉 상 주 즉 차 치　　거 해
一雙孤鴈愽地高飛。　一對鴛鴦池邊獨立。　箭鋒相拄則且致。　鋸觧
칭 수 시 여 하
秤錘時如何。

본칙

법안이 수산주에게 물었다. "'털끝만큼 차이가 나도 하늘과 땅만큼이나 멀어진다.' 너는 이 말을 알겠는가?" 수가 말했다. "털끝만큼 차이

가 나도 하늘과 땅만큼이나 멀어집니다." 안이 물었다. "어떻게 알았는
가?" 수가 말했다. "저는 다만 이와 같습니다만, 화상께서는 어떠하십
니까?" 안이 말했다. "털끝만큼 차이가 나도 하늘과 땅만큼이나 멀어
진다." 수가 바로 예배했다.

擧。法眼問脩山主。毫厘有差。天地懸隔。汝作麼生會。脩云。毫
厘有差。天地懸隔。眼云。恁麼又爭得。脩云。某甲只如此。和尙
又如何。眼云。毫厘有差。天地懸隔。脩便禮拜。

【송】

저울에 파리가 앉으면 바로 기운다.

수만 세대를 전해오는 저울은 차별을 비춘다.

근·양·치·수, 단적으로 보이지만

결국 나의 정반성에는 맞지 않네.

秤頭蠅坐便欹傾。萬世權衡照不平。
斤兩錙銖見端的。終歸輸我定盤星。

해설

시중의 두 구句는 '둘이지만 하나'라는 정신을 보인다. 한 쌍도 한 대對
도 둘이 아닌 하나가 되어 생활하고 있음을 "외로운 기러기"라고 하고
"원앙이 연못가에 외롭게 서 있다"고 하는 것이다. 부부, 친구, 부모와

자식, 주인과 시종, 선사와 납자 등을 보면 모두 그런 관계다. 둘이지만 하나이고 하나이지만 둘로 나누어진다. 이러한 이치를 활쏘기의 명인과 명인이 만나는 '전봉상주箭鋒相拄'에 비유하였다.

이것은 그렇다 치고 저울의 추를 절단하는 것을 비유로 삼아 학인의 분별망상을 끊을 때는 어떠한가라고 묻는다. 수행자의 경계의 심천深淺을 시험하는 것이다. 이 공안에서는 법안선사가 수산주를 시험해 본다. 선사는 《신심명》의 '호리유차 천지현격'의 뜻을 물으며 수산주의 수행의 정도를 시험한다. "그대는 이 말을 어떻게 생각하는가"라고 물은 것은 본분사本分事를 살피는 것이다. 흔히 납자는 수증修證의 언저리에서 일어나는 것을 선사에게 말씀드린다. 곧바로 밝아진 본래심[根本心]을 드러내야 하는 것이다. 그런데 수산주는 그대로 "호리유차 천지현격"이라고만 했다. 수증상에서 답한 것이다. 법안은 어떻게 해서 알았는가를 반문했다. 제자는 자신의 일은 그렇다 치고 스승의 일을 되묻는다. 수산주는 이때 전심전력을 기울여 들으려고 하는 모습이다. 그 순간 선사는 바로 "호리유차 천지현격"이라고 했다. 그 자리에서 수산주는 스승에게 절했다. 본분상의 일을 그제야 알아차린 것이다. 하나하나는 비교할 상대가 없어 그것 자체가 바로 우주일 뿐이다. 호리는 최소한을 뜻한다. 불교에서는 이를 인허隣虛라고 한다. 허는 제로(zero)이고 인허는 제로에 가깝다는 의미다. 우주에는 같은 것이 하나도 없다. 수십억의 인류도 마찬가지다. 반드시 호리의 차가 있다. 이 말을 천지만물이라는 말로 바꾸면 잘 이해될 것이다. 다시 말해서 '천지현격'이라고 하는 것은 하늘과 땅 정도의 차이가 있다는, 곧 완전히 다르다는 것을 말한다. 수산주는 이 사실을 깨달은 것이다.

송에서 천동은 본칙을 다시 정리했다. 정교한 저울은 파리 한 마리만 앉아도 기운다. 조금이라도 번뇌망상이 섞인다면 도道와 등지게 된다. 법안선사는 저울이며 권형權衡의 역할을 한다. 여기서 '불평不平'은 차별을 뜻한다. 선사는 온 우주의 모든 차별이 평등함을 보인다. 만약 인간이 차별에 대해 불평한다면 그 불평은 틀렸음을 분명히 한다. 대부분의 사람들은 진정 차별이 무엇인지 모른다.

모든 차별은 우연이 아니며 인과필연으로 나타난 것이라고 보는 것이 불법이다. 차별은 고정적인 것이 아니기 때문에 인과의 법칙에 따라 필연적으로 따라가는 것이다. 어떠한 차별도 그대로 공평무사한 것임을 밝힌다. 근·양·치·수는 가볍고 무거움을 나타내는 눈금이다. 수산주가 수행의 심득心得으로써 그 경중을 명백히 보이는 것은 훌륭하지만, 법안선사의 절대가치의 눈금[定盤星]에는 맞지 않음을 천동은 노래한다.

제18칙

조주와 개

조 주 구 자
趙州狗子

【시중】

물에 뜬 조롱박은 건드리기만 하면 돌아가고, 햇빛에 비친 보석은 정
해진 색깔이 없다. 무심으로도 알 수 없고 유심으로도 알 수 없다. 생
각으로는 미칠 수 없는 대인도 말꼬리에 잡혀 어지러워 하는데 하물며
피할 자가 있을까?

수 상 호 로　　안 착 변 전　　일 중 보 석　　색 무 정 형　　불 가 이 무 심 득　　불 가
水上葫蘆。按著便轉。日中寶石。色無定形。不可以無心得。不可
이 유 심 지　　몰 량 대 인　　어 맥 리 전 각　　환 유 면 득 저 마
以有心知。沒量大人。語脉裏轉却。還有免得底麽。

본칙

어떤 스님이 조주에게 물었다. "개도 불성이 있습니까?" 조주는 "있

다"고 대답했다. 스님이 다시 물었다. "있다면, 어찌 저런 가죽부대에 들어있습니까?" 조주가 답했다. "그는 알면서도 범했기 때문이다." 또 어떤 스님이 물었다. "개도 불성이 있습니까?" 조주가 "없다"고 답했다. 스님이 물었다. "일체 중생이 불성이 있다고 했는데 어찌 개는 없습니까?" 조주가 말했다. "개에게는 업식이 있기 때문이다."

<ruby>擧</ruby>。<ruby>僧問趙州</ruby>。<ruby>狗子還有佛性也無</ruby>。<ruby>州云有</ruby>。<ruby>僧云</ruby>。<ruby>旣有</ruby>。<ruby>爲甚麽却撞入這箇皮袋</ruby>。<ruby>州云</ruby>。<ruby>爲他知而故犯</ruby>。<ruby>又有僧問</ruby>。<ruby>狗子還有佛性也無</ruby>。<ruby>州曰無</ruby>。<ruby>僧云</ruby>。<ruby>一切衆生皆有佛性</ruby>。<ruby>狗子爲什麽却無</ruby>。<ruby>州云</ruby>。<ruby>爲伊有業識在</ruby>。

거 승문조주 구자환유불성야무 주운유 승운 기유 위심
舉。僧問趙州。狗子還有佛性也無。州云有。僧云。旣有。爲甚
마각당입저개피대 주운 위타지이고범 우유승문 구자환유불
麽却撞入這箇皮袋。州云。爲他知而故犯。又有僧問。狗子還有佛
성야무 주왈무 승운 일체중생개유불성 구자위십마각무
性也無。州曰無。僧云。一切衆生皆有佛性。狗子爲什麽却無。
주운 위이유업식재
州云。爲伊有業識在。

【송】

개에게 불성이 있다 하고 없다 하네.

곧은 낚시 바늘, 목숨을 버린 물고기를 낚는다.

기氣를 좇고 향기를 찾는 운수객들은

와자지껄 저마다 해석을 붙이네.

있는 그대로 펼치고 크게 점포를 열었다.

이상히 여기지 마라, 우리 집안은 처음을 신중히 여기지 않음을.

흠집을 지적하여 도리어 옥을 빼앗았지만

진왕은 인상여를 알아보지 못했다.

구 자 불 성 유 　구 자 불 성 무
狗子佛性有。狗子佛性無。

직 조 원 구 부 명 어
直釣元求負命魚。

축 기 심 향 운 수 객 　조 조 잡 잡 작 분 소
逐氣尋香雲水客。嘈嘈雜雜作分疏。

평 전 연　　대 포 서　　막 괴 농 가 불 신 초
平展演。　大鋪舒。　莫怪儂家不愼初。
지 점 하 자 환 탈 벽　　진 왕 불 식 인 상 여
指點瑕疵還奪璧。　秦王不識藺相如。

해설

조주의 관음원에서 지낸 종심선사는 남전 보원선사의 법을 이었다. 송대의 원오극근은 조주의 선을 구순피선口脣皮禪이라고 하였다. 임제나 덕산처럼 방棒과 할喝을 사용하지 않고 말을 자유자재로 하여 수행자를 접화했기 때문이다. 시중은 바로 이러한 조주선을 보인 것이다.

　불법이란 건드리기만 하면 움직이는 물에 뜬 조롱박 같고, 보석이 비치는 각도에 따라 달리 빛나는 것과 같다. 부처님의 설법도 조사의 수시垂示도 전부 그렇다. 그렇기에 무심으로도 유심으로도 이를 알 수 없다. 조주의 선은, 크게 깨쳤다는 수행자라도 말꼬리에 잡히는데 하물며 이러한 실수를 피할 자가 있겠느냐며 본칙을 보인다.

　'불성의 유무'에 대한 이 공안은 잘 알려진 '구자공안'이다. 말하자면 불성을 알게 해 주는 공안이다. 납자가 조주선사에게 개에게도 불성이 있는가를 물으니, 조주는 단박에 "있다!"고 답한다. 이 유무는 불성이 있고 없는 그런 유무가 아니다. 유불성은 공즉시색의 일이고 무불성은 색즉시공의 일이다. 유는 물소에게 뿔이 있다는 것이고 무는 철우鐵牛에 피골皮骨이 없다는 것이다. 때문에 유라고 해도, 무라고 해도 같은 소일 뿐이다.

　납자는 다시 "그렇다면 왜 가죽부대에 들어 있는가!"라고 물었다. 개와 불성을 둘로 본 것이다. 선사는 말하기를 "개는 알면서도 범했다"고 하였다. 불성의 작용이라고 한 것이다. 다시 다른 수좌가 물으니, 이번에는 "없다!"고 했다. 《열반경》에는 모든 중생이 불성이 있다고 했는데 없다니 이게 무슨 일인가? 선사는 바로 그 이유를 "업식이 있기 때문"이라고 하였다.

업식은 번뇌심이다. 이 마음이 악업에 따라 개로 되었다는 것이다. 그러나 그것은 업식의 작용 즉 불성 자체다. 업식 즉 불성이라고 하여 선사는 납자의 눈을 뜨게 하였다. 불성이 가죽부대가 되어 나오고 업식이 되어 나온다. 개도 불성도 가죽부대도 업식도 이름이 다를 뿐이지 모두 불성이다. 때문에 유도 불성이고 무도 불성이다.

송에서 천동은 이 공안을 두 구절로 풀었다. 뒤에 나오는 송은 여운이다. 불성을 유, 무 또는 개라고 해도 아무 관계가 없다. '곧은 낚시 바늘[直釣]을 무는 물고기는 목숨을 내던진 것'에는 이런 고사가 있다. 강자아姜子牙(강태공)가 반계磻溪의 골짜기에서 물 깊이가 3척이나 되는 곳에서 곧은 낚시로 물고기를 낚고 있었다. 주문왕이 이를 이상히 여겨 "직조인데 어떻게 물고기를 낚으려고 하는가"라고 물으니 "단지 목숨을 버린 물고기만을 낚지요"라고 답했다고 한다. 곧은 낚싯바늘을 무는 물고기는 생명을 걸고 수행에 임하는 납자를 뜻한다. 공안이라는 곧은 낚싯바늘을 꽉 문다면 분별망상이 이내 다 떨어져 나가고 온통 무가 되는 것이다. 그러나 직조를 삼킨다는 것이 여간해서 되는 일이 아니다.

운수들은 유무의 명자名字, 언어의 향기만을 좇는다. 자신의 견해로만 늘어놓을 뿐이다. 전연展演도 포서鋪舒도 넓게 펴 보인다는 뜻이다. 조주는 아낌없이 드러내어 불성이라는 보물을 내던졌다. 누구라도 상관없이 평등하다. 마음대로 가져가게 했다. 그런데 망상으로 인하여 이를 가질 수 없다. 따라서 이래저래 괴이하다고 여길 뿐이다. 조주가 처음에는 유라고 말하고 다음에 무라고 말했다고 해서 조금도 염려하지 않아도 된다. 우리에게 구족된 불성이라는 옥은 조금도 흠이 없다.

"옥의 티를 지적하여 옥을 뺏었다"는 구절에는 고사가 있다. 혜문왕惠文王 시기에 천하의 보배인 화씨和氏의 옥을 초나라 변화卞和가 발견하여 초문왕楚文王에게 바쳤다. 시간이 흘러 우여곡절 끝에 화씨의 옥은 조나라 국왕 손에 들어갔다. 이를 탐낸 진나라 왕은 조왕에게 15개의 성城과 옥을 바꾸자고 제의했다. 당시 강대국이었던 진의 제안을 거절하자니 국교가 단절됨은 물론 전쟁이 일어날 것 같아 조왕은 두려웠다. 그러나 옥을 건넨다 해도 진왕이 옥만 취하고 성을 주지 않을 속셈일 것 같았다. 그래서 책략가 인상여에게 옥을 바치는 역할을 맡겼다. 상여를 맞이한 진왕은 옥을 받고 크게 기뻐하며 여시종들에게 보여 즐기도록 했다. 역시 15성을 건네줄 기미가 보이지 않아 상여는 계략을 꾸몄다. 옥에 작은 하자가 있다고 거짓말을 하여 옥을 되찾고 진왕에게, "우리 조왕은 5일간 목욕재계하고 삼가 이 옥을 신臣에게 맡겼소. 그런데 대왕은 근신할 기색도 없이 도리어 여시종들이 가지고 놀게 했소. 나는 지금 이 옥을 석주에 부딪쳐 박살을 내겠소."라고 말하고 일어섰다. 진왕은 옥을 부숴버리면 큰일이라고 생각하여 상여를 달랬다. "나도 목욕재계를 하고 다시 그 옥을 받겠다"라고 말했다. 그리하여 상여는 그날 밤, 옥을 가지고 밤새 진나라를 벗어나 조나라로 도망쳤다고 한다. 송의 마지막에서, 천동은 진왕이 인상여의 속셈을 알지 못한 참으로 바보스런 자라고 하며 끝맺는다. 불성이라는 옥에는 전혀 티가 없는데 티의 유무에 희롱당하는 왕처럼, 불성을 알지 못하는 어리석음을 노래한 것이다.

제19칙

운문의 수미산

운 문 수 미
雲門須彌

【시중】

나는 소양과 신정의 기를 좋아한다. 한평생 학인을 위해 못과 쐐기를

뽑았다. 그런데 무엇 때문인지 어느 때는 문을 열어 아교단지를 내놓

기도 하고, 다니는 길에 함정을 파놓기도 하니, 어디 한번 가려봐라.

아 애 소 양 신 정 기   일 생 여 인 발 정 설   위 심 유 시   야 개 문 철 출 교 분
我愛韶陽新定機。 一生與人拔釘楔。 爲甚有時。 也開門掇出膠盆。
당 로 착 성 함 정   시 간 변 간
當路鑿成陷穽。 試揀辨看。

본칙

어떤 스님이 운문에게 물었다. "한 생각조차 일어나지 않는데도 오히

려 허물이 있습니까?" 운문이 말하였다. "수미산."

擧。僧問雲門。不起一念還有過也無。門云。須彌山。

【송】

한 생각도 일어나지 않는데 수미산이라 하네.

소양의 법시는 인색하지 않다.

긍정하면 양손으로 서로 내주지만

의심하면 천 길을 오를 수 없네.

창해는 더없이 망망하며 한 조각 흰 구름은 무심히 흘러간다.

한 터럭도 그 사이에 끼워 두지 말라.

거짓 닭소리로는 나를 속이기 어렵다.

모호하게 관문을 벗어나게 하지 않겠다.

불기일념수미산　소양법시의비간
不起一念須彌山。韶陽法施意非慳。

긍래양수상분부　의거천심불가반
肯來兩手相分付。擬去千尋不可攀。

창해활　백운한　막장호발착기간
滄海濶。白雲閑。莫將毫髮著其間。

가계성운난만아　미긍모호방과관
假鷄聲韻難謾我。未肯模胡放過關。

해설

운문, 목주라는 선사들의 이름은 처소에서 비롯된 것이다. 목주의 법을 이은 운문은 다음과 같은 인연에서 처음으로 목주를 만난다.

　목주는 대체로 학인學人을 상대하지 않고, 소수 정예만을 데리고 선을 지도했다. 운문이 찾아오자 목주는 언제나처럼 문을 닫아 쉽게 들어오지 못하게 했다. 운문이 문을 두드리자 목주는 "누구냐!"라고 소리쳤다. "문언입니다." 인사가 마음에 들지 않으면 문을 열어주지 않았으나, 다행히 목주는 문을 열어주었다. '문을 연다'는 것은 교화의 수단을 사용하는 것이다. 안으로 들어가자 목주가 갑자기 멱살을 잡고 "자, 말해봐라"라고 다그쳤다. 운문은 당황했다. 목주는 바로 "변변치 못한 놈!"이라며 밖으로 내밀치고 문을 닫아버렸다. 그날 두 번이나 가도 열어주지 않았다. 다시 다음 날 독참하러 갔다. 세 번째다. 목주는 문을 열어주었다. 전날과 똑같은 일이 벌어졌다. 막 나오려고 하는데 문을 닫아버렸기 때문에 운문의 한쪽 발이 끼였다. 운문은 아프다고 소리치는 순간 눈을 떴다. 견성이다.

목주의 지도는 고정된 사상과 주의에서 자유롭지 못한 사람들을 참된 자유인이 되게 해주었다. 참구를 촉발시키기 위해서 여러 가지 수단을 쓴다. 어느 때는 도저히 손으로 만져 볼 수 없는 것을 내놓고 움직이지 못하게 하고, 또 어느 때는 함정을 파놓아 학인의 진퇴를 뺏어버린다. 운문에게는 어울리지 않는 수단이지만 과연 어떠한 이유에서인지 간택해 보라는 것이다.

어느 납자가 운문에게 '불기일념不起一念'일 때 죄가 있는가를 물었다. 염念에는 신념信念, 정념正念, 사념邪念, 망념妄念, 원념怨念, 집념執念 등이 있다. 이 염이 잘 작용하면 신神도, 부처도 되지만 이것이 나쁘게 움직이면 귀신이나 축생이 된다. 《십구관음경十句觀音經》에 '생각생각이 마음에 따라 일어나고 생각생각은 마음을 떠나지 않는다[念念從心起 念念不離心]'라는 구절이 있다. 하루 종일 우리의 본심이 불성삼매이면 괜찮겠지만, 범부의 염은 대체로 탐·진·치로 움직인다. 그리하여 마음이 삼악도(지옥·아귀·축생)를 만드는 것이다. 염 자체는 무아이며 불성이니, 염에는 선도 악도 없다. 다만 염의 작용에 문제가 있다. 황벽선사는 "제2념으로 활보하지 말라"고 하지만 범부는 제2념에서 문제가 된다. 최초의 일념은 부처든 범부든 다르지 않다. 보고 듣고 생각하는 그것에는 선도 악도 없어서 흰 것은 희게 보고 붉은 것은 붉게 본다. 산은 산이고 물은 물이다. 그런데 그 다음 순간, 염이 싹 사라져 버리면 문제가 없으나 범부는 좀처럼 그렇게 하지 못한다. 제2념이 일어나기 때문에 범부는 자기중심의 생각을 일으키고, 나아가 그 생각이 바르다고 고집한다. 그리하여 의견 대립과 난투가 벌어진다. 이것이 염에서 일어난 재앙이다.

그렇다면 무념무상無念無想이 좋은 것인가. 문자대로라면 무념무상은 죽은 자의 모습과 같다. 어떠한 작용도 할 수 없다. 유념에도 있지 않고 무념에도 있지 않다고 하는 미묘한 소식이 있으니, 그것은 어떤 소식인가. 목주가 문을 닫았을 때 그 문에 끼인 운문의 발, 아프다는 소리에 깨친 것이 불기일념이다. 어떠한 색色도 없는 일념이다. 본칙은 이에 대한 공안이다.

운문을 찾아온 승僧은, '불기일념'인데 허물이 있는가를 물었다. 운문은 "수미산!"이라고 했다. 수미산은 인도 고대의 세계관에서 나온 말이지만 여기서는 비유적인 표현이다. 승이 '불기일념'을 짊어지고 허물이 있는지를 묻는 것이다. 운문은 수미산만 하다고 했다. 허물을 묻고 있는 승에게 수미산으로 참된 자기 즉 청정법신을 보인 것이다. 불기일념이 마치 세계 중앙에 우뚝 선 수미산처럼 본래 자기를 완전히 깨닫게 했다. 천동은 송에서 이 구로 시작한다. 운문은 법시法施를 아끼지 않고 모든 것을 내놓았다. 이것을 이해한다면 조금도 남기지 않고 양손으로 전부 건네주었음을 알 수 있겠지만, 조금이라도 의심분별로 이해한다면 천길이나 높은 산에는 도저히 오를 수 없다. 천동은 사람마다 갖추어진 수미산의 풍광을 노래한다. "창해는 더없이 망망하며 한 조각 흰 구름은 무심히 흘러간다." 아주 작은 분별도 용납하지 않는다. 제齊나라 맹상군이 하인에게 닭 울음소리를 내게 하여 관關의 관리인을 속여 함곡관을 밤중에 빠져 나올 수 있었다는 고사를 인용한다. 그러한 거짓 닭 소리로 운문은 물론 천동도 속이려고 하지 말라는 것이 송의 내용이다. 속임은 자기 해탈이 될 수 없는 바보짓이다. "모호하게 관문을 벗어나게 하지 않겠다"는 것은, 공안을 애매모호하게 어물쩍 넘어가는 것을 절대 용납하지 않겠다는 것이다. 공안 공부에 대한 천동의 철두철미한 의지가 보인다.

제20칙

지장의 친절

지 장 친 절
地藏親切

【시중】

깨침에 드는 심오한 이야기는 셋을 조롱하고 넷을 찢어버린다. 장안의

큰 길은 사방팔방이다. 문득 입을 벌려 진리를 설파하고 발을 들어 내

디디고 곧 바로 발우와 걸망을 높이 걸고 주장자를 꺾어버린다. 말해

보라. 누가 그런 사람인가?

입 리 심 담　　조 삼 나 사　　장 안 대 도　　칠 종 팔 횡　　홀 연 개 구 설 파
入理深談。　嘲三攞四。　長安大道。　七縱八橫。　忽然開口說破。
거 보 답 저　변 가 고 괘 발 낭 요 절 주 장　　차 도　　수 시 기 인
擧步踏著。　便可高掛鉢囊拗折拄杖。　且道。　誰是其人。

본칙

지장이 법안에게 물었다. "상좌는 어디를 가려고 하는가?" 법안이 대

답하기를, "이리저리 행각을 하려고요." 지장이 물었다. "행각해서 무엇 하게?" 법안이 말하기를 "모르겠습니다." 지장이 말했다. "모른다는 것이 가장 적절하군." 이에 법안이 크게 깨달았다.

_거 _{지장문법안} _{상좌하왕} _{안운} _{타리행각} _{장운} _{행각사작마}
擧。地藏問法眼。上座何往。眼云。迤邐行脚。藏云。行脚事作麼
_생 _{안운} _{부지} _{장운} _{부지최친절} _{안활연대오}
生。眼云。不知。藏云。不知最親切。眼豁然大悟。

【송】

지금 참하여 깨달아보니 예전과 같네.

미세한 미혹함에서도 완전히 벗어나 알지 못함에 이르렀다.

짧으면 짧은 대로 길면 긴 대로, 자르고 잇는 것을 쉬어버렸고.

높으면 높은 대로 낮으면 낮은 대로 편안하다.

가문의 풍요와 검소는 때에 따라 쓰이고

마음은 한가로워 발길 따라 옮겨지네.

삼십 년간 행각의 일,

분명 한 쌍의 눈썹을 등졌다.

_{이 금 참 포 사 당 시} _{탈 진 렴 섬 도 부 지}
而今參飽似當時。脫盡簾纖到不知。
_{임 단 임 장 휴 전 철} _{수 고 수 하 자 평 치}
任短任長休剪綴。隨高隨下自平治。
_{가 문 풍 검 임 시 용} _{전 지 우 유 신 보 이}
家門豐儉臨時用。田地優游信步移。
_{삼 십 년 전 행 각 사} _{분 명 고 부 일 쌍 미}
三十年前行脚事。分明辜負一雙眉。

법안의 깨침은 지장 계침의 한마디 말에서 비롯되었다. 진리로 들어가는 심오한 이야기는 불법의 제일의第一義다. 진리를 둘로, 셋으로 나누면 참된 진실에서 자꾸만 멀어진다. 시중에서 셋을 조롱하고 넷을 찢어버린다는 것은 이를 의미한다. 불법을 깨닫는 길은 칠통팔달로 뚫려 있다. 당의 수도 장안으로 뚫린 길 역시 실제의 길이 아니라 평안의 대도를 뜻한다. 그런데 홀연히 설파하고 발길을 옮기는 것은 할 말은 하고 해야 할 일은 한다는 것이다. 말하자면 지장 계침선사의 행동을 가리킨다. 지장의 한마디 말에 깨친 법안은 이제 더 이상 행각할 필요가 없게 되어 발우를 바랑에 넣고 주장자도 꺾어버린다. 일생 참학參學의 대사大事를 여기서 마친 것이다.

본칙에서는 이러한 일을 보인다. 법안은 도반들과 함께 행각하다가 큰 비를 만나 지장원으로 잠시 피하게 된다. 비가 그쳐 떠나려고 하는데 지장화상이 물었다. "상좌는 어디를 가려고?" 이는 행선지를 묻는 것이 아니라, 비가 그치자마자 바로 떠나는지를 묻는 것이다. 상좌는 10년 이상 수행한 자를 말한다. 물의 깊이는 막대기로 재지만 사람의 깊이는 말로써 파악된다. 지장은 법안의 깨달음의 명암, 경계의 심천深淺을 묻고 있는 것이다. 법안은 발길 닿는 대로 이리저리 행각한다고 하였다. 지장은 법안이 진정 깨달음을 저버렸는지 살핀다. "행각한다고? 그게 무엇인데!"라고 단도직입으로 물은 것이다. 법안은 단순히 "모른다"고 대답한다. 지장은 "모른다는 것이 가장 적절한 말이지!"라고 법안의 답을 긍정한다. 법안은 그 자리에서 단박 깨달았다. 그는 후일 법안종의 개조開祖가 된다.

선가에서는 즉금卽今, 지금只今 등 '금'이라는 말을 자주 쓴다. 우주의 실상은 '지금 바로[卽今]' 눈앞에 있다. 즉금의 시간적 연장은 삼세이며 공간적 전개는 시방十方이다. 우리들은 먼 옛날 세상에 법연法緣을 심어 두었기에 그것이 차차 성장하다가 '지금' 부처님의 정법을 견문할 수 있게 된 것이다. 어떤 일이 이루어지는 것은 그 순간 이루어진 것이 아니라 반드시 유래가 있으며 우연히 된 것은 아무것도 없다. 법안도 오랫동안 노력에 의해 수행이 순숙純熟되어 지금 활연대오하였다.

대오하여 보니 본래였다. 조금도 달라진 것이 없이 예전과 그대로다. 염섬簾纖은 미세한 미혹함이다. 이런 미혹함이 완전히 없어져 무색투명하게 된 것이다. 달인도 바보도 그 어떤 것도 아닌 사람이 되었다. 이를 "부지不知에 이르렀다"고 한 것이다. 이러한 사람은 짧고 긴 것을 탓하지 않는다. 모든 것은 그대로가 완전무결하다고 생각한다. 높고 낮은 것에 불평이 없이, 모든 것의 있는 그대로의 모습을 수용하고 따르는 것이다. 어떠한 변화에도 반드시 고저高低가 있다. 고저를 따르면서 개선·진보하려 노력하는 것이 '평치平治' 즉 진정한 평화다.

가문家門은 불가의 교화문이다. 풍豊은 느슨한 것이고 검儉은 바짝 조이는 것이다. 교화를 할 때는 풍·검을 자유자재로 쓴다. 전지田地는 심心전지이고 신심信心생활의 경계다. 때와 장소에 따라 진퇴가 언제나 자유자재하다. "삼십 년간 행각의 일"은 오랫동안 수행해 온 것을 말한다. "두 눈썹을 등졌다"는 것은 지금껏 엉뚱한 곳만 보아 왔다는 것이다. 원래부터 본래면목의 자리에 있었는데 마냥 여기저기 좇으며 기웃거린 자신을 이제야 발견했다는 뜻이다.

제21칙

운암, 마당을 쓸다

운 암 소 지
雲巖掃地

【시중】

미혹함과 깨달음을 벗어나 성스러움과 범상함을 끊는다. 아무런 일이

없다 해도 주인과 손님을 세우고 귀천을 나누는 것은 이 가풍이다. 재

주를 헤아리고 직분을 주는 것이 없지 않다. 동기연지가 어떤 것인지

알겠는가.

탈 미 오　　절 성 범　　수 무 다 사　　입 주 빈　　분 귀 천　　별 시 일 가　　양 재 수
脫迷悟。絶聖凡。雖無多事。立主賓。分貴賤。別是一家。量材授
직 즉 불 무　　동 기 연 지 작 마 생 회
職卽不無。同氣連枝作麼生會。

본칙

운암이 마당을 쓸고 있는데 도오가 말했다. "수고가 많으시오." 운암이

말했다. "수고하지 않는 이가 있소." 도오가 말했다. "그렇다면 두 번째 달이겠군." 운암이 빗자루를 탁 세우면서 말했다. "이것은 몇 번째 달인가요?" 바로 도오는 묵묵히 있었다. 현사가 말했다. "이것이 바로 두 번째 달이다." 운문이 말했다. "남자 종이 여자 종을 은근히 바라보는군."

거   운암소지차   도오운   태구구생   암운   수지유불구구자
舉。雲巖掃地次。道吾云。太區區生。巖云。須知有不區區者。
오운   임마즉유제이월야   암제기소추운   저개시제기월
吾云。恁麼則有第二月也。巖提起掃箒云。這箇是第幾月。
오변휴거   현사운   정시제이월   운문운   노견비은근
吾便休去。玄沙云。正是第二月。雲門云。奴見婢殷勤。

【송】

빌려와 육근의 문을 깨끗이 하고

작용을 알고 적당히 따른 뒤, 바로 침묵했네.

상골암 앞에서 뱀을 희롱하던 손,

어릴 적 하던 짓인데, 늙어서는 부끄러움을 알까.

차 래 요 니 요 문 두   득 용 수 의 즉 변 휴
借來聊你了門頭。得用隨宜卽便休。
상 골 암 전 롱 사 수   아 시 주 처 노 지 수
象骨巖前弄蛇手。兒時做處老知羞。

해설

운암과 도오는 형제다. 운암이 먼저 백장에게 출가했고 20년 수행하다가 나중에 출가한 도오의 권유로 약산 유엄선사에게 들어가 대오했다.

이 칙은 운암과 도오 간의 법전法戰이다. 이를 현사와 운문이 각각 공안으로 내놓았다.

만송노인은 시중에서, 미·오를 벗어나고 범·성을 끊어 아무런 일이 없어졌다고 해도 선가의 가풍은 저절로 생겨났다고 하였다. 말하자면 주인과 객이 있고 인재를 가리고 직책을 주는 등의 일이 한 집안을 생기게 한 것이다.

미혹함을 벗어나는 것이 가장 어려운 일이다. 미혹함은 '진리에 미혹한 번뇌'와 '사실에 미혹한 번뇌' 두 가지로 나눌 수 있다. 진리에 미혹한 것이 견혹見惑이고 일에 미혹한 것을 사혹思惑 또는 수혹修惑이라고 한다. 깨달음이란 견혹을 끊는 것인데 한 생에 견혹을 끊는 사람이 최상승인이다. 그러나 깨달았다는 병은 남는다. 이를 제거하는 것이 깨달음마저 벗어난다고 하는 것이다. 사혹 역시 끊어야 하지만 한두 생에서 해결될 일이 아니다.

범과 성을 끊는다는 것은 미오를 벗어난다는 말과 같은 의미다. 미오를 넘어서야 본래자아로 돌아오게 된, 즉 무사인無事人이다. 그러나 무사인이라고 해도 할 일이 끝난 것은 아니다. 도인과 도인이 서로 주인이 되고 객이 되어 그 지위가 스승이 되고 학인이 되어 문답상량하고 절차탁마해야 한다. 이는 자신을 더더욱 닦는 일이고 중생을 제도하는 일이다. 이렇게 되면 저절로 한 가풍이 생긴다. 스승이 수행자의 의지와 역량을 헤아리고 적절한 지도를 하는 데는 문제가 없다. 동기연지同氣連枝란 같은 스승 아래서 무사의 경계에 이른 자들끼리 서로 단련하는 것인데 "이는 어떤 것인지 알겠는가"라고 본칙을 보인다.

운암이 마당을 쓸고 있는데 도오가 보고 수고가 많다고 한마디 던진다. 공안집을 보면, 학인이 뜨락을 쓸거나 무엇인가 청소하는 도중에 스승이나 동료에게 자신의 경계를 보이거나 점검받는 일이 종종 있다. 여기서도 마당 청소 도중에 법전이 이루어진다.

선가에서의 청소란 특별한 의미를 갖는다. 수행의 첫걸음으로서 자신의 심지를 소제하는 것을 소지삼매掃地三昧라고 한다. 선방에서는 하루에 두세 번은 반드시 온 대중이 운력을 하고, 작은 절에서도 수행승은 청소를 게을리하지 않으며 도량청정에 전심전력을 기울인다.

청소에는 다섯 가지 덕이 있다. 첫째 자심청정, 둘째 타심청정, 셋째 마구니가 들지 않는다, 넷째 천신들이 강림한다, 다섯째 모든 부처님들이 옹호한다. 운암은 도오의 한마디에 '수고하지 않는 것이 있음을 알아야 한다'고 하였다. 청소는 그 자체가 수고스러운 것이다. 특히 정신계의 대청소는 무명이라는 번뇌의 대청소이며, 쉬운 일이 아니다. 힘든 청소[太區區]를 교리적으로 설명하면 편위偏位이며, 조금도 수고로움이 없는 것[不區區]은 정위正位이다. 전자는 기쁨, 슬픔, 미움, 예쁨 등이며 후자는 적연무위의 안락지다. 더위가 오면 더운 대로 추위가 오면 추운대로 순응하고 동화하는 것이다.

도오는 다시 "그렇다면 두 번째 달이겠군"이라고 한다. 운암은 빗자루를 세운 모습을 보이며 이것은 몇 번째 달인가를 다그친다. 신랄한 법전이다. 두 경계가 팽팽하다. 도오는 바로 침묵한다. 침묵으로써 달 밖의 세계를 보인 것이다. 양쪽 모두 한 경계가 되고 법전은 승부가 없이 와해되었다. 현사는 "이것은 두 번째 달"이라고 했다. 도오의 말에 편승한 것이다.

만송노인은 현사의 이 말을 '한 사람이 허虛를 전하니 만인이 실實을 전한다'고 평했다. 현사는 두 번째든 첫 번째든 상관하지 않는다. 실은 운암의 모습 그대로에 본래면목이 드러나 있기 때문이다. 운문은 노비에 비유하여 그 광경을 평했다. 여자 종과 남자 종의 생각이 서로 들어맞은 것이다. 운암과 도오의 경지는 대등하다. 운문은 이를 노비 간의 감성에 빗대어 공안으로 내놓았다. 이에 천동이 노래했다.

　운문은 세간의 빗자루를 빌려와 육근의 문[門頭]를 깨끗이 하고, 도오는 운암의 행동을 알아차리고 적당히 따르다가 바로 침묵했다. 이 두 구는 공안의 묘체를 노래한 것이다. 상골암은 설봉의 거처다. 설봉 선사가 하루는 법상에 올라 "남산에 별비사가 있으니 대중은 각별히 주의하라"는 법문을 던졌다. 종사가 왜 하필이면 뱀을 빙자하였을까? 대중 가운데 장경스님이 일어나 "금일 이 법당에서 큰 사람이 몸을 상하고 목숨을 잃었습니다"라고 말했다. 다음에는 운문이 일어나더니, 주장자를 들고 나와서 설봉 선사의 면전에 던지면서 "어라, 큰 뱀이 나오네"라고 하며 몸을 부르르 떠는 자세를 보인 일이 있었다. 천동은 운문이 젊을 때는 그렇게 했었는데, 지금은 운암과 도오의 문답을 보고 노비의 정감에 비유하여 표현하니, 운문 자신의 부끄러움을 알까라고 교묘하게 노래했다.

암두, 할에 절하다

암 두 배 할
巖頭拜喝

【시중】

사람은 말로써 살피고 물은 지팡이로 살핀다. 풀을 뽑고 바람을 살피는 것[1]은 일상의 일이다. 홀연히 꼬리가 그을린 호랑이가 뛰쳐나온다면 어떻게 해야 할까.

인 장 어 탐　　수 장 장 탐　　발 초 첨 풍　　심 상 용 저　　홀 연 도 출 개 초 미 대
人將語探。　水將杖探。　撥草瞻風。　尋常用底。　忽然跳出箇焦尾大
충　　우 작 마 생
蟲。　又作麼生。

1　'풀을 뽑고 바람을 살피는 것'은 본래 심산유곡에 들어가 도인을 찾는 것인데 여기
　　서는 언어방할言語棒喝로 사람을 살피는 것을 말한다.

암두가 덕산에게 갔다. 문에 들어서자마자 바로 물었다. "범부입니까, 성인입니까?" 덕산이 바로 할을 하니 암두가 절했다. 동산이 이를 듣고 말하기를 "만일 활공이 아니었다면 알기가 매우 어려웠을 것이다." 암두가 말했다. "동산노장이 좋고 싫음을 구별하지 못하는구나! 나라면 그때 한 손은 치켜들고 다른 한 손은 내리 누를 텐데."

_거 _{암두도덕산} _{과문변문} _{시범시성} _{산변할} _{두례배}
舉。 巖頭到德山。 跨門便問。 是凡是聖。 山便喝。 頭禮拜。
_{동산문운} _{약불시활공대난승당} _{두운} _{동산로한} _{불식호오}
洞山聞云。 若不是豁公大難承當。 頭云。 洞山老漢。 不識好惡。
_{아당시일수대} _{일수날}
我當時一手擡。 一手捺。

【송】

찾아온 자의 기를 꺾고

절대권위를 총괄한다.

일에는 반드시 행해야 할 위의가 있고

나라에는 범할 수 없는 영이 있다.

손님이 공경히 받드니 주인이 교만하고

임금이 간함을 싫어하니 신하가 아첨을 떤다.

무슨 뜻인가, 암두가 덕산에게 물은 것은.

한 손은 치켜들고 한 손은 내리누르니, 그 심행을 살펴봐라.

_{좌래기} _{총권병}
挫來機。 總權柄。
_{사유필행지위} _{국유불범지령}
事有必行之威。 國有不犯之令。
_{빈상봉이주교} _{군기간이신녕}
賓尚奉而主驕。 君忌諫而臣佞。

底意巖頭問德山。一攛一捺看心行。

수심水深을 살피기 위해서는 지팡이를 쓰고, 학인의 경계를 살피기 위해서는 말을 걸어본다는 말은 동산 수초東山守初로부터 비롯된다. 또한 분별망상의 잡초를 제거하여 본지풍광本地風光을 살피는 것이 발초첨풍撥草瞻風이다. 사람이 태어나 익힌 습관으로 행동하며 자신의 생각에 사로잡힌 것을 무성한 잡초에 갇혔다고 한다. 진정으로 참된 인생과 세계관이 보이지 않는 것이다. 그러므로 참된 자아를 가두는 분별심을 떠나 본래의 올바른 풍광風光을 바로 봐야 한다. 이것은 인간 사회에서는 참으로 어려운 일이 되겠지만 조사祖師 문하에서는 일상의 일이다.

만송노인은 조사당祖師堂에 "홀연히 꼬리가 그을린 호랑이가 뛰쳐나오면 어떻게 하지?"라는 조어釣語를 던졌다. '호랑이가 꼬리가 그을리면 사람이 되고 잉어가 꼬리가 그을리면 용이 된다'는 중국 속담이 있다. 만송은 이를 인용해서 자유자재한 훌륭한 납승이 뛰쳐나오면 어떻게 대해야 하는지 본칙을 들어 올려 보인다.

암두는 덕산의 제자다. 암두는 문을 두드리고 곧장 "제가 범부입니까, 성인입니까"라고 물어 스승을 뒤흔들어 본다. 덕산은 바로 "할喝!" 하였다. 이래저래 묻는 암두의 분별을 덕산이 온몸으로 덮쳐버렸다. 한 무더기 잡초를 단칼에 제거한 것이다. 암두는 스승에게 절했다. 기세 좋은 호랑이로 뛰쳐나왔다가 바로 몸을 납작 낮춘 꼴이다.

조동종의 동산 양개는 암두와 덕산의 문답을 듣고 암두를 비평했다. 동산은 암두를 활공이라고 부르고 활공이 아니었으면 덕산의 법을 알 자가 누가 있겠느냐고 하였다. 암두를 훌륭하다며 흔들어 놓고 그를 지켜보는 것이다. 아니나 다를까, 암두는 이 말을 듣고 동산노장은 뭘 모른다고 탓하고, 자신은 한 손은 들고 한 손은 내리눌렀을 것이라며 본심을 보였다. 보통 스승에 대한 존경심을 가지게 되면 고개를 숙이고 그렇지 않으면 고개를 치켜드는 법이다. 암두가 동산에게 보인 심행心行은 이미 덕산에게도 보인 것이다. 천동은 이를 노래했다.

　학인을 접득할 정도의 스승이라면 참문하는 학인의 기봉機鋒을 할喝로 꺾고 살활자재殺活自在의 대역량으로 어떤 일이라도 뜻대로 조치한다. 스승은 학인의 분별을 분쇄하는 위력을 가졌다. 국가에는 범하지 말아야 할 법령이 있듯 암두의 절은 덕산의 위의에 복종한 것이다. 객인 동산이 과도한 경의를 나타내므로 주인인 암두는 교만을 떨었다. 군주인 덕산이 간언諫言을 기피하는 때는 신하인 암두가 간망姦妄에 빠진다. 그렇다면 암두는 어떠한 의도로 덕산에게 질문한 것일까. 암두가 동산에게 '반은 인정하고 반은 인정하지 않는다'고 한 그 심행은 과연 무엇인가. 예삿일이 아니다.

노조의 면벽

노 조 면 벽
魯祖面壁

【시중】

달마의 9년을 벽관이라 하고 신광이 세 번 절함은 천기를 누설한 것이다. 어떻게 해야 종적을 없애버릴 수 있을까?

달 마 구 년　　호 위 벽 관　　신 광 삼 배　　누 설 천 기　　여 하 득 소 종 멸 적 거
達磨九年。呼爲壁觀。神光三拜。漏泄天機。如何得掃蹤滅跡去。

본칙

노조는 평소에 스님이 오는 것을 보면 곧바로 면벽해버리곤 했다. 남전이 이를 전해 듣고는 말했다. "내가 평소에 학인에게 말하기를 '공겁 이전을 알아차려라, 부처님께서 세상에 출현하기 이전을 알아야 한다'고 말했는데 아직 누구 하나 반 푼어치도 알지 못했다. 노조가 그렇게

만 한다면 당나귀 해에나 알까."

거　노조범견승래변면벽　남전문운　아심상향타도　공겁이전승
擧。魯祖凡見僧來便面壁。南泉聞云。我尋常向他道。空劫以前承
당　불미출세시회취　상부득일개반개　타임마　여년거
當。佛未出世時會取。尙不得一箇半箇。他怎麼。驢年去。

【송】

담담한 가운데 맛이 있고

묘하여 생각도 말도 여의었네.

면면히 있는 듯 함이여, 형상 이전이요

우뚝하여 우직스러움이여, 귀한 도道다.

옥에 문양을 새기니 순수함 사라지고

구슬은 못 속에 있어도 절로 아름답구나.

상쾌함이여, 더위를 식힌 청량한 가을이여

한 조각 한가로운 구름이여, 저 멀리 하늘과 물을 가르네.

담중유미　묘초정위
淡中有味。妙超情謂。
면면약존혜상선　올올여우혜도귀
綿綿若存兮象先。兀兀如愚兮道貴。
옥조문이상순　주재연이자미
玉雕文以喪淳。珠在淵而自媚。
십분상기혜청마서추　일편한운혜원분천수
十分爽氣兮淸磨暑秋。一片閑雲兮遠分天水。

해설

달마대사가 숭산 소림사에서 면벽단좌하기를 9년, 달마의 심심미묘甚

深微妙한 진의眞意를 당시 사람들은 이해할 수 없어 그를 벽관바라문이라고 불렀다. 석존 때는 인도에 바라문이라고 부르는 종파가 많았는데 그 가운데 면벽을 주로 하는 파를 벽관바라문이라고 하였다.

달마대사가 정전正傳한 것은 불조정전佛祖正傳의 좌선이지만 그 좌선은 범부선, 외도선, 소승불교의 방편선과는 크게 다르다. 그러한 선은 모두 유루정有漏定이라고 하지만 불조정전의 선은 무루정無漏定이다. 루漏는 번뇌를 의미하고 유루정은 선정의 힘으로 번뇌를 제압할 뿐이다. 이를 복혹伏惑이라고 한다. 무루정은 선정의 힘으로 반야의 지혜를 열고 번뇌를 끊는 것이다. 이를 단혹斷惑이라고 한다. 유루정은 단지 정력定力을 기를 뿐이다. 정신의 통일력, 집중력만을 기르고 환경에 매이지 않으니, 이것만으로도 굉장한 것이다. 무루정은 정력定力을 배양할 뿐만이 아니라 반야의 지혜를 열고 번뇌의 근원을 단절하는 것이다. 번뇌의 뿌리가 끊어져야 비로소 본래의 청정성으로 돌아가게 된다. 이를 자수용삼매自受用三昧, 불성삼매라 하며, 바로 달마대사의 좌선이다.

신광은 중국 선종의 제2조인 혜가대사다. 달마에게는 훌륭한 제자 4인이 있다. 이들 제자에게 달마는 어느 날 각각 견처를 말하게 했다. 먼저 도부道副가 말하기를, "제가 보는 바로는 도는 문자에 집착하지 않고 문자를 떠나지 않는 것과 같습니다"라고 하였다. 달마는 "그대는 내 가죽을 얻었다"고 하였다. 다음 비구니 총지總持는 "제가 이해하는 바로는 환희의 아촉불국을 보는 것 같습니다"라고 했다. 달마는 "그대는 내 살을 얻었다"고 했다. 도육道育은 "사대가 본래 공하고 오온이 있지 않아 일법一法도 얻을 게 없습니다"라고 했다. 달마는 "그대는 내 뼈를 얻었다"고 했다. 마지막 신광은 다만 삼배하고 자신의 자리에 섰다. 달마는 "그대는 내 골수를 얻었다"고 했다. 시중의 세 번째 구는 이를 인용했으며 '신광삼배'는 불법의 제일의第一義를 나타내 말을 했다고 하여 '천기누설'이라고 했다. 이 종적을 "어떻게 해야 말끔히 없앨 수 있을까"라고 조어釣語를 한다.

노조 보운은 물으러 오는 학인을 보면 곧바로 좌선을 해버리는 통에 면담이 이루어지지 않았다. 남전 보원이 이를 듣고 "나는 언제나 학인에게 천지개벽이전을 향하여 합점合點하라, 부처님들이 이 세상에 출현하기 이전을 향하여 회취會取하라고 말해주었는데 한 사람도 이 일에 밝은 자가 없다. 노조가 학인이 오면 면벽한다고 하는데 그렇게 해서야 당나귀해가 와도 누구 한 사람 접득이 가능할 수 없을 것이다"라고 했다.

천동은 노래했다. 좌선의 자리는 사상이나 개념, 인식의 세계도 아니고 언어나 문자로도 나타낼 수 없다. 이를 "담담하여 그 묘함이 정조情操를 넘어섰다"고 한 것이다. 담담한 맛이 면면히 이어져 나가 끊어지지 않고 있는 현상 즉 심상心象, 분별 이전의 세계라고 하였다. 선가에서는 이 자리를 분별망상으로 더럽혀지지 않은 본래의 자기라고 하며 즉금卽今의 사실, 본래면목이라고 한다. 이를 한 번 더 바꾸어 노래한다. '올올兀兀'하다는 것은 절대적으로 고매하고 부동한 좌선의 당체를 형용한 것이다. 곧 '독좌대웅봉獨坐大雄峰'이며 우주를 삼킨 한 사람이니, 그것은 우직함과 같고 미련함과 같은 것이다. 우현愚賢, 성범聖凡을 넘어선 자세는 부처를 가장한 마구니[佛魔]도 엿보기가 어렵다. 이를 '도귀道貴'라고 하였는데, 곧 결가부좌의 당당함을 뜻한다. 앞의 두 구와 이 두 구절은 노조 보원의 면벽을 노래했다.

"옥에 문양을 새기니 순수함 사라지고"라고 한 것은, 남전이 이리저리 말한 것이 노조의 면벽, 즉 상처 없는 구슬에 상처를 낸 것과 같다고 비유한 것이다. 그러나 구슬은 깊은 연못에 있지만 그 밝기가 그대로다. 노조, 남전의 경계는 서늘한 바람이 불어 열기가 가신 상쾌한 가을의 저녁노을과 같고, 한 조각의 구름이 무심히 오고 가서 물과 하늘의 틈이 없음을 상하로 가른 것과 같다고 보았다. 두 사람 모두 서로 자취를 쓸고 흔적을 없앤 것이다.

설봉, 별비사를 보다

【시중】

동해의 잉어, 남산의 독사, 보화의 나귀 울음, 자호의 개 짖는 행동 등
은 길거리에 있는 것도 아니고 이류가 행하는 것도 아니다. 자, 말해보
라. 이는 어떤 사람의 행실인가?

동 해 리 어　　남 산 별 비　　보 화 려 명　　자 호 견 폐　　불 타 상 도　　불 행 이
東海鯉魚。　南山鼈鼻。　普化驢鳴。　子湖犬吠。　不墮常塗。　不行異
류　　차 도　　시 십 마 인 행 리 처
類。　且道。　是什麼人行履處。

본칙

설봉이 대중에게 말하였다. "남산에 별비사(독사) 한 마리가 있으니 그
대들 모두는 반드시 잘 살펴보아야 한다." 장경이 말하였다. "지금 선

당 안에는 수많은 사람이 몸을 다치고 목숨을 잃었습니다." 한 스님이 현사에게 이 이야기를 전해주었다. 현사가 말하였다. "나의 사형 혜릉은 이제야 알았군. 그러나 비록 그렇다 해도 나는 그렇지 못하네." 스님이 물었다. "화상께서는 어떠시오?" 현사가 대답하였다. "구태여 뭐하러 남산까지 들먹이는가?" 운문은 주장자를 설봉의 면전에 내던지고 부르르 떠는 시늉을 했다.

거　설봉시중운　남산유일조별비사　여등제인절수호간　장경
舉。雪峯示衆云。南山有一條鱉鼻蛇。汝等諸人切須好看。長慶
운　금일당중대유인상신실명　승거사현사　사운　수시아릉
云。今日堂中大有人喪身失命。僧舉似玄沙。沙云。須是我稜
형시득　연수여시아즉불임마　승운　화상작마생　사운　용남산
兄始得。然雖如是我即不恁麼。僧云。和尚作麼生。沙云。用南山
작마　운문이주장찬향봉면전작파세
作麼。雲門以拄杖攛向峯面前作怕勢。

【송】

현사는 강직하고

장경은 용기가 부족하다.

남산의 별비사가 죽어서 소용이 없어졌네.

바람과 구름이 때를 만나 머리에 뿔이 생겼다.

마침내 소양의 손놀림,

손놀림, 번쩍하는 사이에 변동을 본다.

내게 있으니, 보내주기도 불러오기도 하고

남에게 있으니, 사로잡기도 놓아주기도 한다.

이 일을 지금 누구에게 부촉해야 하는데

차디찬 입으로 사람을 상하게 해도 아픔을 모른다.

현 사 대 강　　장 경 소 용
玄沙大剛。長慶少勇。

남 산 별 비 사 무 용　　풍 운 제 회 두 각 생
南山鱉鼻死無用。風雲際會頭角生。

과 견 소 양 하 수 롱
果見韶陽下手弄。

하 수 롱　　격 전 광 중 간 변 동
下手弄。激電光中看變動。

재 아 야 능 견 능 호　　어 피 야 유 금 유 종
在我也能遣能呼。於彼也有擒有縱。

저 사 여 금 부 아 수　　냉 구 상 인 부 지 통
底事如今付阿誰。冷口傷人不知痛。

해설

덕산의 법을 이은 설봉 문하에는 운문, 현사, 장경, 보복, 경청, 취암 등
훌륭한 납자들이 50여 명이나 배출되었고, 대중이 늘 1,500여 명이나
운집했다고 한다.

　시중에는 각종 축생류가 등장한다. '동해의 잉어'는 운문이 언급한
말이다. 《무문관》 48칙에는 "동해의 잉어가 날아올랐다가 내리 치면
비가 쏟아져 물 항아리가 엎질러지는 듯하다"라는 말이 나온다. 설봉
이 염롱拈弄한 남산의 별비사는 본칙에서 언급된다.

　보화의 나귀울음은, 화상이 생야채를 우적우적 먹는 소리를 듣고 임
제가 그에게 나귀 같다고 하니 바로 나귀 울음소리를 내었다고 하는
데서 유래했다. 또한 자호의 개 짖음은, 자호가 "산승의 처소에 한 마
리 맹견이 있는데 위는 사람의 머리를 하고 가운데는 사람의 마음을
가지고 아래는 사람의 발을 하고 있다. 귀엽다고 머리를 쓰다듬으면
바로 물려고 한다"라고 쓰인 패찰을 걸고, 자신은 아주 사나운 개인데,
묶여 있지 않아서 어디에서든 튀어나온다고 한 데서 유래되었다.

이와 같은 동물 이야기는 앞선 성인이나 철인哲人들의 이야기를 답습하는 것이 아니라, 미오범성迷悟凡聖이라는 것마저도 완전히 벗어난 대기大機를 보이는 자는 과연 어떠한 사람인지를 제시하는 것이다.

설봉이 말한 남산은 설봉산이다. 별비사는 큰 독사를 말하는데, 자라머리를 하였다고 하여 그렇게 부른다. 이 뱀은 여기서 이류異類가 아니고 말하자면 본래의 자기를 말한다. 행주좌와는 그대로 지관타좌只管打坐의 일이다. 설봉산에 그러한 뱀이 한 마리 있다는 것이다.

이때 '보라[看]'는 것은 단지 '보다'가 아닌 '잡다'라는 의미로서 손으로 잡는 것이 아니라 본래 자기인 무無를 체득함을 말한다. 실은 본래 자신이니 자신을 따로 살필 일이 아니고 이원성의 자신이 무성無性의 자신임을 증험하라는 것이다. 설봉의 이러한 시중에 제자인 장경, 현사, 운문은 저마다 한마디 한 것이다.

먼저 장경이 스승의 말을 내리쳤다. '금일今日'이라는 것은 '바로 지금'이고 '당중堂中'은 도중道中이다. '대유인大有人'은 일체중생을 뜻한다. '상신실명喪身失命'은 독사에게 먹혀 전부 죽었다는 의미다. 중생은 본래 부처다. 다만 이를 알지 못하는 자가 스스로 오해하여 범부라고 여길 뿐이다. 어떤 승이 장경의 이 말을 현사에게 전하고 비판을 구했다. 현사는 장경 사형은 비로소 얻었겠지만 자신은 그렇지 않다고 한다. 도리어 '남산'을 이야기할 필요가 있느냐며 윽박지른다. '별비사가 남산에만 있는가, 어디에도 있지!'라는 것이다. 말하자면 한 마리 두 마리 별비사가 아니라 우주 전체가 별비사라는 것이다. 즉, 범성凡聖을 분별하기 이전 본래의 자리는 이원성이 없는 '무無'인데 죽었다느니 보라느니 할 것이 있느냐라는 것이다.

이번에는 운문이 별비사 이야기를 듣고 자신의 소식을 보인다. 운문은 주장자를 설봉의 면전에 던지고 부르르 떠는 시늉을 했다. "어, 멋진 독사가 나오네!"라고 하며 떤 것이다. 주장자가 별비사가 아니라 운문이 떠는 모습 그자체가 별비사다. 불성의 자연작용이다. 천동은 이를 노래했다.

현사는 강직하고 장경은 용기가 부족하다고 하였다. 이는 현사와 장경의 차별을 말하는 것이 아니다. 강직과 용기를 다 적용시킨다. 그래서 남산의 뿔이 잘린 별비사도 죽어버려 소용이 없게 되었다고 한다. 남산은 설봉을 의미한다. 이는 현사와 장경이 뱀을 사용하는 방법이 서툴지만 바람과 구름으로 때를 만나 뿔이 생겼다는 것이다. 바로 소양의 전광석화같은 손놀림에 의해서다. 이 소식을 나[我]와 그[彼]를 사용하여 내가 보낼 때 그를 사로잡고, 부를 때 내가 놓아준다고 하였다. 살활자재殺活自在함을 표현한 것이다. 자! 지금 이 뱀을 사용하는 묘술(불법)을 누구에게 부촉하면 좋을까. 이 뱀에게 물려 있으면서도 아픔을 모르는 놈들뿐이니 이게 무슨 일인가!

제25칙

염관의 무소뿔부채

염 관 서 선
鹽官犀扇

【시중】

삼천대천세계가 끝이 없다고 해도 이 자리를 여의지 않는다. 광겁 전의 일이라 해도 모두 바로 지금 있다. 그에게 목전에서 제시해 보라고 하면 역량 없는 자는 당황하여 드러내지 못한다. 자, 말해보라 이 허물은 대체 어디에 있는가.

찰 해 무 애　　불 리 당 처　　진 겁 전 사　　진 재 이 금　　시 교 이 적 면 상 정
刹海無涯。 不離當處。 塵劫前事。 盡在而今。 試敎伊覿面相呈。
변 불 해 당 풍 염 출　　차 도 과 재 십 마 처
便不解當風拈出。且道過在什麼處。

본칙

염관이 하루는 시자를 불러 말했다. "나한테 무소뿔로 된 부채를 가져

118

와라." 시자가 말했다. "부채가 부서졌습니다." 염관이 다시 말했다.

"부채가 이미 망가졌다면 무소를 가져와라." 시자가 대꾸하지 않았다.

자복은 동그라미를 하나 그리고 그 가운데 '우牛' 한 글자를 썼다.

거   염관일일환시자   여아과서우선자래   자운   선자파야
擧。鹽官一日喚侍者。與我過犀牛扇子來。者云。扇子破也。
관운   선자기파   환아서우아래   자무대   자복획일원상어중서일
官云。扇子旣破。還我犀牛兒來。者無對。資福畫一圓相於中書一
우 자
牛字。

【송】

부채가 부서졌다 하니 무소를 찾는다.

권련 안의 글자, 유래가 있다.

누가 알까? 달빛 없는 천년의 밤,

묘하게 환히 비추는 한 점의 가을을.

선 자 파 색 서 우   권 련 중 자 유 래 유
扇子破索犀牛。捲攣中字有來由。
수 지 계 곡 천 년 백   묘 작 통 명 일 점 추
誰知桂轂千年魄。妙作通明一點秋。

해설

새벽 예불송에는 "지심귀명례 시방삼세 제망찰해…"라는 문구가 있
다. 찰해刹海는 무한한 국토를 말한다. 항상 어디에나 계시는 부처님께
귀의하는 송이다. 찰해는 사사물물事事物物을 뜻하며 미오迷悟 · 범성凡
聖 · 시비是非 · 득실得失 전부를 말한다. 때문에 끝이 없다. 그러나 그것

은 전부 당처當處를 여의지 않고 당처 가운데로 받아들인다. 광겁 전, 즉 무한한 시간이 있기 이전의 당처는 바로 지금의 '본래의 나'이며 나를 떠나지 않는다. 그래서 그에게 그 자리를 제시해 보라고 했지만 두리번거리며 꺼내 보이질 못한다. 이 허물은 어느 곳에 있는가.

이에 대해 본칙은 말한다. 염관은 시자에게 무소로 만든 부채를 가져다 달라고 했지만 부채가 망가졌다고 하자 그렇다면 무소라도 가져오라고 했다. 시자는 대꾸하지 않았다. 시자가 반응하지 않는 데에는 여러 가지 이유가 있겠지만, 광겁 전의 소식을 침묵으로 대응하였는지 모른다. 자복은 원을 그리고 안에 '우牛'라고 썼다. 망망하고 끝없는 찰해, 즉 원상이지만 이 역시 당처를 여의지 않는 '그것', 자복은 이를 소라고 한 것이다.

송은 염관과 시자와의 문답과 시자의 반응에 대한 것이다. 권련 가운데의 글자는 자복만이 아닌 이미 마조 도일 때도 있었다. 마조선사가 원을 그린 편지를 경산 도흠선사에게 보내니 선사는 원 안에 점 하나를 그려 답했다고 한다. 또 제15조 가나제바 존자가 용수대사를 만나려 할 때 대사가 시자에게 물이 가득한 발우를 존자 앞에 두게 했고, 존자가 이를 보고 바늘 하나를 그 안에 던지고 난 다음 둘은 상견했다고 한다. 달빛조차 비치지 않는 칠흑 같은 천년의 밤, 그러나 홀연히 한 줄기 밝은 빛이 흘러나옴에 그 속에 가을이 있음을 누가 알랴. 바로 이 소식을 전했음을 노래했다.

제26칙

앙산, 눈을 가리키다

앙 산 지 설
仰山指雪

【시중】

얼음과 서리, 한 색이요, 눈과 달, 서로 비춘다. 법신을 얼게 하고 청렴한 선비를 죽게 한 어부. 이는 감상할 만한 일인가, 아닌가.

빙 상 일 색　　설 월 교 광　　동 살 법 신　　청 손 어 부　　환 감 상 완 야 무
冰霜一色。雪月交光。凍殺法身。清損漁父。還堪賞玩也無。

본칙

앙산이 눈 덮인 사자를 가리키면서 말했다. "이것을 넘어설 만한 자가 있는가?" 운문이 말했다. "그때 바로 밀어서 쓰러뜨려야 했다." 설두가 말 했다. "밀어 쓰러뜨릴 줄만 알았지, 붙들어 일으킬 줄은 몰랐구나."

거 　 앙산지설사자운 　 환유과득차색자마 　 운문운 　 당시변여추
舉。仰山指雪師子云。還有過得此色者麼。雲門云。當時便與推
도 　 설두운 　 지해추도 　 불해부기
倒。雪竇云。只解推倒。不解扶起。

【송】

뜨락의 눈 덮인 사자, 쓰러뜨리기도 일으키기도 한다.

범할 때는 삼가니 어짊을 품고

행할 때는 과감하니 의로움을 본다.

맑은 빛, 눈에 비치니 집을 찾아 헤매고

명백히 몸을 돌렸지만 도리어 그 자리에 있다.

납승은 어디에도 기댈 곳 없는데

삶과 죽음은 하나, 무엇을 여기라 하고 무엇을 저기라 하는가.

따뜻한 소식 매화를 터뜨리니, 봄은 찬 가지에 다다랐고

싸늘한 바람 잎이 지니, 가을은 흐르는 물을 맑힌다.

일도일기 　 설정사자
一倒一起。雪庭師子。

신어범이회인 　 용어위이견의
愼於犯而懷仁。勇於爲而見義。

청광조안사미가 　 명백전신환타위
淸光照眼似迷家。明白轉身還墮位。

납승가료무기 　 동사동생하차하피
衲僧家了無寄。同死同生何此何彼。

난신파매혜춘도한지 　 양표탈엽혜추징료수
暖信破梅兮春到寒枝。涼飆脫葉兮秋澄潦水。

해설

시중에서는 세간의 사물로 불법의 정신을 설하였다. 얼음이나 서리,

눈이나 달, 모두 하얀 색이며 이는 평등의 색을 뜻한다. 그러나 이것은 사물이 균등해서가 아니라 존재의 본질이 평등해서다. 이러한 세계를 청정법신, 유리광명의 세계라고 했다. 중생의 눈으로 볼 수 없는 세계지만 석가세존은 이 세계를 명백히 보시고 3주 동안 즐겼다고 한다. 그러나 석존은 여기서 안주하지 않고 이를 중생에게 보이기 위해 일어선 것이다. '입전수수立廛垂手(중생교화)'다. 만약 자신의 해탈에만 머물렀다면 그 법신은 얼어 죽었을 것이다. 어부의 말로 인해 청렴결백만을 지키려다 끝내 죽어버린 굴원과 같은 격이다. 그러니 '얼어버린 법신과 청렴한 선비를 죽게 한 어부를 감상할 만한 가치가 있을까'라고 만송은 시중에서 보인다.

앙산은 설사자를 가리키며 "이를 투과透過할 만한 자가 있는가"라고 하여 납자들을 점검했다. 눈 덮인 돌사자는 생명이 없는 무정물이다. 그런데 이를 넘어설 자가 있는가라고 물은 것이다. 유정인 사람이 무정을 돌파한다는 것은 사상이나 머리로는 도저히 헤아릴 수 없는 화두다. 그때 운문은 "바로 밀어서 쓰러뜨리는 것"이라고 했다. 설사자라는 관념을 깨뜨리는 것이다. 관념이란 머리로 그리는 생각이며 사상일 뿐 실물이 아니다. 관념놀이에서 벗어나 설사자가 실제로 손에 들어오는 것이 견성오도다. 이를 운문은 "쓰러뜨린다"고 했고 설두는 "쓰러뜨릴 줄은 알아도 일으킬 줄은 모른다"고 설파했다. 설두는 운문의 말을 보충하여 온전하게 만들었다. 운문과 설두가 쓰러뜨리고 다시 일으키는 것이 오도悟道고 수수垂手다. 불조佛祖의 한 생의 모습이다.

신학자 츠빙글리Ulrich Zwingli는 만물은 신이 내려주신 공유품이므로 문을 잠가 놓으면 안 된다고 한다. 반면 불법에서는 우주를 자기라고 본다. 그러나 나쁜 일을 하지 않도록 문단속을 하는 것이 불법의 자비이고, 그것이 '일으켜 세우는 것'이다. 반대로 물건을 아끼지 않고 활짝 열어두는 것이 '넘어뜨리는 것'이다. 양쪽 모두 필요하다고 천동은 노래했다.

운문이 차버리고 설두가 일으키는 설사자는 앙산에 해당된다. 운문과 설두는 정반대의 모습을 취하지만 이는 모두 수행자를 잘못으로부터 구해주는 일이다. 청광은 달빛을 의미한다. 달만 바라보면 집으로 돌아가는 길을 잊어버린다. 그러나 어디나 집안이므로 미혹할 리가 없다.

명백은 깨달음의 세계다. 조주는 "명백 속에도 있지 않다"고 했다. 명백 속에서 몸을 굴린다 해도 그 자리에 그만 떨어져버리는 것이다. 그래서 향상일로向上一路해야 한다.

납승이란 누더기 옷을 입는다고 하여 붙인 이름이다. 납자는 어디에도 기대거나 들러붙어서는 안 된다. 공기와 같이 무애자재하여 '지금 여기'가 바로 그의 집이어야 한다.

쓰러뜨리는 운문도, 일으키는 설두도, 설사자 앙산도 모두 동생동사의 선장禪匠들이다. 천동은 이러한 법계의 세계를 자연의 풍광으로 노래했다. 난신暖信은 봄바람이며, 양표涼飇는 가을바람이다. 봄바람에 매화가 피고 싸늘한 가을바람에 낙엽이 지는 것이 설두와 운문의 선의禪儀다. 피고 짐은 둘이 아닌 동생동사다. 이를 풍경으로 감상만 하는 것은 시인이나 문인이 할 일이다. 설사자는 무정물이다.

제27칙

법안, 발을 가리키다

법 안 지 렴
法眼指簾

【시중】

선생이 많으면 맥이 어지럽고 법이 엄밀하면 간교함이 생긴다. 병 없
는데 병을 치료함은 지나친 자비심이겠지만 선례가 있어 선례를 든다.
어찌 거론을 막겠는가.

시 중 운   사 다 맥 란   법 출 간 생   무 병 의 병   수 이 상 자   유 조 반 조
示衆云。 師多脉亂。 法出姦生。 無病醫病。 雖以傷慈。 有條攀條。
하 방 거 화
何妨擧話。

본칙

법안이 손으로 발을 가리키니 그때 두 스님이 함께 가서 발을 말아 올
렸다. 법안이 말했다. "한 사람은 됐으나 한 사람은 아니야."

【송】

소나무는 곧고 가시나무는 굽었네.

학의 다리는 길고 오리 다리는 짧다.

희황시대 세인들은 모두 난을 다스림도 잊었네.

편안하구나, 용은 못에 잠겨 있고

자유롭구나, 나는 새는 그물을 벗어났다.

조사가 서쪽에서 온 것은 어쩔 수 없는 것,

바로 여기에 득실 상반하므로.

쑥 이삭은 바람을 따라 허공을 날고

배는 물길을 타고 언덕에 이른다.

이 중에 영리靈利한 납자가 있으면

청량의 수단을 살펴보라.

松直棘曲。鶴長鳬短。

義皇世人俱忘治亂。

其安也潛龍在淵。其逸也翔鳥脫絆。

無何祖禰西來。裏許得失相半。

蓬隨風而轉空。舡截流而到岸。

箇中靈利衲僧。看取淸涼手段。

맥을 짚는데 의사가 많으면 도움이 안 되고 법이 많으면 법을 피할 간교함이 더 많아진다. 무병은 병을 모르는 것인데 이것이 실은 병이다. 시중에서 말하는 무병의 병은 곧 깨달음의 병이다. 이 병을 치료하는 사람은 대자대비한 사람이다. 이러한 자비는 아플 정도의 자비[傷慈]이며 깨달음의 병은 이러한 사람이 아니고서는 치료하기가 상당히 어렵다. 그러나 선례가 있으니, 법안선사의 이야기다. 법안선사는 납자를 때와 장소를 가리지 않고 적절히 잘 지도하여, 사람들은 그의 종풍을 줄탁동시嘩啄同時라고 부른다.

어느 날 법안선사가 점심공양을 하기 전에 잠자코 발을 가리켰다. 두 승이 바로 알아채고 일어나 발을 말아 올렸다. 선사는 "일득일실"이라고 말했다. 한 사람은 좋고 다른 한 사람은 아니라고 한 것이다. 선사의 뜻은 어디에 있을까. 선사는 두 승에게 각자 절대가치를 드러냈음을 말해 준 것이다. 좋으면 좋은 대로 아니면 아닌 대로 거기에 진실의 세계가 있음을 가르친 것이다. 이 사실을 알아채는 것은 납승 각자의 몫이다. 세상에는 가난한 자와 부유한 자, 무능한 자와 유능한 자, 병약한 자와 건강한 자가 공존한다. 모두 동일하지 않으며 동일할 수가 없다. 각자가 표면으로는 다르지만 본래 부처이며 무병이다. 다만 지나치게 자비로운 선사는 친절하게 말해줄 뿐이다.

천동은 득실이 없는 본분의 세계를 교묘하게 노래했다. 소나무는 곧고 가시나무는 구부러졌고, 학 다리는 긴데 오리 다리는 짧다고 분간하는 것이 잘못된 것일까. 이런 세상의 차별상은 어떤 이유가 있어서 그런 것일까. 차별로서 단정하는 것은 망상이며 사견邪見이다. 사견이나 망상을 백지로 돌린다면 망상으로 인한 모든 견해가 사라지고 천하가 태평해진다.

천동은 이를 희황羲皇 시대에 비유했다. 이 시대의 사람들은 난亂을 다스린다는 것이 무엇인지 모르고 살았다고 한다. 이러한 태평을 용이 못에 잠겨있는 것과 그물을 벗어난 새가 허공을 나는 것에 비유하며 분별망상이 모두 없어진 자유무애한 생활을 노래했다. 홀씨가 바람에 따라 공중에 높이 날지만 그 속에 있는 씨는 절대 안정적이다. 배는 물길을 따라 가기도 언덕에 이르기도 하지만 언제나 안정적이다. 천동은 영리靈利한 납승이라면 법안의 수단을 간취해보라고 하며 끝을 맺는다.

호국의 세 가지 부끄러움

호 국 삼 마
護國三慚

【시중】

한 오라기 실도 걸치지 않은 이 사람은 바로 벌거벗은 모습의 외도이다. 한 톨의 쌀도 씹지 않는 이놈은 단연코 초면의 귀왕으로 돌아갈 것이다. 설령 성스러운 곳에서 태어나더라도 아직 장대 끝에서 떨어질 위험은 면할 수 없다. 오히려 부끄러움을 가려줄 만한 곳이 있겠는가?

불 괘 촌 사 저 인 　 정 시 나 형 외 도 　 부 작 립 미 저 한 　 단 귀 초 면 귀 왕
不挂寸絲底人。　正是裸形外道。　不嚼粒米底漢。　斷歸焦面鬼王。
직 요 성 처 수 생 　 미 면 간 두 험 타 　 환 유 엄 수 처 마
直饒聖處受生。　未免竿頭險墮。　還有掩羞處麼。

본칙

어느 스님이 호국에게 물었다. "학이 마른 소나무 위에 앉았을 때 어떻

습니까?" 호국이 대답했다. "땅에서 보면 마냥 부끄러워할 걸." 승이 물었다. "빗방울이 방울방울 얼면 어떠합니까?" 호국이 대답했다. "해가 뜨면 쑥스러울 걸." 승이 물었다. "회창 사태 때 호법선신들은 어디를 향해 갔습니까? 호국이 답했다. "둘 다 삼문 앞에서 그저 부끄러워하겠지."

擧。僧問護國。鶴立枯松時如何。國云。地下底一場懡儸。僧云。

滴水滴凍時如何。國云。日出後一場懡儸。僧云。會昌沙汰時。

護法善神向甚麼處去也。國云。三門頭兩箇一場懡儸。

【송】

장사가 늠름해서 귀밑머리는 아직 세지 않았고

젊은이 분발하지 않으면 제후로 봉해지지 못한다.

잘 생각해보라, 청백전가의 객과

귀 씻은 냇물을 소에게 먹이지 않았음을.

壯士稜稜鬢未秋。男兒不憤不封侯。

翻思清白傳家客。洗耳溪頭不飮牛。

해설

호국원의 수징 정과守澄淨果대사는 소산 광인疎山光仁선사의 법사이며 동산 오본洞山悟本대사의 손제자이다.

인도에는 몸에 실오라기 하나도 걸치지 않는 수행자[裸形外道]가 있다. 또 쌀 한 톨도 먹지 않는 놈은 아귀 대장인데 필시 얼굴이 시뻘건[焦面] 귀왕에게 돌아갈 것이라고 한다. 이 두 구句를 문자 그대로 보면 불교에서 말하는 사석事釋이고, 문자를 초월해서 보면 이석理釋, 관심석觀心釋이라고도 한다. 관심석으로 보면 한 오라기 실도 걸치지 않음은 미오迷悟·범성凡聖도 벗겨진 적나라赤裸裸, 신심탈락身心脫落이다. 그러나 아직 진실의 불법을 맛보지 못했으므로 나형외도라고 하였다. 진공眞空에 빠져 묘유妙有의 활동을 잊어버린 것이다. 석존도 성도 직후 3주 동안 이 경지에 머물렀다고 한다. 법미法味에 집착했던 것이다.

쌀 한 톨 먹지 않는 것도 앞 구절보다 더더욱 철저한 공견空見의 비유다. 이러한 것은 모두 대오철저함에만 머문 것이다. 설사 성스러운 곳에 태어난다 해도 백척간두에서 위험천만한 경지로 떨어지는 죽음은 면할 수 없다. 이러한 잘못을 잘못으로 알고 부끄러움을 부끄러움으로 알아 감출만한 곳이 있다면 좋겠지만 그렇지 못하는 자가 너무 많다는 것이다. 그 실례로서 본칙을 들었다.

오래되고 메마른 소나무가지 위에 학이 서있는 것은 어떤가. 이는 학과 소나무를 말하는 것이 아니라 수행의 경계에서의 일을 묻는 것이다. 학은 품격 있는 새로 수행이 상당한 이를 의미한다. 소나무는 말라 물기가 없는데 학은 우아하게 서있다는 것은 공견空見에 잠겨 천하태평이 되어 있는 사람의 경계를 뜻한다. 호국선사는 이를 '땅에서 보면 별 볼일 없지'라고 하였다. 또한 '빗방울이 방울방울 얼면 어떤가'라는 말은, '번뇌의 뜨거움과 분별망상의 열기도 없이 본래면목 그대로 노출되었다면 어떤가'라는 뜻이다. 선사는 '해 뜨면 한바탕 부끄러워하겠지'라고 답했다. 진정한 깨달음의 해가 나타나 인연이 없음에도 동체의 대비심이 피어오르면 깨침의 자리에 머물기만 한 얼음이 녹아버려 민망할 것이라는 뜻이다.

'회창폐불의 사태 때 호법선신은 어느 곳으로 갔는가'가 마지막 질문이다. 당나라 무종은 회창 5년(845) 8월 하순, 승니僧尼 26만 5백 명을 환속시키는 칙령을 내렸다. 그로부터 1년 반 만에 그는 급성 전염병으로 죽었다. 사람들은 이것이 부처님의 벌이라고 했으나, 부처님에게는 벌이 없으니 인과필연, 자업자득이다. 뒤이어 선종황제가 즉위하자 다시 불법이 흥했다.

호법선신은 밀적금강역사密跡金剛力士로《관음경》에서의 집금강신이다. 신은 하나지만 좌우대칭으로 나뉘어 서있다. 여기서 무종의 폐불은 그대로 호법신이다. 호법심이 두터운 자가 부패한 불교를 일소한 것이라고도 본다. 어마어마한 청소를 한 호법신은 부끄러워 삼문 밖에 서있는 것이다. 선사의 답변은 '호국의 삼마라三魔羅'라는 공안이 되었다.

천동의 앞의 두 구는 승의 경계를 노래하고 뒤의 두 구는 호국의 경계를 노래했다. 천동은 승을 의기에 찬 장사라고 하였다. 추秋는 서리를 연상시키고 희다는 것을 의미한다. 귀밑머리가 희지 않다고 하는 것은 한창 공부가 성성한 청년임을 뜻한다. 여기서는 한 번 더 분발하도록 촉구한다. 그렇지 않으면 제후로 책봉되지 못한다고 했다. 그리고 다음과 같은 고사를 잘 생각해보라고 했다.

후한의 양진楊震이 형주의 태수로 부임했다. 왕밀王密이라고 하는 관리가 밤늦게 금 10근을 품에 넣어 양진에게 올렸지만 단호히 거절했다. 그 후, 탁군涿郡의 태수로 부임해서도 청렴결백해서 절대로 몰래 만나는 것은 수긍하지 않았다. 청빈한 생활로 자손도 언제나 푸성귀만 먹고 수레도 타지 않았다. 친구들이나 선배가 경제 면에서 염려했지만 후세가 '청백리의 자손'이라는 소리를 듣는 것이 훌륭한 유산이라고 했다. 이것을 '청백전가의 객'이라고 노래했다. 다음 허유許由라는 사람이 있었다. 그 사람이 현자라고 하므로 요堯가 제위를 물려주려고 했다. 허유는 도망처 산에 숨었다. 요가 다시 불러 제위가 싫으면 구주九州의 장이 되어주기를 부탁했다. 허유가 지저분한 소리를 들었다고 하여 강에 귀를 씻었다. 그곳으로 소부巢父라는 남자가 소를 끌고 물을 먹이려고 왔다. 소부가 허유를 향해 "당신은 왜 귀를 씻고 있는가"라고 물으니 허유가 앞의 이야기를 했다. 이를 듣고 소부가 말했다. "당신이 현자인 체 성인인 체 하기 때문에 요제에게 발견되어 그 같은 일을 맡기려 한 것이오. 당신같이 지저분한 근성을 가진 사람의 귀를 씻은 물은 우리 소에게 먹게 할 수 없다"라고 하고는 강 상류로 소를 끌고 가서 물을 먹게 했다는 것이다. 깨닫지 못하면 안 되지만 깨달아서 깨달음마저 버릴 줄 알아야 한다는 것을 천동은 이 같은 고사로 나타냈다.

제29칙

풍혈의 무쇠소

풍 혈 철 우
風穴鐵牛

【시중】

더딘 바둑 둔한 행마에 도끼 자루가 썩어버린다. 눈이 돌아가고 머리가 혼미하여 선수를 뺏겼다. 만일 귀신굴 속에 틀어박혀서 죽은 돌만 붙들고 있다면, 과연 되살아날 수 있겠는가, 없겠는가.

지 기 둔 행　　난 각 부 가　　안 전 두 미　　탈 장 표 병　　약 야 타 재 귀 굴 리
遲棊鈍行。　爛却斧柯。　眼轉頭迷。　奪將杓柄。　若也打在鬼窟裏。

파 정 사 사 두　　환 유 변 표 분 야 무
把定死蛇頭。還有變豹分也無。

본칙

풍혈이 영주의 관아에 있을 때 상당하여 말했다. "조사의 심인의 모양은 무쇠소의 기機와 같다. 떼면 곧 자국이 남고 누르고 있으면 곧장 자

국이 망가진다. 다만 떼지도 않고 남기지도 않으려면 찍는 것이 옳은
가, 찍지 않는 것이 옳은가." 그때 노파盧陂장로가 나와서 물었다. "저
에게 무쇠소의 기가 있습니다. 스승께 청하니 찍는 것은 필요 없습니
다." 풍혈이 말했다. "고래를 낚아 바다를 맑히려 했는데, 느닷없이 개
구리 걸음으로 진흙탕에 뒹굴고 있구나." 노파장로가 우두커니 생각에
잠기자 풍혈이 '할' 하고 말했다. "장로는 어찌하여 계속 말을 하지 못
하오?" 노파장로가 머뭇거렸다. 풍혈이 불자로 때리며 말했다. "할 말
이 있으면 해봐." 노파장로가 입을 우물거리자 풍혈이 또다시 불자로
내리쳤다. 목주가 말했다. "불법佛法과 왕법王法은 한 가지입니다." 풍
혈이 말했다. "뭐라도 보이는가?" 목주가 말했다. "마땅히 끊어야 할
것을 끊지 않으면 도리어 재난을 초래합니다." 풍혈이 바로 내려왔다.

<small>거　풍혈재영주아내　상당운　조사심인상　사철우지기</small>
擧。風穴在郢州衙內。上堂云。祖師心印狀。似鐵牛之機。
<small>거즉인주　주즉인파　지여불거부주　인즉시　불인즉시　시유노</small>
去卽印住。住卽印破。只如不去不住。印卽是。不印卽是。時有盧
<small>파장로출문운　모갑유철우지기　청사불탑인　혈운　관조경예징</small>
陂長老出問云。某甲有鐵牛之機。請師不搭印。穴云。慣釣鯨鯢澄
<small>거침　각차와보전니사　파저사　혈할운　장로하부진어</small>
巨浸。却嗟蛙步驟泥沙。陂佇思。穴喝云。長老何不進語。
<small>파의의　혈타일불자운　환기득화두마　시거간　파의개구　혈우</small>
陂擬議。穴打一拂子云。還記得話頭麼。試擧看。陂擬開口。穴又
<small>타일불자　목주운　불법여왕법일반　혈운　견개심마　목운</small>
打一拂子。牧主云。佛法與王法一般。穴云。見箇什麼。牧云。
<small>당단부단반초기란　혈변하좌</small>
當斷不斷返招其亂。穴便下座。

【송】

무쇠소의 기機, 자국이 남고 자국이 망가짐이여.

비로자나의 정수리로 치솟아 나와

돌아와서는 화신불의 혀끝에 앉았다.

풍혈이 저울대를 잡으니

노파가 패했다.

방과 할,

전광석화.

역력하고 분명하기가 소반 위의 구슬 같고,

눈썹을 치켜세우면 오히려 어긋난다.

철 우 지 기   인 주 인 파
鐵牛之機。印住印破。

투 출 비 로 정 녕 행   거 래 화 불 설 두 좌
透出毘盧頂頸行。却來化佛舌頭坐。

풍 혈 당 형   노 파 부 타
風穴當衡。盧陂負墮。

방 두 할 하   전 광 석 화
棒頭喝下。電光石火。

역 력 분 명 주 재 반   잡 기 미 모 환 차 과
歷歷分明珠在盤。眨起眉毛還蹉過。

해설

시중은 바둑을 비유로 삼았다. 진晉의 유안劉安 때 신안현信安縣에 왕
질王質이라는 나무꾼이 있었다. 어느 날 도끼를 들고 산으로 가는 도중
석실에서 네 명의 동자가 바둑을 두고 있는 것을 보았다. 그곳에서 바
둑을 구경하는 동안 대추알 같은 것을 받아먹으니 배가 고픈 줄 몰랐
다. 바둑이 끝나 자리에서 일어나 도끼 자루를 쥐자 자루가 푸석푸석
하게 썩어 있었다. 나무꾼이 집으로 돌아왔을 때는 이미 백 년도 더 지
나 알고 지내던 사람은 한 명도 남아있지 않았다고 한다.

　네 명의 동자는 바둑의 명인이었던 것 같다. 명인은 손놀림이 느리

고 돌을 천천히 둔다. 상대가 눈이 돌아가고 머리가 혼미해질 때 선수를 친다. 본칙의 노파장로의 응전이다. 귀신굴 속에 돌을 둔다는 것은 어두운 곳으로 머리를 들이미는 것으로 희망이 없는 곳에 돌을 둔다는 뜻이다. 과연 활活 작용으로 상대의 승기를 제압할 수 있을까. 본칙에서 참구하라는 것이다.

풍혈은 임제의 증손이다. 풍혈에 의해 임제의 가풍이 크게 떨치게 되었다고 한다. 영주 장관의 주최 아래 관내에서 풍혈의 상당이 행해졌다. 조사의 심인心印이란 불조의 인증印證이다. 그런데 그 형태가 철우의 기機와 같은 것이다. 전심傳心이라는 도장을 찍고 떼면 그 형태가 남는다. 그러나 도장을 찍고 떼지 않으면 찍은 형태는 나타나지 않는다. 심인의 형태의 거래를 말한다.

본칙의 공안은 '떼지도 않고 남기지도 않으려면 어찌해야 할까'이다. 노파장로는 자신이 철우의 기가 있다고 당당하게 말하고 천하의 대종장 풍혈에게 인가증명 같은 것은 쓸데없는 일이라고 하며 집어치우라고 한다. 풍혈은 바로 완력을 보인다. "고래를 낚아 바다를 맑히려 했는데 느닷없이 개구리 걸음으로 진흙탕에 뒹구네"라고. 이에 장로가 대응할 것 같은데도 잠자코 있는 것이다. 다시 할을 하며 다그치지만 그대로다. 목주는 그 자리에서 "불법과 왕법은 한 가지"라고 한다. 풍혈은 무엇을 보고 한 가지라고 하는지 되묻는다. 목주 나름으로, "끊어야 하는데 끊지 못하면 도리어 난을 초래하는 수밖에"라고 한다. 풍혈은 묵묵히 자리에서 내려갔다.

천동의 노래 첫 구가 공안의 요지다. 본래 자기의 대기대용이다. 떼면 자국이 남고 떼지 않으면 자국이 망가지는 것을 '인주인파'라고 했다. 다음은 법신여래인 비로자나불의 응화자재함을 노래한다. 풍혈이 저울을 잡아 역량을 가늠해보니 노파는 완전히 패했다. 풍혈의 방과 할은 전광석화와 같고 이것이 철우의 기다. 이는 소반에 이리저리 굴러다니는 구슬처럼 자유자재하지만 분별망상으로 눈을 부릅뜬다면 천지현격의 차이가 난다고 하며 노래를 마쳤다.

제30칙

대수의 겁화

대 수 겁 화
大隨劫火

【시중】

모든 대립을 없애고, 양 끝을 끊어낸다. 의단이 타파되니 어찌 한 구절 인들 필요할까. 장안은 조금도 떨어져 있지 않고 태산 역시 다만 세 근. 일러봐라. 무슨 법령으로 감히 이렇게 말한단 말인가.

절 제 대 대　　좌 단 양 두　　타 파 의 단　　나 소 일 구　　장 안 불 리 촌 보　　태 산
絶諸對待。坐斷兩頭。打破疑團。那消一句。長安不離寸步。太山
지 중 삼 근　　차 도 거 심 마 령　　감 임 마 도
只重三斤。且道據甚麼令。敢恁麼道。

본칙

어느 스님이 대수에게 물었다. "겁화가 활활 탈 때 대천세계도 함께 무 너집니다. 그렇다면 이것은 무너집니까, 무너지지 않습니까?" 대수가

말했다. "무너진다." 스님이 다시 물었다. "그렇다면 다른 것을 따라 가버린 것입니까?" 대수가 말했다. "다른 것을 따라갔다." 스님이 용제에게 물었다. "겁화가 활활 탈 때에 대천세계도 함께 무너집니다. 그렇다면 이것은 무너집니까, 무너지지 않습니까?" 용제가 말했다. "무너지지 않는다." 스님이 다시 물었다. "어찌 안 무너집니까?" 용제가 말했다. "같은 대천세계이기 때문이다."

거 승문대수 겁화통연 대천구괴 미심저개괴불괴 수운괴
舉。 僧問大隨。 劫火洞然。 大千俱壞。 未審這箇壞不壞。 隨云壞。
승운 임마즉수타거야 수운 수타거 승문용제 겁화통연
僧云。 恁麼則隨他去也。 隨云。 隨他去。 僧問龍濟。 劫火洞然。
대천구괴 미심저개괴불괴 제운불괴 승운 위심불괴 제운
大千俱壞。 未審這箇壞不壞。 濟云不壞。 僧云。 爲甚不壞。 濟云。
위동대천
爲同大千。

【송】

무너지는가, 무너지지 않는가.

다른 것을 따라 가버려도 대천계.

어구에는 분명 구쇄의 기가 없으나

걸음은 수많은 넝쿨에 얽혀버린다.

아는가, 모르는가.

분명한 일을 지나치게 정중히 말한다.

지기知己는 드러내어 흥정하지 마라.

내 가게에서 서로 사고파니 웃기는 일이다.

괴불괴 수타거야대천계
壞不壞。 隨他去也大千界。
구리료무구쇄기 각두다피갈등애
句裏了無鉤鎖機。 脚頭多被葛藤礙。

회불회　분명저사정녕살
會不會。分明底事丁寧瞭。
지심염출물상량　수아당행상매매
知心拈出勿商量。輸我當行相買賣。

익주의 대수 법진선사는 장경 대안선사의 법사이며 백장의 손제자이다. 60여 명의 선지식을 친견했다고 한다.

시중의 첫 번째 구절은 생사문제를 해결하는 공안이다. 모든 대치는 모든 대립관념이다. 생과 사뿐만 아니라 행과 불행, 선과 악, 사바와 정토, 범부와 부처, 그러한 두 견해의 대립을 부수지 않으면 안 된다. 좌단坐斷은 앉은 채로 없앤다는 의미다. 생사의 의단을 타파한 것에 어찌 일언반구가 필요하겠느냐며 은근히 본칙의 대수와 용제를 힐난한다.

중국의 옛 수도 이름 '장안'에는 '영원한 안락지'라는 의미가 들어 있다. 이는 곧 불교에서의 적광정토寂光淨土로, 저 멀리 있는 것이 아니라 바로 우리 발 아래 있다는 것이다. 태산太山은 '태산泰山'이다. 굉장한 산일 텐데, 무게로 치면 겨우 세근이라고 한다. 태산의 무게가 어째서 그뿐일까. 어떠한 일이나 물건도 자신과 동화되면 무게를 느끼지 못한다. 부담을 느끼는 것은 자신과 둘이 되었을 때다. 그런데 시중은 어떤 법령에 근거하여 그렇게 말하는지를 일러보라고 한다.

어느 승이 '세상이 끝나 괴겁壞劫시대가 오고 겁화劫火가 일어나 삼천대천세계가 한번에 불타버린다면 이것(불성)도 없어져 버리느냐'고 물었다. 대수는 무너진다고 했다. 이어서 승은 '이것'이 다른 것에 따라

가는 것인가를 물었다. 대수는 따라간다고 했다. 말하자면 천지와 함께 무너져 버린다는 것이다. 그러나 의단이 사라지지 않았다. 승은 다시 미심쩍어 이번에는 용제에게 똑같이 물었다. 그런데 용제는 무너지지 않는다고 했다. 승이 왜 그런가 묻자 용제는 대천과 같기 때문이라고 했다. 어떠한 것도 순응성과 동화성을 갖추고 있다. 다만 자아라는 악몽이 남아있으면 이를 방해한다. 순응동화하면 그 자리에서 문제는 해결된다. 고락이 없어진 극락이다. 산하대지는 상주불멸의 당체다. 금강불괴의 법신이다. 상주불멸은 생멸변천의 일이다. 이는 조동의 정중편正中偏 편중정偏中正의 모습이다. 천동은 대수와 용제의 대답을 노래했다.

괴와 불괴의 사상이나 깨달음도 머리에 두지 말고 전부 털어버리면 비로소 천하태평이다. 전철 안에 있는 사람은 전철과 함께 움직인다. 불조의 언구는 술책 없이 완전히 드러나 있다. 그러나 사상에 떨어지면 한쪽으로 치우친다. 범부는 괴, 불괴에 걸리는 것인데, 이를 갈등에 걸린다고 하는 것이다. 천동은 "아는가, 모르는가"라고 분명한 일을 정중히 다그친다. 이어 대수와 용제의 지나친 설명을 말한다. 지심은 지기知己이니 본심을 잘 아는 객이다. 상량은 상담商談이고 당행當行은 내 점포를 말한다. 우리 점포에서 괴니 불괴니 흥정하지 말라는 의미다. 정찰로 파는 가게에 와서 흥정을 하는 것은 웃기는 일이니, 이를 잘 아는 객은 아무 말 않는다. 그러므로 대수도 용제도 모두 괴, 불괴에 떨어진 사람이라고 천동은 노래했다.

제31칙

운문의 노주

운 문 노 주
雲門露柱

【시중】

향상의 작용은 학이 창공으로 날아오르는 듯하고, 당양의 길은 매가
저 멀리 신라를 지나가는 듯하다. 설사 눈길이 유성 같더라도 입은 아
직 굽은 장대 같다. 말해보라. 이것은 무슨 종지인가?

향상일기　　학충소한　　당양일로　　요과신라　　직요안사유성　　미면
向上一機。鶴沖霄漢。當陽一路。鷂過新羅。直饒眼似流星。未免
구여편첨　　차도시하종지
口如匾擔。且道是何宗旨。

본칙

운문이 대중에게 질문을 던졌다. "옛 부처와 노주가 서로 교섭하는데
이것은 몇 번째 기인가?" 아무도 대답하는 자가 없었다. 스스로 대신

대답했다. "남산에 구름이 일고 북산에 비가 내린다."

거   운문수어운   고불여노주상교   시제기기   중무어   자대운
擧。雲門垂語云。古佛與露柱相交。是第幾機。衆無語。自代云。
남산기운   북산하우
南山起雲。北山下雨。

【송】

한 가닥 신령스런 광채

처음부터 감춤이 없었네.

견연을 초월함 역시 옳아도 옳은 것이 아니요,

정량을 넘어섬 역시 맞아도 맞지 않다.

바위틈에 핀 꽃가루, 벌집에 꿀이 채워지고

들풀의 자양분, 사향노루 배꼽이 향기롭다.

종류 따라 석 자, 한 길 여섯 자

닿는 곳마다 분명하여 당당하게 드러나는구나.

일 도 신 광   초 불 복 장
一道神光。初不覆藏。
초 견 연 야 시 이 무 시   출 정 량 야 당 이 무 당
超見緣也是而無是。出情量也當而無當。
암 화 지 분 혜 봉 방 성 밀   야 초 지 자 혜 사 제 작 향
巖華之粉兮蜂房成蜜。野草之滋兮麝臍作香。
수 류 삼 척 일 장 육   명 명 촉 처 노 당 당
隨類三尺一丈六。明明觸處露堂堂。

해설

시중의 첫 구는 운문선사의 접화接化를 보이는 것이다. 마치 학이 허공

을 높이 날아오를 때 그 자취를 볼 수 없는 것과 같고, 매가 저 멀리 남쪽 신라를 지나가는 듯 민첩하다고 비유했다. 향상의 일기一機의 기機는 작용이지만 범부의 작용은 아니다. 당양은 남쪽이다. 기세가 뛰어남을 의미한다. 향상의 일기나 당양의 일로는 모두 머리로 생각하는 것이 아니라, 순간적으로 자연히 튀어나오는 작용이다. "눈은 유성과 같지만 입의 형태는 아직 '굽은 장대'와 같다"고 그 활발발한 실례를 보여준다. 참된 실상은 향상의 일기, 당양의 일로로서 고불의 경계, 노주의 경계이다. 범부의 눈으로는 물론이고 깨친 눈으로도 보이지 않는다고 하였다.

본칙에서 운문은, 고불과 노주가 서로 교섭하는데 이것은 몇 번째의 기인가를 대중에게 물었다. 대답이 없자 대신 대답하기를 "남산에 구름 일고 북산에 비가 내린다"고 했다. 이 문구에 대해 여러 노사老師들이 달리 해석하고 있다. 천동은 고불과 노주간에 서로 교섭하는 소식을 "한 줄기의 신령스런 빛"이라고 했다. 이 빛은 처음부터 감춤이 없었다고 한다. 그런데 왜 신광神光이 보이지 않는 것일까? 범부의 두 대립으로 보는 견해나 또한 갖가지 일어난 생각, 즉 정량의 장애 때문이라는 것이다. 이러한 범부의 견해나 정량을 버리고 나면 거기에는 '옳다, 그르다, 맞다, 맞지 않다'고 할 필요조차 없어진다.

이를 노래한 것이 다음 두 구다. 천동의 맑은 시상詩想이 몰록 깃들었다. 엄화嚴華는 절벽의 바위 사이에 핀 꽃이다. 이 꽃에서 벌은 자유롭게 꿀을 모으고, 자양분이 많은 들풀을 마음껏 먹은 노루는 배꼽에서 향기를 뿜는다고 한다. 이처럼 곳곳에 고불과 노주의 교섭이 드러나 있음을 말한다. 수류隨類는 중생의 종류를 뜻한다. 삼척동자, 장육금신, 노루, 벌 등 각각의 유형에 따라 분명하고 역력하여 감춤 없이 당당히 드러나 있음을 노래했다.

제32칙

앙산의 심경

앙 산 심 경
仰山心境

【시중】

바다는 용의 세계, 숨고 나타남이 자유롭고 하늘은 학의 고향, 날고 노래하는 것이 자재하다. 무엇 때문에 지친 물고기는 늪에 머물고, 우둔한 새는 갈대밭에 깃드는가. 굳이 이해를 따질 것이 있겠는가.

해 위 용 세 계　　은 현 우 유　　천 시 학 가 향　　비 명 자 재　　위 심 마 곤 어 지
海爲龍世界。　隱顯優游。　天是鶴家鄉。　飛鳴自在。　爲甚麼困魚止
박　　둔 조 서 로　　환 유 계 리 해 처 마
濼。　鈍鳥棲蘆。　還有計利害處麼。

본칙

앙산이 어느 스님에게 물었다. "어디 사람인가?" 스님이 대답했다. "유주 사람입니다." 앙산이 물었다. "그대는 그곳이 생각나는가?" 스님이

대답했다. "항상 생각납니다." 앙산이 말했다. "생각하는 것은 이 마음

이고 생각하는 대상은 경계이다. 그곳에는 산하대지, 누대, 전각, 사람,

가축 등의 사물이 있다. 생각하는 이 마음을 돌이켜 생각해보라. 허다

하게 있는가?" 스님이 말했다. "제가 여기 이르러 보니 전혀 보이지 않

습니다." 앙산이 말했다. "신위信位는 그렇다 치고 인위人位는 아직이

야." 스님이 말했다. "화상께서 달리 지시할 것은 없습니까?" 앙산이

말했다. "달리 있다고 하거나 달리 없다고 해도 맞지 않다. 그대의 견

처에 따르다 보면 다만 한 가지 현묘함을 얻을 걸세. 앉고 옷 입고 하

는 것, 향후 스스로 살펴보라."

거　앙산문승심처인　승운유주인　산운　여사피중마　승운
擧。仰山問僧甚處人。僧云幽州人。山云。汝思彼中麼。僧云
상사　산운　능사시심　소사시경　피중산하대지　누대전각
常思。山云。能思是心。所思是境。彼中山河大地。樓臺殿閣
인축등물　반사사저심　환유허다반마　승운　모갑도저리총불견
人畜等物。反思思底心。還有許多般麼。僧云。某甲到這裏總不見
유　산운　신위즉시　인위미시　승운　화상막별유지시부　산
有。山云。信位卽是。人位未是。僧云。和尙莫別有指示否。山
운　별유별무즉부중　거여견처　지득일현　득좌피의　향후자간
云。別有別無卽不中。據汝見處。只得一玄。得坐披衣。向後自看。

【송】

무외無外하여 포용하고

무애無礙하여 높이 난다.

문과 담장이 높고

철창에 쇠사슬이 겹겹이다.

술로 흥겹게 하여 객을 눕히고

밥을 배불리 먹여 농가를 게으르게 한다.

허공에서 돌출함이여, 묘시가 바람을 치고

창해가 뒤집힘이여, 유룡이 우레를 보낸다.

무 외 이 용　　무 애 이 충
無外而容。無礙而冲。
문 장 안 안　　관 쇄 중 중
門牆岸岸。關鎖重重。
주 상 감 이 와 객　　반 수 포 이 퇴 농
酒常酣而臥客。飯雖飽而頹農。
돌 출 허 공 혜 풍 박 묘 시　　답 번 창 해 혜 뇌 송 유 룡
突出虛空兮風搏妙翅。踏翻滄海兮雷送游龍。

해설

시중에서의 바다와 용, 학과 하늘의 주객관계를 본칙에서는 마음과 경
계의 문답으로 비유하였다. 용이 수중에 잠겨 있다가 돌출하여 하늘을
날아오르고, 학이 자유로이 허공을 날아오르는 것은 불도를 체득한 자
의 자유무애한 생활을 나타낸다.

　지친 물고기와 둔한 새는 본칙에 나오는 학인스님을 가리킨다. 그는
자타불이, 능소能所 일체라는 이론적 생각에 끌려 아직 자유롭지 않다.
박灡은 웅덩이 같은 작은 연못으로, 자유롭게 헤엄칠 수 없는 곳이다.
새 역시 갈대 사이에 깃들고 자유로이 날지 못한다. 깨달음이라는 관
념에 매여 선사와의 문답에서 이해득실을 머리로 헤아려 생각에서 벗
어나지 못하고 있음을 비유했다.

　선장禪匠인 앙산은 학인을 처음 만나 출신을 묻는다. 지금도 우리네
절 집안에서는 승속을 막론하고 처음 만나면 어디 사람인가 묻고 동향
이면 아주 좋아한다. 앙산이 살던 당시에도 그랬던 모양이다. 학인이
별생각 없이 유주 사람이라고 답하자 앙산은 다시 고향을 생각하는지

묻는다. 고향을 생각한다는 대답에 앙산은 그곳에 있었던 모든 사물이 생각난다면 그 생각하는 마음을 보라고 했다. 마음이 사물만큼 많은가? 학인은 그곳에 이르러보니 아무것도 없다고 잘라 말했다. 그곳은 마음이라고 할 것조차 없는 곳이다. 사람도 법도 모두 공[二空]인 그곳이다. 앙산은 학인이 견성의 지위[信位]에는 이르렀지만 인위 즉 견성 이후 대활현성大活現成에는 못 미치는 것 같다고 일갈하였다. 앙산은 학인을 반만 인정한 것이다. 학인은 바로 앙산에게 "화상께서 달리 지시할 것은 없습니까?"라고 묻는다. '화상'은 범어를 음역한 것으로 역생力生이라는 의미다. 스승이 제자의 수행력을 배양하도록 돕는다는 뜻에서다. 화상은 '지도 방법이 달리 있는 것이 아니라 그대가 지금의 견처에서 일현一玄을 얻는 것'이라고 한다. 현은 미묘한 불도를 말한다. 불도는 달리 찾을 것이 아니라 앉고 입고하는 작용에서 '이게 뭐지, 뭐지' 하고 끊임없이 살피면 되는 것이다.

천동의 노래 처음 두 구는 인경불이人境不二의 소식이다. 그렇기 때문에 뒤의 두 구는 대립이 없음을 노래한다. 안과 밖이 본래 없어 서로를 포용하니 무애하여 더 높이 자유롭게 난다. 그런데 스스로 주객으로 분별하여 장벽을 쌓고, 칠중 팔중으로 막아 관문을 세우면 손을 써 볼 수가 없다.

신위에 안주하게 됨을 '술을 마음껏 마셔 흥겹게 하여 객을 쓰러지게 하는 것'에 비유하고, 일현이라는 밥으로 '배불리기만 하고 게으르면 농가가 비참한 상태에 빠지게 되는 것'에 비유하였다. 앙산에게는 금시조[妙翅]가 하늘을 날아올라 깃으로 바람을 치는 선기禪氣가 있고 용이 큰 바다를 치며 구름과 우레 속에 노니는 것과 같은 대작용이 있음을 노래하며 마쳤다.

삼성의 금빛 잉어

三聖金鱗

【시중】

강한 것을 만나면 바로 약해지고 부드러운 것을 만나면 바로 강해진다. 만일 양쪽이 모두 강하여 서로 충돌한다면 반드시 한쪽이 다치게된다. 일러보라. 어떻게 하면 서로 어울리겠는가.

봉 강 즉 약 우 유 즉 강　양 경 상 격 필 유 일 상　차 도　여 하 회 호 거
逢强卽弱遇柔卽剛。兩硬相擊必有一傷。且道。如何迴互去。

본칙

삼성이 설봉한테 물었다. "그물을 뚫고 나간 금빛 잉어는 무엇으로 먹이를 삼겠는지요." 설봉이 말했다. "그대가 그물을 뚫고 나온 연후에 말해주겠다." 삼성이 말했다. "1,500명 납자들의 선지식이 말귀도 제

대로 못 알아듣네." 설봉이 말했다. "노승이 주지 노릇하는 것이 번거롭다보니."

擧。三聖問雪峯透網金鱗。未審以何爲食。峯云。待汝出網來向汝
道。聖云。一千五百人善知識話頭也不識。峯云。老僧住持事繁。

【송】

삼단의 폭포, 비로소 뛰어 오르니

구름과 우레가 서로 뒤를 따르네.

기세 좋게 뛰어 오름에 대용大用을 본다.

꼬리가 탔으니 분명 우문禹門을 넘었을 터.

화려한 잉어는 항아리에 담기지 않는다.

노련한 사람은 사람들을 놀라게 하지 않고

대단한 적을 만나도 처음부터 아무런 두려움도 없다.

바람이 부는 방향으로 깃발이 펄럭거림과 같고

높게 쌓인 모양이 어찌 삼만 근의 무게만 하랴.

드높은 명성, 사해에서 누구와 견주리

우뚝하여 팔풍이 불어도 조금도 움직임이 없다.

浪級初昇雲雷相送。騰躍稜稜看大用。
燒尾分明度禹門。華鱗未肯淹螿甕。
老成人不驚衆。慣臨大敵初無恐。
泛泛端如五兩輕。堆堆何啻千鈞重。
高名四海復誰同。介立八風吹不動。

진주 삼성원의 혜연은 임제의 첫 번째 제자로, 전기가 불분명하다. 처음 두 구절이 공안에 대한 요점이다. 죽어야 할 때 죽고 살아야 할 때 산다면 어디에도 상처가 나지 않으니 승부가 안 난다. 그들은 서로 상대의 마음을 알고 서로 무언으로서 처리해 버린다. 이것이 명인들의 법전法戰이다. 본칙은 이를 드러냈다. 삼성은 이제 막 공부 맛을 안 대사이며 설봉은 노대사이다. 삼성의 기량으로는 법전을 할 수 없다.

본칙에서 삼성은 자신을 그물을 뚫고 나온 금빛 비늘을 가진 대어라고 소개한다. 무엇인가 자신의 입에 맞는 것이 있다면 그물에서 나가겠다고 하였다. 여기서 그물이란 오욕육진五欲六塵의 그물로, 일반인들은 대개가 여기에 걸려 있고, 지식인은 철학, 사상, 주의라는 그물에 걸려 있다.

그물 가운데 최고의 것은 깨침의 그물이다. 이 그물에는 한번은 걸려들어야 한다. 그렇지 않으면 백천만의 번뇌의 그물에 걸려 영구히 괴롭기 때문이다. 다행히 깨침의 그물에 걸렸다면 이번에는 이 그물을 뚫고 벗어나지 않으면 안 된다. 설봉이 "그대가 그물을 뚫고 나온 연후에 말해주겠다"라고 한 것에는 '아직 불법의 그물에서 허둥대는 자라면 말해도 모를 것이니'라는 친절함이 내포되어 있다.

삼성은 더욱 강하게 설봉에게 대들었다. 설봉의 도량에는 깨달았다고 하는 1,500명의 납자들이 모여 있었다. 여기에서 '화두'란 공안이 아니라 친절히 건네는 말이다. 삼성은 '뭐야, 수많은 수좌들의 선지식이라는 평판을 받고 있는데 만족할 만한 말도 제대로 못하니 노망났나'라고 무섭게 윽박질렀다. 설봉은 '노승이 주지 사느라 정신없어서,

용서해주게'라고 했다. '강함을 만나 바로 약함'을 보인 것이다. 바로 설봉의 신통묘용한 태도다.

송에서 낭급浪級은 우문삼급禹門三級의 폭포다. 여기에는 고사가 따라온다. 우禹는 요순 두 임금을 섬기고 황하의 대홍수를 다스린 대공을 세운 사람으로, 우문禹門이라고도 한다. 그가 산을 잘라 물을 흘려보내 그것이 세 단계의 폭포가 되었다. 잉어가 이를 뛰어오르게 되면 바로 용이 되어 승천한다고 하여, 우문의 삼급을 등용문登龍門이라고도 한다. "구름과 우레가 서로 뒤를 따르네"는 잉어가 승천할 때 구름이 일고 우레가 일어나는 것을 말한다. 이는 삼성이 그물을 뚫고 나온 금빛 잉어로서 세차게 우문삼급을 올라 용이 된 것 같은 것이고, 설봉이 "그대가 그물을 뚫고 나온 이후 말하겠다"는 것은 구름과 우레가 용을 서로 보낸다는 의미다. 잉어의 대단한 기세에서 대기대용을 보는 것과 낭급을 뛰어 올라 용이 될 때 우레의 불꽃에 꼬리가 탔다는 것은 삼성의 활발발한 기세를 노래한 것이다. 천동은 삼성을 '항아리에 담기지 않는 화려한 잉어'에 비유했다. 설봉은 이미 수많은 납자를 접화하여 왔고 그래서 삼성의 태도를 처음부터 알아차려 예사롭게 대한 것이다.

천동은 이 같은 설봉의 경계가 마치 깃발이 바람 부는 대로 펄럭이는 것처럼 우뚝하여 요지부동한 묵직한 무게가 있다고 하였다. 설봉의 명성은 사해에 높아 어떤 누구도 넘보지 못하며 홀로 서서 어떤 말을 해도 미동하지 않는 경계를 가졌다고 노래했다.

제34칙

풍혈의 한 티끌

풍 혈 일 진
風穴一塵

【시중】

맨손과 빈주먹으로 끝없이 변화를 일으킨다. 비록 이것이 무에서 유를

만들어 낸다고 해서 어찌 거짓을 가지고 참된 것이라고 말할 수 있겠

는가. 말해보라. 오히려 그 기본이 있는지, 없는지를.

적 수 공 권　　천 변 만 화　　수 시 장 무 작 유　　내 하 농 가 상 진　　차 도
赤手空拳。 千變萬化。 雖是將無作有。 奈何弄假像眞。 且道。
환 유 기 본 야 무
還有基本也無。

본칙

풍혈이 일렀다. "만일 한 티끌을 세우면 나라가 흥성하고, 한 티끌도

세우지 않으면 나라가 망한다." 설두가 주장자를 잡고 말하였다. "그래

도 같이 살고, 같이 죽을 납승은 있는가?"

^거 ^{풍 혈 수 어 운} ^{약 립 일 진} ^{가 국 흥 성} ^{불 립 일 진} ^{가 국 상 망}
擧。風穴垂語云。若立一塵。家國興盛。不立一塵。家國喪亡。
^{설 두 염 주 장 운} ^{환 유 동 사 동 생 저 납 승 마}
雪竇拈拄杖云。還有同死同生底衲僧麼。

【송】

백발노인[1]이 위수에서 낚싯줄 드리움,

수양[2]에서 청렴으로 굶은 이와 비교하여 어떤가.

다만 한 티끌에서 변화된 모습으로 나누어지니

드높은 명성 위대한 업적 모두 잊기 어렵구나.

^{파 연 위 수 기 수 륜} ^{하 사 수 양 청 아 인}
幡然渭水起垂綸。何似首陽清餓人。
^{지 재 일 진 분 변 태} ^{고 명 훈 업 양 난 민}
只在一塵分變態。高名勳業兩難泯。

해설

시중의 "맨손과 빈주먹"은 불법을 뜻한다. 본래 텅 빈 성품[空性]이기에 인연대로 천 가지, 만 가지로 변한다. 종사에게는 깨침도 미혹함도 없으나 그저 망아妄我의 구름을 제거할 뿐이다. 선장禪匠이 미오迷悟를 설해도 미오라는 것은 원래 없다. 맨손이다. 사바娑婆나 정토를 설해도

---

1   강태공姜太公을 지칭함.
2   은나라 패망 후 백이와 숙제 형제가 주나라 무왕의 녹을 받는 것을 꺼려하여, 수양산에 은거하며 고사리만으로 연명하다 굶어죽었다는 고사를 간직한 곳이다.

실은 빈주먹이다. 애초에 사바나 정토가 없다. 있다면 맨손의 천변이고 만화하는 빈주먹이다. 어느 누구나 적수공권赤手空拳으로 태어나 죽는다. 무로서 유를 만든다고 해서 '거짓을 참된 것'이라고 말할 수 없을 것이다.

조사의 수시垂示는 이처럼 천변만화 자유자재함을 보이지만 범부는 참되지 않다고 단견한다. 선장은 어느 때는 무를 유라고 하고, 유를 무라 하고, 참됨을 거짓이라 하고, 보잘것없는 납자를 일등수좌라 하고, 공부 잘하는 납자를 가장 못난이라고도 한다. 이에 대해 조사가 잘못 말했다고 할 수 있을까? 범부는 두 대립적인 견해에 쏠려 있어 언제나 한쪽에 치우치는 업병이 있다. 법에는 진도 가도 무도 유도 없으니 이를 무자성, 불가득이라고 한다. 천지만물이 모두 그렇기에 '색즉시공 공즉시색'이라고 한다. 그것을 사상으로 받아들이는 것이 불교철학의 기초다. 이를 직접 체험하는 것이 '견성'이다.

미오, 범성, 고락, 득실은 일체 없는 것인데 그것에 걸려 있는 자에게는 전미개오轉迷開悟, 이고득락離苦得樂이라고 설한다. 중생이 미오를 가지고 있기 때문에 부처도 미오를 설하는 것이다. 실은 거짓도 참됨도 없다. 그렇다면 '무엇이 기본인가.' 이것이 공안이다.

"한 티끌을 세우면 나라가 흥하고 한 티끌을 세우지 않으면 망한다"고 하는 것은, 나라의 흥성과 쇠망이 한 생각에 달렸다는 것이다. 망아의 일념이 잠시 움직이면 천지만물의 모든 대립이 일어난다. 이를 '세운다'고 한다. 천태에서는 원망怨妄의 일념이 삼천법계가 된다고 한다. 화엄에서는 청정의 일념에 법계가 건립된다고 했다. 여기서 '한 티끌을 세운다'는 것은 '깨달아라'는 말이다. '무無' 한 자에 참하여 반드시 대오해야 비로소 국가가 흥성한다.

한 티끌을 세우지 않음은 모든 것을 잘라버린다는 의미다. '불佛' 한 자만 남아도 마음을 더럽히는 것이다. '부처를 만나면 부처를 죽이고 조사를 만나면 조사를 죽이라'고 하는 뜻이 여기에 있다. 형상으로 머리에 남아있는 것은 모조리 없애라는 것이다. 그러나 한 티끌을 세우든 세우지 않든 이는 바로 별개의 것이 아니라 동시에 붙어 있다.

설두는 주장자를 집어 들어 "동사동생할 만한 납자가 있는가"라고 일갈한다. 주장자는 본래 자기이고, 동사동생이란 지음知音 같은 친구다. 범부는 모든 것이 하나의 주장자의 천변만화라는 것을 알지 못한다. 죽음이라고 들으면 없어지는 것처럼 생각하고 생이라고 들으면 영원히 살아가는 것처럼 생각한다. 유, 무, 사바, 정토라고 해도 모두 거짓이요, 주장자의 천변만화일 뿐이다.

천동은 송의 첫 구에서 태공망太空望과 백이숙제伯夷叔齊의 고사를 빌려와 주장자의 의미를 노래한다. 첫 일구一句는 국가의 흥성을, 다음 구는 상망喪亡을 이야기한다. 파연은 백발을 뜻하며 위수는 냇물 이름이다. 륜은 실[絲]인데, 수륜은 낚시를 말한다.

태공망의 이름은 여상呂尙으로, 그는 위수의 남쪽 언덕에서 낚시를 하고 있었다. 서백西伯(문왕)이 사냥을 나오기 전 점을 쳐보니, 붙잡아야 할 굉장한 물건이 있다는 점괘를 얻었다. 굉장한 물건이란 호랑이도 용도 아닌 천하의 패왕을 사로잡을 대인물이었다. 서백은 남쪽에서 여상을 만나 기뻐하며 말했다. "나는 오랫동안 그대를 기다려 왔다." 그리하여 그를 태공망이라 부르며 스승으로 삼았다.

백이와 숙제는 고죽군孤竹君의 아들들로, 서로 나라를 사양해서 망명 중이었다. 무왕이 주紂왕를 친다고 하자 무왕이 타는 말을 두드리며 말했다. "아버지(문왕)가 돌아가서 장사조차 지내지 않았으니 어찌 이를 효라고 해야 할까. 또한 신하로서 임금을 죽인다면 어찌 어질다고 할 수 있겠는가?" 좌우에 있는 사람이 이 둘을 죽이려고 하니 태공망이 이들을 의인이라 하며 떠나게 했다. 그 후 무왕은 은을 쳐서 천하를 통일하고 국호를 주周라고 하였다. 백이와 숙제는 주나라의 곡식을 먹고 사는 것은 수치라고 하여 수양산으로 가서 고사리 줄기만 먹었다. 누군가가 지금은 주의 천하가 되어 수양산의 고사리도 주나라 황제의 것이라 하니, 그때부터 고사리마저 먹지 않아 굶어 죽었다고 한다. 이를 두고 세인들은 수양청아首陽淸餓의 사람이라고 했다.

송은 태공망과 백이숙제, 어느 쪽이 좋은가 하는 참구과제를 내고 있다. 태공망은 주의 문왕과 무왕을 받들었지만 백이숙제는 무왕에게 충고한 후 굶어죽었다. 태공망과 백이숙제는 모두 일진의 변태, 주장자의 천변만화다. 백이숙제의 청렴함의 고명高名, 문왕과 무왕을 보좌한 태공망의 훈업勳業이 모두 훌륭하여, 둘 다 없어지지 않음을 천동은 노래했다.

제35칙

낙포의 승복

낙 포 복 응
洛浦伏膺

【시중】

재빠른 기와 막힘이 없는 언변으로 외도와 천마를 무너트리고, 격식과
종지를 벗어난 상근기의 예리한 지혜에는 유연하게 대한다. 홀연히 한
방을 맞고도 고개도 돌리지 않는 놈을 만날 때는 어떠한가.

신 기 첩 변   절 충 외 도 천 마   일 격 초 종   곡 위 상 근 리 지   홀 우 개 일 방
迅機捷辯。折衝外道天魔。逸格超宗。曲爲上根利智。忽遇箇一棒
타 불 회 두 저 한 시 여 하
打不迴頭底漢時如何。

본칙

낙포가 협산을 참문 했을 때, 예배도 올리지 않고 얼굴을 마주하고
섰다. 협산이 말했다. "닭이 봉황의 둥지에 깃드는구나. 같은 류가 아

니므로 나가거라." 낙포가 말했다. "멀리서 소문을 듣고 달려왔습니다. 제발 한번 지도해주시기를 바랍니다." 협산이 말했다. "눈앞에 아사리阿闍梨도 없고, 여기에 노승도 없다." 낙포가 바로 할을 하니 협산이 말하였다. "가만, 가만! 서둘지 말라. 구름과 달은 같지만 계곡과 산은 각기 다르다. 천하 사람들의 혀를 자르는 일은 없지 않지만, 어찌 혀 없는 사람에게 말을 시키겠는가." 낙포가 말이 없자 협산이 바로 그를 후려쳤다. 낙포가 이에 승복하였다.

擧。洛浦參夾山。不禮拜。當面而立。山云。鷄棲鳳巢。非其同類。出去。浦云。自遠趨風。乞師一接。山云。目前無闍梨。此間無老僧。浦便喝。山云。住住且莫草草忽忽。雲月是同。溪山各異。截斷天下人舌頭卽不無。爭敎無舌人解語。浦無語。山便打。浦從此伏膺。

【송】

머리를 흔들고 꼬리를 펄떡이는 저 붉은 잉어

철저히 홀로 몸을 뒤집는다.

혀를 절단함은 넉넉한 기술이지만

코를 획 잡아 돌려놓음은 묘한 신통이다.

주렴 너머 밝은 밤이여, 풍월이 대낮같고

바위 앞 마른 나무여, 꽃들은 늘 봄이로구나.

무설인, 무설인.

정령正令의 전제, 친근한 일구다.

세상을 홀로 걸어가니 분명 알았다.

어쨌든 천하 사람들이 즐겁고 기뻐하고 있음을.

요 두 파 미 적 초 린　　철 저 무 의 해 전 신
搖頭擺尾赤梢鱗。徹底無依鮮轉身。
절 단 설 두 요 유 술　　예 회 비 공 묘 통 신
截斷舌頭饒有術。拽迴鼻孔妙通神。
야 명 염 외 혜 풍 월 여 주　　고 목 암 전 혜 화 훼 상 춘
夜明簾外兮風月如畫。枯木巖前兮花卉常春。
무 설 인　　무 설 인　　정 령 전 제 일 구 친
無舌人。無舌人。正令全提一句親。
독 보 환 중 명 료 료　　임 종 천 하 락 흔 흔
獨步寰中明了了。任從天下樂欣欣。

해설

낙포선사는 취미, 임제를 참배했지만 나중에는 협산선사의 법을 이었
다. 시중의 첫 구는 선사가 수행자를 지도, 교화하는 모습을 묘사한다.
선사가 재빠른 기와 막힘없는 변설로 외도와 천마들을 좌절시키고 선
봉으로 제압하니 외도천마가 모두 머리를 숙였다. "일격초종逸格超宗"
은 격식이나 종지를 넘어서 있는 것을 뜻하며 이는 "상근이지上根利
智"의 경우다. 낙포는 쉽게 교화가 될 수 없는 상상근기들에게는 부드
럽게 구부려 접한다. 그런데 한 방 내려쳐도 끄떡도 하지 않는 낙포 같
은 인물을 협산은 어떻게 제접하는지 본칙에서 보인다.

낙포는 오랫동안 임제의 시자로 있다가 간만에 행각에 나섰다. 임제
문하에 있었으므로 법전에도 능숙했을 것이다. 낙포는 협산에 토굴을
만들어 한 해를 지냈다. 협산은 이를 듣고 시자에게 편지를 써 보냈다.
시자가 돌아와 낙포의 응대에 대해 말하니 협산은, 편지를 보고 3일 안
에 분명 올 것이라고 했다. 과연 낙포가 왔다. 절도 하지 않은 채 협산

앞에 앉았다. 당돌했다. 협산은 '닭인 주제에 봉황이 깃든 곳에 날아와? 어서 나가라'고 말했다. 낙포는 응대하기 싫어 곧장 돌아가고 싶었지만 납작 엎드려 '멀리서 소문을 듣고 왔으니 지도를 부탁드린다'고 했다. 협산은 낙포가 임제 문하의 준족俊足임을 알았기에 가차 없이 밑이 빠지도록 한마디 내뱉었다. "눈앞에 아사리도 없고 여기에 노승도 없다." 그대도 없고 나도 없는데 어떻게 나가려는가? 낙포는 바로 할을 했다.

임제 문하에서나 익숙한 일갈은 협산에게 통할 리가 없다. 협산은 '그만하게. 조급할 것 없어! 늘 하던 짓은 이제 그만두지 그래'라고 했다. 협산의 말이 이어진다. '달과 구름에서 평등의 세계를, 계곡과 산에서 차별의 소식을 알겠는가.'

혀를 절단한다는 것은 어떠한 소리도 내지 못하게 하는 것이니, 곧 망념을 자르는 것이다. 그러나 '혀가 없는 사람에게 말을 시킨다'는 것은 망념 없이 법을 자유롭게 말하게 하는 것이다. 실은 우리 모두가 본래 무설인이지만 망아妄我의 꿈이 혀를 놀리게 한다. 무설인은 망아조차 없다. 그런데 낙포는 아직 무설인이 아니었으므로 그의 안에서 망아가 꿈틀거렸다. 이를 본 협산이 '원래 무설인인데 무엇을 말하라는 것인가'라고 다그쳤다. 낙포는 말 없이 고개를 떨구었고, 그로부터 협산의 법을 이었다.

천동은 노래했다. 낙포가 임제 문하에 있을 때 임제는 그를 "머리를 흔들고 꼬리를 펼떡이는 붉은 잉어"라고 했다. 이 말을 들어 천동은 자신만만하고 의기양양한 낙포를 그렸다. 그는 어디에도 의지하지 않고 몸을 뒤척이는 것이 자재하다. 협산도 이미 알고 있었다. 적나라한 무의無依가 되기 위해서는 처음에는 하나의 방법 즉 화두를 들거나 지관

타좌에 철저해야 한다. 이로부터 대오철저하면 전신자재하게 되는 것이다. 혀를 절단하는 데는 넉넉한 기술만 있어도 되지만, 코를 확 잡아당기는 것은 신통자재한 자만이 할 수 있다. 밝은 밤, 주렴이 드리워졌다. 집안은 깜깜한데 밖은 달이 비쳐 환하다. 망상, 시비, 득실이 완전히 없어진 대낮 같은 밝은 밤이다. 고목암은 일체분별이 끝난 것을 말한다. 이견대립이 완전히 끝나 거기에는 화사하게 핀 꽃, 언제나 봄이다. '무설인에게 말을 하게 한다'는 친절한 일구, 그것이 법왕의 절대명령, 즉 정령의 전제다. 이 정령을 행하는 모습을 마지막 구에서 노래했다. 환중은 천자가 직할하는 영역이다. 독보는 홀로 자유롭게 걷는 것이다. 낙포가 독보하여 보니 분명 알았다. "어쨌든 천하 사람들이 즐겁고 기뻐하고 있음을."

제36칙

마대사의 병

마 사 불 안
馬師不安

【시중】

심의식心意識을 여의고 참구해도 여기에 있네. 범부와 성인의 길을 떠나 배움도 이미 망상이네. 시뻘건 용광로에서 뛰쳐나오니 철질려, 설검순창舌劍脣槍이어도 입을 떼지 못하네. 서로 범하지 않고 시험 삼아 청해 보라.

이 심 의 식 참　　유 저 개 재　　출 범 성 로 학　　이 태 고 생　　홍 로 병 출 철 질
離心意識參。有這箇在。出凡聖路學。已太高生。紅爐迸出鐵蒺
려　　설 검 순 창 난 하 구　　불 범 봉 망 시 청 거 간
蔾。舌劍脣槍難下口。不犯鋒鋩試請擧看。

본칙

마조가 몸이 편치 않으니 원주가 묻기를 "요즈음 화상의 법체는 어떠

164

하십니까?" 대사가 이르기를 "일면불 월면불"이라 했다.

^거擧。^{마 대사 불 안}馬大師不安。^{원 주 문 화 상 근 일 존 위 여 하}院主問和尙近日尊位如何。^{대 사 운}大師云。^{일 면 불}日面佛。
^{월 면 불}月面佛。

【송】

일면 월면, 별이 떨어지고 번개가 친다.

거울은 형상을 마주해도 '나'가 없고, 구슬은 쟁반에서 저절로 구른다.

그대 보지 못하였는가, 망치로 치기 전 단련된 금.

재단하기 전, 한 필의 비단.

^{일 면 월 면}日面月面。^{성 류 전 권}星流電卷。
^{경 대 상 이 무 사}鏡對像而無私。^{주 재 반 이 자 전}珠在盤而自轉。
^{군 불 견 첩 추 전 백 련 지 금}君不見鉆鎚前百鍊之金。^{도 척 하 일 기 지 견}刀尺下一機之絹。

해설

출가하기 전에 마조대사는 키[箕]를 만드는 집의 아들이었다. 깨친 이후 고향으로 내려가 마을 사람들을 위해 설법하려고 했다. 마을 사람들은 마대사의 신분을 알고 큰스님이라고 생각하기는커녕 대사의 설법을 들으려고 하지도 않았다. 이에 마조는 다시 고향을 등지고 강서의 마조산에 들어가 대법을 일으켰다.

시중의 앞 두 구는 참학參學의 요령을 말한 것이다. 심의식에 대해서는 여러 가지 해석이 있지만 여기서는 현상에 대해 일어나는 한 생각을 심이라 하고, 그것을 머릿속에서 이리저리 생각하는 것을 의, 그리고 이를 판단하는 것을 식이라고 한다. 이러한 심의식을 여의고 참구하나 아직 머리에 남아 있으니 어떻게 할까. 이를 "여기에 있다"고 하였다.

사상적 연구는 손에 잡히는 것이다. 교학의 사상적 가르침은 손에 잡히게 하기 위해 설명된 것이다. 마찬가지로 공안을 이해하려고 하는 것은 머리로 생각하는 것이다. 이는 망상이다. 범부와 성인의 길을 뛰쳐나와 배우는 것도 이미 큰 망상이다. '여기'나 '대망상'을 확 벗어던져도 바로 같은 일이 또 벌어진다. 즉 '용광로에서 뛰쳐나오니' 또다시 '무쇠로 된 덩어리가 여기저기 놓여 있고[鐵蒺藜]' 더구나 '예리한 연구를 구사하는[舌劍脣槍] 사람이라 해도 입을 떼기가 어려울' 정도의 강적을 만난 것이다. '복망을 범하지 않고'라는 것은 '서로 다치지 않고'라는 뜻이다. 자! 센 적을 만나 자유로울 수 있다면 한번 시도해보라.

여기서 마대사의 불안은 병을 뜻한다. 원주는 절 살림살이를 맡는 직책이다. 선사가 병이 나 원주가 문병하여 "요즈음 존체가 좀 어떠신지요"라고 물었다. 그러자 마대사는 바로 "일면불 월면불"이라 답했다. 이 구절은《삼천불명경三千佛名經》에 나온다. 일면불은 장수長壽의 부처이며 월면불은 단명短命의 부처다. 장명도, 단명도 모두 본래 불성 삼매다. 마대사는 숨쉬기가 어려울 정도의 용태를 은어로서 나타내 보였다. 바로 '철질려'를 놓아버린 것이다. 이것은 원주의 눈을 뜨게끔 한 마지막 설법이다.

천동은 노래한다. '일면 월면'의 부처의 작용은 마치 '유성 같고 번개 같다.' 인간의 눈은 심의식이나 범성의 망정妄情으로 쉽게 속지만 마대사의 눈은 거울 같아 상대의 작용을 꿰뚫는 명철한 눈이다. 구슬은 둥글둥글하여 인연대로 굴러간다. 참된 도인의 생활은 이같이 자연스럽다. 병이 나면 병이 난대로 맡긴다. 이 소식을 아직 모른다면 "쇠망치로 내리치기 전 본래 순금이었고 가위로 마르기 전 한 필의 비단"이었음을 보라는 것이다. 천동은 이처럼 마대사의 진가를 노래했다.

제37칙

위산의 업식

위 산 업 식
潙山業識

【시중】

밭가는 농부의 소를 몰아 코뚜레를 끌고 돌아온다. 주린 사람의 밥을
뺏고 목을 조른다. 그런데 이보다 더 악독한 수단을 쓰는 사람이 있는
가?

구 경 부 지 우   예 회 비 공   탈 기 인 지 식   파 정 인 후   환 유 하 득 독 수
驅耕夫之牛。拽迴鼻孔。奪飢人之食。把定咽喉。還有下得毒手
자 마
者麼。

본칙

위산이 앙산에게 물었다. "홀연히 어떤 사람이 '일체 중생은 오직 업식
이 끝이 없어 본래 의지해야 할 것이 없다는데?'라고 묻는다면, 그대는

어떻게 시험해 보겠는가?" 앙산이 말하기를, "만일 어떤 스님이 왔다면 바로 '아무개야' 라고 부르겠습니다. 그 스님이 머리를 돌리면 바로 '이게 뭐지?'라고 하겠습니다. 그가 당황해 할 때 '오직 끝없는 업식만이 아니라 또한 본래 가히 의지해야 할 것도 없다'고 말하겠습니다." 위산이 말했다. "좋아."

擧。^{위산문앙산}潙山問仰山。^{홀유인문일체중생단유업식망망}忽有人問一切衆生但有業識茫茫。^{무본가거}無本可據。
^{자작마생험}子作麼生驗。^{앙운}仰云。^{약유승래}若有僧來。^{즉소운}卽召云。^{모갑}某甲。^{승회수}僧迴首。^{내운}乃云。
^{시심마}是甚麼。^{대이의의}待伊擬議。^{향도}向道。^{비유업식망망}非唯業識茫茫。^{역내무본가거}亦乃無本可據。^{위운}潙云。
^{선재}善哉。

【송】

한 번 불러 머리를 돌리니, '나[我]'를 아는가?

확실히 보이지 않는 어슴푸레한 달, 초승달이다.

천금의 아들, 잠시 유랑하니

막막하고 곤궁한 길에 수많은 시름만이 쌓인다.

^{일환회두식아불}一喚迴頭識我不。^{의희나월우성구}依俙蘿月又成鉤。
^{천금지자재유락}千金之子纔流落。^{막막궁도유허수}漠漠窮途有許愁。

해설

본칙의 주제어가 업식이라 할 정도로 위산과 앙산은 업식을 참구의 수

단으로 삼았다.

업은 신·구·의 3업으로 각각 몸과 말과 행동을 말한다. 말하자면 몸과 마음의 작용이 업이다. 이 업은 우리의 미혹迷惑함에서 생겨난다. 미혹한 중생을 불교에서는 '전도망상'의 중생이라고 하는데, 이들은 본래 자신을 알지 못하고 헛된 아집과 망상이 참된 것인 양 고집하고 집착하고 편착한다. 범부의 행위인 업은 모두 혹惑에서 나오므로 이를 혹업이라고도 한다. 그것이 마음의 수면 위에 미움, 예쁨, 소유, 애석함 등의 파도가 되어 나타나니, 혹업으로부터 나온 심식心識의 작용이며 곧 업식이다. 이는 끝이 없으므로 '업식망망'이라고 이야기한다.

시중은 상상도 할 수 없는 일을 제시한다. 생명처럼 여기는 농부의 소를 코뚜레를 끌고 오고 배고픈 사람의 밥을 뺏고 목을 조른다. 그런데 이보다 더한 자가 있는가 물으며 본칙을 든다.

스승인 위산은 문제를 내어 앙산의 지도력을 살핀다. 위산은 "홀연히 어떤 사람이 '일체 중생은 오직 업식이 끝이 없어 본래 의지해야 할 것이 없다는데요?'라고 묻는다면, 그대는 그가 정말 깨침의 눈을 가지고 있는지 아닌지를 어떻게 시험해 볼 텐가"라고 문제를 던진다. 이에 앙산은 "어떤 승이 왔다면 바로 '아무개야'라 부르고, 승이 머리를 돌리면 바로 '이게 뭐지'라고 묻는다"고 답한다.

부르면 응답하는 이것을 아는지가 위산의 문제에 대한 앙산의 대답이다. 계속해서 "그가 당황해 할 때 '오직 끝없는 업식만이 아니라 본래 근거해야 할 것도 없다'고 말한다"고 답한다. 상대가 모르면 역으로 물어 상대를 자각시키는 것이다. 범부는 언제나 어디서나 무엇인가에 의지하고, 그것을 당연하다고 생각하기 때문에 부자유하다. 앙산은 승에게 '아무개야!'라고 불러, 그가 저절로 돌아보는 것을 알게 한다. 이렇게 끌려 다니는 것은 본래자아가 아닌 업식이며 근거가 없는 헛된 것임을 자각하게 하는 것이다. 범부는 업식에 끌려 다니고 부처는 어디에나 자재하니, 이것이 범부와 부처의 차이다. 위산은 칭찬한다. "좋아."

천동은 먼저 승을 노래했다. "한 번 불러 머리를 돌리니, 나[我]를 아는가." 의희依俙는 확실하지 않다는 뜻이다. 본래면목의 만월이 망상에 가려 완전히 보이지 않아 초승달로 보인다고 했다. 천금의 아들은 본래성불의 장자의 아들이지만 잠시 유랑한다. 막막한 유랑의 여행, 어디에서도 안정을 찾지 못하고 수많은 시름 속에 이리저리 헤매고 있음을 노래했다.

제38칙

임제의 진인

임 제 진 인
臨濟眞人

【시중】

도둑을 아들로 여기고 종을 주인으로 착각한다. 깨진 나무표주박이 어찌 선조의 해골바가지일까. 나귀의 안장 역시도 아버지의 아래턱이 아니다. 땅이 갈라지고 이엉이 나누어질 때 어떻게 주인을 가려낼 것인가.

이 적 위 자　　인 노 작 랑　　파 목 표 기 시 선 조 촉 루　　여 안 교 역 비 아 야 하
以賊爲子。 認奴作郞。 破木杓豈是先祖髑髏。 驢鞍轎亦非阿爺下
합　　열 토 분 모 시　　여 하 변 주
頷。 裂土分茅時。 如何辨主。

<u>본칙</u>

임제가 시중에서 말하였다. "한 무위진인이 항상 그대들의 얼굴에서 드나든다. 초심자로 아직 증험하지 못한 자는 보라." 어느 때 한 스님

172

이 나서서 물었다. "무엇이 무위진인입니까?" 임제가 선상에서 내려와 멱살을 움켜잡자 그 스님이 머뭇거렸다. 선사가 밀치며 말했다. "무위진인, 이 무슨 똥막대인가!"

거　임제시중운　유일무위진인　상향여등면문출입　초심미증거
擧。臨濟示衆云。有一無位眞人。常向汝等面門出入。初心未證據
자간간　시유승문　여하시무위진인　제하선상금주　저승의의
者看看。時有僧問。如何是無位眞人。濟下禪牀擒住。這僧擬議。
제탁개운　무위진인시심간시궐
濟托開云。無位眞人是甚乾屎橛。

【송】

미혹과 깨침은 상반되지만

묘하게 전함이 간명하다.

봄은 백화를 터트리는 한 줄기 바람.

힘은 아홉 소를 돌려 한 번에 끌어당기네.

아무리 진흙과 모래 더미를 파도 열리지 않으니

분명 감천甘泉의 눈이 막혀버렸네.

홀연히 솟구치면 어지럽게 넘쳐흐를 것이니

선사가 다시 말하길 "위험천만이로고."

미오상반　묘전이간
迷悟相返。妙傳而簡。
춘탁백화혜일취　역회구우혜일만
春坼百花兮一吹。力廻九牛兮一挽。
무내니사발불개　분명색단감천안
無奈泥沙撥不開。分明塞斷甘泉眼。
홀연돌출사횡류　사부운험
忽然突出肆橫流。師復云險。

시중의 네 구절은 잘못된 인식의 예를 보여준다. 적을 아들로, 종을 주인으로, 표주박을 선조의 해골로, 당나귀 안장을 부친의 턱으로 오인한다. 활연대오하면 거짓이 아닌 진짜가 보이니, 이를 가리켜 "땅이 갈라지고 분가分家할 때 주인을 어떻게 가려낼까"라고 하였다.

선장은 국토를 나누는[裂土] 자이고 분모分茅는 집을 나누는 것이다. 눈이 없는 자는 분가할 수 없어 대법大法을 상속하지 못한다. 선장은 평생 노심초사하며 분가할 수 있을 만한 상속자를 언제나 살핀다. 어떻게 하면 진짜와 가짜를 구별할지 본칙을 든다.

무위진인이란 어떠한 격이나 위치에서 완전히 벗어난 사람이다. 그렇지 못한 범부는 지위, 명예, 재산, 가난, 배움과 못 배움 등으로 말미암아 자승자박한다. 진인은 이 모든 것으로부터 자유로우며 대오철저하여 무위무애하다. 진인은 범부의 위치, 성인의 위치에 있지 않다. 무위진인이라고 구태여 이름을 붙였으나 실은 우리 모두가 본래 진인이다.

면문面門은 얼굴의 문, 곧 안·이·비·설의 문이다. 면문으로 출입한다고 하지만 실은 출입 같은 것은 없다. 무위진인이므로 그렇다. "아직 증험하지 못한 자"라는 것은 무위진인을 보지 못한 자라는 뜻이다. 이 같은 초심자는 주의해서 빨리 무위의 진인을 보도록 해야 하므로 선사는 '보라, 보라'고 다그친다. 그렇지만 보고자 하면 보이지 않는다.

승은 묻는다. "어떤 것이 무위진인입니까." 무위진인이 무위진인에게 묻고 있다. 자신이 자신을 찾고 있으니 소를 타고 소를 찾는 격이다. 임제는 바로 선상에서 내려와 묻는 수좌의 멱살을 잡아 흔들었다. 그럼에도 승은 알아채지 못했다. 선사는 승의 멱살을 잡고 '무위진인인데 이것도 모르는 똥막대기가 돼버렸네'라고 소리친 것이다. 아직도 그 승은 알아듣지 못했다.

천동은 노래했다. 승의 미혹과 임제의 깨침은 상반되는 것 같으나 실은 안팎이 없다. 승은 무위진인을 미혹함에 쓰고 임제는 그것을 깨침으로 쓰고 있다. 임제는 완전히 보여주고 있는데 승은 전혀 받아들이지 못한다. 그러나 임제도 승도 무위진인이다. 미혹함과 깨침은 상반되지만 묘하게 전함이 '열토분모'이며 간단명료하다. "봄은 백화를 터트리는 한 줄기 바람. 힘은 아홉 소를 돌려 한 번에 끌어당기네"라는 구는 임제가 승을 깨치게 하려고 한다는 뜻이다. 그래도 승은 알지 못한다. "아무리 진흙과 모래 더미를 덜어내도 수구水口가 열리지 않고 샘솟는 수구가 분명 막힌 것"처럼. 그러나 갑자기 수구가 열려 감천이 솟아나오면 모래더미가 무너져 샘물이 솟아 일시에 흘러내릴지도 모른다. 그렇게 되면 깨친 승에게 임제가 다칠 수도 있다. 그래서 천동은 다시 "위험천만이로고!"라고 했다. 오랜 수행 끝에 깨닫는 것이 아니다. 막힌 샘물이 갑자기 분출되듯 홀연히 깨치는 것이다. 이는 모두가 무위진인이기에 그렇다.

제39칙

조주의 발우 씻기

조 주 세 발
趙州洗鉢

【시중】

밥이 나오면 입을 벌리고 졸음이 오면 눈을 붙인다. 얼굴을 씻을 때 코를 만지게 되고 신을 신을 때 정강이와 발꿈치를 만지게 된다. 그때 화두를 놓쳐 햇불을 들고 한밤중에 달리 찾는다고 해서 어찌 상응할 수 있겠는가?

반 래 장 구　　수 래 합 안　　세 면 처 습 득 비 공　　두 혜 시　　모 저 각 근
飯來張口。　睡來合眼。　洗面處拾得鼻孔。　兜鞋時。　摸著脚跟。
나 시 차 각 화 두　　파 화 야 심 별 멱　　여 하 득 상 응 거
那時蹉却話頭。　把火夜深別覓。　如何得相應去。

본칙

어느 스님이 조주에게 물었다. "학인이 총림에 갓 들어왔습니다. 부디

스님께서 한 말씀 해주십시오." 조주가 말했다. "죽은 먹었는가, 아직인가?" 스님이 대답했다. "먹었습니다." 조주가 말했다. "발우를 씻게."

거 승문조주 학인사입총림 걸사지시 주운 끽죽료야미
舉。僧問趙州。學人乍入叢林。乞師指示。州云。喫粥了也未。
승운 끽료 주운 세발우거
僧云。喫了。州云。洗鉢盂去。

【송】

죽을 먹었으면 발우를 씻게.

활연히 심지가 저절로 상부했네.

지금 배부를 정도 참구한 총림의 객들이여

말해보라, 이 사이에 깨침이 있는지 없는지를.

죽 파 영 교 세 발 우 활 연 심 지 자 상 부
粥罷令教洗鉢盂。豁然心地自相符。
이 금 참 포 총 림 객 차 도 기 간 유 오 무
而今參飽叢林客。且道其間有悟無。

해설

시중의 첫 두 구절은 우리의 일상사다. 그러나 일상사라고 하여 쉬운 일이 아니다. 밥을 먹고, 졸고, 세수하고, 신을 신을 때 순수하게 그것만의 행동이 되지 않는다. 보통 사람들은 자타의 대립관념이라는 분별 망상을 가지고 있다. 이 때문에 취사증애取捨憎愛의 망념이 저절로 일어난다. 머리에는 언제나 망상이 끓고 있어서 행동이 너무 지나칠 때도 있고 부족할 때도 있다.

이러한 이원대립의 망상의 뿌리를 끊었는가 아닌가에 따라 범부와 성인의 차이가 생긴다. 세수할 때 코를 만지거나 신을 신을 때 정강이나 발꿈치를 만지는 것도 이와 마찬가지다. 먹고, 자고, 씻고, 입는 네 가지 일, 즉 일상생활을 하면서 "화두를 놓친다면"이라고 했다. 화두는 본분상의 일이니, 화두를 놓치는 것은 말하자면 본래면목과 등진다는 것이다. 화두를 놓쳐 "심야에 횃불을 들고 이리저리 찾고 있는 것"처럼, 견성하지 못한 자가 무無자 화두만을 들고 이리저리 헤맨다면 언제 본래의 자기에 상응할 수 있겠느냐는 것이다.

조주선사 당시 총림은 선수행 도량이다. 이 도량에 신참자가 찾아와 조주에게 "한 말씀"을 부탁했다. 노선사에게 올 정도의 신참은 그나마 5, 6년 이상 수행한 자일 것이다. 선사가 바로 죽粥을 먹었는지 물으니 승은 "먹었다"고 답한다. 선사는 "(먹었으면) 발우를 씻게"라고 한마디 했다. '죽을 먹었다'는 것은 견성했음을 의미한다. 적어도 승 자신은 견성한 것으로 여기고 노사를 만나러 온 것이다. 이러한 승의 모습에 선사는 "그렇다면 견성을 씻어버리라"고 했다. 《무문관》에는 본칙 마지막에 '승이 깨달았다'고 나온다.

천동은 송의 첫 구에서 본칙의 내용을 노래했다. 승은 조주의 말 한마디에 활연대오한 것이다. 본칙에는 나타나 있지 않지만 '상부相符' 즉 '서로 들어맞았다'고 한 것에서 알 수 있다. 심지心地는 본성, 본심, 본래면목이다. 그것과 하나가 되었다는 것이다. 금今은 바로 지금이니, 천동 굉지선사의 시대다. "지금 이 시대에 사는, 배부를 정도로 참선했다는 수행자들이여, 말해보라. 죽을 먹고 잠을 자는 그 사이에 깨침이라는 것이 있는지 없는지를"이라고 천동은 다그친 것이다. 대오철저한 사람이 아니면 깨달음의 유무를 말할 자격이 없다는 의미다.

제40칙

운문의 백과 흑

운 문 백 흑
雲門白黑

【시중】

기륜이 굴러가는 곳, 지혜의 눈마저 미혹하다. 보감이 열릴 때 한 티끌
도 놓치지 않는다. 주먹을 펴도 땅에 떨어질 것이 없고, 물物에 따라 때
를 잘 안다. 두 칼날이 부딪칠 때 어떻게 어우러질까.

기 륜 전 처 지 안 유 미　　보 감 개 시　　섬 진 불 도　　개 권 불 락 지 응 물 선 지 시
機輪轉處智眼猶迷。寶鑑開時。纖塵不度。開拳不落地應物善知時。
양 인 상 봉 시 여 하 회 호
兩刃相逢時如何迴互。

본칙

운문이 건봉에게 물었다. "청컨대 스님께서 대답해 주십시오." 건봉이
말하기를 "노승에게 온 적이 있었나." 운문이 말하기를 "그렇다면 제

가 늦었습니다." 건봉이 말하기를 "그렇구나, 그렇구나." 운문이 말하기를 "분명 후백侯白이라 생각했는데 후흑侯黑도 있네."

거운문문건봉 청사답화 봉운 도노승야미 문운 임마즉모갑
擧雲門問乾峰。請師答話。峰云。到老僧也未。門云。恁麼則某甲
재지야 봉운 임마나 임마나 문운 장위후백 갱유후흑
在遲也。峰云。恁麼那。恁麼那。門云。將謂侯白。更有侯黑。

【송】

활시위와 화살의 오늬가 서로 물렸고

그물과 구슬이 마주 대했다.

백발백중하니 화살마다 헛되지 않고

갖가지 빛 어우러져 빛남이 걸림 없다.

언구의 총지總持를 얻고

유희삼매에 든다.

그 사이가 묘하여라

편偏과 원圓이 자유자재하고,

반드시 이같음이라

종횡자재하다.

현괄상함 망주상대
弦筈相銜。網珠相對。
발백중이전전불허 섭중경이광광무애
發百中而箭箭不虛。攝衆景而光光無礙。
득언구지총지 주유희지삼매
得言句之緫持。住游戲之三昧。
묘기간야 완전편원
妙其間也。宛轉偏圓。
필여시야 종횡자재
必如是也。縱橫自在。

"기륜이 구르는 곳 지혜의 눈마저 어둡다." 기륜은 분별망상이 없는 곳에서 자연히 튀어나오는 작용을 뜻한다. 이것은 사상이나 이지理智로써 헤아릴 수 없다. 깨달음의 지혜도 소용없다. 깨달았다고 해도 도리어 눈이 침침해진다.

보감은 거울인데, 먼지 하나도 빠뜨리지 않고 잘 비춘다. 운문과 건봉은 서로 보감을 높이 들고 뱃속을 비추어 기륜을 굴려 법전을 다툰다. 시중에서는 이 법전을 잘 나타내 보인다. '주먹을 편다'는 것은 가지고 있는 것을 내려놓는 것이다. 그러나 가지고 있는 것이 '땅에 떨어지지 않는다'고 하는 것은 무엇인가 매달아 놓아 떨어지지 않는 것이다.

물物에 따라 때를 잘 알고 때에 따라 물을 안다는 것은 때와 장소에 따라 잘 상응하고 있음을 의미한다. 양인兩刃은 두 칼을 말하며 회호는 서로 교섭하여 하나가 된다는 의미다. 운문과 건봉, 동격의 두 사람이 만나 서로 칠 때 어떻게 회호하는지를 본칙에서 보라고 한다.

운문과 건봉은 석두계 선사들이다. 운문은 설봉의 법을, 건봉은 동산 양개의 법을 이었다. 먼저 운문이 건봉에게 '한 말씀'을 청했다. 건봉은 '노승'에게 온 적이 있는가를 태연하게 되물었다. 노승은 무엇을 의미할까? 본래면목 즉 진면목이다. 보았다고 하면 틀린 것이다. 운문은 "그렇다면 내가 늦었다"고 하였다. 도착 여부와는 관계없음을 매끄럽게 말했다. 건봉은 "그렇구나"라고 했다. 운문의 대답은 건봉의 물음과 전혀 상관없는 것이다. 이 대화를 듣고 있는 자들은 무엇을 그렇다고 한 것인지 알 수 없다.

후백과 후흑은 이름난 도둑들이다. 어느 때 후백이 무엇인가 재미있는 일이 없을까 생각하며 걷고 있을 때 길가 우물 안을 들여다보는 자가 있었다. 가까이서 보니 여인이었다. 무엇을 하고 있는지 물으니 "우물 속 맑은 물을 들여다보다가 귀중한 귀걸이를 빠트렸습니다. 굉장히 비싼 것이라 애석하기 짝이 없습니다. 여자의 몸이라 들어갈 수 없어서 걱정하고 있습니다"라고 한다. 그래서 후백이 여자를 얕보고 묘한 꾀를 내어 "좋아요, 내가 찾아주겠소"라고 하며 웃통을 벗고 우물 속으로 들어갔다. 만약 발견해도 없다고 하고 가져야겠다고 생각했다. 여인은 후백이 우물 속으로 들어가자 재빨리 후백이 벗어놓은 옷을 가지고 도망쳤다. 귀걸이를 떨어트렸다는 것은 물론 거짓말이었다. 이 여인이 후흑이다. 도둑은 위아래가 있겠지만 운문과 건봉의 법전은 난형난제다. 운문은 '나는 내가 분명 대단하다고 생각했는데 그대 역시 여간 아니다'라고 말했다.

천동은 앞의 두 구에서 운문과 건봉의 한 치 물러섬이 없는 훌륭한 법전法戰을 노래했다. 활시위와 시위를 물고 있는 화살의 오늬, 그물망과 그 망마다 박혀 있는 구슬이 서로 비추는 것에 비유했다. 백발백중하여 빗나간 화살이 하나도 없음은 운문과 건봉이 서로의 급소를 맞춘다는 것이며, 인드라망과 거기 걸린 구슬이 서로 비춤은 운문과 건봉의 기機가 서로 비춤을 뜻한다.

총지는 다라니다. 말 한마디에 모든 총지가 있다. 삼매는 정수正受다. 본대로 보고 들은 대로 들으며 분별망상이 없다. 그 삼매생활이 자연히 된다면 이것이 유희. 이처럼 두 선사의 법전이 자유무애함을 노래했다. 이 두 사람 사이에서의 법전은 미묘하여 자유자재하게 움직이고, 차별되지만 평등하며 삼세제불도 종횡자재함이 반드시 이와 같다고 하였다. 견성한 자는 반드시 알 것임을 천동은 노래했다.

제41칙

낙포의 임종

낙 포 임 종
洛浦臨終

【시중】

때로는 충성한다고 자기를 낮추니 굴욕은 이루 말할 수 없고, 때로는 사람들을 향해 질책하지만 승당承當하지 못한다. 임종을 당해서는 천하게 굽신거리며 마지막에는 가장 은근하다. 눈물은 미어지는 가슴에서 나니 감추기가 더욱 어렵다. 오히려 차디찬 눈을 가진 자가 있을까.

유 시 충 성 구 기　　　고 굴 난 신　　　유 시 앙 급 향 인　　　승 당 불 하　　　임 행 천 절
有時忠誠扣己。　苦屈難申。　有時殃及向人。　承當不下。　臨行賤折

도　　말 후 최 은 근　　　누 출 통 장　　　갱 난 은 휘　　　환 유 냉 안 자 마
倒。　末後最慇懃。　泪出痛腸。　更難隱諱。　還有冷眼者麼。

본칙

낙포가 임종에 가까워 대중에게 말하기를, "지금 그대들에게 물어야

할 한 가지 일이 있다. 그것을 긍정한다면 머리 위에 또 머리 하나를 올려두는 격이요, 만약 그것을 부정한다면 목을 베이고서 살기를 바라는 격이다." 이에 수좌首座가 말했다. "청산靑山은 언제나 다리를 들고, 환한 대낮에는 등불이 필요치 않습니다." 낙포가 일렀다. "지금이 어느 때인데 그런 소리를 하는가?" 언종 상좌가 나서서 말했다. "이 두 길을 갈 것이니 청컨대 스승께서는 묻지 마십시오." 낙포가 일렀다. "충분하지 않다. 다시 말해보라." 언종이 말했다. "말로는 다 할 수가 없습니다." 낙포가 말했다. "나는 그대가 말로 다 할 수 있든 없든 그런 것에 관심이 없다." 언종이 말했다. "저는 시자의 화상에게 무어라 말하기가 어렵습니다." 저녁이 되자 언종 상좌를 불러서 말했다. "그대가 답한 것에는 상당한 일리가 있다. 앞서 스승께서 말한 '목전에 실제의 상은 없지만 생각이 목전에 있음'을 확실히 체득해야 한다. 그것은 목전의 실제의 상도 아니고 귀와 눈이 미치는 곳도 아니다. 어느 구가 손님이고 어느 구가 주인인가? 만일 가려낼 수 있다면 의발을 주겠다." 언종이 말했다. "전 잘 모르겠습니다." 낙포가 "그대야말로 알 수 있다"고 했다. 언종이 다시 말했다. "정말이지 모르겠습니다." 낙포가 "에잇!" 하며 "딱하구나 딱해!"라고 말했다. 어떤 스님이 물었다. "화상의 뜻은 무엇입니까?" 낙포가 말했다. "배는 아직 맑은 파도 위로 떠나가지 않았는데 가파르고 위험한 급류에 헛되이 목아를 놓아주느라[1] 애썼구나."

---

1   급류에서는 시야가 제대로 확보되지 않기 때문에 위험하다. 그래서 배를 타고 급류 아래로 내려갈 때 나무로 만든 거위를 띄워, 위에서 오는 배를 탄 사람들이 이를 보고 주의하게끔 해서 충돌을 방지한다.

거　　낙포임종시중운　　금유일사문니제인　　저개약시
舉。 洛浦臨終示衆云。 今有一事問你諸人。 這箇若是。

즉두상안두　　약불시　　즉참두멱활　　시수좌운　　청산상거족
卽頭上安頭。 若不是。 卽斬頭覓活。 時首座云。 靑山常擧足。

백일부도등　　포운　　시심마시절　　작저개설화　　유언종상좌출운
白日不挑燈。 浦云。 是甚麼時節。 作這箇說話。 有彦從上座出云。

거차이도　　청사불문　　포운　　미재갱도　　종운　　모갑도부진
去此二途。 請師不問。 浦云。 未在更道。 從云。 某甲道不盡。

포운　　아불관니도진도부진　　종운　　모갑무시자지대화상　　지만
浦云。 我不管你道盡道不盡。 從云。 某甲無侍者祇對和尙。 至晩。

환종상좌　　니금일지대심유래유　　합체득선사도　　목전무법
喚從上座。 你今日祇對甚有來由。 合體得先師道。 目前無法。

의재목전　　타불시목전법　　비이목지소도　　나구시빈　　나구시주
意在目前。 他不是目前法。 非耳目之所到。 那句是賓。 那句是主。

약간득출　　분부발대자　　종운불회　　포운여합회　　종운실불회
若揀得出。 分付鉢袋子。 從云不會。 浦云汝合會。 從云實不會。

포할운　　고재고재　　승문화상존의여하　　포운　　자주부도청파상
浦喝云。 苦哉苦哉。 僧問和尙尊意如何。 浦云。 慈舟不棹淸波上。

검협도로방목아
劍峽徒勞放木鵝。

【송】

구름을 미끼로, 달을 낚시 바늘로 삼아 청진에서 낚시하니

연로하여 마음이 외로운데 아직 비늘을 얻지 못했네.

이소의 한 곡조 읊고 돌아간 후

멱라강 위에 홀로 깨어 있는 사람.

이운구월조청진　　연로심고미득린
餌雲鉤月釣淸津。 年老心孤未得鱗。

일곡이소귀거후　　멱라강상독성인
一曲離騷歸去後。 汨羅江上獨醒人。

해설

선사가 학인을 깨치게 하고자 하면, 곤욕스럽더라도 온갖 정성을 다한

다. 때로는 할이나 방 등의 방편수단을 보인다. 그러나 끝내 깨치지 못하는 이들이 있다. 시중에서 선사는 임종을 당해서 눈물이 날 정도로 에이는 가슴으로 감출 것 없이 완전히 드러내 보인다. 이러한 친절함을 쓸데없는 일이라고 여겨 냉정한 눈으로 태연히 바라만 보고 마음을 움직이지 않을 자가 있겠는가, 없겠는가.

낙포가 임종할 시기에 대중에게 말했다. "그대들에게 물어야 할 한 가지 일이 있다. 그것이라는 한 가지 일을 옳다고 하면 머리 위에 또 머리 하나를 올려두는 격이요, 만약 그것이 옳지 않다면 목을 베이고서 살기를 바라는 격이다"라고 했다. 그 때 어느 수좌가 "청산은 부동한데 다리를 들고 걷고 있습니다. 이것은 확실해서 조금도 틀리지 않는 사실입니다. 때문에 대낮에 등을 밝혀 잘 보려고 하는 것 같은 어리석음을 범해서는 안됩니다"라고 말했다. 낙포는 "지금 어느 때인데 아직도 그런 일을 문제로 삼고 있는가"라고 했다. 이번에는 언종상좌가 나서서 "옳다, 그르다의 이 두 가지 길을 떠나 말하는 것 따위는 그만두고 싶습니다"고 했다. 언종이 수좌를 응원하는 말이다. 수좌가 대답한 대로 '청산은 언제나 다리를 들고, 대낮에 등불을 밝히지 않는다'라는, '이 두 길밖에 달리 불법을 설할 수 있겠는가'라는 의미다. 낙포는 "그 말은 나쁘지 않지만 아직 불충분하네"라고 하였다. 언종은 "보이지만 저로서는 도저히 말로 다 할 수 없습니다"고 했다. 낙포는 "나는 네가 말할 수 있는지 없는지 알 바 아니다. 참된 도를 얻었다는 것은 무엇인가, 말해보라"고 다그쳤다. 언종은 "제가 무엇이라고 말해버린다면 시자의 화상이 답할 수 있는 것이 없어져버립니다"라고 했다. 그 날 밤, 낙포는 언종을 불러 말했다. "오늘 그대의 응대에는 수행의 힘이 보인다. 우리의 스승이신 협산 선회夾山善會가 말씀하신 말을 체득해야 한다"고 하여 스승의 말로 시험하였다. "목전에 존재하는 대상은 실체가 없지만 주관의 마음이 사물이 실재하는 것 같이 생각한다. 따라서 우리가 존재한다고 생각하는 것은 육근육식의 작용일 뿐이다. 협산이 이같이 말했지만, 어떤 구句를 객관이라 하고 어떤 구를 주관이라고 하는 것일까. 그대가 만약 이를 변별한다면 불조 전래의 의발을 줄 것이다"라고 하였다. 언종은 "알지 못하겠습니다"라고 말했다. 낙포는 다시 "그대야말로 알 수 있다"고 했다. 언종은 다시 "진정 알지 못합니다"고 하자, 낙포가 일갈하여 말하기를 "딱하구나, 딱해!"라고 하였다. 곁에 있던 승이 종상좌를 낙제했다고 본 것 같다. 그래서 낙포에게 물었다. "화상의 뜻은 어떤가요?" 낙포는 제일의제第一義諦를 보였다.

검협은 상상할 수 없는 위험한 급류다. 그곳을 배가 내려갈 때 먼저 목아를 흘려보내 위에서 내려오는 배와의 충돌을 피하게 한다. 선사가 열심히 설법하여 중생을 구제하는 것을 의미한다. 학인은 아직 노를 젓고 있지 않는데, 이를 알아차리지 못한 선사는 쓸데없이 검협에 목아를 내려 보내는 것처럼 교화하려고 한다. 낙포는 임종을 앞두고 그동안 자신의 학인 제접이 부질없었음을 간결하게 밝혔다.

천동은 노래했다. 초승달이라는 낚시침에 구름이라는 미끼를 붙여 불조가 우리 범부를 낚으려고 해도 알고 보면 본래무일물이다. 불조가 왜 그러한 일을 하는 것인가. 이는 범부가 버려야 할 번뇌가 있고 싫어하는 사바가 있다고 생각하고 있기 때문에 어쩔 수 없이 보리라는 미끼를 붙이기도, 정토라는 미끼를 붙이기도 하여 무사의 세계로 낚아 올리려고 하는 것이다. 비늘[鱗]은 물고기를 뜻한다. 말하자면 사법嗣法의 제자를 말한다. 나이는 들어 천화遷化에 임하여 마음이 한없이 쓸쓸하던 중 언종상좌를 접했지만 한 사람도 상속자를 얻지 못했다. 이소란 굴원이 지은 《이소경》을 말한다. 굴원은 "세상사람들은 모두 취하고 나만 홀로 깨어 있구나"라고 읊고 멱라강에 투신해서 죽었다. 낙포도 일생 한 사람의 사법제자를 얻지 못해 쓸쓸해 보이지만 '독자대웅봉獨自大雄峰'과 같은 낙포의 모습을 천동은 본 것이다.

제42칙

남양의 물병

남 양 정 병
南陽淨瓶

【시중】

발우를 씻고 정병淨甁을 채우는 일, 이 모두가 법문이고 불사다. 장작을 나르고 물을 긷는 것, 이 모두 묘용과 신통 아닌 것이 없다. 어찌하여 방광하고 땅이 움직이는 것을 알지 못하는가?

세 발 첨 병　　진 시 법 문 불 사　　반 시 운 수　　무 비 묘 용 신 통　　위 심 마 불 해
洗鉢添甁。　盡是法門佛事。　般柴運水。　無非妙用神通。　爲甚麼不觧

방 광 동 지
放光動地。

본칙

어떤 스님이 남양 충국사에게 물었다. "무엇이 노사나의 본신입니까?" 국사가 말했다. "나에게 물병을 가져오게." 스님이 물병을 갖다드리니

국사가 말했다. "다시 본래 있던 곳에 갖다 놓게." 스님이 다시 물었다.

"무엇이 노사나의 본신입니까?" 국사가 말했다. "고불이 지나간 지 오

래되었다."

거 승문남양충국사 여하시본신노사나 국사운 여아과정병
擧。僧問南陽忠國師。如何是本身盧舍那。國師云。與我過淨瓶
래 승장정병도 국사운 각안구처착 승부문 여하시본신노사
來。僧將淨瓶到。國師云。却安舊處著。僧復問。如何是本身盧舍
나 국사운 고불과거구의
那。國師云。古佛過去久矣。

【송】

새는 하늘을 날고 물고기는 물에 있다.

강과 호수 서로 잊고 구름과 하늘은 뜻을 얻었다.

실낱같은 의심, 대면하니 천 리.

은혜를 알아 은혜를 갚는 자, 인간 세상에 몇이나 될까.

조 지 행 공 어 지 재 수
鳥之行空。魚之在水。
강 호 상 망 운 천 득 지
江湖相忘。雲天得志。
의 심 일 사 대 면 천 리
擬心一絲。對面千里。
지 은 보 은 인 간 기 기
知恩報恩。人間幾幾。

해설

남양 혜충국사는 육조 혜능선사의 법을 이었다. 득법한 후 남양의 백

애산白崖山 계곡에서 40년간 좌선했다. 당 숙종의 청으로 국사가 되었

190

고(761), 또한 대종代宗의 스승이 되었다. 발우를 씻는다는 것은 '조주세발趙州洗鉢'이라는 공안에 나온다. 병을 채운다는 것은 물을 마시려고 병에 물을 넣는 일이다. 병을 채우고 발우를 씻는 것 모두가 불법이고 불사라는 것이다. '반시운수' 즉 장작 나르고 물 긷는 것이 실로 굉장한 신통이다. 이 구절은 방거사의 오도송의 일구다.

"방광하고 땅이 움직이는 것"은 노사나불 때문이다. 부처님이 설법하시기 전, 미간의 백호가 빛나 전 우주를 비추고 대지가 여섯 가지로 진동했다고 한다. 기적을 나타낸 것처럼 보이지만 실은 부처님의 설법이 모든 중생의 어두운 마음을 부수고 심지를 밝히는 것에 위대한 작용이 있음을 보이고 있다. 언제나 어디서나 노사나불이 방광동지의 대설법을 하고 계시는데 어째서 알지 못하는가라고 하여 본칙을 든다.

본신은 본체이자 청정법신이다. 법신이 본本이고 거기서 보신報身, 응신應身의 부처가 나온다. 비로자나불은 법신이고 노사나불은 보신이다. 승이 무엇이 노사나의 본체인가를 물으니 국사는 정병 즉 물병을 가져다 달라고 하였다. 승이 가져다 드리니 다시 본래의 자리에 두도록 했다. 가져왔다가 제자리에 다시 두는 것이 부처가 방광동지하는 것인데, 이를 승은 알아채지 못했다. 국사가 다시 물었다. "무엇이 노사나의 본신인가요?" 국사는 "고불이 지나간 지 오래되었다"고 했다. 국사는 천지도 모르는 바보 같은 놈이라고 쏘아부친 것이다. 그대가 찾는 부처는 벌써 이 자리에 없다는 것이다. 자신이 부처인데 부처를 찾는 것이다. 이러다가 금생에는 한 번도 만날 수 없을 것이다.

천동은 노래했다. 새는 하늘을 날고 물고기는 물에 있다. 새와 하늘, 물고기와 물은 불이일체不二一體이다. 일체가 되면 의식하지 못하는 것을 "서로 잊고" "뜻을 얻었다"라고 노래했다. 의심擬心은 의심疑心이다. 실낱같은 의심이 있으면 천리나 벌어진다. 《신심명》에서는 이를 "호리유차毫釐有差 천지현격天地懸隔"이라고 했다. '털끝만큼이라도 증애가 있다면 천지만큼 차가 생긴다'는 의미다. 은恩은 국사의 은혜이지만 현재 우리는 은혜의 결정체다. 그리하여 은혜의 보답으로 노사나불을 보게 된다.

그분은 어디에 계실까. 소동파는 "새가 노래하고 물 흐르는 소리, 이 모두가 부처님의 장광설長廣舌"이라고 했다. 내가 존재하고 세계가 존재하는 이 모든 은혜를 갚는 것이 중요하지만 누가 그렇게 할 수 있을까. 우리 모두의 일이라고 천동은 제창했다.

제43칙

나산의 기멸

나 산 기 멸
羅山起滅

【시중】

환단 한 알로 철을 찍으면 금으로 바뀌고, 이치에 맞는 지극한 한마디에 범부가 성인이 된다. 금과 쇠가 다르지 않고 범부와 성인이 본래 같음을 안다면 참으로 일점마저도 소용이 없다. 말해보라. 이는 어떤 일점인가?

환 단 일 립　점 철 성 금　지 리 일 언　전 범 성 성　약 지 금 철 무 이
還丹一粒。點鐵成金。至理一言。轉凡成聖。若知金鐵無二。
범 성 본 동　과 연 일 점 야 용 불 착　차 도　시 나 일 점
凡聖本同。果然一點也用不著。且道。是那一點。

본칙

나산이 암두에게 물었다. "일어남과 사라짐이 멈추지 않을 때 어떠합

니까?" 암두가 혀를 차며 말하기를, "누가 일으키고 사라지게 하는가?"

거　　나산문암두　　기멸부정시여하　　두돌운　　시수기멸
擧。羅山問巖頭。起滅不停時如何。頭咄云。是誰起滅。

【송】

오래된 갈등 넝쿨을 끊어버리고

여우굴도 부숴 버린다.

표범은 안개로 아름다운 반점이 생기고,

용은 우레를 타고 뼈를 바꾼다.

할! 기멸이 분분하니 이것은 무엇인가?

작단노갈등　　타파호과굴
斫斷老葛藤。打破狐窠窟。
표피무이변문　　용승뢰이환골
豹披霧而變文。龍乘雷而換骨。
돌　　기멸분분시하물
咄。起滅紛紛是何物。

해설

나산 도한道閑선사는 처음 석상石霜을 찾아갔지만 나중에 암두에게 나아가 그의 법을 이었다. 암두선사는 덕산 선감선사의 법을 이었다. 시중에서 '환단'은 선인들이 사용하는 약을 말한다. 환단 한 알을 철 위에 두면 철이 바로 금이 된다고 한다. "이치에 딱 맞는 한마디"는 본칙에 나오는 암두의 활구活句다.

이래저래 이유가 붙고 변명이 붙는 것은 사구死句다. 교상판석教相判

釋이나 불교사상, 철학 모두 사구다. 활구는 범부가 성인이 되는 한마디다. "금과 철이 둘이 아니다"라고 한 것은 금과 철의 본성이 모두 한가지 공이라는 것을 말한다. 또한 범부와 성인이 다르지 않다는 것을 크게 명백히 깨달으면 환단 한 알 같은 것은 소용도 없다는 것이다.

"자! 말해보라, 이것은 어떤 일점인가"라고 하여 본칙을 세운다. 나산은 암두에게 "생각이 일어나고 사라지는 것이 그치지 않을 때 어떠한가"라고 물었다. 암두 선사는 혀를 차며 "기멸하는 놈이 어디 있는가"라고 쏘아버린다. 기멸의 염念, 이것은 필경 다른 것이 아니라는 말이다. 천동은 암두의 짜증스럽고 답답한 가슴을 오래된 칡과 등나무 넝쿨과 여우굴에 비유했다. 작단이나 타파는 깨부수는 것이다. 말하자면 여러 해 동안 속박된 기멸부정의 망념을 일시에 절단하는 것이다. 나산은 암두의 이치에 딱 맞는 한마디로 명백히 깨달았다. 이를 표범의 무늬는 안개로 아름답게 되고 우레에 올라탄 용은 뼈를 바꾸어 승천하는 것에 비유하였다. 종래의 정식精識을 완전히 벗어버리고 면목을 바꾸었다. 할[咄]! 일갈로 망상분별이 분분히 날아가 버렸다. 천동의 일갈은 3일 동안 귀가 먹을 정도로 박력이 있었다고 한다. 기멸하는 것이 어디에 있는가. 스스로 지어낸 것이 아닌가. 기멸부정의 망념도 진여법성眞如法性에서 일어날 뿐.

제44칙

흥양의 묘시

【시중】

사자가 코끼리를 공격하고, 가루다가 용을 친다. 날아다니거나 뛰어다

니는 것조차 군과 신을 달리한다. 납승에게도 확실히 객과 주인이 있

다. 그렇다면 천자의 위엄을 모독하는 자는 어떻게 재단할까.

사 자 격 상　　묘 시 박 룡　　비 주 상 별 군 신　　납 승 합 존 빈 주　　차 여 모 범 천
師子擊象。妙翅搏龍。飛走尙別君臣。衲僧合存賓主。且如冒犯天
위 저 인　　여 하 재 단
威底人。如何裁斷。

본칙

어떤 승이 흥양의 부화상에게 물었다. "사갈용왕이 바다에서 나오면

하늘과 땅이 고요합니다. 돌연히 면전에 나타나면 어떻습니까?" 화상

이 말했다. "묘시조왕이 우주에 꽉 차지. 그 가운데 누가 나타날까." 승이 묻기를 "홀연히 나타나게 되면 어떻게 하시겠습니까?" 양이 말하기를, "그대가, 매가 비둘기를 낚아채는 것과 같이 깨치지 못하면 어루御樓 앞에서 시험해 보고 비로소 진실을 알 것이다." 승이 말했다. "그렇다면 손을 모아 가슴에 올려 뒤로 물러서겠습니다." 화상이 말했다. "수미단을 받치는 검은 거북 조각의 이마를 거듭 찍어 흔적 내기만을 기다리지 말라."

거　　승문흥양부화상　　사갈출해건곤정　　적면상정사약하　　사운
擧。僧問興陽剖和尙。娑竭出海乾坤靜。覿面相呈事若何。師云。
묘시조왕당우주　개중수시출두인　　승운　　홀우출두시우작마생
妙翅鳥王當宇宙。箇中誰是出頭人。僧云。忽遇出頭時又作麼生。
양운　　사골착구군불각　　어루전험시지진　　승운　　임마즉차수당흉
陽云。似鶻捉鳩君不覺。御樓前驗始知眞。僧云。恁麼則叉手當胸
퇴신삼보　　양운　　수미좌하오구자　　막대중교점액흔
退身三步。陽云。須彌座下烏龜子。莫待重敎點額痕。

【송】

사륜이 내려지니

호령을 나눈다.

나라 안에는 천자

변방에는 장군.

우레에 놀라 벌레 나오는 것을 기다리지 않고

어찌 알까, 바람이 떠가는 구름을 막을 줄을.

베 짜기가 계속되니, 자연히 금침과 옥선이 있고.

흔적이 있기 전 대단히 넓은 모습이여,

원래 조전鳥篆도 충문蟲文도 없다.

사 륜 강　　호 령 분
絲綸降。號令分。

환 중 천 자　　새 외 장 군
寰中天子。塞外將軍。

부 대 뢰 경 출 칩　　나 지 풍 알 행 운
不待雷驚出蟄。那知風遏行雲。

기 저 연 면 혜　　자 유 금 침 옥 선
機底聯綿兮。自有金針玉線。

인 전 회 확 혜　　원 무 조 전 충 문
印前恢廓兮。元無鳥篆蟲文。

해설

영주 홍양산의 청부淸剖선사는 대양 경현警玄선사의 법을 이었다. 대양에게는 사법의 제자가 15명 있었지만 모두 스승보다 먼저 천화했다. 대양선사가 부산浮山의 원감선사에게 조동종의 종지를 전하려고 했지만 원감선사는 이미 임제종의 법맥을 상속하고 있었으므로 원감선사에게 부탁하여 적당한 인물에게 조동종의 종지와 법맥을 전해줄 것을 부탁했다. 원감선사는 부탁을 받아들여 대양선사 천화 이후 투자 의청投子義靑화상을 만나 조동종 종지와 법맥을 전했다. 그 덕분에 금일까지 조동종의 법맥이 연면連綿하게 되었다. 조동종과 임제종은 형제로 서로 상부相扶하여 오늘날까지 종문의 명맥을 호지護持해 왔다.

사자師子는 사자獅子다. 묘시는 대붕大鵬 또는 금시조로, 용을 잡아 먹는다고 한다. 날고뛰는 동물조차 강약이 있고 군신이 있듯 납자에게도 객과 주인이 있다고 했다. "천자의 위엄을 모독하는 자"라는 것은 군위, 왕위를 모독하는 사람을 말한다. "이런 자는 어떻게 해야 재단할 수 있을까"라고 본칙을 보인다.

어느 승이 홍양의 청부선사에게 질문했다. 사갈용왕이 바다에서 출

몰할 때 그 위세에 눌려 천지가 조용하다고 합니다. 지금 면전에 나타난다면 어떻게 하시겠습니까. 승은 아직 깨닫지는 못했지만 흥양의 대종장과 법전을 한바탕해서 개가를 올리고 싶었던 것이다. 청부는 "묘시조왕이 날개를 펴면 우주에 꽉 차는데 어느 누가 얼굴을 내밀까"라고 말했다. 부화상은 이 승이 공부를 제대로 하지 않았음을 간파하고 묘시조왕 운운하면서 가볍게 넘겨버렸다. 다시 승이 말하기를, "홀연히 만나게 되면 어떻게 하시겠습니까." 부화상이 말했다. "뿔 달린 매가 비둘기를 덮치듯, 그대가 깨닫지 못하겠거든 어루御樓 앞에서 시험해 봐야 비로소 알게야." '어루 앞' 운운에 대해서는 다음과 같은 고사가 있다.

옛날 조趙나라 왕의 동생으로 평원군平原君 조승趙勝이라는 사람이 있었는데 그는 훌륭한 어전을 지었다. 2층에서 아래를 내려다보니 일반 민가가 보였다. 어느 때, 한 어부가 아래를 지나가는데 그 모습이 이상하여 평원군의 시녀가 이를 보고 웃었다. 어부가 몹시 노여워하며 시녀를 엄중히 다루어줄 것을 제의했다. 평원군은 입에 발린 소리로 알겠다고만 하고 실행하지 않았다.

평원군의 처소에는 식객이 언제나 3,000여 명이나 되었는데 이는 평원군의 세력을 보이는 것이기도 했다. 그 식객들이 평원군의 언행이 일치하지 않음을 보고 그에 대한 신뢰감을 잃어 그 수가 반이나 줄어들었다. 평원군은 후회하고 참죄斬罪에 처한 죄수의 목을 가져와서, 이것이 고기잡이를 보고 웃은 여자의 것이라고 했다. 그렇지만 거짓말이 조금도 통하지 않았다. 그래서 드디어 웃은 여자의 목을 베어 어루 앞에 내걸고 머리를 증거로 제시했다. 그 후 일 년도 채 못 되어 식객들이 모두 돌아왔다.

부화상이 "내가 그대를 혼내는 것은 매가 비둘기를 낚아채는 것과 같은 것이다. 그대가 그것을 알지 못한다면 진짜인지 아닌지 어루에서 보면 알 것이야"라고 한 것은 바로 이러한 이야기에 빗댄 것이다. 승은 어쩔 수 없이 예의를 갖추어 뒤로 물러나겠다고 하였다. 화상은 그를 '수미좌 아래 오구'라고 호되게 매도했다. 수미단은 본존불을 안치한 단으로 본래는 주지가 설법할 때 사용하는 연단이다. 그 수미단 아래 거북이모양을 조각하여 받쳐 장식용으로 하였다. 이를 '수미좌 아래 오구'라고 말한 것이다. 오烏는 검다는 말이다. 《사기》〈구책전龜策傳〉에 나온다. 어떤 사람이 젊었을 때 거북이 한 마리를 잡아 상床다리를 떠받치고 잊어버렸다. 그 사람이 죽어 상을 옮기는데 그 거북이가 아직 살아 있었던 것이 아닌가. 50, 60년 동안 마시지도 않고 먹지도 않고 산 것이다. 이러한 일을 빌려와 수미좌 아래 오구라고 호되게 야단쳤다. 움직이지도 않는 놈이라는 말이다. 세 번이나 당했는데도 그 승은 아직도 우물쭈물하는 것이다. 화상은 미간에 상처가 날 정도로 패 버리겠다고 했다. 임제나 덕산과는 다르게 동산의 종풍은 이처럼 말로써 학인의 미혹을 빼버린다.

천동은 앞의 네 구에서 흥양을 노래했고 다음 두 구에서는 승의 근신하지 못함을 훈계했고 마지막 두 구에서는 흥양의 경계를 노래했다. 사륜絲綸은 칙명이고, 환중은 천자가 직접 다스리는 땅이다. 새외는 변방이니 장군의 호령 영역이다. 불법을 얻은 것처럼 보이는 이 승은 사실 장군에 지나지 않는다. 천자의 명령을 따르지 않으면 안 된다. 부화상 같은 천하의 대선사에 대항한다는 것은 자신의 수준을 알지 못하는 것이다. 우레가 치고, 우레 소리에 땅속의 벌레가 놀라 나오는 것은 바로 부화상과 승과의 이야기다. '우레가 쳐 땅속에서 잠자고 있던 벌레가 놀라 나오기를 가다리지 않고'라는 것은 부화상이 이 승을 향하여 '무엇을 꾸물대고 있는가'라고 하는 것이다. 어떻게 알까 운운하는 것은 묘시조왕의 날개바람으로 용왕이 일으킨 구름도 불어버리는 것을 알까 하는 것이다. 베틀을 계속 짜니 자연히 아름다운 비단이 되어 나온다. 인印은 흔적이다. 인전印前은 아직 흔적이 있기 이전을 말한다. 공겁 이전, 아직 분별이 일어나기 전이다. 그것은 굉장히 넓은 세계다. 정나라淨裸裸 노당당露堂堂이다. 여기서는 '회확'이라고 했다. 전篆은 오래된 서체다. '조전충문'은 새의 족적이나 벌레가 먹은 자리를 힌트 삼아 만든 문자언구를 뜻한다. 부화상의 경계는 이런 문구마저도 붙일 수 없는 세계라는 것이다.

제45칙

《원각경》의 네 구절

覺經四節

각 경 사 절

【시중】

현성공안은 다만 지금에 있다. 본분가풍은 본분 밖을 도모하지 않는
다. 만약 억지로 절목을 세워 헛되이 공부한다면, 이는 모두 혼돈에다
눈썹을 그리는 격이고 발우에다 자루를 다는 꼴이다. 어찌해야 평온을
얻겠는가.

現成公案。只據現今。本分家風。不圖分外。若也强生節目。
현 성 공 안　　지 거 현 금　　본 분 가 풍　　부 도 분 외　　약 야 강 생 절 목

枉費工夫。盡是與混沌畫眉。鉢盂安柄。如何得平穩去。
왕 비 공 부　　진 시 여 혼 돈 화 미　　발 우 안 병　　여 하 득 평 온 거

본칙

《원각경》에 이르되, "언제 어느 때나 망념을 일으키지 말고, 온갖 망심

을 역시 쉬어 없애려고도 하지 말라. 망상경계에 있으면서 깨달아 마쳤다고 하지 말라. 깨달아 마쳤다고 하는 생각이 없는 것이 진실이라고도 말하지 말라."

【송】

웅대하고 당당하며

의지가 커서 어디에도 매이지 않는다.

시끄러운 곳에서는 머리를 자극하고

평온한 곳에서는 다리를 뻗는다.

발 아래 실을 끊어 나는 자유롭고

코끝에 진흙이 없어졌으니 그대 떼려 하지 말라.

동요하지 말라,

천 년 된 오랜 종이에 조합된 약이 있다.

현성은 현전, 곧 현상을 말한다. 그것이 모두 공안이라고 하는 것은 현상이 무無이며 본래자기라고 하는 것이다. 이 칙은 현성이 곧 공안임을 아직 잘 모르는 자에게 바로 지금, 현금을 강조한다. 본분의 가풍이란 본래면목이 있는 그대로임을 가리킨다.

절은 대나무 마디를 말하며, 목은 나무의 나이테다. 공부는 좌선하는 것을 가리킨다. 혼돈은 옛날 중국의 상상의 괴물을 말하는데, 눈·코·입이 없어서 사람들이 불쌍히 여겼다고 한다. 그리하여 얼굴에 이목구비 일곱 구멍을 하루에 하나씩 내주었는데, 일주일 만에 그만 죽어버렸다 한다.

발우는 둥근 물건이므로, 손잡이를 붙일 수 없다. 만약 억지로 '미오'니, '범성'이니 하여 좌선 공부를 한다면 그것은 헛된 일일 뿐이라고 뭇 선사들이 말하였다. 이는 마치 혼돈에 눈썹을 그리고 발우에 자루를 다는 격이니 어찌 편안함을 얻겠느냐는 것이다.

본칙은《원각경》의 구절이다. 어느 곳에서나 망념을 일으키지 않는다는 것은 사바를 싫어하고 정토를 원하는 호불호의 망념을 일으키지 않는 것을 말한다. 능소 자타의 망념, 취사증애의 망정을 망념이라고 하므로, 이러한 망념을 일으키지 말라는 것이다. 또한 "일으키지 않는 것뿐만이 아니라 없애려고도 하지 말라"고 하였다. '식멸息·滅'이란 어떤 것을 나쁘다고 생각하고 억누르는 것을 말하는데, 말하자면 망념이 일어날 때 억지로 없애려고 하는 것을 말한다.

"망상의 경계에서 깨달아 마쳤다고 하는 생각을 더하지 않는다"는 것은 '망상 자체가 본분의 집이며 본래면목'이라고 하는 생각도 잘라

버리라는 의미이다. 마지막으로, "깨달아 마쳤다고 하는 생각이 없는 것이 진실이라고 말하지 말라"는 것은, 미움과 애정 그대로가 본래면목임을 깨달아 알았다면 그것도 거기에 떨어진 것이기 때문에, 깨달아 알았다는 생각도 없는 것이 진실이라고 말하지 말라는 것이다. 이러한 네 가지 부정된 내용에 대해 천동은 노래했다.

송의 첫 두 구는 큰 인물을 묘사했다. 산처럼 높고 웅대하며 그 위용은 당당하며, 의지가 커서 세밀한 일에는 매이지 않는 모습이다. "시끄러운 곳[鬧處]"이란 복잡한 망상을 뜻하는데, 한 가지 생각이 떠오를 때마다 이것을 붙잡고, '이것이 뭐지? 뭐지?' 하며 머리를 자극해나가는 것을 말한다. 반대로 "평온한 곳隱處"은 평온한 경계인데, 여기에서 멋대로가 아니라 조심스럽게 회광반조해 간다. 이것을 "다리를 뻗는다"고 하는 것이다. 이 두 구로 큰 인물의 외외당당한 생활을 보인다.

선은 실이다. 범부의 발은 탐·진·치의 실에 묶여 있어서 움직일 수 없다. 범부는 깨달음으로써 철로 된 사슬을 끊지만, 이번에는 금으로 된 사슬에 묶여 자유를 잃는다. 이때 금 사슬마저 끊어버리는 사람을 "발 아래 실을 끊어 자유롭게" 되었다고 하였다.

'코끝에 운운하는 것'에는 다음과 같은 이야기가 있다. 어떤 사람의 코끝에 흙이 묻어 있었다. 도끼를 쓰는 명인이 이를 보고는 '내가 그 흙덩이를 떼겠다'며 도끼를 휘둘렀는데, 흙만 떨어지고 코는 멀쩡했다. 여기에서 흙덩이는 미오범성을 말한다. 이야기 속에서는 코끝을 다치지 않고 떼어내었는데, 이것은 미오범성이 순간 사라진 것을 뜻한다. 송에서도 역시 "코 끝에 흙덩이가 (이미) 없어졌는데 떼려고 하지 말라"고 했다.

"동요하지 말라"는 것은 당황해 하지 말라는 뜻이다. 이해되지 않는 경문은 마음을 허둥대게 한다. 천동은 천 년도 더 된 오래된 종이, 즉 경문은 모든 중생의 마음을 정화하는 조합된 약이라고 했다.《원각경》은 훌륭한 유서가 담긴 고지故紙라는 것이다.

제46칙

덕산의 공부 끝내기

덕 산 학 필
德山學畢

【시중】

만 리에 풀 한 포기 없어도 깨끗한 땅이 사람을 홀린다. 팔방에 구름
한 점 없어도 맑은 하늘이 그대를 속인다. 비록 쐐기로 쐐기를 뽑아버
릴지라도 결국 허공으로 허공을 떠받치는 것과 같다. 뒤통수 때리는
한 방, 달리 방편을 살펴보라.

만 리 무 촌 초　　정 지 미 인　　팔 방 무 편 운　　청 공 잠 여　　수 시 이 설 거 설
萬里無寸草。　淨地迷人。　八方無片雲。　晴空賺汝。　雖是以楔去楔。
불 방 염 공 주 공　　뇌 후 일 추　　별 간 방 편
不妨拈空拄空。　腦後一槌。　別看方便。

본칙

덕산 원명대사가 대중에게 일렀다. "궁구함이 다하자 바로 얻으니 삼

세제불도 입을 벽에 거는데, 오직 한 사람만이 깔깔거리고 크게 웃는
다. 만일 이 사람을 안다면 공부를 마친 것이다."

거　덕산원명대사시중운　급진거야직득　삼세제불　구괘벽상
擧。德山圓明大師示衆云。及盡去也直得。三世諸佛。口掛壁上。
유유일인　가가대소　약식차인　참학사필
猶有一人。呵呵大笑。若識此人。參學事畢。

【송】

거두어들이니, 목을 조인다.

바람이 불어 구름이 흩어지니

물은 차고 하늘은 맑다.

비단잉어, 맛없다고 말하지 말라.

달 낚싯바늘로 창랑에서 낚았으니.

수　파단금후
收。把斷襟喉。
풍마운식　수냉천추
風磨雲拭。水冷天秋。
금린막위무자미　조진창랑월일구
錦鱗莫謂無滋味。釣盡滄浪月一鉤。

해설

덕산 원명은 정주鼎州 덕산의 제9세 연밀緣密선사이다. 운문 문언선사
의 법을 이었으며 원명圓明은 시호다. "만 리에 풀 한 포기 없는 땅"이
란 사막으로, 곧 불법을 뜻한다. 좌선해서 정력定力으로 6식 7식이 차
례로 사라져 아주 작은 파랑波浪마저 완전히 거두어지면, 명경지수와

같은 정신상태가 된다. 다만 아직 깨달음의 세계가 아니다. 8식의 망근妄根이 남아 있어서 정력이 해이해지면 다시 번뇌심이 움직여 일어나 본래의 식정으로 돌아간다. 그러므로 다시 건곤대지가 하나가 된 정력으로 밀고 나아가야 한다.

그리하여 결국 능소자타能所自他라는 미혹의 구름이 한 점도 없는 세계가 된다. 곧 "팔방에 구름 한 점 없는 하늘"이다. 그러나 다시 여기에 속는다. 이것이 "청공이 그대를 속인다"는 것이다. 궁극에 맑은 수정 같은 깨달음도 버리고 청공에도 안주함이 없이 모든 것을 싹 제거해야 한다. 나무에 박힌 쐐기를 뽑아 버리려면 다른 쐐기를 박아야 한다. 나무가 쪼개지면 쐐기는 그냥 빠진다. 허공으로 허공을 받치는 격이다.

"뒤통수 때리는 한 방"이란 어떠한 사상도 미치지 않는 것을 뜻한다. 이 한 방을 맞고서야 비로소 '깨끗한 땅' '청공'의 병이 씻어진다. 방편이란 방법수단을 말한다. '뒤통수의 한 방'은 어떤 수단방법인지 원명의 방편을 보라고 한다.

덕산 원명선사에게는 운문의 삼구三句라고 하는 세 가지 시설이 있다. 함개건곤函蓋乾坤, 수파축랑隨波逐浪, 중류절단衆流截斷이다. 이것이 운문종의 품격이지만 운문종에 한하지는 않고 어떠한 종사가들에게도 나타난다. 함개는 상자와 뚜껑인데 이것이 딱 맞는 것을 '함개건곤'이라고 말한다. 이는 일대사인연을 완전히 드러낸 것을 보인 것이다. 수파축랑은 실을 느슨하게 해서 상대방에게 맞추어 매끄럽게 지도하는 것이다. 중류라는 것은 미혹함이니, 중류절단은 미혹함을 싹둑 자르는 것을 말한다. 이 세 가지 작용이 일구 안에 완전히 갖추어 있다.

급은 '이르다' '미치다'라는 뜻이다. 거去는 의미 없는 조사다. 끽다

거喫茶去의 '거'도 마찬가지다. '차를 마시러 가자'에서 '가자'가 의미가 없는 것과 같다. 궁구하던 공부를 다 마친 것及盡去, 말하자면 일대사인연을 환히 알아버렸다는 것이다. 이를 선가에서는 '모든 견혹見惑이 완전히 사라진 것', 미오범성 시비득실을 완전히 제거하였다는 것이다.

바로 이렇게 될 때 "삼세제불의 입도 벽에 건다"고 하였다. 부처의 입은 열리지 않고 어떤 음도 나오지 않는다는 것이다. 이것은 죽은 불법이다. 여기서 진일보해야 한다. 본칙에는 "오직 한 사람이 크게 웃는다"라고 하였으니, 이것이 산 불법이다. 일체의 모든 대립적 분별이 떨어져 나가고 '정지淨地' '청공'에서 '본래의 자기'로 다시 부활한 것이다. 대자유이므로 크게 웃을 수 있다. 원명은 "만약 이 사람을 알면"이라고 했다. "정말 웃을 수 있는 사람이 된다면" 참선하는 자는 이제 졸업을 해도 좋다는 것이다. 그러나 본격적인 수업은 그때부터 시작된다.

천동은 이를 노래했다. 수收는 우주를 삼켜버린 어떤 것도 없는 세계를 말한다. 서강의 물을 한입에 다 마셔버렸다. 이러한 세계를 '금후를 파단하다'고 했으니, 말하자면 목구멍을 졸라 어떤 소리도 나오지 않게 한다. 삼세의 제불도 입을 벽에 걸었다. 이를 구체적으로 "바람이 불어 구름이 흩어지니 물은 차고"라고 노래한 것이다. 청량한 천지이다.

금린은 굉장한 잉어다. 자미滋味는 자양도 맛도 일미인 것이다. 금린은 수收의 세계다. 거기서 나온 것이 가가대소의 세계다. 이러한 세계를 다만 이야기로 듣고 재미없는 세계라고 생각하지 말라. 굉장한 맛이 있다. 이런 대단한 금린을 낚을 수 있을까. 창랑은 지명으로 옛날 어부가 굴원을 향하여 "창랑의 물 맑으면 내 갓끈을 씻지만 창랑의 물이 탁하면 내 발을 씻겠다"고 말했다는 것이 전해진다. 천동은 가가대소하는 자를 아는 것을 '창랑이 맑든 탁하든 관계없이 초승달을 낚시침으로 금린을 낚는 것'이라고 했다.

조주의 잣나무

조 주 백 수
趙州柏樹

【시중】

'뜰 앞의 잣나무'나 '장대 끝의 바람과 깃발'은 무한한 봄을 이야기하는 한 송이 꽃과 같고, 대해의 물을 이야기하는 한 방울의 물과 같다. 오백 년 만에 출세出世한 고불古佛은 멀리 사람들에게서 벗어났다. 말과 생각에 떨어지지 않고 말해 볼 수 있는가.

정 전 백 수   간 상 풍 번   여 일 화 설 무 변 춘   여 일 적 설 대 해 수
庭前柏樹。 竿上風幡。 如一華說無邊春。 如一滴說大海水。
간 생 고 불   형 출 상 류   불 락 언 사   약 위 화 회
間生古佛。 逈出常流。 不落言思。 若爲話會。

본칙

어느 스님이 조주에게 물었다. "조사께서 서쪽에서 오신 뜻은 무엇입

니까?" 조주가 대답했다. "뜰 앞의 잣나무."

^거 ^{승 문 조 주} ^{여 하 시 조 사 서 래 의} ^{주 운} ^{정 전 백 수 자}
舉。僧問趙州。如何是祖師西來意。州云。庭前柏樹子。

【송】

눈썹은 언덕처럼 흰 눈이 쌓이고

눈은 강처럼 가을을 머금었네.

입은 바다처럼 파도를 일으키고

혀는 배같이 물결을 타네.

발란의 손, 태평의 저울.

노조주여, 노조주여!

총림을 교란시켜 끝내 쉬지 못하게 하네.

헛되이 공부를 쏟아 수레를 만들어 바퀴자국에 맞추고.

본래 기량이 없어 넓은 계곡을 막아 도랑을 메운다.

^{안 미 횡 설} ^{하 목 함 추}
岸眉橫雪。河目含秋。
^{해 구 고 랑} ^{항 설 가 류}
海口鼓浪。航舌駕流。
^{발 란 지 수} ^{태 평 지 주}
撥亂之手。太平之籌。
^{노 조 주 노 조 주} ^{교 교 총 림 졸 미 휴}
老趙州老趙州。攪攪叢林卒未休。
^{도 비 공 부 야 조 거 합 철} ^{본 무 기 량 야 색 학 전 구}
徒費工夫也造車合轍。本無伎倆也塞壑塡溝。

공안이 된 조주의 '뜰 앞의 잣나무[庭前柏樹子]'는 바로 이 칙에서 나온 것이며, 육조의 '장대 끝의 바람과 깃발'은 《무문관》제29칙에도 등장한다. 이 두 칙에 불법이 전부 스미어 있다. 그것은 '마치 꽃잎이 봄을 알리는 것 같으며 한 방울의 바닷물이 바다의 맛을 알게 하는 것과 같은 것'이다. 때문에 공안 하나를 꿰뚫면 모든 공안을 꿰뚫는다는 이유가 된다.

간생間生은 오백 년에 걸쳐 태어난 사람으로, 곧 위대한 사람을 뜻한다. 여기서는 조주선사를 '간생의 고불'이라고 했다. 상류常流는 보통 사람들이다. 조주화상은 이들로부터 멀리 벗어나 있다. 사상과 언론으로 살아가는 보통사람들은 조주와 이야기가 통하지 않는다. 조주화상과 이야기가 되는 자가 있는가라고 하는 것이 시중이다.

여기서 조사는 달마대사를 칭한다. 어느 스님이 달마대사가 인도에서 중국에 온 뜻을 묻자 조주는 곧바로 "뜰 앞의 잣나무"라고 했다. 백수자의 '자子'는 조사다. 보통사람들은 객관세계만을 본다. 그러면 진정한 백수자는 보이지 않는다. 이 백수자를 꿰뚫어 본 것이 무無다. 천동의 송은 조주화상을 찬탄하는 것으로 일관한다. 눈을 강에, 눈썹을 언덕에 비유한 것이 정취가 있다. 조주의 눈은 가을의 강처럼 맑고 아름다운 모습이며 그 위에 눈썹은 희어 눈이 쌓인 듯하다는 것이다. 대자대비한 노조주를 표현하였다. 다음 두 구는 조주의 설법이 무애자재하고 위대한 힘이 있음을 노래했다.

조주의 선을 구순피선이라고 한다. 조주는 말로써 불법을 보인 명인이다. 입을 바다에, 혀를 배에 비유했다. 바다에는 파도소리가 있으니 입[海口]이며, 파도는 물결을 일으킨다고 하였다. 배가 조류를 타고 나아가면 기분 좋게 빠르게 가게 된다. 발란撥亂은 난맥을 털어내는 것이다. '란亂'은 머릿속의 소란이다. '주籌'는 저울이다. 머릿속 산란함을 털어버리면 천하태평이 된다. 발란의 손이 그대로 태평의 저울이 된다. 그래서 천동은 조주화상을 "노조주, 노조주여!"라고 부르며 찬탄한다.

그는 총림을 혼란시키고 수행도량을 휘저었다. 화상의 '정전백수자'는 오늘날 수행자들도 곧잘 넘어지고 미끄러지게 하는 공안이 되었다. 그러나 조주의 제자 각철각은 '스승에게는 이 말이 없다. 스승을 비방하지 말라'고 하였다. '정전백수자' 같은 재미없는 말을 스승은 한 적이 없다는 것이다. 불법의 정신을 어디서 찾는가? 달마에게서 찾는다면 그것은 달마의 불법이다. '뜰 앞의 잣나무'를 보고 있는 이놈이 불법이지 않고 무엇인가. 그러나 납자들은 '정전백수자'에 걸려 불법을 제대로 철견하지 못한 것이다.

아래 두 구는 조주가 깨침에 이르기까지의 수행을 노래했다. "헛되이 공부에 힘씀"은 오직 좌선에 열중하는 것이며 "수레를 만들어 바큇자국에 맞춘다"는 것은 "여가에는 문을 닫고 수레를 만들고 바쁠 때는 문을 나서서 바퀴자국에 맞춘다"를 간략히 한 것이다. 한가로울 때는 집에서 열심히 수레를 만들고 바쁘면 그 수레를 들고 나가 바큇자국에 놓고 달리게 한다. 평생 방심하지 않고 수행하면서 사람들을 위해서 말을 하면 자유자재하게 법을 설하게 됨을 비유했다. 이것이 조주의 면목이다. "기량이 없다"는 것은 어떤 것도 알지 못한다는 것이며 "넓은 계곡을 막아 도랑을 막는다"는 것은 계곡도 도랑도 어디에나 가득하다는 것이다. 육조대사는 "나는 기량이 없어 백 가지 사상을 끊지 않고 경계에 대해서는 마음이 자주자주 일어난다. 보리菩提 따위 늘지 않는다"고 했다. 기량의 유무에 관계없이 본성의 자유무애함에 맡긴 것이다. 자신을 괴롭히는 것은 후천적 기량에 속은 것이다. 특별히 기량이 있을 필요가 없다. 태어난 그대로가 좋은 것이다. 천동은 조주의 선이 바로 이와 같음을 노래했다.

제48칙

《유마경》의 불이

마 경 불 이
摩經不二

【시중】

신묘한 작용은 방향을 가리지 않으나 손쓸 수 없는 곳이 있고, 말재주
에 걸림이 없어도 입을 떼지 못하는 경우가 있다. 용아는 손이 없는 사
람이 주먹을 휘두르는 것과 같은 것이라고 했고, 협산은 혀 없는 사람
이 말하는 것이라고 했다. 반로에서도 몸을 벗어난 자는 누구인가.

묘 용 무 방   유 하 수 부 득 처   변 재 무 애   유 개 구 부 득 시   용 아 여 무 수
妙用無方。有下手不得處。辯才無礙。有開口不得時。龍牙如無手
인 행 권   협 산 교 무 설 인 해 어   반 로 추 신 저 시 심 마 인
人行拳。夾山敎無舌人解語。半路抽身底是甚麼人。

本칙

유마힐維摩詰이 문수사리에게 물었다. "어떤 것이 보살이 불이법문不

二法門에 들어가는 것입니까?" 문수사리가 대답했다. "제가 생각하기로는 모든 법에 대해 말이 없고 말할 수도 없으며 남에게 보일 수 없고 자기도 알 수 없어서 모든 문답을 떠난 것이 불이법문에 들어가는 것입니다." 그러고는 문수사리가 유마에게 물었다. "우리들은 제각기 이미 말을 다 했으니 어진 이께서 말씀하십시오. 어떤 것이 보살이 불이법문에 드는 것입니까?" 유마는 잠자코 있었다.

거   유 마 힐 문 문 수 사 리   하 등 시 보 살 입 불 이 법 문   문 수 사 리 왈
擧。 維摩詰問文殊師利。 何等是菩薩入不二法門。 文殊師利曰。
여 아 의 자   어 일 체 법   무 언 무 설   무 시 무 식   이 제 문 답   시 위 입 불
如我意者。 於一切法。 無言無說。 無示無識。 離諸問答。 是爲入不
이 법 문   어 시 문 수 사 리 문 유 마 힐 언   아 등 각 자 설 이   인 자 당 설
二法門。 於是文殊師利問維摩詰言。 我等各自說已。 仁者當說。
하 등 시 보 살 입 불 이 법 문   유 마 묵 연
何等是菩薩入不二法門。 維摩默然。

【송】

만수, 노거사의 문병을 갔는데

불이문不二門이 열려 작가作家를 본다.

돌 속의 순수한 옥을 누가 감정하랴.

앞도 잊고 뒤도 잊었지만 탄식하지 말라.

하찮은 옥돌을 바침이여, 초정楚庭의 빈사,

찬연히 빛나는 구슬로 보답함이여, 수성隋城에서 상처 난 뱀.

점검하기를 쉬어라, 옥에 티가 없으니.

속기俗氣가 전혀 없어 이제 조금 드러났다.

만 수 문 질 노 비 야   불 이 문 개 간 작 가
曼殊問疾老毘耶。 不二門開看作家。
민 표 수 중 수 상 감   망 전 실 후 막 자 차
珉表粹中誰賞鑒。 忘前失後莫咨嗟。

구구투박혜초정빈사　찬찬보주혜수성단사
區區投璞兮楚庭臏士。璨璨報珠兮隋城斷蛇。

휴점파절자하　속기혼무각교사
休點破絶玼瑕。俗氣渾無却較些。

해설

본칙은 《유마경》의 '불이법문'을 공안으로 하였다. 유마는 범어 'Vi-malakirti'의 약칭이며 정명淨名 또는 무구칭無垢稱이라고 번역한다. 유마는 석가문하의 최고의 거사이며 유마힐이라고도 한다. 묘용무방은 무엇이라도 자유로울 수 있는 사람이다. 그러나 역량이 있는 사람이라도 자유로울 수 없는 것이 있다. 물은 물을 씻지 못하고 금은 금으로 바꿀 수 없다. 이와 마찬가지로 손을 쓸 수 없는 곳이 있는 것이다.

변재무애는 말이 청산유수임을 뜻한다. 그러나 웅변가라도 입을 열지 못하는 경우가 있다. 지금 삼킨 차 맛을 설명할 수 없다. 이를 다음의 두 구로 보인다. "용아는 손이 없는 사람이 주먹을 휘두르는 것과 같은 것이라 했고, 협산夾山은 혀 없는 사람이 말할 수 있는 것"이라고 했다.

용아는 동산 양개의 법을 이었다. 협산은 선자 덕성船子德誠(805~881)의 법을 이었다. 그들은 모두 깨침이 있었고 이러한 사람들의 말은 빛난다. 무수와 무설은 '나'가 없다는 것이다. 내가 없다면 어떤 것도 자유로울 수 있고 무엇이든 말할 수 있다. 모든 것이 자재하다. 반로半路는 어중간함을 의미하는 것이 아니라 유어有語 무어無語에 떨어지지 않고 동정動靜에도 떨어지지 않는 중도中道를 뜻한다. 그러나 이 중도에도 초탈한 사람, 그는 누구일까.

시중의 내용은 《유마경》에서의 유마거사와 문수사리보살과의 입불이법문을 다룬다. 선어록에서 공안의 배경은 전부 생략되어 있다. 이 공안도 마찬가지이다. 경에는 이 문답의 배경을 다음과 같이 설치해 놓고 있다. 거사가 마음의 병에 걸렸다. 거사의 오뇌는 대오大悟한 가운데 있는 것이다. 유마의 병은 중생의 병 때문이라고 했다. 깨달아 보니 모든 중생은 유마 마음속에 있는 것이다. 중생의 병이 바로 유마 자신의 병이 되었다.

석존은 제자들에게 유마 처소에 문병하도록 하였다. 그러나 유마를 만나면 법전法戰이 예상되므로 대부분이 가기를 꺼려했다. 그때 문수보살이 문병을 하기로 하였고 다른 이들도 보살이 간다면 따라가겠다고 하여 나섰다. 32보살이 문수를 따랐다. 유마는 과거에 금율金栗여래의 응현이고 문수는 7불의 스승이라고 전해진다. 유마의 방은 한 평정도의 작은 방장실이다. 그러나 유마는 3만 2천의 법좌를 설치했다. 범부의 생각으로는 상상이 안 된다. 그렇지만 유마는 대소大小 초월의 절대의 세계에 있다. 《신심명》에 "극대는 소와 같고 극소는 대와 같다"고 했다.

문병을 갔는데 입불이入不二의 법문이라는 문제가 제출되었다. 입은 문門이다. 출입불이出入不二다. 미오迷悟, 범성凡聖, 염정染淨, 생사, 자타, 공죄功罪, 고락이 불이不二다. 이것이 우주의 진실이다. 이를 범부는 쉽게 둘로 생각한다. 대립의 꿈을 보고 자신이 괴로워하는 것이다.

법전은 시작되었다. 32보살이 말석부터 시작하여 한 사람 한 사람 차례로 불이법문을 설했다. 드디어 문수보살 차례가 되어 "제 생각은 모든 현상에 있어서 무언무설無言無說, 무지무식無智無識, 모든 문답을 떠난 이를 입불이법문이라고 합니다"라고 하였다. 사실 생각이 있다면 문수가 아니다. 일체법의 법은 [ ]상이고 모든 존재는 무언무설 무지무식이니, 문답을 떠나 있다.

이번에는 문수가 유마에게 말[ ]다. "우리 각자는 모두 설했는데 이제 인자께서 말씀할 차례입니다. [ ]떤 것이 보살이 불이법문에 드는 것입니까?" 이 질문을 통해 문수에게 아직 무언무설 무지무식이 남아 있음을 알 수 있다. 모든 문답을 [ ]났다고 하는 말과 생각이 남아 있다. 마지막 질문을 받은 유마는 [ ]연'했다. 이후 문수는 유마거사를 극찬한다. "이것이야말로 불이법[ ]입니다."

만수는 문수이고, 비야는 비[ ]리성으로 유마가 살았던 도시의 이름이다. 유마를 경칭하여 천동[ ] '노비야'라고 했다. 작가는 불법의 대가를 뜻한다. 입불이법문이라는 문제로 각 대보살이 자신의 견처를 드러내니 거[ ]서 작가를 본 것이[ ]. 문수는 유마의 묵을 설명하고 유마는 문수의 설을 [ ]명한다. 민珉[ ] 깎지 않은 옥이며 그 표면을 민표라고 한다. 수粹는 순수[ ] 옥이다. [ ]표는 유마의 '묵'에 있고 수중은 문수의 '설'에 있음을 보라. [ ]는 정도[ ] 수준의 눈을 가지지 않으면 상감하기 어렵다. 잘못 보면 유마[ ] 오해한[ ].

"망전실후"는 곧 전후망[ ]이며, [ ]후를 알지 못함을 의미한다. 그것은 말의 표면이니 곧 민표다. [ ]은 무엇[ ]까? 유마는 앞을 잊고 뒤를 잃어 모든 것을 초월하여 어떠한 [ ]도 말할 수 [ ]으므로 가만히 있는 것이다. 그러므로 유마 때문에 한탄[ ] 필요가 없다[ ] 자차咨嗟는 비탄, 한탄하는 것이다. 다음 두 구는 오해하는 [ ][ ]을 타이르는 내용이다. 박璞은 깎지 않은 옥돌이고 초정은 초나라 조정이다. 빈臏은 발을 자르는 형벌을 말한다. 보주報珠는 구슬을 바치는 예의를 뜻한다. "초정의 빈사"는 2칙에서도 나온 이야기다. 옥을 초왕에게 바쳤지만 초왕은 옥을 돌로 잘못 보고, 속인다고 하여 발을 잘랐다고 한다. 이 고사는 눈이 예리하지 못하면 제대로 보지 못한다는 주의를 준다.

또한 "수성隋城에서 상처가 난 뱀"에는 다음과 같은 고사가 있다. 수나라 왕이 상처 난 큰 뱀이 죽어가는 것을 보고 물로 씻어 약을 발라주었다. 그랬더니 큰 뱀이 야광구슬을 받들고 왕의 처소로 갔다. 야광에 놀란 수왕이 생각 없이 칼로 손을 치려고 했다는 것이다. 찬연히 빛나는 유마의 광채를 천동은 노래한 것이다. 점파는 점검, 곧 살피는 것이다. 그러나 흠집이 전혀 없어 살피지 않아도 되니 점검을 쉬라고 한다. 속기는 분별이니 이러한 속기가 떨어져 본래의 무로 완전히 드러났다. 이제야 조금 도에 들어맞게 되었다.

제49칙

동산, 진영에 공양하다

동 산 공 진
洞山供眞

【시중】

베끼지 못하면 그리지도 못한다. 보화는 공중제비를 돌았고 용아는 단지 반신만 드러냈다. 필경 그 사람을 어떤 형체로 묘사해야 할까.

묘 불 성　　화 불 취　　보 화 변 번 근 두　　용 아 지 로 반 신　　필 경 나 인 시 하
描不成。　畵不就。　普化便翻斤斗。　龍牙只露半身。　畢竟那人是何
체 단
體段。

▌본칙

동산이 운암의 진영에 공양하던 차에 앞전의 진영에 대한 얘기를 꺼냈다. 어느 스님이 물었다. "운암께서 '다만 이것'이라고 말씀 하신 뜻이 무엇입니까?" 산이 말하기를 "내가 그때 하마터면 선사의 뜻을 잘못

알 뻔했다." 스님이 미심쩍어 다시 물었다. "그러면 운암스님은 있음[有]을 알고 있었습니까, 알지 못했습니까?" 산이 대답했다. "만일 있음을 알지 못했다면 어찌 그처럼 말할 수 있겠으며, 만일 있음을 알았다면 어찌 그 같은 말을 했겠는가?"

거 동산공양운암진차 수거전막진화 유승문 운암도지저시
舉。洞山供養雲巖眞次。遂舉前邈眞話。有僧問。雲巖道祇這是。
의 지여하 산운 아당시기착회선사의 승운 미심운암환지유
意旨如何。山云。我當時幾錯會先師意。僧云。未審雲巖還知有
야 무 산운 약부지유쟁해임마도 약지유쟁긍임마도
也無。山云。若不知有爭解恁麽道。若知有爭肯恁道。

【송】

어찌 그처럼 말할 수 있겠는가

오경에 닭이 우니 집집마다 새벽이 밝아오네.

어찌 그 같은 말을 했겠는가

천년의 학이 구름, 소나무와 늙어가네.

보배 거울 맑고 밝아 정편을 증험하니

훌륭한 베틀, 옆으로 돌 때 겸도를 간파한다.

문풍이 크게 떨침이여

법도가 면밀히 이어졌구나.

부자가 변통함이여

명성과 빛, 넓고도 크구나.

쟁 해 임 마 도 오 경 계 창 가 임 효
爭解恁麽道。五更鷄唱家林曉。
쟁 긍 임 마 도 천 년 학 여 운 송 로
爭肯恁麽道。千年鶴與雲松老。
보 감 징 명 험 정 편 옥 기 전 측 간 겸 도
寶鑑澄明驗正偏。玉機轉側看兼到。

門風大振兮規步綿綿。　父子變通兮聲光浩浩。

해설

운암 담성선사의 법을 이은 동산은 조동종의 개조이다.

그대로 베끼는 것이 될 수 없으면 그리는 것도 되지 않는다. 육신은 그대로 그릴 수 있겠지만 본래면목이라는 진면목은 그릴 수 없다는 의미다. 산색은 그릴 수 있어도 새소리는 그릴 수 없고 꽃은 그릴 수 있어도 향기는 그릴 수 없는 것과 마찬가지다. 보화는 반산 보적의 법을 이었다. 반산이 임종 때 제자들을 불러 모아 놓고 각자에게 일대사인연을 묘사해 보이라는 과제를 냈다. 그때 보화는 몸을 재빨리 공중제비를 하고는 바로 나가버렸고 용아는 반신만을 그렸다. 반신이 아닌 전신을 그릴 수 있었을 텐데도 그렇지 않았다. 그런데 전신을 그렸다고 해서 전신을 그린 것일까.

나인那人은 진인을 말하니 법을 성취한 사람, 깨친 자이다. 동산선사가 스승 운암의 사진을 어떻게 그려서 어떻게 그의 불법을 드러낼까. 이것이 시중이다.

진을 공양한다는 것은 스승의 기일을 추모하는 재를 말한다. 동산이 운암의 진영 앞에서 공양을 올릴 즈음, 예전 깨치기 전 진영에 대해 번민했던 이야기를 꺼냈다.

동산이 운암의 임종 때 여쭈었다. "화상이 가신 백 년 후, 어떤 사람이 스승의 진영을 아는가 물으면 어떻게 대답할까요?" 물론 이때의 진영은 종이에 그린 초상화가 아닌 운암의 진면목을 가리킨다. 운암선사가 잠시 있다가 말했다. "다만 이것."

이 때 동산은 스승의 뜻을 확실히 알지 못하고 깊이 생각에 잠겼다. 그 때 운암이 "사리여!"라고 불렀다. 그러고는 "이 대사大事를 알려면 바로 자세子細여야 한다"라고 일렀다. 자세라는 것은 찰나이다. 동산은 아무 말 없이 고개를 숙이고 나가버렸다. 그 후 물을 건널 때 다리 밑에 자신의 모습이 비친 그림자를 보고 활연히 깨쳤다. 동산은 "나는 당시 선사의 뜻을 잘못 알 뻔했다"라고 하였다. 승은 말했다. "미심쩍습니다. 운암스님은 있는 것을 알고 있었습니까, 알지 못했겠습니까." 운암이 일대사인연, 즉 참된 자기를 알았는지의 여부를 물은 것이다. 만약 알고 있었다고 한다면 깨달음에 떨어진다. 만약 알지 못했다고 한다면 범부일 뿐이다. 지知는 망각妄覺이다. 대오철저했다고 해도 망각이다. 부지不知는 무기無記이며 무명이다. 깨달음을 갖고 있으면 깨닫지 못했을 때 보다 하등下等이 된다. 동산은 말하기를, "만일 있음을 알지 못했다면 어찌 그처럼 말할 수 있겠으며, 만일 있음을 알았다면 어찌 그 같은 말을 했겠는가"라고 했다. 동산의 한 치도 빈틈없는 대답이다.

천동은 노래했다. 만일 저 일을 알지 못했다면 어찌 그렇게 말할 수 있을까. 새벽이 되기 전 아직 어두운데 닭은 울고 새벽의 산색이 드러나고 있다. 어둠 가운데 밝음이니, 정중편이다. 만일 저 일을 알았다면 어찌 '다만 이것[祇這是]'이라고 말했을까. 천년의 학이 구름 속에 솟아 있는 소나무가지에 둥지를 지어 살고 있는 것 같은 고상한 경계다. 지知도 부지不知도 모두 넘어섰다. 대오철저는 대원감大圓鑑이다. 거울이 아주 맑아 상대의 뱃속까지 볼 수 있다. 정은 평등이며 공이다. 편은 차별이며 십인십색이다. 정사, 심천, 대소, 명암이다. 여기서는 편偏

자가 주가 된다. 우리들의 머리에 묘사되어 있는 것은 모두 편위偏位다. 동산의 보감은 한 점도 더럽지 않기 때문에 정편正偏이다. 옥기는 잘 짜지는 베북이다. 전척은 휙 하고 왔다 갔다 하는 것이다. 횡사橫絲를 편위偏位로 종사縱絲를 정위正位로 비유한 것이다. 그래서 완전한 직물이 '겸중도兼中到'이다. 규보는 규행구보規行矩步의 약자이다. 이 일대사의 불법을 스승에서 제자로 대대로 정전正傳하여 각각 문풍이 크게 날리는 것이다. 때문에 규보면면規步綿綿이다. 변통變通은 변하면 바로 통하는 것이다. 통하면 오래가는 것으로 대오철저가 진정 통하는 것이다. 부자父子가 변통하면 영구적으로 생명이 있다. 성광은 명성名聲, 덕광德光이며, 호호浩浩는 성대한 모습이다. 각고刻苦하면 광명이 반드시 성대하다. 동산의 눈이 운암을 넘었기 때문에 운암의 법을 이었다고 노래한 것이다.

설봉의 '뭐지'

설 봉 심 마
雪峯甚麼

【시중】

마지막 한마디, 드디어 마지막 관문[牢關]에 이른다. 암두는 자부하여
위로는 스승도 인정하지 않고 아래로는 법형제에게도 양보하지 않는
다. 억지로 절목을 만드는 것인가, 달리 어떤 계략이라도 있는가.

말 후 일 구　　시 도 뇌 관　　암 두 자 부　　상 불 긍 어 친 사　　하 불 양 어 법 제
末後一句。 始到牢關。 巖頭自負。 上不肯於親師。 下不讓於法弟。
위 부 시 강 생 절 목　　위 부 별 유 기 관
爲復是强生節目。 爲復別有機關。

본칙

설봉이 암자에 머물 때, 두 스님이 인사를 드리러 왔다. 설봉이 이들이
오는 것을 보고 손으로 암자 문을 밀치고 뛰쳐나오며 말하였다. "이게

뭐지!"스님도 또한 "이게 뭐지!"라 했다. 설봉은 고개를 숙이고 암자로 돌아갔다. 그 스님이 나중에 암두에게 갔을 때 암두가 물었다. "어디에서 오는가?" 스님이 대답했다. "영남입니다." 암두가 물었다. "간 적이 있었는가?" 스님이 대답했다. "네, 간 적이 있습니다." 암두가 물었다. "무슨 말이 있었던가?" 스님이 앞의 이야기를 전하니 암두가 말했다. "그가 뭐라 말하였는가?" 스님이 대답하였다. "그는 말없이 머리를 숙이고 암자로 돌아갔습니다." 암두가 말하였다. "으음! 당시 그에게 마지막 한마디를 말해주지 않았구나. 만약 그에게 말해주었다면 천하가 설노장을 어찌하지 못하였을 텐데." 그 스님이 여름 끝에(하안거 해제일) 와서 다시 전의 이야기를 꺼내며 한마디 청하였다. 암두가 말하였다. "왜 일찍이 묻지 않았는가?" 스님이 말하였다. "감히 쉽지 않아서요." 암두가 말하였다. "설봉은 비록 나와 같은 곳에서 났지만 나와 같은 줄기에서 마치지는 않았다. 그대가 마지막 한마디를 알기 원한다면, '다만 이것.'"

거   설봉주암시   유양승래예배   봉견래   이수탁암문방신출운
擧。雪峯住庵時。有兩僧來禮拜。峯見來。以手托庵門放身出云。

시심마   승역운   시심마   봉저두귀암   승후도암두   두문
是甚麼。僧亦云。是甚麼。峯低頭歸庵。僧後到巖頭。頭問。

심마처래   승운   영남   두운   증도설봉마   승운   증도   두운
甚麼處來。僧云。嶺南。頭云。曾到雪峯麼。僧云。曾到。頭云。

유하언구   승거전화   두운   타도심마   승운   타무어   저두귀암
有何言句。僧擧前話。頭云。他道甚麼。僧云。他無語。低頭歸庵。

두운   희   당시불향타도말후구   약향이도   천하인불내설노하
頭云。噫。當時不向他道末後句。若向伊道。天下人不奈雪老何。

승지하말   재거전화청익   두운   하부조문   승운   미감용이
僧至夏末。再擧前話請益。頭云。何不早問。僧云。未敢容易。

두운   설봉수여아동조생   불여아동조사   요지말후구   지저시
頭云。雪峯雖與我同條生。不與我同條死。要知末後句。只這是。

절차탁마하고

변태하고 효와하다.

갈파에서 용이 된 지팡이

도가陶家에 숨겨 둔 베틀 북.

한 곳에서 태어난 이여, 여럿 있고

한 곳에서 죽는 이여, 많지 않다.

마지막 한마디 '다만 이것'

풍주風舟, 달을 싣고 가을 물결에 떠있구나.

절 차 탁 마　　변 태 효 와
切瑳琢磨。變態殽訛。

갈 파 화 룡 지 장　　도 가 거 칩 지 사
葛陂化龍之杖。陶家居蟄之梭。

동 조 생 혜 유 수　　동 조 사 혜 무 다
同條生兮有數。同條死兮無多。

말 후 구 지 저 시　　풍 주 재 월 부 추 수
末後句只這是。風舟載月浮秋水。

해설

'마지막 한마디[末後句]'는 통하기가 여간 어렵지 않다. 그렇다고 달리
어려운 문제가 내포되어 있는 것도 아니다. 모든 공안이 말후구가 되
고 동시에 최초의 구가 된다. 그 공안을 다루는 방법에 따라 그렇다.

　　암두는 제23칙에 등장한 바 있다. 암두는 대단한 자존의 경계에 있
어서 위로는 스승 덕산도 아래로는 법의 아우 설봉도 긍정하지 않고
한 발자국도 양보하지 않았다. 절목의 절節은 대나무 마디이고 목은

나무의 나이테다. 시중에서는 암두가 특별히 절목을 만들어 사람을 혼돈시키는 것인가, 다른 계략이라도 있는가를 보인다.

설봉은 당 무종의 폐불정책으로 법난을 피해 야산에 작은 토굴을 지어 몸을 숨겼다. 어느 날 두 스님이 참선문답을 위해 암자에 찾아왔다. 설봉이 이를 보고, 문을 밀치고 뛰쳐나가면서 "뭐지!"라고 하였다. 스님 역시 "뭐지요!"라고 했다. 설봉은 두 스님의 경계를 알아챘다. 두 승이 자신의 공부가 없이 모방만을 하는 학인임을 안 것이다. 설봉은 실망했으나 내색하지 않고 고개를 숙이고 처소로 돌아갔다. 설봉은 말후구를 보였는데 두 스님은 정녕 알아채지 못했다. 스님이 나중에 암두에게 갔다. 암두와 설봉은 사형사제지간이다. 암두는 설봉의 마지막 깨달음을 체득하게 한 자로, 설봉의 역량과 인물을 잘 알고 있다. 암두역시 두 스님의 공부를 알아챈 것이다. 암두는 "흠! 당시 그에게 말후구를 일러줄걸. 만약 그에게 말했다면 천하의 사람들이 설노장을 어찌하지 못했을 텐데"라고 말했다. 이는 스님에게 은근히 '말후구'를 궁구하도록 한 것이다. 이를 듣고 이 스님은 열심히 참구하였는지 하안거 해제일에 다시 암두의 처소에 나타났다. 해제 날, 스님은 앞일을 다시 꺼내어 지도를 부탁했다. 암두가 "왜 빨리 묻지 않았는가?"라고 다그치자 스님은 "쉽지 않은 문제라고 생각하고 지금까지 참구해 왔습니다"라고 했다. 암두는 답한다. "설봉이 나와 같은 줄기에서 생겼다 해도 같은 줄기에서 죽지 않는다. 말후구를 알고자 한다면 '다만 이것.'" 설봉과 암두는 덕산문하다. 같이 불법을 깨달았지만 사람들을 지도하는 데에는 각각 달리한다는 것이다. 말후구를 듣고 싶다면 "다만 이것"이다. 설봉은 "이게 뭐지"였지만 암두는 이처럼 달리했다.

절차탁마는 본래 돌과 옥 등을 깎아 빛이 나게 하는 것을 말한다. 변

태는 적절히 지도하는 행동이며 효와는 알 듯 말 듯 한 말이다. 설봉과 암두 두 형제는 덕산의 지도를 받고 스스로 절차탁마하고, "암자 문을 밀쳐 뛰쳐나오기도[放身出庵]" "고개를 숙이고 암자로 돌아가기도[低頭歸庵]" 하는 등의 행동을 취하고, 말후구로서 "뭐지!" "다만 이것"이라고 하였다.

"갈파에서 용이 된 지팡이"에는 고사가 있다. 옛날 비장방費長房이라는 사람이 호공壺公을 만나 산에 들어가 수행했지만 성공하지 못했다. 휴가를 얻어 돌아갈 때 호공이 큰 지팡이를 주면서, 이것을 타고 가다가 갈파라는 못을 만나면 이 지팡이를 거기에 던져버리라고 했다. 비장방이 그 지팡이를 갈파에 던지니 바로 용이 되어 승천했다는 것이다. 이것은 암두의 분방한 기세를 말한다.

"도가에 숨겨 둔 베틀 북" 역시 고사에서 유래했다. 도간陶侃이라는 소년이 뇌택雷澤에서 물고기를 잡으려는데 오랜 베틀 북이 망에 걸려 나왔다. 그 북을 가지고 돌아와 벽에 걸어놓으니 잠시 뒤 우레와 비가 쏟아졌다. 그러자 북이 용이 되어 승천했다고 한다. 이 역시 설봉의 내재된 기機에 비유한 것이다. '한줄기에서 여럿이 태어나더라도 한줄기에서 죽는 이는 많지 않다'는 것은, 같은 스승 아래서 법은 얻어도 선풍은 각자 다르다는 의미다. 설봉, 암두 모두 작가가 되었지만 지도하는 방식은 각기 다르다는 것이다. 마지막 일구는 암두의 말후구를 가을의 경치에 비유했다. "풍주風舟, 달을 싣고 가을 물결에 떠있구나" 청명한 바람, 가을의 강에 명월을 실은 배를 띄우고 가는대로 내버려 두는 우유자재優游自在의 정취가 보인다.

법안의 뱃길과 물길

법 안 강 륙
法眼舡陸

【시중】

세상법은 사람을 어느 정도 깨치게 하고, 불법은 사람을 어느 정도 미혹하게 한다. 홀연히 타성일편[1]이 되면, 다시 미오가 있겠는가 없겠는가.

세 법 리 오 각 다 소 인　　불 법 리 미 각 다 소 인　　홀 연 타 성 일 편　　환 착 득
世法裏悟却多少人。　佛法裏迷却多少人。　忽然打成一片。　還著得

미 오 야 무
迷悟也無。

1　참선 중 공안의 온갖 의심과 호흡, 번뇌망상까지 모두 한 덩어리가 된 상태를 말한다.

법안이 각상좌覺上座에게 물었다. "배로 왔는가? 뭍으로 왔는가?" 각이 대답했다. "배로 왔습니다." 법안이 말했다. "배는 어디에 있는가?" 각이 말했다. "배는 강나루에 있습니다." 각이 물러간 후, 법안이 잠시 있다가 곁에 있던 스님에게 물었다. "그대가 말해보라. 좀 전에 왔던 스님이 안목을 갖추었느냐, 못 갖추었느냐?"

거 법안문각상좌 강래육래 각운 강래 안운 강재심마처
舉。法眼問覺上座。舡來陸來。覺云。舡來。眼云。舡在甚麼處。
각운 강재하리 각퇴후 안각문방승운 니도적래저승 구안불
覺云。舡在河裏。覺退後。眼却問傍僧云。你道適來這僧。具眼不
구 안
具眼。

【송】

물은 물로 씻지 못하고

금은 금으로 단련하지 못한다.

털빛에 개의치 않아야 준마를 얻고

줄을 잊어야 거문고를 즐긴다.

끈을 묶고 괘를 그리다 일이 생기고

참되고 순박한 반고盤古의 마음을 완전히 잃고 말았다.

수 불 세 수 금 불 박 금
水不洗水。金不博金。
매 모 색 이 득 마 미 사 현 이 락 금
昧毛色而得馬。靡絲絃而樂琴。
결 승 화 괘 유 허 사 상 진 진 순 반 고 심
結繩畫卦有許事。喪盡眞淳盤古心。

사람들의 생활을 세상법이라 하고 수도생활을 불법이라고 한다. 각卻
은 조사助辭다. 세간의 모습을 실상이라고 보면 그것이 바로 불법이고,
불법이라고 해도 거기에 집착하면 도리어 사람이 미혹된다. 홀연히 모
든 것을 내려놓으면 세법이 곧 불법이 되고 대치對峙의 견해가 없어진
다. 그 자리에 미오범성迷悟凡聖이 있을까, 없을까. 타성일편은 삼매다.
순일무잡한 좌선이다. 타성일편의 좌선의 힘에 의해 홀연히 타성일편
의 자기를 발견하는 것이다. 거기에 미혹하다느니 깨달았다느니 할 여
지가 있겠는가.

조주의 제자 각철자覺鐵觜를 여기서 각상좌라고 하였다. 그는 분양
현소의 법을 이은 제자다. 법안은 그에게 배로 왔는가 뭍으로 왔는가
물어 그를 살핀다. 각상좌가 "배로 왔다"고 하는 것은 구체적인 불법
이다. 세속의 일이 벌어졌지만 실은 활발발한 불법이다. 법안은 "배는
어디에 있는가"라고 묻는다. 각은 "강나루에 있다"고 하니 왔던 그대
로 실상을 말한 것이다. 서로가 환히 보고 있다. 이 문답만으로는 초심
자가 이해할 수 없다. 타성일편을 위해 법안은 곁에 있는 승에게 물었
다. "그대는 말해보라. 좀 전에 왔던 승은 안목을 갖추었는가, 그렇지
않은가." 각상좌가 대답한 것이 타성일편의 자기로 답한 것인지 아니
면 범부의 이견二見대립의 머리로 답한 것인지 물은 것이다.

천동이 송에서, "물은 물로 씻지 못하고 금은 금으로 단련하지 못한
다"라 한 것은, 각상좌와 법안의 완전무결한 경계의 노래다. 그러나 다
음 두 구에서 각상좌를 보지 못한 법안을 천동은 이렇게 노래했다. "털
빛에 개의치 않아야 준마를 얻고, 줄을 잊어야 거문고를 즐긴다."

말을 잘 간별하는 사람인 백락伯樂이 명마를 발견하고 그것을 황색이고 수컷이라고 보고했다. 그러나 정작 그 말을 보니 흑색이고 암컷이었다. 그에게 털색도 암수도 구분 못하느냐고 질책하니 그는 "그 알맹이를 취하고 껍데기를 잊어버린다. 또한 내면을 보지 외관은 상관없다"고 하였다. 본 것은 외관이 아니라 내실이라고 한 것이다.

　도연명은 거문고를 무척 좋아했다고 한다. "거문고 줄의 정취를 아는데 무엇 때문에 현絃에서 나는 소리에 연연하는가"라고 하였다. '줄도 실도 잊고 거문고를 즐긴다'는 것이다. 말이나 모습이 아닌 사람의 내면을 보는 것이 중요하다고 했다. "끈을 묶고 괘를 그리니 일이 생기고"는 문자가 생기기 전인 중국 상고上古시대에 끈을 묶는 것으로 서로 약속하다가, 포희씨包犧氏(복희씨)에 이르러 천상지법天上之法을 관찰하고 팔괘를 그리게 되었고 차례로 기교가 생겨 여러 가지 나쁜 일이 생기게 되었다는 것이다. 법안이 곁에 있는 승에게 "저 승이 안목을 갖추었느냐, 그렇지 않느냐"고 물은 것이 순수한 불법에 상처를 낸 것이다. 이를 "참되고 순박한 반고盤古의 마음을 완전히 잃고 말았다"고 했다. 반고는 중국에서의 개벽의 조상이다. 이는 태고의 천진天眞을 나타낸 말이다. 법안이 곁의 승에게 안목을 갖추었는지의 여부를 물은 것에 대하여, 천동은 부처인가 범부인가, 좌선인가, 접심인가 등의 소란을 일으켜 반고심을 잃게 하였다고 노래했다.

제52칙

조산의 법신

조 산 법 신
曹山法身

【시중】

지혜로운 자는 비유로써 깨달음을 얻는다. 만약 비교도 될 수 없고 비
슷하지만 같지는 않은 어려운 곳에 이른다면 어떻게 다른 사람에게 설
명할까.

제 유 지 자 이 비 유 득 해　　약 도 비 부 득 류 난 제 처　　여 하 설 향 타
諸有智者以譬喩得解。若到比不得類難齊處。如何說向他。

본칙

조산이 덕상좌에게 물었다. "부처의 진법신은 허공과 같아서 대상에
따라 모습을 드러냄이 마치 물속의 달과 같다. 어떻게 이 도리에 호응
하여 말해보겠는가?" 덕상좌가 대답했다. "나귀가 우물을 보는 것과

같습니다." 선사가 말했다. "대답은 거창했지만 겨우 팔성만을 일렀구나." 덕상좌가 말했다. "그렇다면 화상은 어떻습니까?" 선사가 대답했다. "우물이 나귀를 보는 것과 같다."

거　조산문덕상좌　진불법신　유약허공　응물현형　여수중월
舉。曹山問德尙座。佛眞法身。猶若虛空。應物現形　如水中月。
작마생설개응저도리　덕운　여려처정　산운　도즉대살도
作麼生說箇應底道理。德云。如驢覰井。山云。道卽大煞道。
지도득팔성　덕운　화상우여하　산운　여정처려
只道得八成。德云。和尙又如何。山云。如井覰驢。

【송】

나귀는 우물을 보고, 우물은 나귀를 본다.

지혜는 편만하여 밖이 없고

청정수는 적시고도 남음이 있다.

팔꿈치 뒤 인印을 누가 알까.

집안에는 책을 쌓아두지 않았다.

베틀의 실은 북에 걸리지 않았는데

문채가 종횡하니 그 뜻이 뛰어나구나.

여처정　정처려
驢覰井。井覰驢。
지용무외　정함유여
智容無外。淨涵有余。
주후수분인　가중불축서
肘後誰分印。家中不蓄書。
기사불괘사두사　문채종횡의자수
機絲不掛梭頭事。文彩縱橫意自殊。

238

조산 본적선사는 동산 양개의 선법을 이었다. 동산의 종풍이 조산에 의해 크게 세상에 드날렸으므로 조동종이라고 부르게 되었다. 세간 출세간의 모든 법을 비유로써 설명하면 지혜로운 자는 이해하기 쉽다. 만약 방편이나 비유로써도 그 진상眞相에 이를 수 없다면 어떻게 해야 타인에게 설명할 수 있을까가 참구다.

본칙에서 조산이 덕상좌에게 묻는다. 상좌尙座는 상좌上座와 같으니 장로長老 격이다. 조산, 덕산, 모두 대오철저하고 깨친 후에도 수행이 상당하여 서로의 백련천단百鍊千鍛을 위해 법전을 벌인다.

조산이 《금광명경》의 문구를 인용하였다. 법신불은 비로자나불이다. 이는 범어이고 '변일체처遍一切處'라고 번역한다. 우주에 편만하여 허공과 같다. 내외대소가 없으며 시비득실, 생사열반 등 일체 대립이 없기 때문에 청정무구하다. 그래서 청정법신비로자나불이라고 한다. 그는 어디에 계실까. 전 우주가 법신불이다. 전 우주는 본래자기이며 무상無相이다. 그 무상의 법신이 연緣에 따라 모습을 드러내는 것은 수중에 비친 달과 같다는 것이다.

조산은 덕상좌에게 '그 법신이 물物에 따라 모습을 나타내는 도리는 어떤 것인가'를 물었다. 도리는 이론이 아닌 사실이다. 불법은 사리불이事理不二이며 사리일체다. 부처의 진법신, 즉 참된 자아가 만사에 응한다는 것은 어떤 것인가를 물은 것이다. 덕은 "나귀가 우물을 보는 것과 같다"고 했다. 나귀는 어리석은 동물이다. 우물 위에서 얼굴을 내미니 수면에 자신의 얼굴이 비쳤다. 나귀는 무심히 분별도 없이 자신의 얼굴을 보고 있는 것이다. 바로 부처의 모습이다. 조산이 말하기를 "말은 그럴 듯하지만 팔성八成을 말했을 뿐"이라고. 팔성은 십성十成에 대해서는 팔성이지만, 그러나 팔성 그 자체로 만점일 수도 있다. 산의 말이 칭찬인지 편잔인지 그것이 풀어야 할 과제다. 응시하고 있던 덕상좌가 "나는 그렇지만 화상은 어떻소?"라고 역습하였다. 산은 "우물이 나귀를 본다"고 했다. 조산과 덕상좌의 말을 비교해보면 별 다를 바가 없다. 만송은 이에 대해, "낙화落花, 뜻이 있어서 유수流水에 따른다. 유수, 무심히 낙화를 떠나보낸다"라고 평했다. 여기서 뜻이든 마음이든 같은 것이다.

　나귀는 우물을 보고 우물은 나귀를 본다. 나귀나 우물 모두 무심의 왕래다. 따라서 반야의 지혜는 두루 편만하여 시방삼세를 모두 하나로 본다. "팔꿈치 뒤 인印을 누가 알까. 집안에 책을 쌓아두지 않는다"고 하는 노래는 무슨 의미일까. '팔꿈치 뒤'는 팔꿈치 뒤쪽 약간 움푹 패인 곳을 말한다. 거기에 부사의한 것이 있음을 누가 알겠는가. 집안의 책에 대해서는《오등회원》제5권 〈운암장〉에 나온다. 동산이 '집에 책이 가득하다'고 하자 운암이 '한 자도 없다'고 한 것처럼, 책에서 배워아는 것이 없다는 것이다. 기사機絲는 베를 짜는 실이다. 문채종횡은 훌륭한 모양이다. 천동은 조산과 덕상좌의 선을 "실을 베틀에 걸지 않아도 문채가 종횡으로 그 뜻이 뛰어나다"고 상찬賞讚한다.

제53칙

황벽의 술지게미

황 벽 당 조
黃檗噇糟

【시중】

기機에 임해서는 부처가 보이지 않고 크게 깨달아서는 스승이 보이지
않는다. 건곤을 평정하는 검에는 인정이 없고 호랑이와 외뿔소를 사로
잡는 기에는 성스러운 앎도 잊는다. 말해보라, 이는 어떤 사람의 경계
인가.

임 기 불 견 불　　대 오 부 존 사　　정 건 곤 검 몰 인 정　　금 호 시 기 망 성 해
臨機不見佛。 大悟不存師。 定乾坤劍沒人情。 擒虎兕機忘聖解。
차 도　　시 심 마 인 작 략
且道。 是甚麼人作略。

본칙

황벽이 시중에서 말하였다. "네놈들은 모두 술지게미나 먹을 놈들이

다. 그렇게 쏘다닌다면 어느 결에 '금일'을 알겠는가? 더구나 대 당국에 선사가 없음을 알기나 하는가?"그때 어떤 스님이 나서서 말하였다. "지금 제방에 무리를 가르치고 대중을 이끄는 이가 있는 것 같은데 그들은 무엇입니까?"황벽이 말했다. "선이 없음을 말하는 것이 아니라 단지 스승이 없다는 것이야."

【송】

길이 나누어지고 실이 물드니 크게 근심되고

잎을 엮고 꽃을 이으니 조조祖曹를 상실했네.

사남조화의 권병을 묘하게 잡고

물과 구름 새긴 그릇, 견도甄陶에 있네.

번쇄를 없애고 솜털 한 올도 자른다.

정확한 저울, 잘 비추는 거울,

섬세한 자와 가위,

황벽 노장은 추호를 살펴

춘풍을 좌단하여 교만함을 허락지 않네.

星衡藻鑑。玉尺金刀。

黃蘗老察秋毫。坐斷春風不放高。

해설

황벽 희운(?~850)은 백장의 법을 이었다. 시호는 단제斷際선사다.

시중의 "기에 임해서는 부처가 보이지 않고"는 남원 혜옹南院慧顒의 말이다. 기에 임한다고 하는 것은 학인을 접할 때의 일이다. 어떤 것도 안중에 없는 것을 부처가 보이지 않는다고 하는 것이다. 대체로 조사들은 선기禪機와 책략을 가졌지만 황벽선사는 특히 그것이 뛰어나다.

"크게 깨달아서는 스승이 없다." 독각獨覺이고 연각緣覺이다. 이 모두 연緣에 의해 깨닫는 것이다. 스승은 다만 이끌어줄 뿐이다. 여기서 황벽의 대기대용大機大用을 본다. 자신의 대오의 참된 경계를 드러낼 때에는 스승도 선배도 안중에 없다.

"건곤을 평정하는 검"은 하늘과 땅을 평정한다. 하늘은 하늘, 땅은 땅, 살아야 할 것은 살리고 죽어야 할 것은 죽이는 것이 평정으로, 여기에는 인정이 없다. 그것은 불조佛祖의 인격이다. 인정에 치우친 대기대용이라는 것은 없다. 본분종사들은 이지理智가 명확하고 의지가 강렬하며 감정이 농후하다.

호시虎兕는 들소과의 일종으로, 여기서는 불도 수행에서의 맹수다. 대견식大見識, 대역량大力量을 갖춘 수행자를 말한다. 잡아 죽일 것은 죽이고 살릴 것은 살리는 지도자에게는 안중에 어떠한 것도 보이지 않는다. 그래서 부처도 스승도 성스런 앎도 없는 것이다.

자, 말해보라! 어떤 수행자의 작략作略인지를. 황벽선사는 대중에게 '참 딱한 놈들이다'라고 하여 "술지게미나 먹을 놈들"로 비유했다. 황벽 당시 당대는 선종이 크게 성행하고 한 스승 아래 수천 수백 사람이 수행 지도를 받았다. 수행승들은 여기저기 돌아다니며 자신의 견식을 선사들에게 보인다. 이러한 자들을 황벽은 매도해 버린다.

여기서 '금일'이라는 말은 중요하다. 금일은 '바로 지금'이라는 의미다. 시공時空이 모두 '지금'에 있다. 대해탈의 경지다. 대오철저의 순간이며 금시今時다. 황벽은 여기저기 쏘다니기만 해서 언제 금일을 알 날이 있겠느냐고 힐난했다. 자신의 본분사를 잃어버린 납자이니 선사가 보기에는 술지게미 같았다. 더구나 그들을 가르칠 만한 대선사가 없다는 것을 알까 묻는다. 말하자면 선을 가르칠 선사는 한 사람도 없다는 것이다. 선의 대종장大宗匠이 무수히 배출된 시대의 말이다. 어느 승이 "그렇다면 여러 곳에서 납자들을 가르치고 이끄는 노사들이 있는데 그들은 무엇입니까"라고 물었다. 황벽은 "선이 없다는 것이 아니라 스승이 없다는 것이야"라고 했다. 선은 천지에 있다. 유정무정이 본래 부처다. 이를 깨닫게 해주는 스승이 한 사람도 없다는 것이다. 들어서 깨닫는 것이 아니라 수행자 자신이 직접 대오해야 하는 것이다. 스승은 다만 그 방법을 보여줄 뿐이다. 여기저기 다니면서 물어보아 될 일이 아니다. 선은 천지에 깔려 있지만 선을 깨친 자가 없다.

천동은 황벽의 불법을 찬탄했다. 여러 갈래로 길이 나누어져 어느 길로 갈까 마냥 번민한다. 순백의 실이 여러 가지 색으로 물이 들면 본래의 순백을 잃어 다시 본래로 돌아가게 하는 것은 여간 어려운 일이 아니다. 오가칠종五家七宗의 문호를 넓히고 근본의 대도를 잃고 스스로를 소림의 아손兒孫이라고 하면서 초조 달마나 육조 혜능의 종지를 상실하게 되었다. 이 두 구는 당시 선의 병폐를 지적하고 있다. 사남조화司南造化란 천지가 만물을 조화생육한다는 의미다. 사남조화의 권병을 묘하게 잡는다는 것은 황벽이 철저히 학인을 대오시키려고 하는 것을 말한다.

또한 "물과 구름을 새긴 그릇" "견도에 있음"은, 물이나 구름의 문양을 넣은 훌륭한 도기를 가마에서 만들어내는 것을 뜻한다. 이는 황벽이 운수를 모아 접득하는 수완을 칭찬하는 말이다. 번繁은 엉킨 실, 쇄碎는 돌 파편이다. 번쇄를 제거한다는 것은 미오범성 모두를 쳐부수는 것이다. 용모氄毛는 솜털이다. 미세한 법집이다. 그것을 완전히 잘라버리는 것이 황벽선사의 지도 솜씨다.

성형星衡은 저울이고 조감藻鑑은 환히 비추는 거울이다. 옥척玉尺은 섬세한 자이며 금도金刀는 가위다. 선사가 학인을 지도할 때 사용하는 살활자재殺活自在의 도구다. 이렇게 황벽노사가 학인이 속이는 것을 추호도 허락하지 않는 것을 "추호를 살피다"라고 하였다. "춘풍을 좌단하여 교만함을 허락하지 않는다"는 것은 선기禪機를 자랑하고 자파自派의 번성을 과시하는 자들도 절대 내버려두지 않는다는 의미다. 천동은 이 같은 황벽의 대역량을 찬탄했다.

제54칙

운암의 대비

운 암 대 비
雲巖大悲

팔면이 영롱하고 시방이 확 트였네. 어디서나 광명을 내뿜고 대지를
흔들며 언제나 신통묘용을 부린다. 자 일러보라. 어떻게 이런 일이 일
어나는지.

팔 면 영 롱   시 방 통 창   일 체 처 방 광 동 지   일 체 시 묘 용 신 통   차 도
八面玲瓏。 十方通暢。 一切處放光動地。 一切時妙用神通。 且道。
여 하 발 현
如何發現。

운암이 도오에게 물었다. "대비보살은 여러 손과 눈으로 뭘 합니까?"
도오가 말했다. "어떤 사람이 한밤중에 등 뒤로 베개를 더듬는 것과 같

소." 운암이 말했다. "저는 알겠습니다." 도오가 말했다. "그대는 무엇을 알았소?" 운암이 말했다. "온몸이 두루 손과 눈입니다." 도오가 말했다. "큰소리를 쳤다만 여덟만을 말했소." 운암이 말했다. "사형은 어떠십니까?" 도오가 말했다. "몸 통째로 손이고 눈이오."

【송】

한 구멍이 훤히 트이니

팔면이 영롱하다.

형상도 없고 나도 없이 봄이 순리대로 찾아드니

머무름도 걸림도 없이 하늘에 달이 간다.

청정한 보배 눈과 공덕의 팔이

온몸에 두루함이 몸통에 비하여 어떤가.

목전에 손과 눈이 온통 기를 드러내니

대용 종횡한데, 무엇을 기피하고 숨기겠는가.

도오와 운암은 속가의 형제인데 출가해서도 함께 약산 유엄의 제자가 되었다. 동생 운암이 먼저 출가하고 도오가 뒤따랐다. 그러나 깨침은 도오가 앞섰다.

팔면은 팔방이니, 팔방에 상하를 더하면 시방이 된다. 영롱은 수정 같이 환히 보이는 것이며 통창은 확 뚫린 것을 말한다. 이는 대비관음보살의 성능性能이며 우리 본래의 성품이다. 언제 어디서나 방광하고 땅을 흔든다는 것은 훌륭한 작용을 의미하며, 어느 때나 묘용신통하다는 것은 행주좌와의 일상이 걸림 없이 무애자재하다는 것이다. 그런데 그 관음보살이 어떻게 하면 나타날까 말해보라고 실참實參을 재촉한다. 본칙에서 운암과 도오가 서로 관음보살에 대해 참구한 것을 문답한다.

먼저 운암이 도오에게, 대비보살은 수천 개의 손과 눈으로 무엇을 하는가를 물었다. 여기서 대비보살은 대자대비관세음보살을 말한다. 그는 모든 고뇌를 제거해주려는 대비심과 안락의 경지에 있게 하려는 대자심을 가졌으니 이는 누구나 구족하고 있는 불성의 작용이다. 대비보살은 수많은 손과 눈으로 모든 중생을 제도한다. 운암은 어떤 경우에 관음보살이 손과 눈을 쓰는지 물었다. 도오는 "어두운 밤중에 손으로 등 뒤에 있는 베개를 찾는 것과 같다"고 했다. 잠결에 더듬거리며 베개를 찾아 다시 베고 자는 것이다. 잠재의식으로 손을 쓰는 것이다. 어두운 가운데서 손을 더듬거리며 찾는 것은 손에 눈이 달려 있기 때문이다. 이것은 육근호용六根互用이다. 운암이 "알았다"고 답하자 도오는 "무엇을 알았다는 것인가"라고 물었다. 운암은 "온몸이 두루 손과 눈"이라고 하였다. 도오는 80점이라고 판정했다. 말은 그렇게 했지만 어지간히 대답했다는 의미다. 운암은 "사형은 어떻소?"라고 되물었다. 도오는 몸이 그대로 손이고 눈이라는 것이다. 운암과 도오의 역량은 말에 나타나 있지만 우열이 가려지지 않는다.

일규는 구멍이다. 한 구멍이 환히 트이니 팔면이 분명히 영롱하게 보인다. 팔면만이 아니라 시방세계가 빛나는 것같이 한 점도 어둡지 않고 내외가 없음이 부처의 본질이다. 이를 "모양도 없고 나도 없으며 봄은 봄의 규율에 따른다"고 하였다. 달리 비유하면 하늘에 달이 가는 것과 같다. 달은 머무름이 없고 걸림도 없기 때문에 천강의 물을 비추며 무애자재하다. 관음보살의 눈은 청정한 보배의 눈이며 관음보살의 팔에는 모든 공덕이 모여있다. 만덕원만의 손이다. 운암의 편신遍身의 수안手眼과 도오의 통신通身의 수안, 어느 것이 훌륭한 답변인가. 참구를 재촉하지만 우열이 없음을 노래한다. "목전에 나타난 손과 눈, 온통 기機가 나타난다." 무상無相이며 무사無私한 수안은 대용으로 현전하여 종횡무진한데 어찌 기피하고 숨길 게 있을까. 천동은 운암과 도오의 문답 모두 자유자재한 대비보살의 진면목을 보였다고 찬탄했다.

제55칙

설봉의 반두

설 봉 반 두
雪峰飯頭

【시중】

얼음은 물보다 차고 푸른빛은 쪽빛보다 푸르다. 안목이 스승보다 나아

야 감히 전해 받는다. 자식을 길러 아비에 미치지 못하면 가문은 일대

가 쇠퇴한다. 말해보라. 아비의 기를 빼앗을 자는 누구인가?

빙 한 어 수　　 청 출 어 람　　 견 과 어 사　　 방 감 전 수　　 양 자 불 급 부
氷寒於水。 青出於藍。 見過於師。 方堪傳授。 養子不及父。

가 문 일 세 쇠　　 차 도　　 탈 부 지 기 자　　 시 심 마 인
家門一世衰。 且道。 奪父之機者。 是甚麼人。

본칙

설봉이 덕산에서 반두 소임을 보았다. 어느 날, 밥이 늦었는데 덕산은

발우를 들고 법당에 이르렀다. 설봉이 말하기를 "저 노장, 종도 울리지

않고 북도 치지 않았는데 발우를 들고 어디를 가는 거야?"라고 하자,
덕산은 곧장 방장실로 돌아갔다. 설봉이 이 일을 암두에게 얘기했다.
암두가 말했다. "대단한 덕산 노장께서 말후구를 알지 못하셨군." 덕산
이 이 얘기를 듣고 시자를 시켜 암두를 불러다 놓고 물었다. "그대는
노승을 긍정치 않는가?" 암두가 자신의 뜻을 말씀드리니 덕산이 이내
그만두었다. 덕산이 다음날 상당했는데 살펴보니 예전과 같지 않았다.
암두가 손뼉을 치고 웃으면서 말했다. "저 노장이 말후구를 알아서 다
행이다. 뒷날 천하의 대종사 누구도 그를 어쩌지 못할걸."

거　설봉재덕산작반두　일일반지　덕산탁발지법당　봉운
舉。雪峯在德山作飯頭。一日飯遲。德山托鉢至法堂。峯云。
저노한　종미명　고미향　탁발향심마처거　산변귀방장　봉거사
這老漢。鐘未鳴。鼓未響。托鉢向甚麼處去。山便歸方丈。峯舉似
암두　두운　대소덕산불회말후구　산문령시자환암두문　여불긍
巖頭。頭云。大小德山不會末後句。山聞令侍者喚巖頭問。汝不肯
노승나　암수계기의　산내휴거　지명일승당과여심상부동
老僧那。巖遂啓其意。山乃休去。至明日陞堂果與尋常不同。
암무장소운　차희노한회말후구　타후천하인불내이하
巖撫掌笑云。且喜老漢會末後句。他後天下人不奈伊何。

【송】

말후구를 깨달았는가, 아직인가.

덕산부자는 정말 요령이 없네.

좌중에는 강남 나그네도 있는데

그 앞에서 '자고'를 부르지 말라.

말후구회야무　덕산부자태함호
末後句會也無。德山父子太含胡。
좌중역유강남객　막향인전창자고
座中亦有江南客。莫向人前唱鷓鴣。

시중의 앞 두 구는 암두와 설봉이 스승 덕산보다 뛰어남을 말했다. 이 구는 부모를 능가하는 자식, 스승을 능가하는 제자를 칭찬할 때 인용한다. 암두는 덕산의 법을 이었지만 덕산의 처소에 오기 전 이미 수행이 된 사람이다. 다만 기연機緣을 만나지 못해 사제의 연을 맺지 못하다가 덕산과 의기상투하여 덕산의 제자가 되었다. 설봉 역시 대단한 수행자이며 덕을 쌓는 것에 노력했다. 어떠한 도량에서도 먼저 해우소나 식사 준비 소임을 맡아 묵묵히 진력했다. 그런 까닭인지 설봉이 깨친 후 수행자들이 모여들어 대총림이 이루어졌다. 그로부터 운문, 현사, 장경, 보복, 경청, 취암 등 50여 명의 훌륭한 제자가 나왔다.

견도見道의 안목이 스승을 능가해야 불법을 전수할 수 있다. 아들이 아비에 미치지 못하면 가문은 차츰 쇠퇴해 버린다. 불가에서 스승을 능가하는 제자가 나오면 불법도 융성한다. "아비의 기機를 뺏을 자"에서의 기는 작용이다. 아비를 능가하는 자, "그는 누구인가"는 본칙에서의 암두를 겨냥한 말이다.

설봉이 덕산의 총림에서 대중의 식사를 담당하는 반두 소임을 살 때였다. 어느 날, 밥이 늦었는데 덕산이 발우를 들고 법당에 이르렀다. 식사 준비가 늦었음을 알았을 텐데 덕산은 무엇 때문에 발우를 들고 나왔을까. 설봉이 덕산의 모습을 보는 순간, "저 노장, 종도 치지 않았고 북도 아직 울리지 않았는데 발우를 들고 어디로 가는 거야?"라고 제법 노련하게 한마디 던졌다. 당시 선사들 사이에서 호랑이로 알려진 덕산은 몽둥이를 휘두르며 납자들을 제접하여 깨우치기로 유명했다. 그런데 이날은 설봉이 중얼거리는 순간, "덕산이 바로 방장으로 돌아갔다."

이러한 모습을 본 설봉은 사형인 암두에게 의기양양하게 말했다. 당시 설봉은 선에 아직 미숙했던 시기다. 암두는 벌써 덕산을 읽었기 때문에 설봉에게 "대단한 덕산께서 말후구를 알지 못하셨군"이라고 했다. 대소大小는 위대하고 대단하다는 의미다. 암두는 설봉의 말을 듣고 나서 덕산이 말후구를 알지 못해 그대에게 꼼짝달싹도 하지 못했다고 하면서 은근히 설봉을 치켜세우며 '말후구'라는 의단을 일으키게 했다. 덕산은 이 말을 누군가로부터 전해 듣고 시자에게 암두를 부르게 했다. 그리고 암두에게 "그대는 노승을 긍정하지 않는가"라고 물었다. 긍정이라는 것은 신뢰한다는 의미이니 덕산은 암두에게 자신을 믿지 못하는가라고 물은 것이다. 암두가 자신의 뜻을 덕산의 귀에 대고 무언가 말하니 덕산은 이내 그만두었다. 여기서는 암두가 덕산에게 한 말이 나타나 있지 않지만 그 소리는 공안으로 남겨두는 것이다. 여하간 암두와 덕산은 의기투합했다.

다음 날 덕산이 상당上堂했는데 과연 평소와는 달랐다. 암두는 그 모습을 보고 손뼉을 치며 웃으면서 "좋았어! 노장님이 말후구를 알아버렸어, 이제부터 천하의 대종사도 그를 어찌하지 못할걸"이라고 했다.

천동은 노래했다. "말후구를 듣고 깨달았는가, 아직인가." 함호含胡는 요령이 없음을 뜻한다. 마음으로 말하고 싶어도 입을 떼지 못함을 말한다. 덕산과 암두가 무엇인가 알 수 없는 이야기를 주고받은 것을 의미하는 것이다. 덕산과 암두는 참으로 요령이 없다. 좌중에 강남의 객이 와 있는데 "그를 향해 자고의 곡을 불러서는 안되네"라고 천동은 노래했다. 강남은 양자강의 남쪽이며 자고는 강남에 사는 봄철의 새다. 여기서는 자고를 노래한 가곡을 가리켜 '자고'라고 한 것이다. 강남의 나그네가 강북에 와서 멀리 고향을 그리워한다. 그에게 자고의 곡을 들려주면 망향병이 일어나기 때문에 그만두어야 한다. "강남 나그네"는 설봉을 가리킨다. 오늘 말후구라는 '자고의 곡'을 덕산과 암두가 연주하고 있지만 설봉이 깨치고 싶다는 병을 앓으니 안타깝다. 그만두는 것이 좋을 듯하다는 것이 천동의 심정이다. 억지로 설봉을 깨치게 해서는 도리어 그에게 상처를 낼 뿐이라는 것이다.

밀사의 흰토끼

밀 사 백 토
密師白兎

【시중】

차라리 영겁 동안 침륜할지언정 뭇 성인들의 해탈은 구하지 않겠다.

제바달다는 무간지옥에서 삼선의 즐거움을 누리고, 울두람불은 유정

천에서 살쾡이의 몸으로 떨어졌다. 자, 말해보라. 이로움과 해로움이

어느 곳에 있는가.

영 가 영 겁 침 륜　　불 구 제 성 해 탈　　제 바 달 다　　무 간 옥 중 수 삼 선 락
寧可永劫沈淪。　不求諸聖解脫。　提婆達多。　無間獄中受三禪樂。

울 두 람 불　　유 정 천 상 타 비 리 신　　차 도　　이 해 재 심 마 처
鬱頭藍弗。　有頂天上墮飛狸身。　且道。　利害在甚麼處。

본칙

밀사백이 동산과 함께 가던 차에 흰토끼가 면전에서 지나가는 것을 보

고 말하였다. "날쌔구나!" 동산이 말했다. "어째서요?" 밀이 말했다. "평민이 재상이 되어 절 받는 것 같다." 동산이 말했다. "노대인께서 그런 말씀을 하다니!" 밀이 말했다. "그렇다면 그대는 어떠한가?" 동산이 말했다. "선조대대로 쌓은 높은 지위[1]가 잠시 떨어져버렸네요."

거　밀사백여동산행차　견백토자면전주과　밀운　준재　산운
擧。密師伯與洞山行次。見白兔子面前走過。密云。俊哉。山云。
작마생　밀운　여백의배상　산운　노로대대　작저개어화
作麼生。密云。如白衣拜相。山云。老老大大。作這箇語話。
밀운　니우작마생　산운　적대잠영　잠시낙박
密云。你又作麼生。山云。積代簪纓。暫時落薄。

【송】

힘으로 서리와 눈을 저지하고

걸음으로 운소를 바로 잡는다.

하혜는 나라를 떠났고

상여는 다리를 건넜다.

소蕭와 조曹의 모략, 한漢나라를 세우게 되었고

소巢와 허許의 심신, 요堯임금을 피하려 했네.

총욕寵辱을 경계하여 자신을 깊이 믿고

진정, 자취를 흩어버리고 어초魚樵에 섞이네.

항력상설　평보운소
抗力霜雪。平步雲霄。
하혜출국　상여과교
下惠出國。相如過橋。
소조모략능성한　소허신심욕피요
蕭曹謀略能成漢。巢許身心欲避堯。

1　'잠영'은 관원이 쓰던 비녀와 갓끈으로 높은 벼슬아치를 나타냄.

寵辱若驚深自信。眞情參跡混漁樵。

해설

시중의 첫 구는 달마대사 8대째의 석두 무제石頭無際 대사의 말이다. 영
겁은 오랜 세월이란 뜻이다. 침륜하다는 것은 육도에 윤회한다는 의미
다. "뭇 성인들의 해탈"이란 부처의 깨달음이다. "차라리 영겁동안 침
륜할지언정"은 '오히려 영구히 육도윤회를 할지라도'라는 뜻이며, 제
불의 깨침 같은 것은 원하지 않는다는 것이다. 범부가 아니라 철저히
깨친 자라야 이런 말을 할 수 있다.

　제바달다(또는 데바닷따)는 석존의 사촌으로, 소년기부터 그는 석존을
경쟁 대상으로 삼았다. 그러나 씨름, 활쏘기 등 무예에서 제바달다는
석존에 뒤졌고 특히 부인을 맞이하는 경쟁에서도 졌다. 이후 석존의
제자가 되어 교단을 분열시키려는 계략에서도 실패했으며 석존을 살
해하고자 산 위에서 큰 바위를 떨어트렸지만 돌 파편이 석존의 발가락
에 찍혀 피가 날 정도에 그쳤다. 이런 악업 때문에 제바달다는 무간지
옥에 떨어졌다. 무간지옥은 다섯으로 나뉜다. 첫째는 시간을 요하지
않고 바로 순간적으로 지옥에 떨어지는 취과무간趣果無間이다. 둘째는
틈이 없이 계속 고통을 받는 수고受苦무간이다. 셋째는 시時무간으로
일겁이라는 영원한 시간 동안 절대 벗어날 수 없는 곳이다. 넷째는 죽
으려 해도 죽을 수 없는 명命무간, 다섯째는 자신의 신체가 지옥에 꽉
찰 만큼 커서 대지옥의 괴로움을 전부 받는 형形무간이다. 무간지옥에
떨어진 제바달다를 석존이 불쌍하다고 여겨 아난존자로 하여금 지옥

으로 위문을 가게 했다. 제바달다는 "공연한 걱정을 하는군. 내가 여기 있는 것은 삼선천三禪天의 묘약이다"라고 하여 아난을 질타하여 돌려보냈다. 이런 일은 범부로서는 할 수 없는 일이다. 어디에서나 참선을 할 수 있고 선정을 누리는 제바로서는 지옥의 출입에 개의치 않는 것이다.

울두람불은 일찍이 산중에서 선정을 닦고 있을 때 새들이 몰려와 나무 위에서 시끄럽게 지저대 마음이 혼란해져 선정에 들지 못했다. 화가 나서 그곳을 떠나 이번에는 깊은 연못 주변에서 선정을 닦았다. 그런데 연못 속의 물고기들이 수면을 스쳐 지나가며 철퍽거리는 소리 때문에 선정할 수 없었다. 그때 울두람불은 몹시 화를 내면서 새나 물고기를 전부 잡아 죽이고 싶은 생각이 들었다. 그 후 울두람불은 신통력을 얻어 왕궁으로 살며시 들어가 하고 싶은 일을 마음대로 해왔지만 어느 순간 부인의 손이 닿아 신통력을 잃고 모습이 드러나 체포되었다. 그리고 나서 산으로 추방되어 다시 신통력을 얻고 유정천에 태어났다.

유정천은 무색계의 제4천이다. 유정천의 과보가 끝나니 이번에는 살쾡이의 몸으로 태어났다. 그것은 울두람불이 일찍이 물고기와 새를 잡아 죽이려고 결심하고 그 결심을 버리지 못했기 때문이다. 인과응보라고 하는 대자연율은 이처럼 두려운 것이다. 한번 악심을 일으키면 그것이 어느 곳에서인가 증장하여 악과를 얻는다. 잘못 악심을 일으키면 온몸으로 참회해야 한다. 말하자면 발보리심이다. 그러면 이것도 어느곳에서인가 증장하여 불과佛果에 이른다. 자! 제바달다와 울두람불의 실례를 잘 참구해 보라. 이해利害가 어느 곳에 있는가. '나'가 있다면 극락으로 가는 것이 될 수 없다. '나'가 없다면 무엇이 되어도 도

처가 안락세계다.

밀사백은 신산 승밀神山僧密선사로 동산 양개선사와 함께 운암선사의 제자다. 승밀선사가 위이므로 사백師伯이라고 부른 것 같다. 어느 때 두 사람이 함께 걸어갈 때 흰토끼가 눈앞에서 재빨리 달려가는 것을 보고 바로 그것을 문제로 삼았다. 준俊은 영리하다는 의미로, 흰 토끼가 달려가는 것을 보고 밀사백은 '재빠르고 날센 놈'이라고 법전을 걸은 것이다. 동산은 "어째서 그런 것인가요?"라고 바로 대들었다. 백의는 평민이고 상相은 재상이다. 밀은 "평민이 재상이 되어 절 받는 격이다"라고 했다. "노로대대老老大大"는 굉장한 어르신이라는 의미다. 산이 말하기를 "어르신께서 그런 말씀을 하시다니"라고 했다. 밀은 "그렇다면 그대는 어떤가?"라고 물었다. 산은 말하기를, "선조대대로 쌓은 지위가 잠시 떨어져 버렸네요"라고 했다. 잠簪은 관冠을 말하고 영纓은 관의 끈이니 잠영은 곧 고위관직을 의미한다. 선조대대로 훌륭한 집안이지만 잠시 추락하여 걸식생활을 하는 것이다. 본래성불의 훌륭한 집안이지만 잠시 토끼가 되어 달아났음을 이렇게 말했다. 결국 밀사백이나 동산은 향상向上과 향하向下로써 불성을 드러낸다.

천동은 동산과 밀사백의 말을 두 구로 나타냈다. "힘으로 서리와 눈을 저지하고"는 동산의 말이 소나무가 서리와 눈을 굴복시키는 것 같이 절조가 있다는 의미다. 말하자면 도력이 견고한 것을 보이는 것이다. "걸음으로 운소를 바로잡는다"는 말은 백성의 모습으로 절을 받는 소식이다. 운소는 하늘이다. 밀사백의 말은 거센 풍진을 넘어서고 하늘 밖으로 독보하는 일초직입여래지一超直入如來地의 취지가 스며있다는 의미다. 다음 두 구 역시 영락零落과 출세의 고사를 인용한 것이다.

《논어》에 따르면, 류하혜는 관에서 형리로 일하다가 세 번이나 쫓겨나고 "바르게 도를 지키고 다스리면 어디서인들 세 번은 쫓겨나지 않겠는가. 도를 굽혀 백성을 다스리면 부모의 나라를 떠날 필요가 있겠는가"라고 말했다고 한다. 동산의 절조節操를 여기에 비유했다.

상여는 한나라의 사마상여司馬相如로, 촉蜀땅 사람이다. 촉성의 북쪽 7리쯤에 승선교昇仙橋가 있다. 상여가 그 다리 기둥에 표제를 붙이기를, "대장부, 사마駟馬의 수레를 타지 않으면 다시는 이 다리를 건너지 않겠다"라고 하여 장래의 출세를 다짐하며 고향을 나왔다고 한다. 사마의 수레라는 것은 네 필의 말이 끄는 수레로서 고위관직에 있는 자들이 타는 수레다. "재상이 되어 절 받는다"는 것에 상응하는 말이다. 소조蕭曹는 소하와 조참을 말한다. 두 사람은 한나라의 고조를 보좌해서 사백년의 태평을 누리게 한 중신이다. 밀사백의 "백의의 상에 절 받는다"에 상응된다.

소허巢許는 소부와 허유를 말한다. 두 사람 모두 결백한 사람이다. 요임금이 재위를 물려주려고 하자 소부가 더러운 말을 들었다고 하여 냇가에 가서 귀를 씻었다고 한다. 그 때 허유가 소에게 물을 먹이려고 강가에 왔다. 소부에게 물었다. "그대는 왜 귀를 씻고 있는가?" 소부가 "제왕이 나에게 임금 자리를 물려준다는 등의 말을 듣고 내 귀가 더러워졌기 때문에 씻고 있는 것이다"라고 말했다. 허유가 "그대는 인격자이기에 요임금이 자리를 내주려 한 것이다. 그대가 귀를 씻은 물은 이미 더러워졌기 때문에 내 소에게 마시게 할 수 없다"고 말하고 소를 끌고 냇가 위쪽으로 갔다고 한다.

총은 총애이고 욕은 모욕받는 것이니 총욕에 놀람은 아직 스스로를 믿지 않아 비방이나 칭찬 등에 좌우된다는 말이다. 크게 깨치기까지는 칭찬이나 질타에 놀라는 것을 의미한다. 자신을 깊이 믿어 "진정 자취

를 흩어버리고”는 깨쳤다는 냄새를 피워서는 안 된다는 것이며 그래
서 완전히 어부나 촌부에 섞여보라고 하였다. 천동은 밀사백과 동산의
향상과 향하에 차이가 없음을 노래했다.

엄양의 한 물건

嚴陽一物

【시중】

그림자를 희롱하여 형체를 부리려 하니, 형체가 그림자의 근본임을 알지 못하네. 소리를 질러 메아리를 멈추려고 하니, 소리가 메아리의 뿌리임을 알지 못하네. 만약 소를 타고 소를 찾지 않는다면 이것은 바로 쐐기로 쐐기를 빼는 것이다. 어떻게 해야 이 허물을 면할 수 있을까.

농영노형　불식형위영본　양성지향　부지성시향근　약비기우멱
弄影勞形。不識形爲影本。揚聲止響。不知聲是響根。若非騎牛覓
우　변시이설거설　여하면득차과
牛。便是以楔去楔。如何免得此過。

본칙

엄양존자가 조주에게 물었다. "한 물건도 가지고 오지 않았을 때는 어

262

떠합니까?" 조주가 말했다. "버려라!" 엄양이 말했다. "한 물건도 가지고 오지 않았는데 무엇을 버립니까?" 조주가 말했다. "그렇다면 짊어지고 가라."

엄양존자문조주　일물부장래시여하　주운　방하착　엄운
嚴陽尊者問趙州。一物不將來時如何。州云。放下著。嚴云。
일물부장래　방하개심마　주운　임마즉담취거
一物不將來。放下箇甚麼。州云。恁麼則擔取去。

【송】

세행을 막지 않고 선수를 취하니

마음이 거칠었음을 깨닫고 부끄러움을 느끼네

판이 끝나니 허리에 찬 도끼 자루가 썩었구나.

범부의 뼈를 깨끗이 씻고 신선과 더불어 노닐게 되었네.

불방세행수선수　자각심추괴당두
不防細行輸先手。自覺心尵媿撞頭。
국파요간부가란　세청범골공선유
局破腰間斧柯爛。洗淸凡骨共仙游。

해설

시중의 두 구절은 주관과 객관의 관계를 비유한다. 객관은 주관의 그림자이니, 다시 말해서 꿈은 자신을 보는 것이다. 자신이 꿈에서 깨고 나면 꿈은 없고 자신의 의식밖에 어떠한 것도 없음을 안다. 불조佛祖는 이 세상을 '몽환삼매'라고 했다. 자신 밖에 천지만물이 있다고 생각하는 것은 미혹한 꿈을 보고 있는 것이다. 그래서 불조는 꿈에서 깨어나 모든 것이 자신의 꿈임을 분명히 안 것이다.

"만약 소를 타고 소를 찾지 않는다면"은 소를 잃은 것이 아니라 자신이 탄 소를 느끼지 못했을 뿐이다. 이는 나무를 쪼개려고 쐐기를 박고 쐐기로 치는 격이다. 나무가 쪼개지면 박은 말뚝은 의식하지 않는다. 미혹이라는 나무를 쪼개고 나면 깨달음이라는 말뚝은 필요 없게 된다. 자신이 타고 있는 소를 찾지 않는다고 하는 것은 깨달음을 짊어지고 돌아다니지 않는다는 것이다. 만약 소를 타고 소를 찾지 않는다면, 이런 잘못된 허물을 어떻게 면할 수 있겠는지 본칙을 제시한다.

엄양존자는 조주선사의 제일가는 제자로 본명은 선신善信이다. 본칙에서의 물음은 존자가 아직 깨닫기 전, 다시 말하면 밑이 빠지지 않았을 때로 보인다. "한 물건도 가지고 오지 않았을 때"라는 망념이 묻어 있다. 나무가 쪼개진들 아직 말뚝이 빠지지 않았다. 조주는 바로 "버려라[放下着]!"라고 했다. 엄양은 "어떤 것도 가지고 오지 않는데 무엇을 버리라는 것인가요"라고 되물었다. 여기서 장將은 가지다는 의미다. 조주는 "그렇게 한 물건도 가지고 오지 않았음이 중요하다면 짊어지고 가!"라고 했다. 이 한마디에 엄양은 깨쳤다. 그 후 존자는 엄양산 기슭에 초암을 짓고 목우삼매牧牛三昧로 성태장양聖胎長養에 분투했다. 존자 곁에 한 마리의 뱀과 호랑이가 있고 언제나 먹을 것을 날랐다고 한다. 사람들은 그를 '엄양존자'라고 했다.

천동은 바둑에 비유하여 이를 노래했다. "세행細行을 막지 않고"는 섬세한 행마를 방어할 필요가 없다고 하는 것이다. "선수先手를 취하고"는 선수를 쳐서 알아차리게 하는 것이다. 당두撞頭는 집요하다는 뜻이다. 상대의 바둑에 눌려 도망가려고 해도 끝내 잡혀 정신 차려 보니 자신의 마음이 거칠고 집요하였음을 알고 부끄러워할 뿐이었다.

옛날 진晉의 융안隆安 때 왕질王質이라는 사람이 도끼를 가지고 나무하러 가는 도중, 현실판眩室坂이라는 석실에서 네 사람의 신선이 바둑을 두고 있는 것을 보았다. 왕질도 좋아하던 참에 들러서 열심히 보고 있었다. 음식도 받아먹고 하다 보니 일국一局이 끝날 때까지 때를 놓쳤다. 막 가려고 일어서니 도끼 자루가 썩어 허물어졌고 입은 옷도 해져버렸다. 이상하다고 생각하고 집으로 돌아와 보니 자신이 집을 나간 지 수십 년도 더 됐음을 알게 되었다. 파국破局은 바둑이 끝났다는 것이다. 부가斧柯는 도끼 자루다.

"범부의 뼈를 깨끗이 씻고, 신선과 더불어 노닐게 되었네"는 한 물건도 가지고 오지 않았다고 하는 범부의 뼈도 말끔히 씻어버려 비로소 조주선사와 손을 잡고 선경仙境에서 노닐 게 될 수 있었다는 의미다. 천동은 엄양의 선을 이렇게 노래했다.

제58칙

《금강경》의 천대

강 경 경 천
剛經輕賤

【시중】

경에 의지해 뜻을 풀면 삼세 부처의 원수가 되고 경을 떠난 한 자[一字]
라면 오히려 마설과 같다. 원인도 받아들이지 않고 결과에도 들지 않
는 자는 업보를 받는가, 받지 않는가.

의 경 해 의　　삼 세 불 원　　이 경 일 자　　반 동 마 설　　인 불 수 과 불 입 저 인
依經解義。 三世佛寃。 離經一字。 返同魔說。 因不收果不入底人。
환 수 업 보 야 무
還受業報也無。

───── 본칙 ─────

《금강경》에서 말하기를, "만약 어떤 사람이 천대를 받았다면 이는 그
가 전생의 죄업으로 마땅히 악도에 떨어져야 하겠지만 금생에 천대를

266

받음으로써 전생의 죄업이 바로 소멸하는 것이다"라고 하였다.

거 금강경운 약위인경천 시인선세죄업응타악도 이금세인경
舉。金剛經云。若爲人輕賤。是人先世罪業應墮惡道。以今世人輕
천고 선세죄업즉위소멸
賤故。先世罪業則爲消滅。

【송】

연이은 공과,

끈끈한 인과.

거울 밖으로 광분하는 연야다,

주장자로 내리친 파조타.

부뚜막을 깨뜨리니 와서 고마워하며

도리어 말하네, 지금까지 자기를 등지고 있었다고.

철철공과 교교인과
綴綴功過。膠膠因果。
경외광분연야다 장두격착파조타
鏡外狂奔演若多。杖頭擊著破竈墮。
조타파내상하 각도종전고부아
竈墮破來相賀。却道從前辜負我。

해설

불경은 불자에게 대단히 중요하다. 그러나 경에는 불도佛道가 반 밖에
설해져 있지 않다. 경에 쓰여있는 것은 우리 머리에 그려져 있는 것뿐
이다. 《화엄경》에는 '진여眞如'라는 말이 있지만 의언진여依言眞如, 즉
말로써 진여라고 할 수 있는 것이지 이언진여離言眞如, 말을 떠난 진여

는 설해져 있지 않다. 경은 진리의 반쪽만을 바르게 설하고 있으니 경에 쓰여 있는 것이 불도의 전부라고 생각하는 것은 크게 잘못된 것이다. 경만이 불도의 전부라고 생각하면 "삼세제불의 원수"가 된다.

그렇지만 "경을 떠난 한 자字"는 오히려 마설과 같다고 한다. 경에서 한 자, 한 구 모두 진실어다. 그대로 신수봉행信受奉行해야 한다. 한 자도 경과 다르게 말하면 그것은 천마외도天魔外道의 설이다. 경에서 설한 것은 인연인과의 방편뿐이다. 인과는 표면에 나타난 사실이고 인과의 속은 보이지 않는다. 원인을 받아들이지 않고 결과에도 들지 않는 자는 어떤 사람인가. 선악인과의 업보를 받는다고 해도 맞지 않고 받지 않는다고 해도 맞지 않다.

《금강경》은《대반야경》600권 가운데 534권에 해당한다. 이 문구는 제16 능정업장분能淨業障分 가운데 있다. 본칙의 경구는 여실히 '인과'를 설하는 내용이다. 어떤 사람이 이 생에서 천대를 받는다면 이는 전생의 죄업으로 악도에 떨어질 정도이지만 사람들에게 천대받음으로써 전생의 죄업이 소멸한다는 것이다. 인과필연을 설했다.《금강경》에는 "아상我相도 없고 인상人相도 없고 수자상壽者相도 없고 중생상衆生相도 없다"고 했다. 인과의 세계에 있으면서 인과에 떨어지지 않고 인과에 떨어지지 않으면서 인과에 딱 들어맞는다. 이를 '여시관如是觀'이라고 한다. 인연의 모습을 겉으로 하고 금강삼매를 안으로 하고 있는 것이다. 때문에 모든 것을 인연의 모습이라고 신수봉행하는 것이야말로 불법을 믿는 것이라고 할 수 있다. 인연에 안주하고 언제나 금강삼매로 생활하는 것이 진정한 수행자이다. 천동은 이를 노래했다.

철철綴綴은 계속되는 일이다. 서로 연락되는 것이다.《금강경》을 읽는다고 하는 선근공덕과 죄업 때문에 사고팔고四苦八苦를 겪는 것은 하나이지 둘이 아니라는 뜻이다. 교교膠膠는 둘이 아닌 하나라는 의미다. 선세의 죄업의 인因과 금세의 경천의 과果가 무이無二다. 공죄인과功罪因果와 아뇩보리가 둘이 아니라는 정신이다. 귀로 듣고 머리로만 믿어서는 이 정신을 얻기 어렵다.

'연야의 광분'이라는 고사故事가 《능엄경》에 있다. 보라벌성이라는 도시에 연야다라라는 남자가 있었다. 매일 아침 자신의 얼굴을 거울에 비추어 보고 기뻐했다. 그런데 어느 날 아침 어떻게 된 일이지 자신의 얼굴이 거울에 비치지 않자 남자는 놀라 미쳐버렸다. 그리하여 자신의 머리를 찾으러 마을을 헤매고 다녔다고 한다. 머리로 머리를 찾는 격이니 미망한 일이다.

다음은 파조타화상의 인연담으로 《오등회원》에 나온다. 숭악의 혜안국사의 제자라고 하는 이 고승의 이름은 알 수 없다. 스님의 거처 부근에 조왕신을 모시는 사당이 있어, 제사를 지낼 때마다 사람들이 많은 희생물을 바쳤다. 만약 이를 게을리한다면 재앙이 있다고 하여 마을 사람들은 두려워했다. 화상이 이를 언짢게 생각하고 주장자로 부뚜막을 세 번 내리치고 말했다. "아-악! 이 부뚜막은 진흙과 기왓장으로 쌓은 것인데 성聖은 어디 있고 영靈은 어디서 생겼기에 이처럼 생명을 삶아 죽인단 말인가!" 그리고 다시 주장자를 세 번 내리쳤다. 그랬더니 부뚜막이 쩍 부수어졌다. 그때 푸른 옷과 높은 관을 쓴 사람이 나타나 고승에게 예배하고 "저는 부뚜막신(조왕신)입니다. 오랫동안 업보를 받고 괴로워했습니다. 오늘에야 스님의 '생멸에서 벗어나는 법문'을 듣고 이곳에서 벗어나 하늘에 나게 되었습니다. 감사합니다"라고 하니 화상이 "이는 그대가 본래 가지고 있는 성품으로 내가 굳이 말한 것이 아니다"라고 하자 조왕신은 두 번 절하고 사라졌다고 한다.

두 고사는 무엇을 말하는가. 거울에 비친 인과의 모습이 자신의 금강삼매이고, 조왕신 그대로의 모습도 금강삼매였다. "부뚜막을 깨뜨리니 와서 고마워하며"라는 말은, 조왕신이 본래의 모습을 알아차리게 한 파조타 화상에게 감사하고 지금까지 금강불괴 본연의 모습을 등지고 있었음을 말씀드렸다는 것이다. 금강삼매의 진면목을 등지고 피할 수 없는 선악과보의 인과의 몸이라고만 생각한, 잘못된 이해를 일깨운 천동의 노래다.

청림의 죽은 뱀

청 림 사 사
青林死蛇

【시중】

떠나면 머물러 있고 머무르면 떠나 있다. 떠나지도 머무르지도 않는다. 그는 국토가 없다. 어느 곳에서 그를 만날까? 어느 곳에나 있다. 자, 말해보라. 이는 어떤 물건인가, 이처럼 기특하다니.

거 즉 유 주　　주 즉 견 거　　불 거 불 주　　거 무 국 토　　하 처 봉 거　　재 재 처
去卽留住。　住卽遣去。　不去不住。　渠無國土。　何處逢渠。　在在處
처　　　차 도　　시 심 마 물　　득 임 마 기 특
處。　且道。　是甚麼物。　得恁麼奇特。

【본칙】

어떤 스님이 청림에게 물었다. "학인이 곧바로 가면 어떻습니까?" 청림이 말했다. "독 오른 뱀이 길에 있으니 다가서지 말게." 스님이 말했

다. "다가설 때는 어떻습니까?" 청림이 말했다. "그대의 목숨을 잃는다." 스님이 말했다. "다가서지 않을 때는 어떻습니까?" 청림이 말했다. "역시 회피할 곳이 없네." 스님이 말했다. "바로 이러할 때는 어떻습니까?" 청림이 말했다. "도리어 잃어버렸다." 스님이 말했다. "어디로 갔을까요, 이상하네요." 청림이 말했다. "풀이 무성해서 찾을 수가 없다." 스님이 말했다. "화상 역시 잘 단속해야 비로소 얻을 것입니다." 청림이 손뼉 치며 말했다. "똑같이 독기를 내뿜었군."

舉。僧問靑林。學人徑往時如何。林云。死蛇當大路。勸子莫當頭。僧云。當頭時如何。林云。喪子命根。僧云。不當頭時如何。林云。亦無迴避處。僧云。正恁麼時如何。林云。却失也。僧云。未審向甚麼處去也。林云。草深無覓處。僧云。和尙也須隄防始得。林拊掌云。一等是箇毒氣。

【송】

사공[三老]이 어둠 속에 키를 돌리니

배는 쓸쓸히 한밤중에 뱃머리를 돌린다.

억새꽃, 양 언덕에 눈처럼 희고

물안개, 강 자락에 가을이라.

바람 부는 대로 돛은 올라 흔들림 없이 나아가고

피리소리, 창주滄洲 아래로 달을 부르네.

三老暗轉柁。孤舟夜迴頭。
蘆花兩岸雪。煙水一江秋。

풍 력 부 범 행 부 도　　적 성 환 월 하 창 주
風力扶帆行不棹。笛聲喚月下滄洲。

시중의 "불거부주不去不住"는 일체개공一切皆空의 세계다. 이 세계는 가고 머물고 하는 것이 본래 없다. 선문禪門에서는 '나변那邊'이라고 하며 곧 궁극의 깨달음이다. 가면 머물러 있고 머무르면 가버리는 자유로운 경계다. 유주留住는 '거去'의 반대로 미혹의 세계여서 머물러서는 안 되는 곳이다. 머무르면 바로 떠나는 것이 무의 세계이다. 분별망상을 버렸다고 하면 버렸다는 망상이 붙는다. 여기가 진정한 세계라고 머무른다면 그것도 망상분별이 되고 공을 따르면 공을 등진다. 불거부주의 그에게는 국토도 국적도 없다. 그는 무자無字의 일이며 본래자기의 일이다. 미오迷悟, 범성凡聖, 사바沙婆, 정토淨土 어디에도 있지 않다. 때문에 '재재처처'다. 어디에도 가득하다. "자, 말해보라. 이는 어떤 물건인가. 이처럼 기특하다니!" 일상 어디에도 언제나 어디서나 '그[渠]'는 불거부주不去不住하니 이는 무엇인가라고 본칙을 보인다.

청림은 사건師虔선사다. 동산 양개의 법을 이었지만 그 전에는 협산선회夾山善會선사를 시봉했다. 수주隨州의 소청림 난야에 살아 청림화상이라고 하였다. 경徑은 좁을 길을 뜻하지만 여기서는 직경이니 곧바로 가는 길을 말한다. 어느 스님이 청림화상에게 와서 묻기를 "곧바로 가면 어떤가요"라고 했다. 사사死蛇는 죽은 뱀이 아니라 목숨을 앗아갈 맹독의 뱀이다. 바로 국토가 없는 '그'다. 문답으로서는 청림이 사사死蛇다. 당두當頭는 '부딪치다'라는 의미가 있다. 그 스님은 다시 "다가설 때는 어떤가요?"라고 물었다. 림林은 "그대의 목숨을 잃는다"라고 하니 이는 잡아먹힌다는 의미다. 그렇지만 한번은 사사에게 완전히 먹히지 않으면 안 된다.

다시 스님은 "다가서지 않을 때는 어떤가요?"라고 묻는다. 림은 "회피할 곳이 없다"고 잘라 말했다. 사사는 어디에도 있기 때문에 피할래야 피할 수 없다. 본래자기는 어디로 피해도 본래자기이니 피할 곳도 숨을 곳도 없다. 정임마正恁麽는 당두하지 않고 회피도 하지 않는 '바로 이대로'라는 것이다. "바로 이러할 때"는 어떤가를 스님은 물었다. 그때는 독사가 행방불명되어 본래의 자기가 홀연히 실종되었다. 그러나 없어진 것은 아니다. 미심未審은 불가사의 또는 이상하다는 뜻이다. 스님은 "이상하네요, 어느 곳으로 갔을까요?"라고 물었다. 스님은 청림의 뜻을 알아차리고 넌지시 딴죽을 걸었다. 청림은 말하기를 "풀이 무성해서 찾을 곳이 없다"고 했다. 청림 역시 알아채고 풀이 무성해서 찾을 도리가 없다고 받아넘겼다. 제방堤防은 물이 범람함을 막는 것을 말한다. 스님은 "화상 역시 잘 단속해야 비로소 얻을 것입니다"라고 했다. 깊이 주의해야 한다고 하니 청림은 손뼉을 치며 말하기를 "똑같이 독기를 내뿜는군"이라고 하여 역량이 서로 비슷함을 인정하였다.

스님과 청림의 법전을 뱃놀이로 비유하여 천동은 노래했다. 삼로三老는 뱃사공을 뜻한다. 청림을 삼로로, 스님을 고주孤舟로 했다. "뱃사공이 어둠속에서 키를 돌리니, 배는 쓸쓸이 한밤중에 뱃머리를 돌린다"에서 보이듯 능숙한 사공이 한밤에 키를 돌리니 급물살도 익숙히 넘는다. 배에 탄 스님 역시 흔들림이 없이 배가 돌아가는 대로 중심을 잡고, 양 언덕의 풍경을 배가 가는 대로 바라본다. 억새꽃이 눈처럼 덮여 억새꽃인지 눈인지 분간이 안 가며, 물인지 구름인지도 분간이 안

가는 강 자락의 가을, 양 언덕의 정취다. 창주滄洲는 신선이 사는 곳이라고 한다. 그 배가 바람 부는 대로 돛을 맡겨 흐름에 따라 자유로이 왔다 갔다 한다. 무아의 경지다. 교교皎皎히 빛나는 가을 달빛을 싣고 마음 가는 대로 피리를 불면서 조용히 선경仙境을 향해 배를 다루고 있다.

제60칙

철마 암소

철 마 자 우
鐵磨牸牛

【시중】

콧날이 우뚝하여 제각기 장부의 행색을 갖추었으며 발꿈치가 튼실하
니 즐거이 노파선을 배운다. 도저히 파악할 수 없는 공안을 투철히 알
아야 비로소 본분 작가의 수단을 바르게 본다. 자, 말해보라. 누가 그
사람인가?

비 공 앙 장　　각 구 장 부 상　　각 근 뇌 실　　긍 학 노 파 선　　투 득 무 파 비 기
鼻孔昂藏。　各具丈夫相。　脚跟牢實。　肯學老婆禪。　透得無巴鼻機
관　　시 견 정 작 가 수 단　　차 도　　수 시 기 인
關。　始見正作家手段。　且道。　誰是其人。

본칙

유철마가 위산에 이르렀다. 위산이 말했다. "늙은 암소가 왔네." 유철

마가 말했다. "내일 대산에서 큰 재가 있습니다. 화상께서도 가시겠습니까?" 위산이 벌러덩 드러누웠다. 유철마는 바로 나가버렸다.

_거 擧。 _{유철마도위산} 劉鐵磨到潙山。 _{산운} 山云。 _{노자우여래야} 老牸牛汝來也。 _{마운} 磨云。 _{내일대산대회} 來日臺山大會
_재 齋。 _{화상환거마} 和尚還去麼。 _{산방신와} 山放身臥。 _{마변출거} 磨便出去。

【송】

백 번의 싸움, 성공하여 오래도록 태평하다.

느긋하고 편안한데 누가 수고로이 장단을 따질까?

옥편금마, 종일 한가롭고

명월청풍, 일생을 즐기네.

_{백전공성노태평} 百戰功成老太平。 _{우유수긍고쟁형} 優柔誰肯苦爭衡。
_{옥편금마한종일} 玉鞭金馬閑終日。 _{명월청풍부일생} 明月淸風富一生。

해설

시중에서 위산과 철마를 장부로 비유했다. 만송은, 그들은 장부의 상으로서 코가 높고 크다고 하였고 오랜 수행을 쌓고 단련하여 노파선을 세우기도 한다고 전한다. "무파비의 기관"이란 말후의 뇌관牢關을 말한다. 즉 깨달음의 지혜라고 해도 거기에 절대 의존하지 않는 마지막 기관이다. 이를 꿰뚫어야 비로소 명인의 수단을 볼 수 있다는 것이다. 자, 말해보라. 누가 그 사람인가를.

늙은 비구니 유철마는 십 리쯤 떨어진 스승 위산의 처소를 방문했다. 위산은 "늙은 암소가 왔네"라며 반갑게 맞는다. 유철마가 도착하자마자 위산이 먼저 기선機先을 잡았다. 철마는 위산의 전의戰意를 보고 말하기를, "내일 대산에서 큰 재가 열린다고 하는데 화상도 그곳에 가시겠습니까?"라고 평범하게 말했다. 여기서 큰 재는 무차대회를 뜻한다. 그러자 위산은 온다 간다 말하지 않고 벌러덩 누워버렸다. 그러자 철마는 바로 가버렸다. 이것이 공안이다.

위산의 처소는 호남성에 있고 대산은 산서성에 있다. 그 먼 곳에 위산화상이 갈 리가 없다. 그러나 철마가 아무렇지도 않게 물으니 위산은 앉은 자리에서 누워버린 것이다. 가고 옴이 없는 이 자리가 그대로 대회재가 열린 자리임을 보인 것이다. 불거불래의 이 자리, 진여자성의 자리에 여여히 있는데 오고 가고 할 게 있는가를 행동으로 보인 것이다. 이를 알아본 철마 역시 말없이 되돌아감으로써 위산에게 응대했다.

천동은 노래했다. "백 번의 싸움, 성공하여 한가롭게 늙어간다"는 것은 깊은 수행의 싸움이다. 앉으면 졸고 서면 망상이 일어나 악전고투를 벌인다. 전투가 홀연히 끝나면 삼독이 사라지고 삼계三界를 벗어나 비로소 영원한 태평을 이룬다. 바로 성불이다.

우유優柔는 부드러운 것인데 여기서는 뛰어남이 오래가면서 유연한 [優長柔輭] 것을 말한다. 이러한데 "누가 수고로이 장단을 따질까." '장단을 다투는[爭衡]'는 것은 합종연형合縱連衡의 외교작전으로 다투는 것이다. 합종이란 6국이 종으로 합동하여 진秦에 맞붙자고 소진이 주장한 것이고, 연형連衡은 6국이 횡으로 연대하여 진을 섬기자고 장의張儀가 권한 것이다. 위산도 철마도 태평의 경계를 얻었기 때문에 서로 응수해도 조금도 움직임이 없다. 여유 있게 편안히 친절하면서 온순하다. '옥으로 만든 채찍과 금으로 만든 말[玉鞭金馬]'은 훌륭한 군장비를 의미한다. 여기서는 법재法材를 뜻한다. 천하에 적이 없기 때문에 싸울 뜻이 전혀 없다. 매일 고요하고 한가롭다. 두 사람 모두 '명월청풍'의 경계에 있다. 청풍은 명월을 스치고 명월은 청풍을 스친다. 이러한 사람은 일생 부족함이 없다. 태평한 경계에 우유優柔한 자, 위산과 철마는 그대로 청풍과 명월임을 노래했다.

제61칙

건봉의 한 획

건 봉 일 획
乾峯一畫

【시중】

곡설은 알기는 쉽지만 한 손으로 주는 것 같고, 직설은 알기 어렵지만 십자로에서 훤히 보이는듯하다. 그대에게 권하니 분명한 말은 하지 않도록 해라. 말이 분명하면 벗어나기 어렵다. 믿지 못하겠거든 시험해 보라.

곡 설 이 회　일 수 분 부　직 설 난 회　십 자 타 개　권 군 불 용 분 명 어
曲說易會。 一手分付。 直說難會。 十字打開。 勸君不用分明語。
어 득 분 명 출 전 난　불 신 시 거 간
語得分明出轉難。 不信試擧看。

본칙

어느 스님이 건봉에게 물었다. "'시방의 박가범, 한 길의 열반문'이라

고 합니다만 그 길은 어디에 있습니까?" 건봉이 주장자로 한 획을 긋고 말했다. "여기에 있소." 스님은 다시 운문에게 이야기하니 운문이 답했다. "부채가 껑충 뛰어 삼십삼천으로 올라가 제석의 콧구멍을 찔렀다. 동해의 잉어를 한 방 치니 물동이가 기울어지듯 큰 비가 내렸다. 알겠는가, 알겠는가."

_거 _{승문건봉} _{시방박가범} _{일로열반문} _{미심노두재심마처}
舉。僧問乾峯。十方薄伽梵。一路涅盤門。未審路頭在甚麼處。
_{봉이주장일획운} _{재저리} _{승거문운문} _{문운} _{선자발도상삼십삼}
峯以拄杖一畫云。在這裏。僧舉問雲門。門云。扇子䟦跳上三十三
_천 _{축착제석비공} _{동해리어타일방} _{우사분경} _{회마회마}
天。築著帝釋鼻孔。東海鯉魚打一棒。雨似盆傾。會麼會麼。

【송】

손을 대면 죽은 말을 고치고

반혼향으로 그를 위험에서 일으킨다.

한번 온몸에 땀이 나게 되면

비로소 믿는다, 우리 집안이 눈썹을 아끼지 않음을.

_{입수환장사마의} _{반혼향욕기군위}
入手還將死馬醫。返魂香欲起君危。
_{일기찰출통신한} _{방신농가불석미}
一期拶出通身汗。方信儂家不惜眉。

해설

곡설은 에둘러 이지적으로 알도록 설명하는 것이다. 한 손[一手]으로 사람들에게 물건을 나누어주는 것처럼 쉬운 것을 곡설이라고 표현하고 있다. "십자로에서 훤히 보이는듯하다"는 것은 "한손으로 주는 것"
과 반대다. 설명이 없이 바로 꿰뚫어 보는 것이다. 방과 할 모두 직설
이다. 무자無字, 마삼매麻三昧, 건시궐도 직설이다. 사거리에서는 모든
것이 드러나 보이듯 감추어진 것이 없다. 이것이 '십자타개'다. "그대
에게 권하니 분명한 말은 하지 않도록 해라. 말이 분명하면 벗어나기
어렵다"는 구절은 당말唐末 라은羅隱의 시를 인용했다. 앵무새가 말을
잘하게 되면 '이것은 굉장한 앵무새구나' 하여 새장에서 가둔다. 이처
럼 선사가 친절하게 학인을 가르치게 되면 도리어 학인의 눈이 밝지
못하게 된다. 건봉도 운문도 너무 지나치게 친절한 말을 하였다는 것
이다. 믿지 못하겠거든 시험해 보라고 학인을 재촉한다.

　건봉은 동산 양개의 제자다. 어느 스님이 건봉에게 물었다. "시방十
方의 박가범, 한 길의 열반문이라고 했는데 대체 그 길은 어디 있습니
까." 박가범은 범어로 세존을 뜻한다. "한 길의 열반문"이란《능엄경》
장수 자선長水子璿의 주注에 "시방의 제불보살, 열반의 묘과를 증득했
다. 오직 한 길을 통하여 거기에 이르렀다. 따라서 문이라고 한다"라는
것에서 따왔다. 스님이 물은 것은, '부처는 각각 열반을 증득했지만 그
것은 다만 한 길이라고 했는데, 길 같은 것도 문 같은 것도 보이지 않
으니 도대체 어디에 그 같은 길이 있는가'라는 것이다.

　건봉은 가지고 있던 주장자로 허공에 한 획을 그어 "여기에 있다"고
하였다. 곧 설명할 것이 없다는 이야기다. 건봉의 직설에 스님은 알아
차리지 못하여 다시 운문에게 이 일을 물었다. 운문은 스님을 보고 직
설, 곡설에 개의치 않고 말해주었다. "이 부채가 껑충 뛰어 삼십삼천으
로 올라가 제석의 콧구멍을 찔렀다." 삼십삼천은 범어로 도리천인데
수미산 정상에 있으며 중앙을 제석천이라고 부른다. 사방에 각 팔천이

있고 합하여 삼십삼천이 된다. 제석帝釋은 도리천의 왕으로 산정의 희견성喜見城에서 다른 삼십이천을 통솔한다. 그를 석제환인이라고도 한다. 축착築著은 찌른다는 뜻이다. 운문은 스님에게 훌쩍 뛰어 오른 부채가 제석의 콧구멍을 찔렀다고 설했다. 그래도 스님이 알지 못하는 모습이었던지 다시 말했다. "저 멀리 있는 동해의 잉어를 주장자로 한 방 치자 천지가 바로 암흑이 되고 물동이가 기울어지듯 큰 비가 내렸다." 열반의 길목. 어디인지 알겠는가, 알겠는가, 운문은 다그쳐 물었다.

천동은 노래했다. 한번 죽은 말이라도 건봉이 손을 대면 홀연히 부활하여 뛰어다닌다. 여기에 딸린 고사가 있다. 옛날 중국에 조주趙周라는 사람의 말이 죽었다. 그때 박璞이라는 사람이 자신이 살려주겠다고 하면서 원숭이 같은 동물을 끌고 왔다. 그리고 죽은 말의 코에 숨을 불어넣게 하니 잠시 후 그 말이 살아났다고 한다. 이때 원숭이가 바로 건봉에 해당된다.

다음 송은 운문에게 적용된 구다. 반혼향은 숨이 끊어진 자를 회생시키는 신약神藥이다. 사경을 헤매는 자가 운문의 처소에 오면 신약을 주어 부활시킨다. 마지막 구는 천동이 오늘날 정진하는 수행자에게 주의를 주는 것이다. 일기一期는 한 번이다. 적어도 한 번, 크게 땀을 흘려 목숨을 건 수행을 할 때는 선사의 친절도 고심도 필요 없다. "눈썹을 아끼지 않는다"는 것은 눈썹이 빠져도 좋다고 하는 것이다. 대오철저한 후에야, 우리 스승이 지나치게 친절한 설법으로 인해 벌을 받아 눈썹이 빠지는 것도 아랑곳하지 않고 대오로 이끌었음을 알게 된다는 것이다.

제62칙

미호, 깨달음의 여부

미 호 오 부
米胡悟否

【시중】

달마의 최고의 진리에 양무제는 머리가 어지러웠고, 정명淨名의 불이 법문에 문수의 말은 허물이 되었다. 그런데 깨달을 것이 있겠는가, 없 겠는가.

달 마 제 일 의 제　　양 무 두 미　　정 명 불 이 법 문　　문 수 구 과　　환 유 입 작 분
達磨第一義諦。梁武頭迷。淨名不二法門。文殊口過。還有入作分
也無。

본칙

미호가 어느 스님을 시켜 앙산에게 묻게 했다. "요즘 사람들도 깨달음 이 필요합니까?" 앙산이 말했다. "깨달음이 없다고 할 수는 없지만 두

번째 것에 떨어지게 되면 어찌할까?" 그 스님이 돌아와 미호에게 전했다. 미호가 깊이 이를 수긍하였다.

<small>거　미호영승문앙산　금시인환가오부　산운　오즉불무　쟁내락</small>
擧。米胡令僧問仰山。今時人還假悟否。山云。悟卽不無。爭奈落
<small>제이두하　승회거사미호　호심긍지</small>
第二頭何。僧迴擧似米胡。胡深肯之。

【송】

두 번째 것, 깨달음을 나누고 미혹을 깨뜨리니

흔쾌히 손을 놓아 통발과 그물을 버린다.

공功이라, 미진하면 변무<small>騈拇</small>가 되고

지혜라, 알기 어려우면 서제임을 깨닫는다.

둥근달, 차디찬 소반에 가을 이슬이 흐르고

떠는 새, 옥수에 부는 차디찬 새벽바람.

대 앙산, 진가를 가리니

상처와 흔적이 전혀 없는 귀한 백규다.

<small>제이두분오파미　쾌수살수사전제</small>
第二頭分悟破迷。快須撒手捨筌罤。
<small>공혜미진성변무　지야난지각서제</small>
功兮未盡成騈拇。智也難知覺噬臍。
<small>토로빙반추로읍　조한옥수효풍처</small>
兔老氷盤秋露泣。鳥寒玉樹曉風凄。
<small>지래대앙변진가　흔점전무귀백규</small>
持來大仰辨眞假。痕玷全無貴白珪。

양무제는 경·율·론 삼장三藏에 정통하고 삼학三學을 닦아 불심천자라고까지 칭송받았으나, '최상의 진리'의 질문에는 범凡과 성聖, 이견二見에 걸려 알지 못했다. 칠불七佛의 스승인 문수보살이 유마거사의 '불이법문'에 '무언무설無言無說'이라고 말한 것은 실언失言이었다. '머리가 어지럽고', '말이 허물이 됨' 없이 바로 깨달음에 들 수 있겠는가의 여부가 시중示衆 내용이다. 입작入作은 입증入證이며, 분分은 분제分際, 분한分限, 즉 능력을 의미한다. 깨달음[悟]이란 본래 깨달아있는 것이다. 깨닫겠다고 한다면 아직 깨달으려고 하는 욕심이 남아있다. 이는 양무제의 '머리가 어지러움[頭迷]'이고 문수의 지나친 말[口過]이 된다. 만송은 묻는다. 과연 깨달을 것이 있겠는가.

미호는 어느 때, 한 스님에게 자신과 동참同參인 앙산에게 가서 묻게 함으로써 앙산의 경계를 시험해 본다. "예전은 모르겠지만 지금 사람들도 깨달음이 필요합니까. 어떻습니까." 즉 미혹하다고 여기면 깨달을 일이 있지만 그렇지 않다면 깨달을 일이 있을까라는 것이다. 앙산은 '깨달음이 없어서는 중생본래성불이라고 해도 그 성불의 작용이 나타날 수 없다. 그렇지만 깨달아도 그 깨달음에 집착해 버린다면 도리어 미혹이라는 두 번째 것에 떨어져버리니 어떻게 하면 될까'라고 했다. 깨달음이 없지는 않지만 깨닫겠다고 하면 바로 2등품이 된다는 말이다. 스님은 이를 미호에게 전했다. 미호는 '역시구나'라고 위산 문하의 동지임을 확인했다.

천동은 노래한다. "미迷와 오悟를 나누어 미혹함을 깨고"라고 한 첫구는, 제법은 본래 미오가 없는데 미오를 분별하여 미혹함을 깨겠다는 의미이다. 이를 억지로 하면 제이의第二義에 떨어지게 되는 어리석음을 범하게 된다. 미오수증迷悟修證을 설명하는 것은 물고기와 토끼를 잡는 통발과 그물 같은 것이다. 깨달았다고 해서 그것을 중요시하는 것은 쓸모없는 통발과 그물을 잡고 있는 것과 같다. 이를 알았다면 양손을 털어버려야 한다. 불법의 토끼와 물고기를 잡았다면 더 이상 통발도 그물도 필요 없기 때문이다.

공功은 좌선의 공이다. 좌선의 공으로 미혹함을 깨고 깨달음을 여는 것이다. 깨달았다면 그 깨침을 버려야 한다. 공을 세워도 자만하는 기색이 있으면 그 공의 가치가 없어진다. 자만을 변무駢拇라고 한다. 변은 발가락 사이의 막이고 무는 여섯 번째 발가락이다. 유해무익이라는 의미다. 수행의 공에 집착하면 여섯 번째 발가락이 있는 것 같고, 또한 미오초월의 경계를 지식으로 안다고 한다면 "서제임을 깨닫는다"고 했다. 이는 자신의 배꼽을 물려고 해도 물 수 없는 것과 같다는 것이다.

'토끼는 늙고[兎老]'는 만월을 뜻한다. 공功이나 지智를 여의고 미오를 초월한 모습을 가을의 만월에 비유했다. "차디찬 소반氷盤, 가을 이슬이 흐르고"는, 영롱한 가을 달빛에 번뇌망상의 운무雲霧가 흐른다는 의미다. 옥수玉樹는 눈 덮인 새 하얀 숲이다. "새조차 추워하는 눈 덮인 나무 가지 사이로 부는 차가운 새벽바람"이라고 했다. 앞 구절은 법신法身의 경계이고 뒤의 구절은 법신의 경지를 말한다. 종지宗旨를 깨달은 미호는 스님을 시켜 앙산이 미오의 미迷에 걸려들지 시험해본 것이다. 앙산은 "깨달음은 없지 않지만 두 번째에 떨어지면 어떡하지?"라고 진실의 불법을 훌륭히 보였다. 천동은 앙산이 "미혹의 흔적도 없고 깨달음의 상처도 전혀 없는 완전무결한 백규(보배)"라고 칭송했다.

조주, 죽음을 묻다

조 주 문 사
趙州問死

【시중】

삼성과 설봉은 춘란 추국이고, 조주와 투자는 변벽 연금이다. 눈금 없
는 저울에 달아도 양쪽이 똑같고, 밑 빠진 배로 한 곳을 건넌다. 이 두
사람이 만날 때는 어떠한가.

삼 성 설 봉　　　춘 란 추 국　　　조 주 투 자　　　변 벽 연 금　　　무 성 칭 상 양 두 평
三聖雪峰。　春蘭秋菊。　趙州投子。　卞璧燕金。　無星秤上兩頭平。
몰 저 강 중 일 처 도　　　이 인 상 견 시 여 하
沒底舡中一處渡。　二人相見時如何。

본칙

조주가 투자에게 물었다. "완전히 죽어버린 자가 다시 살아날 때는 어
떤 것입니까?" 투자가 말했다. "밤에 다니는 것을 허락지 않지만 밝기

전에 도착해야 한다."

【송】

개성, 겁석의 신묘한 태초를 궁구하여

활안活眼으로 끝없는 우주를 본다.

야행은 허락하지 않고 밝기 전에 도착해야 하니

집안 소식을 홍어에게 맡길 게 아니다.

개 성 겁 석 묘 궁 초　　활 안 환 중 조 확 허
芥城劫石妙窮初。活眼環中照廓虛。
불 허 야 행 투 효 도　　가 음 미 긍 부 홍 어
不許夜行投曉到。家音未肯付鴻魚。

해설

삼성과 설봉은 대단한 선승이다. 시중에서는 그들을 각각 춘란과 가을 국화에 비유했다. 이 구는 다음 구를 위한 조연이다. 조주와 투자, 역시 난형난제로 변옥과 연금에 비유했다. 여기서는 조주와 투자가 주연이다.

변옥은 변화씨卞和氏가 발견한 옥으로 조나라의 국보였다. 나중에 진왕이 탐하여 조왕에게 15성과 교환하자고 한 유명한 옥이다. 연금은 두 선사의 역량을 눈금 없는 저울에 달아도 경중輕重이 없이 똑같음을 말한다. 우열을 절대 가릴 수 없다는 뜻이다. 여기서 "밑 빠진 배"란 서로의 법전法戰에 승패가 없음이 마치 밑이 빠진 배에 계속해서 물을 채우는 것과 같다는 의미다. 그러면 "그들이 서로 만날 때는 어떤가"라고 하여 본칙을 제시한다.

조주가 투자에게, "완전히 죽은 자[大死底人]가 다시 살아 날 때 어떤가"를 묻자, 투자는 "밤에 나다니는 것은 절대 허락하지 않지만 밝기 전에 도착해야 한다"고 하였다. "대사저인"은 모든 망정을 멸각하고 한 점의 번뇌열기마저도 없는 자이다. 즉 모든 것을 버린 자다. 이 자가 살아난다면 이것은 무엇인가라고 물은 것이다. 이에 대해 투자는 "야간은 외출금지이나 날이 밝기 전에 도착해야 한다"고 하였다. 부처가 되면 죽고 사는 데 관여하지 않고 밤이든 낮이든 상관없다는 것으로, 조주의 '완전히 죽은 자'와 투자의 '야행'은 같은 맥락의 말이다.

천동은 송에서 먼저 조주를 칭송했다. '개성芥城'은 겨자씨로 채워진 성을 말하는데, 사방 40리의 창고에 겨자씨가 가득 들어있다. 100년에 한 번씩 천인이 내려와 겨자씨 한 알을 가지고 가는데, 이렇게 해서 겨자씨가 전부 없어지게 되어도 겁이라는 시간은 다 끝나지 않는다고 한다.

'겁석劫石'은 사방 40리의 커다란 큰 돌이다. 100년에 한 번 천인이 내려와서 천상의 깃털 옷으로 그 돌을 쓰다듬고는 간다. 이렇게 해서 돌이 다 닳아 없어져도 겁이라는 시간이 다 끝나지 않는다고 한다. '개성겁석' 만큼 오랜 시간을 거슬러 올라가 시간의 태초에서 신령스럽게 궁구한 조주가 "활안活眼으로 우주를 비춘다"고 했다. 텅 빈 것을 비추는 조주의 안중에는 투자의 경계에 어떤 것도 없음을 본다.

송의 앞 두 구는 조주를 노래했지만 나중의 두 구는 투자에 대한 것이다. 야행도 안 되지만 밝기 전에 도착해야 한다는 것은 죽은 자가 살아나기까지의 일이다. 이러한 "집안의 소식, 홍어鴻魚에 맡겨서는 안 된다"고 하였다. 홍어는 기러기와 물고기인데, 이에 따르는 고사가 있다. 한나라 때 채백개에게 문희라는 딸이 있었다. 그녀는 전쟁 때 흉노의 포로가 되었다가, 훗날 흉노의 왕비가 되었다. 문희가 집안일이 염려되어 기러기 목에 편지를 달아 고국으로 날려보냈다. 그 기러기가 강에서 물을 먹을 때 편지가 물속에 떨어졌다. 그 편지를 물고기가 삼키는 것을 본 채백개가 그 물고기를 잡아 배를 가르자 편지가 나와 비로소 딸의 소식을 알았다고 한다. 조주와 투자는 서로 지음知音의 관계이므로 편지 같은 것을 보낼 필요가 없음을 이 두 구로써 말한다. 두 선사는 서로의 뱃속을 훤히 들여다보기 때문이다.

자소의 법맥

자 소 승 사
子昭承嗣

【시중】

소양은 목주를 친견했지만 설로에게 향을 올렸다. 투자는 원감에게 직접 배웠지만 대양의 법을 이었다. 산호가지 위에 옥화가 피고 치자 숲속에는 금과가 익는다. 말해보라. 무슨 조화인가.

소 양 친 견 목 주　　　염 향 어 설 로　　　투 자 면 승 원 감　　　사 법 어 대 양
韶陽親見睦州。　拈香於雪老。　投子面承圓鑒。　嗣法於大陽。
산 호 지 상 옥 화 개　　　담 복 림 중 금 과 숙　　　차 도　　　여 하 조 화 래
珊瑚枝上玉花開。　薝蔔林中金果熟。　且道。　如何造化來。

본칙

자소수좌가 법안에게 물었다. "화상은 누구의 법을 이어 개당하셨소?" 법안이 말하였다. "지장일세." 자소가 말했다. "장경선사께는 크게 등

지셨습니다." 법안이 말했다. "나는 장경스님의 일전어[1]를 모르오." 자소가 물었다. "왜 여쭤보지 않았소?" 법안이 말했다. "'만상 가운데 독로신'이란 무슨 뜻이오?" 그러자 자소가 불자를 세웠다. 법안이 말했다. "그것은 그렇지만 장경에게서 배운 것일 테고, 수좌의 분상에서는 무엇이오?" 자소는 말이 없었다. 법안이 말했다. "'만상 가운데 독로신'이란 만 가지 형상이 없어진 것이오? 없어지지 않은 것이오?" 자소가 대답했다. "없어지지 않은 것이오." 법안이 말했다. "두 개로군." 좌우에 따라서 참문하던 이들 모두가 "만상은 없어졌소."라고 말하자 법안이 일렀다. "만상 가운데 독로신!"

거   자소수좌문법안   화상개당승사하인   안운   지장   소운
擧。子昭首座問法眼。和尚開堂承嗣何人。眼云。地藏。昭云。
태고부장경선사   안운   모갑불회장경일전어   소운   하불문
太辜負長慶先師。眼云。某甲不會長慶一轉語。昭云。何不問。
안운   만상지중독로신   의작마생   소내수기불자   안운   차시장
眼云。萬象之中獨露身。意作麽生。昭乃竪起拂子。眼云。此是長
경처학득저   수좌분상작마생   소무어   안운   지여만상지중독로
慶處學得底。首座分上作麽生。昭無語。眼云。只如萬象之中獨露
신   시발만상불발만상   소운   불발   안운   양개   참수좌우개운
身。是撥萬象不撥萬象。昭云。不撥。眼云。兩箇。參隨左右皆云
발만상   안운   만상지중독로신   니
撥萬象。眼云。萬象之中獨露身。嚪。

【송】

생각을 여의니 부처를 보고, 티끌이 부서지니 경이 드러난다.
현성의 가법, 누가 문정을 세우는가?
달은 배를 좇으니 강물이 맑아지고
봄은 풀을 따르니 불탄 흔적 푸르러지네.

---

1   수행자의 심기心機를 일전一轉시키는 말.

없어진 것인지, 없어지지 않은 것인지 자세히 들어보라.

세 갈래 오솔길이 황폐하지만 바로 돌아서니

옛적의 소나무와 국화, 여전히 향기롭구나.

이념견불　파진출경
離念見佛。破塵出經。

현성가법　수립문정
現成家法。誰立門庭。

월축주행강련정　춘수초상소흔청
月逐舟行江練淨。春隨草上燒痕靑。

발불발　청정녕
撥不撥。聽叮嚀。

삼경취황귀변득　구시송국상방형
三徑就荒歸便得。舊時松菊尙芳馨。

해설

소양 운문은 목주의 처소에서 깨달았지만 설봉의 법을 이었다. 깨닫게 해준 스승의 법을 반드시 잇지는 않으니, 문하門下라는 것과 법을 상속했다는 것은 별개다. 사법嗣法은 스승과 제자[師資]가 서로 의기투합한 것이 근본이다. 향을 설로에서 집었다는 것은, 이를 사승향嗣承香이라고도 하는데, 상당上堂 때 '나의 스승 대화상의 보은을 위해 향을 사룁니다'라고 창唱하는 것을 뜻한다.

투자 의청은 청화엄靑華嚴이라고도 불리며 《화엄경》에 정통한 교학자였다. 그 역시 원감(부산 법원)에게서 지도를 받고 깨달았지만 대양 경현의 법을 이었다. 원감은 임제 7세 법손이고 대양은 동산 6세의 법손이다. 대양이 원감의 역량을 알고 원감에게 법을 전하려고 했을 때 원감은 이미 임제계의 엽현 귀성葉縣歸省의 법을 이었다. 더구나 대양은 노년이어서 사법제자가 모두 죽었다. 그래서 원감에게 부탁하여 적당한 인물이 있으면 그가 조동종의 묘지妙旨를 전해 받도록 했다. 원감이 그 부탁을 받아들여 투자 의청 화상을 얻었을 때 자신의 법을 잇게 하지 않고, 의발과 함께 조동종의 묘지를 투자에게 주어 대양의 법을 잇게 한 것이다. 그 덕분에 조동선의 명맥이 전해진다.

산호가지나 치자 숲은 모두 비유이다. 법 앞에 무아임을 노래했다. 옥화의 대오도 금과의 사법도 모두 아름답고 존귀함을 나타냈다. 대오이든 사법이든 어떻게 자연히 행해졌는지를 참구해 보라고 한다.

자소수좌는 장경의 법을 이은 분이다. 법안 역시 수십 년 동안 장경 아래서 수행했다. 자소는 법안이 장경 문하에서 공부하고 있던 것을 알고 있었다. 말하자면 사형사제다. 그런데 개당開堂한 날, 자소는 누구의 법을 이었는가를 물으며 볼멘소리를 했다. 법안은 당당히 지장 계침의 법을 이었다고 한다. 그렇다면 장경화상을 등진 것은 아니냐며 다그친다. 법안은 장경의 일전어一轉語를 알지 못한다고 따지고 자소는 왜 묻지 않았는지 따진다. 자소는 이미 법안에게 낚인 것이다. 법안은 자신의 깨달음을 나타낸 일구를 말하니, 이것이 '만상지중독로신'이다. 자소가 불자를 세워 보이자 법안은 바로 장경을 흉내 내지 말고 자신의 경계를 보이라고 하였다. 아무 말도 못한 자소에게 법안은 친밀히 묻는다. "만상 가운데 홀로 몸을 드러내는 것"은 만상을 버린 것인가, 아니면 만상과 함께 있는 것인가. 자소는 "함께한 것"이라고 했고, 이에 법안은 "독로신과 만상, 둘이 되었군!"이라 했다. 좌우에 있는 대중은 모두 "없어진 것"이라고 했다. 법안은 다시 말했다. "만상지중독로신"이라고. 자소는 이후 법안의 지도를 받고 개오했다고 한다.

이를 천동은 노래한다. 망념을 여의고 티끌마저 부서지니 부처가 보이고 경이 드러난다. 본래자기가 드러나는 것인데 누가 문정^{門庭}을 세우는가. 문정은 방편을 뜻한다. 천동은 없어짐과 없어지지 않음을 듣고 자소가 대오했음을 도연명의 〈귀거래사〉 구절을 인용하여 노래한다. "세 갈래의 오솔길이 황폐하지만 바로 돌아서니 바로 얻는다. 옛적의 송국^{松菊}의 향기를"이라고. 법안은 본래 장경에게서 깨달았다. 귀가하여 정진하던 중 자소를 만나 '만상지중독로신'이라는 본래의 송국^{松菊}의 향기를 맡게 한 것이다.

제65칙

수산과 신부

수 산 신 부
首山新婦

【시중】

타타사사 박박락락 조조궐궐 만만한한. 씹을 수도 없고 가까이 하기도
어렵다. 자, 말해보라. 이게 무슨 말인가?

타 타 사 사　　박 박 락 락　　조 조 궐 궐　　만 만 한 한　　몰 가 교 작　　난 위 근
吒吒沙沙。 剝剝落落。 刁刁蹶蹶。 漫漫汗汗。 沒可咬嚼。 難爲近
방　　차 도　　시 심 마 화
傍。 且道。 是甚麼話。

<u>본칙</u>

어느 스님이 수산에게 물었다. "부처가 무엇입니까" 수산이 말했다.
"신부가 나귀를 타니 시어미[阿家]가 끈다."

거　승문수산　여하시불　산운　신부기려아고견
舉。僧問首山。如何是佛。山云。新婦騎驢阿家牽。

【송】

신부는 나귀를 타고 시어머니는 끄니

그 모습의 풍류가 자연스럽다.

우습구나, 찡그림을 흉내 내는 이웃집 여인.

남들에게 추태만 더할 뿐 아름답지 못하네.

신부기려아고견　체단풍류득자연
新婦騎驢阿家牽。體段風流得自然。
감소효빈인사녀　향인첨추불성연
堪笑斅顰隣舍女。向人添醜不成妍。

해설

"타타사사 박박락락"은 어떤 의미도 없는 말이기 때문에 지견知見의
이빨로 씹을 것도 없다. 이로理路를 넘어선 언구이므로 알음알이로 가
까이할 수도 없다. 이는 대체 무슨 말인가?

　타타는 노여움을 나타내는 형태이며, 사사는 모래를 살살 뿌리는 부
드러움으로 어디에도 구애됨이 없는 것이다. 박박은 잡아 찢어 상대방
의 모든 것을 뺏어버리는 것이다. 락락은 뇌뢰락락磊磊落落으로 이 역
시 얽매임이 없는 것을 뜻한다. 조조는 바람이 부는 것처럼 어느 쪽에
도 치우침이 없음을 말한다. 궐궐은 기민함이다. 척척 일을 처리하는
것이다. 만만한한은 만한漫汗으로 야무진 데가 없음을 말한다. 이런 말
들은 형편에 따라 성인이 되기도 범인凡人이 되기도 하면서 고정된

298

상相을 취하지 않는 인물의 경지를 묘사하는 것이다.

어느 승이 수산에게 말을 건넸다. "부처가 무엇인가요?" 수산은 답했다. "신부가 당나귀를 타면 시어미가 끈다." 아고阿家의 고家는 시어미를 뜻하며 아阿는 조사다. 이를 천동은 자연스런 풍류라고 했다. 이러한 대자연의 작용을 어설프게 흉내 내는 것은 우습기 짝이 없다고 하였다.

옛날 중국에 서시西施라는 미인이 있었다. 어느 날 미인이 복통 때문에 얼굴을 찡그리고 있었다. 그 모습조차 아름다워 보였는데, 이웃에 사는 추한 모습의 아낙네가 흉내를 내니 더욱 추하게 보였다고 한다. 이와 같이 불법은 자연스런 것이지 이를 억지로 배운다고 해서 알게 되는 것이 아니라고 천동은 노래한다.

제66칙

구봉의 머리와 꼬리

구 봉 두 미
九峰頭尾

【시중】

신통묘용해도 한 발자국도 내딛지 못하고, 반연을 잊고 생각을 끊었어도 한 걸음도 떼지 못한다. 때로는 죽도록 달리고 때로는 죽도록 앉았다. 어떻게 해야 적절할까?

신 통 묘 용 저 방 각 불 하　　망 연 절 려 저 대 각 불 기　　가 위 유 시 주 살
神通妙用底放脚不下。　忘緣絶慮底擡脚不起。　可謂有時走殺。
유 시 좌 살　　여 하 득 흡 호 거
有時坐殺。如何得恰好去。

본칙

어느 스님이 구봉에게 물었다. "무엇이 머리입니까?" 구봉이 말했다. "눈을 떴으나 새벽임을 알지 못한다." 스님이 말했다. "무엇이 꼬리입

300

니까?" 구봉이 말했다. "만년의 평상에 앉지 않는다." 스님이 말했다.

"머리만 있고 꼬리가 없을 땐 어떠합니까?" 구봉이 말했다. "결국 귀하지 않다." 스님이 말했다. "꼬리만 있고 머리가 없을 땐 어떠합니까?" 구봉이 말했다. "배는 부를지라도 힘이 없다." 스님이 말했다. "바로 머리와 꼬리가 서로 맞을 땐 어떠합니까?" 구봉이 말했다. "아이가 힘을 얻으나 자신은 알지 못한다."

擧。僧問九峰。如何是頭。峯云。開眼不覺曉。僧云。如何是尾。
峯云。不坐萬年牀。僧云。有頭無尾時如何。峯云。終是不貴。
僧云。有尾無頭時如何。峯云。雖飽無力。僧云。直得頭尾相稱時
如何。峯云。兒孫得力。室內不知。

【송】

규는 둥글고, 구는 각진 것이다. 쓰면 움직이고 두면 숨는다.

둔하기로는 갈대밭에 깃든 새 같고

진퇴하기로는 울타리를 들이받는 양 같다.

남의 집 밥을 먹고 자기 집 평상에 누웠다.

구름이 몰리면 비가 되고 이슬이 맺혀 서리가 된다.

옥선이 마주쳐 바늘코를 뚫고, 비단실이 끊임없이 북에서 풀려난다.

석녀, 베틀을 멈춤에 깜깜한 밤 정오를 향하고

목인, 밤길을 감에 달그림자 보름이 지났다.

規圓矩方。用行舍藏。
鈍躓棲蘆之鳥。進退觸藩之羊。

끽 인 가 반　　와 자 가 상
喫人家飯。臥自家狀。

운 등 치 우　　노 결 위 상
雲騰致雨。露結爲霜。

옥 선 상 투 투 침 비　　금 사 부 단 토 사 장
玉線相投透針鼻。錦絲不斷吐梭腸。

석 녀 기 정 혜 야 색 향 오　　목 인 로 전 혜 월 영 이 앙
石女機停兮夜色向午。木人路轉兮月影移央。

해설

신통묘용은 방거사의 말이다. '물 긷고 장작 지는 것[運水搬柴]' '옷 입고 밥 먹는 것[着衣喫飯]'이 모두 신통묘용이다. 이는 누구나 다 할 수 있는 일이므로, '중생본래성불'이라고 말한다. "망연절려"라는 것은 망상이 일체 끊어졌다는 것이다. 조동종 오위五位에 비추면 신통묘용은 정위正位를 잊은 편위偏位이다. 즉 범부를 말한다. 망연절려는 편위를 잊은 정위다. 선열禪悅에만 젖어있을 뿐이다. 사람들이 괴로워해도 태연히 평상에 누워있을 뿐이다. 이 모두가 진실한 불법과는 거리가 멀다. 달리기만 할 줄 알지, 침착한 곳이라고는 어디에도 없고, 홀로 고고하게 앉아있을 줄만 알지, 타인을 배려할 줄은 전혀 모른다는 의미를 만송은 시중에서 말하고 있다. 그 어디에도 저촉되지 않는 납승衲僧의 적절한 일상은 무엇일까?

　구봉은 석상 경저石霜慶諸의 법을 이었다. 석상이 천화遷化할 때 시자侍者로 있었다. 이 공안은 머리와 꼬리로 불법을 묻고 답하는 것이다. 머리란 처음 깨달음을 의미한다. 절대평등의 자기 본질을 본 것으로, 평등성지平等性智다. 꼬리는 철저하고도 완전한 깨달음이다. 평등의 눈으로 차별의 세계를 다시 보니 묘관찰지妙觀察智다.

어느 승이 머리를 물었을 때 구봉은 "눈은 떴으나 새벽임을 알지 못한다"고 하였다. 즉 깨닫긴 했으나 사물이 보이지 않는다는 것, 즉 일체평등만을 본 것이고 아직 차별의 세계를 보지 못하고 있다는 것이다. 이번에는 승이 무엇이 꼬리냐고 물었다. 구봉은 "만년의 상에 앉지 않는다"고 하였다. 만년의 상이란 아주 단단하고 영구적인 상을 말한다. 여기서는 궁극의 열반[究竟涅槃]이다. 이 상을 자신의 좌상坐狀으로 삼지 않는다는 것이다. 즉 깨달음에 안주하지 않는다는 의미다. 승은 다시 머리는 있고 꼬리가 없을 때를 물었다. 절대평등의 깨달음의 세계에 안주하면서 차별자재의 작용이 없을 때를 비유하여 물은 것이다. 선사는 전혀 가치가 없다고 일축한다. 승은 다시 "꼬리가 있고 머리가 없을 때는"이라고 묻는다. 깨달음이 없어도 작용을 하면 그것만으로 좋다고 안주하는 것은 어떠냐는 뜻이다. 구봉은 "배가 불러도 힘이 없다"고 하였다. 혼자 만족할 뿐 지도할 역량이 없다는 것이다. 승은 다시 머리와 꼬리가 서로 맞을 때는 어떤가를 물으니, 이는 곧 서로 즉卽하여 조화할 때를 묻는 것이다. 구봉은 수행자가 역량을 갖추었지만 정작 본인은 알지 못한다고 하였다.

　천동은 머리와 꼬리가 서로 맞는 경계境界를 노래했다. 규規는 원이고 구矩는 각진 것인데 쓰면 움직이고 내버려두면 숨는다. 둔지鈍躓는 비틀대는 것을 말한다. 평등의 정위에 있기도 하고 차별의 편위에 있기도 한 것을, 이리저리 흔들어대는 갈대밭에 깃든 새에 비유하였다. 또한 진퇴의 자유를 잃은 것을 담장에 뿔을 들이박는 양에 비유했다. 사람들이 주는 밥을 먹고 자신의 깨달음에 착 들러붙어 있는 놈이다. 불법의 밥을 먹으면서 망상의 상床에 앉아있는 것이다. 어떤 것이 진실한 불법인가.

"구름이 몰리면 비가 되고, 이슬이 맺혀 서리가 된다." 어떤 것도 이유가 붙지 않는다. 극히 자연스러운 일이다. 이를 불광명佛光明삼매라고 한다. 불광명삼매라고 알아채지 못한 것은 왜인가. '나'가 있기 때문이다. 이는 장애가 되기 때문에 전부 버려야 하며 버리면 분명 드러난다. "옥선이 마주쳐 바늘코를 뚫고, 비단실이 끊임없이 북에서 풀려난다." 망상이 없으면 실을 바늘구멍에 꿴다. 그래서 아침부터 밤까지 비단을 짜낸다.

사장梭腸은 천을 짤 때에 사용하는 북이다. 석녀나 목인은 망상분별이 없음을 뜻한다. "석녀, 베틀을 멈춤에 깜깜한 밤 정오를 향하고"는 석녀가 늦게까지 천을 짜다가 그만두니 한밤중이었다가 한낮이 되었음을 말한다. 한밤중이 정오를 향하고 있다는 것은 한 곳으로 치우치지 않는 정위다. 암暗은 절대평등의 정위며 명明은 절대차별의 편위다. 달그림자가 이앙移央이라는 것은 보름이 지난 달이다. "목인, 밤길을 감에 달그림자 보름이 지났다"라는 것은 밝은 것 같지만 어둡다는 의미다. 앞에서 어두운 것 같지만 밝다고 한 것의 대구對句다. 명암이 쌍雙을 이루는 것을 정과 편 어디에도 치우침이 없음에 비유하여 천동은 노래했다.

《화엄경》의 지혜

엄 경 지 혜
嚴經智慧

【시중】

한 티끌에 만상을 품었고, 한 생각은 삼천을 갖추었다. 하늘을 이고 땅
에 서있는 대장부, 머리를 말하면 꼬리를 아는 영리한 놈이 어찌 하물
며 스스로 자신의 신령함을 등지고 가보를 매몰하는 짓을 하겠는가.

일 진 함 만 상　　일 념 구 삼 천　　하 황　　정 천 입 지 장 부 아　　도 두 지 미 영 리
一塵含萬象。一念具三千。何況。頂天立地丈夫兒。道頭知尾靈利
한　　막 자 고 부 기 령　　매 몰 가 보 마
漢。莫自辜負己靈。埋沒家寶麼。

본칙

《화엄경》에 "내가 지금 일체중생을 두루 살펴보니 모두 여래의 지혜덕
상을 갖추고 있는데 단지 망상집착 때문에 알아차리지 못한다"라고

했다.

거 화엄경운 아금보견일체중생 구유여래지혜덕상 단이망상
擧。華嚴經云。我今普見一切衆生。具有如來智慧德相。但以妄想
집착이부증득
執着而不證得。

【송】

하늘이 덮고 땅이 실어 덩어리를 이루고 조각을 만들었네.

법계에 두루 하여 가이없고, 영허를 쪼개니 안이 없다.

현미마저 참구하니 어디에 좇음과 등짐이 있을까.

불조도 와서 구업의 빛을 갚아야 한다.

남전 왕노사에게 물어보라.

사람들이 그저 한 가닥 나물을 먹기를 즐길 뿐임을.

천개지재 성단작괴
天蓋地載。成團作塊。
주법계이무변 석령허이무내
周法界而無邊。析靈虛而無內。
급진현미 수분향배 불조래상구업채
及盡玄微。誰分向背。佛祖來償口業債。
문취남전왕노사 인인지끽일경채
問取南泉王老師。人人只喫一莖菜。

해설

일진一塵은 일심一心을 바꾼 말이다. 간혹 일심을 망상의 뜻으로도 쓴
다. 앞 두 구는 화엄과 법화의 요체다. 화엄이나 천태의 진리를 알기
위해서는 구사론이나 유식론을 알지 못하면 안 된다.

선자禪者들의 폐단은 교상敎相을 경시하는 데 있다. 불조佛祖의 언교를 신해행증信解行證하는 것이 크게 중요하다. 불교철학은 일즉다一即多·다즉일多即一, 일즉일체一即一切·일체즉일一切即一이라는 분류와 통합의 철학이다. 일진일념을 모르면 천지만물도 우주법계도 알지 못한다. 화엄은 일진이 만상을 품고 있음을 연기론으로 설명하고, 천태는 이를 실상론으로 말한 것이다. 절대의 차별과 절대의 평등을 선문禪門에서는 전동전별全同全別이라고 한다. 일진일념이라는 것은 무자無字의 선禪이다. 일진은 화엄에, 일념은 법화에 들어있다. 법화의 십여시十如是는 우리 본질의 성능性能이다. 여如는 본분상의 일이다. 시是는 바로 이것이다. 여시가 실상이고 묘법이다. 십여시를 '약법화略法華'라고도 한다.

시중에서 "어찌 하물며"는 우리 자신에게 자각을 다그치는 것이다. 하늘을 이고 땅에 선 용기 있는 대장부, 그는 더욱이 영리하여 머리를 말하면 꼬리를 아는 대단한 능력을 가지고 있다.

기령己靈은 활발발한 지혜를 가진 우리의 영성이며 가보는 스스로의 보장寶藏을 뜻한다. 영리한 자는 스스로 보장을 여는데 하물며 매몰되게 하겠느냐는 것이다. 여래는 세존이며 부처님이다. 여래의 지혜란 무엇인가. 장단흑백을 장단흑백이라고 아는 지혜다. 중생이 태어나면서 가지고 있는 지혜다. 본칙에서는 《화엄경》을 들어 일체 중생이 여래의 덕상을 갖추었지만 망상집착으로 증득하지 못한다고 하였다. 여래의 덕상이란 모든 중생이 하나하나 독자적인 존재이며 제각기 완전한 모습이라는 것이다. 인간, 동물, 천지만물이 모두 그렇다. 다만 우리에게 망상·분별·집착이 있어서 알아차리지 못할 뿐이다. 알아차림은 증득證得, 실증하고 획득하는 것을 뜻하며, 이는 곧 깨달음이다. 집착과 망상은 무명이 근원지다. 무명은 우리가 착각한 쓸데없는 인식일 뿐이다. 자아는 관념의 산물일 뿐이며 실체가 없고 환영에 불과하다. 전도망상의 꿈조차 깨면 여래의 지혜덕상 그 자체가 된다. 이 꿈에서 깨어나는 것이 증득, 깨달음이다.

천동은 노래했다. "하늘이 만물을 덮는 것도 땅이 만물을 실은 것도" 모두 여래의 지혜덕상이다. "덩어리를 이루고 조각을 만들었다"는 천지도 만물도 모두가 여래의 지혜덕상이 아닌 것이 없다는 의미다. "법계에 두루 하여 가없고 인허를 쪼개어도 안이 없다." 이는 전우주가 여래덕상 그 자체이기 때문에 끝도 한가운데도 없는 것이다. 불교에서 가장 작은 것을 인허라고 한다. 이것도 여래덕상이므로 안도 밖도 없는 것이다. 현미는 현우현玄又玄으로 극히 미묘微妙한 것을 말하며, 급진及盡은 추급追及해 가는 것, 참구參究해 가는 것이다. 어디에 쫓음과 등짐[向背]이 있을까. 부처의 설법도 조사의 시중示衆도 모두 쓸데없는 것이다. 헛되이 입을 놀렸으니 "불조佛祖도 와서 구업口業의 빚을 갚아야 한다"는 것이다. 만약 이를 알지 못한다면, "남전의 왕노사에게 물어보라"고 하였다. 그러나 남전에게 가르침을 받지 않아도 사람들이 그저 한 가닥 나물을 먹기를 즐길 뿐이다.

제68칙

협산의 검

협 산 휘 검
夾山揮劍

【시중】

나라 안에서는 천자의 칙령이요, 변방에서는 장군의 명령이다. 때로는 문 앞에서 힘을 얻고 때로는 방 안에서 받든다. 자, 말해보라. 이는 누구인가?

환중천자칙 곤외장군령 유시문두득력 유시실내칭존 차도
寰中天子勅。 閫外將軍令。 有時門頭得力。 有時室內稱尊。 且道。
시 심 마 인
是甚麼人。

본칙

어느 스님이 협산에게 물었다. "티끌을 털어내 부처를 볼 때 어떻습니까?" 협산이 말하였다. "바로 칼을 휘둘러야 한다. 만일 칼을 휘두르

지 않으면 어부가 둥지를 틀게 된다." 그 스님이 이를 석상에게 물었다. "티끌을 털어내 부처를 볼 때 어떻습니까?" 석상이 말했다. "그에게는 국토가 없으니 어느 곳에서 그를 만날까?" 그 스님이 돌아와 협산에게 이를 전하였다. 협산이 법상에 올라 말하였다. "문정시설門庭施設은 노승만 못하지만, 입리심담入理深談은 오히려 석상보다 백보나 떨어졌다."

거　승문협산　발진견불시여하　산운　직수휘검　약불휘검
擧。僧問夾山。撥塵見佛時如何。山云。直須揮劍。若不揮劍。
어부서소　승거　문석상　발진견불시여하　상운거무국토　하처
漁父棲巢。僧擧。問石霜。撥塵見佛時如何。霜云渠無國土。何處
봉거　승회　거사협산　산상당운　문정시설　불여노승　입리심
逢渠。僧廻。擧似夾山。山上堂云。門庭施設。不如老僧。入理深
담　유교석상백보
談。猶較石霜百步。

【송】

소를 씻어내는 검기, 무기를 씻어주는 위엄!

난을 평정하여 공을 이루니, 이는 또한 누구인가.

한 무더기의 먼지, 사해가 맑고

천자의 덕화, 자연히 행해지네.

불우검기세병위　정란귀공갱시수
拂牛劍氣洗兵威。定亂歸功更是誰。
일단분애청사해　수의황화자무위
一旦氛埃清四海。垂衣皇化自無爲。

환중은 천자의 칙명으로 다스려지고 곤외는 장군의 호령으로 다스려 진다. 천자의 칙은 자연스럽게 다스리는 것을 말하고 장군의 영슈은 생살여탈生殺與奪의 실권實權으로 다스리는 것을 의미한다. 이 모두 세 간의 일이지만 종사宗師가 제자를 가르치기 위해 수단을 펴는 것에 비 유한다.

협산의 지도는 장군에 해당되고 석상의 대응은 천자 같은 것이다. "문두門頭에서 힘을 얻음"은 장군의 영이 내려지는 것을 말하고, "방 안에서 받든다"는 것은 천자의 칙에 해당한다. 문두는 문의 입구이다. 교화와 육근의 문이며, 분별망상의 적이 습격해 오는 문이다. 그 적을 무찌르는 것이 장군의 역할이다. 본칙에서는 그 역할을 협산이 한다. 방 안은 본분의 세계다. 좌선이 그 표본이다. 좌선은 천자의 경계로 가 장 존귀한 것이다. 이는 석상의 대답 내용이다.

만송노인은 본칙을 들어 이들이 누구인지를 말해보라고 한다. 승은 먼저 협산에게 번뇌망상의 티끌을 털어내 본심의 부처를 볼 때 어떠냐 고 물었다. 협산은 검을 휘둘러 베어내야 한다고 하였다. 왜 그런가. 부 처를 본다는 것마저 바로 베어내야 함을 말했다. "만일 칼을 휘두르지 않으면 어부가 둥지를 틀게 된다"고 했다. 부처를 보았다는 안도감으 로 그 자리에서 주저앉아 버린다는 것이다. 이를 가차 없이 부숴버려 야 한다. 협산이 지도하는 모습은 장군과 같다.

승은 다시 석상에게 가서 물었다. "그는 국토가 없다"는 것은 무자無 字다. 만약 국토가 있다면 가짜다. 실은 머리로도 묘사가 안 되고 어디 에도 있지 않은 자다. 어디에도 있지 않다면 어디에도 꽉 차있다. 그렇기 때문에 그를 만날 수 없다. 그를 마삼근, 백수자栢樹子라고도 한다. 승은 석상에게서 듣고 협산에게 말하니 협산은 그제야 정식으로 설법을 하였다. 문정시설과 입리심담은 서로 대립되어 있다. "불여노승不如老僧"과 "석상백보石霜百步"가 그렇다. 문정시설은 학인을 지도하는 것으로, 살활보검을 휘둘러 상대를 깨닫게 하는 것이다. 이는 석상이 노승, 즉 협산에게 미치지 못한다. 입리심담은 법성法性의 도리를 설하는 것이다. '그는 국토가 없어 어디에서도 그를 만날 수 없는 것'이다. 이 점은 석상에게 백보 양보한다. 협산도 석상도 실은 서로 교류하는 사이다. 조동종은 입리入理 쪽으로 기울고 임제종은 살활殺活 쪽을 주主로 한다.

천동은 노래한다. "소를 털어내는 검기劍氣, 무기를 씻는 위엄"이라고 하여 먼저 협산을 칭송했다. 여기에 따라오는 《진서晉書》의 고사가 있다. 옛날 뇌환雷煥이라는 천문학의 대가가 있었다. 견우성[牛] 주위를 보니 언제나 이상한 기운이 흐르고 있어 괴이하다고 여겼다. 그때 장화張華라는 자도 역시 그러한 느낌이 들어 뇌환을 불러 부사의한 이 기운을 연구하도록 했다. 뇌환이 이것은 보검의 정수가 하늘로 치솟는 것이라고 설명하였다. 그리고 뇌환의 말대로 풍성豐城이라고 하는 지사에게 그 기가 발생하는 옥사獄舍를 수리하고 바닥을 파보도록 했다. 거기에 돌 귀퉁이가 있었는데 가운데 한 쌍의 명검名劍이 있었다. 이를 "소를 씻는 검기"라고 노래한 것이다.

"병兵을 씻는 위엄"에는 다음과 같은 고사가 있다. 주나라 무왕이 주紂를 토벌할 때, 맑은 하늘에 갑자기 큰비가 내렸다. 그때 산의생散宜生이 무왕에게 이 전쟁은 불길하다고 말했지만 무왕은 이를 무시하고 '하늘이 무기를 씻는구나'라고 한마디 하고 군을 내보내 주왕의 군대를 쳐부수었다.

이러한 고사를 빌려 천동은 노래한다. 협산의 한 칼은 땅에 있으면서 하늘의 견우성을 씻을 정도의 신기로운 보검에 비유했고, 그 수완이 비범함을 무왕이 주를 토벌하는데 하늘이 비를 내려 무기를 씻을 정도의 위광에 비유했다. 정란定亂의 공을 협산에게 돌린다고 하는 것이다. 천하를 평정하는 자격도 능력도 완전히 갖추어져 있음을 본 것이다.

이를 "일단의 분애, 사해가 맑고 천자의 덕화, 자연히 행해지네"라고 했다. 분은 요기妖氣이며 애는 먼지를 말한다. '일단의 분애'는 병마가 달리며 일으키는 연기 같은 먼지, 즉 한없이 일어나는 분별망상이다. 이러한 것이 사라지고 지금은 사해가 맑고 시원한 것처럼 깨끗하고 청정하다. 황화는 천자의 덕화이며 무위는 인위적인 것이 아닌 자연히 행해지는 것이다. 송은 미오의 분별만상을 완전히 끊은 무사인의 태평한 소식을 노래했다.

제69칙

남전의 암소

남 전 백 고
南泉白牯

【시중】

부처가 되고 조사가 된다는 것은 오명을 뒤집어써 지저분하게 됨이고,
뿔을 이고 털을 걸쳐 윗자리에 추대되는 것이다. 그런 까닭에 참된 광
명은 빛이 나지 않고, 큰 지혜는 어리석게 된다. 그러니 귀먹었음을 편
안히 여기고, 풍채가 없는 듯이 꾸민다. 이를 아는 자는 누구인가.

성 불 작 조　　협 대 오 명　　대 각 피 모　　추 거 상 위　　소 이 진 광 불 요
成佛作祖。 嫌帶汚名。 戴角拔毛。 推居上位。 所以眞光不耀。
대 지 약 우　　갱 유 개 편 의 롱　　양 불 채 저　　지 시 아 수
大智若愚。 更有箇便宜聾。 佯不采底。 知是阿誰。

본칙

남전이 대중에게 말했다. "삼세제불은 (깨달음이라는 것이) 있는지 알

314

지 못하나 고양이나 암소가 도리어 이를 안다."

거 남 전 시 중 운   삼 세 제 불 부 지 유   이 노 백 고 각 지 유
舉。南泉示衆云。三世諸佛不知有。狸奴白牯却知有。

【송】

절뚝거리고 손은 굽어 산발한 머리에 다 헤진 옷

백 가지도 취할 수 없고, 하나도 감당하지 못한다.

묵묵하니 스스로 마음밭 편안함을 알고

등등하니 누가 감히 마음속 어리석다 할 것인가.

두루 법계를 밥으로 삼아

코가 삐뚤어지도록 배불리 먹고 즐긴다네.

파 파 설 설   남 람 삼 삼
跛跛挈挈。黲黲黪黪。
백 불 가 취   일 무 소 감
百不可取。一無所堪。
묵 묵 자 지 전 지 온   등 등 수 위 두 피 감
默默自知田地穩。騰騰誰謂肚皮憨。
보 주 법 계 혼 성 반   비 공 유 수 신 포 참
普周法界渾成飯。鼻孔繫垂信飽參。

해설

"부처가 되고 조사가 되는 것"은 범부가 보는 불조佛祖다. 범부는 불조
가 특별한 위인이고 신성하다고 여긴다. 이 때문에 불조를 지저분하게
만든다. 이보다도 소나 말 쪽이 훨씬 훌륭하다. 왜 그럴까? 훌륭한 전
당에 서서 금란법의를 몸에 걸치고 구두선口頭禪을 설하는 선사보다는

풀을 뜯어먹는 쪽이 더욱 위대하기 때문이다. 그래서 "참된 광명은 보이지 않고 큰 지혜는 크게 어리석음"이라고 했다. 참된 성불은 32상에도 있지 않고 "털을 걸치고 뿔을 이는 것"에도 있지 않다. "그러니 귀먹었음을 편하게 여기고, 풍채가 없는 듯 꾸민다." 이를 아는 자 누구인가? 들어도 못 들은 척하는 것이 부처의 귀다. 남전의 향기가 여기서 일어난다.

시중에서 남전의 말은 법안法眼이 밝지 않은 자가 이해하기는 어렵다. 일본의 조동종 개조開祖 도겐道元이 처음 에이사이榮西선사를 찾아가 이 구절을 듣고 초견성初見性했다고 한다. 삼세제불은 그 자체가 불법이다. 깨달음이라는 것이 있는지 관심이 없다. 깨달음이 있다고 하는 놈은 범부이며 고양이나 암소다. 시중이나 본칙에서는 말이 거꾸로 되어있다.

천동은 남전의 원숙한 인격과 생활을 노래했다. "묵묵하니 스스로 마음밭 편안함을 알고, 등등하니 누가 감히 그 마음속 어리석다고 말할 것인가." 주변의 법계가 두루 밥이 되고 코가 비뚤어지게 배불리 먹고 낮잠을 자고 있는 대장부의 모습, 이 사람은 인간·축생·지옥계 모두를 연緣에 맡긴다. 어디에도 좋다. 어떤 것도 필요 없는 사람이다. '어떤가, 이런 사람이 되고 싶지 않은가!' 천동은 다그친다.

제70칙

진산, 성품을 묻다

진 산 문 성
進山問性

【시중】

향상이 강 건너는 소리를 들었지만 이미 물살에 휩쓸려버렸고, 생은 불생의 성품임을 알지만 삶에 체류한다. 다시 정전定前과 정후定後, 대 순이 되고 대껍질이 되는 것을 논하고, 칼을 잃은 곳과 멀어졌는데 그 대 이제야 뱃전에 표시한다. 기륜을 밟아 움직였는데 어떻게 달리 한 길이 있겠는가. 한번 일러보라.

문 향 상 도 하 저 이 수 류 거   지 생 불 생 성 저 위 생 지 소 류   갱 론 정 전
聞香象渡河底已隨流去。 知生不生性底爲生之所留。 更論定前
정 후 작 순 작 멸   검 거 구 의 이 방 각 주   답 전 기 륜 작 마 생 별 행 일 로
定後作笋作篾。 劍去久矣爾方刻舟。 蹋轉機輪作麼生別行一路。
시 청 거 간
試請擧看。

진산주가 수산주에게 물었다. "생은 불생의 성품임을 분명 아는데 어째서 생에 체류하겠습니까?" 수산주가 말했다. "죽순은 결국 대나무가 되는데 지금 당장 대껍질을 만들 필요가 있겠소?" 이에 진산주가 말했다. "그대는 향후 스스로 깨달을 날이 있을 것이오." 수산주가 말했다. "제 소견은 그렇습니다만 상좌의 뜻은 어떻습니까?" 진산주가 말했다. "여기는 감원의 방이고 저기는 전좌의 방이오." 수산주는 바로 절을 하였다.

擧。進山主問脩山主云。明知生不生性。爲甚麽爲生之所留。脩云。筍畢竟成竹去。如今作筬使還得麽。進云。汝向後自悟去在。脩云。某甲只如此。上座意旨如何。進云。這箇是監院房。那箇是典座房。脩便禮拜。

【송】

확 트여 의지할 데 없고

한가하여 얽매임이 없다.

나라는 평안한데 얻는 이 드물고

보잘것없는 역량으로 계급을 나눈다.

탕탕한 몸과 마음, 시비를 끊고

시비가 끊어지니,

홀로 천지에 우뚝해 궤철조차 없다.

豁落亡依。高閑不羈。

가 방 평 첩 도 인 희　　사 사 역 량 분 계 급
家邦平帖到人稀。些些力量分階級。
탕 탕 신 심 절 시 비　　시 비 절
蕩蕩身心絶是非。是非絶。
개 립 대 방 무 궤 철
介立大方無軌轍。

해설

토끼는 물 표면을 헤엄쳐 건너고, 말은 물속을 헤엄쳐 가고, 코끼리는
물밑 바닥을 딛고 간다. 이는 성문, 연각, 보살의 수행을 비유한 것이
다. 향상이 물을 건넌다는 것은 보살이 생사의 흐름을 건너 열반의 언
덕에 이른다는 것이다. 즉 미혹한 흐름을 건너 깨달음의 언덕에 이르
는 것이다. 그러나 위대하긴 하지만 아직 불견佛見, 법견法見이 없다.
그것이 "이미 물살에 휩쓸려 가버렸다"는 것이다. 흐름은 극히 미세한
번뇌다.

　옛날, 조산曹山화상이 덕德상좌에게 물었다. "보살이 선정禪定에서
향상이 강을 건너는 소리를 들었다고 했는데, 무슨 경에 나옵니까?"
덕이 말했다. "《열반경》에 나온다." 조산이 다시 물었다. "선정의 앞에
서 입니까, 선정의 뒤에서 입니까." 덕산은 "화상, 흘러가버렸네"라고
하였다. 이미 들었다고 했기 때문에 입정入定 중은 아니기 때문이다.
여기에 정전定前이니 정후定後니 하는 것은 쓸데없는 망상이다. "생은
불생의 성품임을 아는데도 생에 체류한다"는 것은 생과 멸이 바로 불
생멸의 상相임을 보면서도 죽음은 싫고 그대로 살기를 원한다는 것을
의미한다. 생은 즉 불생이라고 받아들이면 '천지에 자기는 다만 하나
임[唯我獨尊]'을 납득할 것이다. 그밖에 불법은 없다. 때문에 인연에 맡

기고 생사를 유유히 거래去來할 뿐이다. 죽음에 임박해서 죽기 싫다는 것이 '생에 체류하는 것'이다. 생즉불생의 도리를 신해信解하고 활연대오하는 법안法眼을 얻어도 아직은 미숙하여 생사에 끄달려 맴돌아 삶을 기뻐하고 죽음을 싫어하는 병은 사라지지 않는다. 이것은 교문教門에서의 수증修證의 한계다. 그러나 선문禪門에서는 직하直下에 눈을 뜨는 것을 목적으로 한다. 보살이 향상의 물 건너는 소리를 들은 것이 정전인지 정후인지를 논한다면 벌써 선정에서 벗어난 것이다. 순芽은 대순이다. 멸篾은 대껍질로 만든 끈이다. 죽순일 때는 껍질이 부드러워 바로 찢어지므로 끈으로 만들 수 없다. 죽순이 2, 3개월 자라야 훌륭한 대가 된다. 그렇게 되면 대껍질도 자연히 떨어지니 끈을 만들어도 좋다. 그러나 "대순이 되고 대껍질이 되는 것을 논한다는 것"은 이미 검을 잃어버린 지 꽤 되었는데 그것을 지금 찾는 것과 같다는 것이다. 이 검에 대한 고사가 있다.

옛날 어떤 사람이 강을 건널 때 잘못해서 칼을 물속에 떨어트렸다. 그 사람이 재빨리 뱃전에 표시를 해두고 물속에서 찾았지만 배는 이미 앞으로 나아갔기 때문에 칼이 떨어진 곳과는 아주 멀어져버렸다는 일화다. "기륜을 답전하다"는 것은 앞만 바라보고 있는 자에게 '발밑을 보라!'고 주의를 주는 것이다. 발밑을 보면 거기에 또 다른 길이 있다. "한번 일러보라"고 본칙을 꺼낸다.

진산주는 양주 청계산 홍진洪進선사이며 지장원의 계침桂琛선사의 법을 이었다. 수산주는 무주 용제산 소수紹修선사로 역시 지장의 법을 이었다. 때문에 두 사람은 법형제가 되며 진산주 쪽이 선배이고 먼저 개안開眼했다.

진산주가 수산주에게 "생은 불생의 성품임을 분명 아는데 어째서 태어남에 체류합니까?"라고 물었다. 진산주가 물을 때는 아직 수산주는 수행 중이었을 때다. 진산주의 물음에 수산주는 "죽순은 결국에는 대나무가 되는데 지금 당장 대껍질을 만들 필요가 있겠소?"라고 답했다. 생이 곧 불생이고 대순이 곧 대껍질인데 이를 전후前後에서 의론하기 시작한다면 정식분별이 심하게 된다는 것이다. 생과 불생, 두 견해[二見]에 속박되어 옴짝달싹하지 못하고 있는 자신을 돌이켜보라고 주의를 준다. 진산주가 말했다. "그대는 향후 스스로 깨달을 날이 있을 것이요"라고 수산주를 격려했다. 수산주는, "자신의 입장은 그렇지만 상좌의 뜻은 어떤가"라고 물었다. 진산주는 "여긴 감원방이고 저기는 전좌방이다"라고, 수산주 그대가 알고 있는 그대로라고 말했다. 수산주는 바로 예배했다. 지금까지 멀리만 보고 있었음이 잘못임을 알고 머리를 숙였다.

천동은 노래한다. "확 트여 의지할 데가 없고 한가하여 얽매임이 없다." 활락豁落은 어떤 것도 없다는 것이다. 의依는 의지할 곳이다. 범부는 어딘가 의지할 데가 없으면 살 수 없는 존재다. 하등한 인간은 재산이나 지위, 명예와 같은 유형적이고 물질적인 것에 의지하려 하고, 중등中等이 되면 철학이나 사상, 이념, 신앙, 도덕, 등에 의지한다. 더구나 상등上等이 되면 안심, 깨달음 같은 것에 의지한다. 그러나 이 모든 것이 활락하면 어떤 것도 취할 것도 버릴 것도 없는 크게 한가로운 경계가 된다. 이를 자유인, '본래자기'라고 한다. 가방家邦은 원래 평첩平帖이다. 첩은 안安이란 뜻이다. 자신은 본래 영구히 평안하며 천하는 언제나 태평이다. 그러나 이러한 가방에 이르는 사람은 드물다고 했다. 본래 편안한 자기를 멀리서 바라보고 보잘것없는 역량으로 계급선階級禪만으로 저울질하기 때문에 본래 자기광명이 있음을 알지 못한다. 이

는 수산주를 향한 말이다. 탕탕은 크게 평안함을 뜻한다. 몸과 마음이
탕탕하니 견문각지見聞覺知의 시비마저 끊어지고 시비가 끊어지니 본
래의 자기가 되어 홀로 천지에 우뚝하여 그곳엔 수레가 지나간 흔적조
차 없다. 진산주의 진면목을 이처럼 노래했다.

제71칙

취암의 눈썹

취 암 미 모
翠巖眉毛

【시중】

피를 머금어 남에게 뿜으면 자신의 입이 더러워진다. 큰 잔을 탐한 일
생, 남의 빚을 갚는다. 종이 팔기를 삼 년, 귀전 하나 없다. 만송이 여러
분에게 설법한 것, 남는 장사인가 아닌가?

함 혈 분 인　　자 오 기 구　　탐 배 일 세　　상 인 채　　매 지 삼 년 흠 귀 전　　만 송
含血噴人。自汚其口。貪杯一世。償人債。賣紙三年欠鬼錢。萬松
위 제 인 청 익　　환 유 담 간 계 처 야 무
爲諸人請益。還有擔干計處也無。

본칙

하안거 말미에 취암이 대중에게 말하였다. "여름 내내 형제들을 위하
여 이야기해 왔소. 보시오. 취암의 눈썹이 있는가?" 보복은 말하기를,

"도둑질한 사람, 마음이 허하구나"라고 했고, 장경은 "(눈썹이) 나 있네"라고, 운문은 "관"이라고 하였다.

_거 _{취암하말시중운} _{일하이래} _{위형제설화} _간 _{취암미모재}
擧。翠巖夏末示衆云。一夏以來。爲兄弟說話。看。翠巖眉毛在
_마 _{보복운} _{작적인심허} _{장경운} _{생야} _{운문운} _관
麼。保福云。作賊人心虛。長慶云。生也。雲門云。關。

【송】

도적질하는 마음, 사람을 뛰어넘는 담력.

역력종횡, 기감機感으로 대한다.

보복과 운문, 코가 길어 입술이 감추어지고

취암과 장경, 눈썹이 길어 눈에 비친다.

한없이 많은 엉터리 선승

의구意句를 일제히 잘라버리라고 강력히 말한다.

자기를 매몰하는구나, 숨을 들이쉬고 소리를 삼키니

선대의 종지에 누를 끼치는구나, 면벽하여 널빤지를 지니.

_{작적심} _{과인담} _{역력종횡대기감}
作賊心。過人膽。歷歷縱橫對機感。
_{보복운문야수비기순} _{취암장경야수미영안}
保福雲門也垂鼻欺脣。翠巖長慶也脩眉映眼。
_{두선화유하한} _{강도의구일제잔}
杜禪和有何限。剛道意句一齊剗。
_{매몰자기야음기탄성} _{대루선종야면장담판}
埋沒自己也飮氣呑聲。帶累先宗也面牆擔板。

시중의 첫 구는 본칙에 나오는 네 노사老師를 다룬다. 그들에게는 자신을 버리고 남을 위하는 존귀함이 있다. 선도禪道나 불법을 자신의 입으로 말하면 더러워지지만 이것마저 각오하고 한마디씩 한다. 술을 좋아하는 사람이 타인에게 술을 먹게 하여, 한평생 남의 술값을 자신이 지불하는 것과 같다. 배杯는 술잔을 말한다. "종이 팔기를 삼 년, 귀전 하나 없다"는 말도 앞의 구와 같은 의미다. 중국에는 귀전이라는 종이돈을 만들어 귀신에게 올리는 풍습이 있다. 종이 장사를 3년이나 하면서도 정작 자신이 죽을 즈음에 귀신에게 헌납할 종이돈을 만들려고 하니 종이가 남아있지 않았다는 것이다. 자신을 전혀 돌보지 않고 교화만을 위해 전심전력했음을 의미한다. 납자를 위해 접화接化하는 선사의 마음이다. '담간계'란 천평天枰 막대기로 저울을 다는 것인데 여기서는 계산이 맞는지 어떤지, 남는 장사인지 아닌지를 가늠하는 것을 뜻한다. 청익請益은 설법이다. 만송이 지금 여러분을 위해 시중으로 말하지만 이것은 남는 장사가 아닌 것 같다고 하는 것이다.

취암, 보복, 장경, 운문 4인은 설봉의 제자로, 운문이 가장 선배이고 취암이 막내다. 취암이 하안거 마지막 날 접심接心을 했는데 3인의 형제가 보좌를 하였던 것 같다. 하안거 끝에 사형들에게 인사를 한 것이다. "눈썹이 남아있는지 보시오"라고 한 것은, 혹 쓸데없는 부정不淨한 설법으로 그 죄와 허물이 하늘을 찔러 눈썹이 빠지지 않았는지를 물은 것이다. 부정설법은 명리의 사념邪念에서 법을 설한 것을 말한다. 여름한 철 매일 설법했으니 그 사념이 없을 리가 없다.

취암은 공안의 제창만이 아니라 착의끽반着衣喫飯, 진퇴, 대응, 합장

등 알게 모르게 많은 것을 설했다. 이러한 취암의 설법을 보복은 "도적질한 사람, 마음이 허하군"이라고 했다. 마음이 허하다는 것은 두렵고 불안한 마음이다. 장경은 "(눈썹이) 나 있네"라고 하였다. 눈썹이 빠지기는커녕 더 잘 나 있다는 것이다. 일상의 일이 무엇보다 중요하지 달리 중요한 것이 또 있는가. 취암의 훌륭함을 눈썹에 비유한 것이다. 운문은 '관關'이라고 했다. 있다, 없다를 쉽게 투과할 수 없다. 사상적으로는 '색즉시공'의 도리를 알아도 실제적으로는 유·무의 이견二見이 부서지지 않는다. 자, 한번 투과해 보라는 것이 운문의 관이다. 보복, 장경, 운문 3인이 각각 취미에게 한마디씩 한 것은 이미 입을 더럽힌 것이다. 그렇지만 무슨 말을 해도 알맹이는 없다.

천동은 노래했다. "도적질한 마음, 사람을 뛰어넘는 담력. 역력한 종횡으로 기감을 대한다"는 두 구는 본칙의 정신을 노래하고 있다. 도적은 미오迷悟, 범성凡聖, 시비是非, 득실得失 같은 분별망상을 상대가 알지 못하는 사이에 쏙 훔치는 명인이다. 네 선사 모두 도적질하는 마음을 가지고 있으니 담력이 대단하여 적이 없다. 마치 앞에는 석가가 없고 뒤에는 미륵이 없다는 태도로 기탄없이 대응한다. 그래서 역력종횡이다.

천동은 어디까지나 4인을 난형난제로 보고 있다. "보복과 운문, 코가 길어 입술이 감추어지고 취암과 장경, 눈썹이 길어 눈에 비친다"라고 묘사하였다. 수비垂鼻는 긴 코를 뜻하는데, 곧 존귀한 모습이고 대인의 상호를 나타낸다. 코끝이 길어 입술이 보이지 않음을 입술을 감춘다고 했다. 수미脩眉는 긴 눈썹이어서 눈 있는 데까지 덮인 것이다. 이를 눈에 보인다고 했다. 네 사람 모두 대단한 노장으로 조금도 힘을 들이지 않고 서로 적심賊心을 경쟁하고 있음을 노래했다. 두선화는 두

찬杜撰 같은 선승을 말한다. 머릿속에는 깨달아야겠다고 벼르지만 견처見處가 보이지 않는 학인이다. "세상에 한없이 많은 이같이 멍청한 납자들, 단호하게 말하니 의구意句를 한 번에 잘라버려!"라고 했다. 의구의 의는 정신이고 구는 표현이다. 조금이라도 머리를 내미는 '정신과 표현'이 있다면 이를 완전히 없애버리라고 네 노사는 질타했다. 여기서 자기는 본래면목이다. 두선화 같은 놈은 본래자신을 저버리고 숨만을 들이쉬고 소리를 삼켜버려, 선대 불조의 종지에 누를 끼쳐 불법을 엉망진창으로 만들었다. 그런데 자신을 장벽과 같이 하여 고작 한 면만을 고집하고 한쪽 방향으로 담판을 짓는다. 한쪽 방향으로만 가는 놈일 뿐이다. 천동이 미숙한 납자들을 크게 꾸짖는다.

제72칙

중읍의 원숭이

중 읍 미 후
中邑獼猴

【시중】

강을 사이에 두고 지략을 다투고 둔갑하여 복병을 둔다. 얼굴을 맞대면 예리한 창과 진검으로 서로 겨눈다. 납승이 전기대용을 귀하게 여기는 까닭이다. 느슨하다가 긴박해지는 것, 어떤 것인지 토로해보라.

격 강 투 지　둔 갑 매 병　적 면 상 지　진 창 실 검　납 승 소 이 귀 전 기 대 용
隔江鬪智。遯甲埋兵。覿面相持。真鎗實劍。衲僧所以貴全機大用
야　종 만 입 긴　시 토 로 간
也。從慢入緊。試吐露看。

<hr>

본칙

앙산이 중읍에게 물었다. "불성이란 무슨 뜻입니까?" 중읍이 대답했다. "내가 자네에게 비유로 설명하겠다. 마치 창이 여섯 개 있는 방안

328

에 편안히 지내는 한 마리 원숭이와 같다. 바깥에 있는 사람이 소리쳐 '성성아'라고 소리치면 그 원숭이는 즉시 응한다. 이같이 여섯 창문을 통해 그때그때 부르면 각각 응한다." 앙산이 다시 물었다. "그건 그렇다 치고, 원숭이가 잠들었을 때는 어떠합니까?" 중읍이 선상에서 바로 내려와 앙산을 부둥켜안고 말했다. "성성아, 그대와 내가 서로 만났구나."

거 앙산문중읍 여하시불성의 읍운 아여니설개비유 여실유
擧。仰山問中邑。如何是佛性義。邑云。我與你說箇譬喻。如室有
육창 중안일미후 외유인환운 미후즉응 여시육창 구환구
六牕。中安一獼猴。外有人喚云。獼猴即應。如是六牕。俱喚俱
응 앙운 지여미후수시우작마생 읍내하선상파주운 성성
應。仰云。只如獼猴睡時又作麼生。邑乃下禪牀把住云。狌狌。
아 여 니 상 견
我與你相見。

【송】

동면에 빠진 눈 덮인 집, 세월 따라 퇴락하고

적적한 사립문, 밤새 닫혀있네.

한겨울 메마른 숲, 변화가 보이니

봄바람에 율통의 재가 날린다.

동 면 설 옥 세 최 퇴   요 조 라 문 야 불 개
凍眠雪屋崴摧隤。 窈窕蘿門夜不開。
한 고 원 림 간 변 태   춘 풍 취 기 율 통 회
寒槁園林看變態。 春風吹起律筒灰。

시중의 첫 두 구는 스승과 학인이 서로 상대의 뱃심을 살피는 것을 세간의 전쟁에 비유한다. "강을 사이에 둔다"는 것은 강의 양쪽에서 모략전을 펼치는 것을 말한다. 둔갑遯甲은 둔갑遁甲이며, 자신의 몸을 숨기는 처세술이다. 옛날 제齊나라 때 손빈孫臏은 인적이 없는 산중에 본영本營이 있는 것처럼 보여 위군魏軍을 유인하고, 복병伏兵을 설치하여 적장賊將 방연龐涓을 큰 나무 아래서 죽였다고 한다. 스승과 학인이 상견하면 서로 창과 검으로 승부를 낸다. 납승들은 이처럼 법전法戰에서 전력을 다해 싸운다. 이때 기機와 용用이 크게 작용함을 '대기대용大機大用'이라고 한다. 납승이란 헤진 법의에 천조각을 대어 기워 입었다고 하여 그렇게 호칭한다. 완만하다가 갑자기 긴급해지는 법전이 어떤 것인지 앙산과 중읍을 보고 시험 삼아 한번 시도해보라고 하였다.

  낭주朗州의 중읍 홍은洪恩선사는 마조 도일의 법을 이었다. 앙산은 이때 13세였다고 한다. 불성은 '본래자기'를 뜻한다. 앙산은 중읍에게 곧바로 불성이 무엇인가를 물었다. 중읍은 상대가 어린 승이기 때문에 비유를 든다. 여기서 방은 영육靈肉이다. 여섯 개 창은 안·이·비·설·신·의 육근六根을 뜻한다. 원숭이는 자신의 주장과 견해가 없다. 인연 따라 어디든지 얼굴을 내민다. 여기서는 임제선사의 '한 무위진인無位眞人이 언제나 그대의 면전에 출입한다'는 것을 인용하였다. 원숭아! 라고 부르면 부르는 쪽으로 얼른 얼굴을 내민다. 삼매에 있던 불성의 작용이다. 앙산은 "그렇다면 원숭이가 잘 때는 어떠합니까?"라고 물었다. 잘 때란 무명의 미혹한 잠[迷睡]을 말한다. 들어도 듣지 못하고 보아도 보지 못하는 것이다. 지금까지 어린 승으로만 여겼는데 실로 홀

름한 질문을 하기에 놀란 중읍은 선상에서 곧바로 내려와 앙산을 잡고 춤을 추며 "성성아, 그대와 내가 서로 만났구나!"라고 한 것이다.

천동은 노래했다. 눈 덮인 집에 동면하여 세월이 지나 퇴락하였다는 것은 불성의 양기陽氣가 조금도 없는 모습이다. 활발발한 불성이 동면한 상태, 즉 삼매에 들었다. 요조窈窕는 깊고 그윽한 모습이다. 고요한 한밤중 사립문이 닫혀있다는 것은 불성의 빛이 아직도 나타나지 않았다는 의미다. 지금 우리가 불성조차 모르는 상태와 같다. "한겨울 메마른 숲, 변화가 보이니"라는 것은 한겨울 메마른 숲에 변화가 시작되었음을 말한다. 즉 고요하고 적적한 불성삼매가 움직이기 시작했다는 것이다. 율통은 대나무의 대를 잘라 만든 대통이다. 그 안에 갈대를 태운 재를 넣어두면 봄의 양기인 봄바람에 재가 날아가버려 관이 뚫린다고 한다. 이는 주周대의 기상학氣象學상의 전설을 빌려 중읍과 앙산의 홀륭한 응수應酬를 빗대어 노래한 것이다.

조산의 탈상

조 산 효 만
曹山孝滿

【시중】

풀에 의지하거나 나무에 붙어살며 죽어서는 정령이 된다. 굴욕을 당하
고 원한을 품으며 나중에는 귀신이 된다. 그것을 부르려면 돈을 태우
고 말을 바친다. 그것을 보내려면 제수를 놓고 주문을 외운다. 어떻게
해야 가문이 평안해질까?

의 초 부 목 거 작 정 령　　부 굴 함 원 래 위 귀 수　　호 지 즉 소 전 주 마　　견 지
依草附木去作精靈。負屈啣寃來爲鬼祟。呼之則燒錢奏馬。遣之
즉 주 수 서 부　　여 하 득 가 문 평 안 거
則呪水書符。如何得家門平安去。

본칙

어떤 스님이 조산에게 물었다. "영의靈衣를 걸치지 않을 땐 어떠합니

332

까?" 산이 말했다. "조산, 오늘 효만했네." 스님이 다시 물었다. "효만

한 뒤에는 어떠합니까?" 산이 말했다. "조산은 큰 술을 즐긴다네."

거　　승문조산　　영의불괘시여하　　산운　　조산금일효만　　승운
舉。 僧問曹山。 靈衣不掛時如何。 山云。 曹山今日孝滿。 僧云。

효만후여하　　산운　　조산애전주
孝滿後如何。 山云。 曹山愛顛酒。

【송】

청백의 문정, 사방 이웃 끊기고

오랫동안 문 걸고 쓸고 닦아 티끌 하나 없다.

광명은 희미해져 기울어가는 달을 남기고

효상爻象[1]이 나뉠 때 도리어 인寅시가 되네.

새롭게 탈상하자 봄을 만났으니

휘청대는 걸음, 흥얼거리는 노래, 벗겨진 두건도 모른 채

산발하고 비틀거리니 누가 상관하리요.

술에 취한 사람, 태평무사하구나.

청백문정사절린　　장년관소불용진
清白門庭四絶鄰。 長年關掃不容塵。

광명전처경잔월　　효상분시각건인
光明轉處傾殘月。 爻象分時却建寅。

신만효　　변봉춘　　취보광가임타건
新滿孝。 便逢春。 醉步狂歌任墮巾。

산발이유수관계　　태평무사주전인
散髮夷猶誰管係。 太平無事酒顛人。

1　　역易의 괘에서 길흉이 나타나는 모양. 괘상卦象.

정령은 풀에 의지하거나 나무에 들러붙다가 죽은 귀신인데, 환한 대낮에도 당당히 돌아다닌다. 어두운 곳에서 풀잎이나 나무에서 불쑥 나타나기도 한다. 이를 범부의 생활에 비유하였다.

범과 성, 두 견해에 사로잡혀, 법집에 빠져있는 것은 의초부목의 정령과 같고 미오迷悟의 고집에 빠져있는 것은 왕생할 수 없는 귀신이 되어 사람에게 원한을 품은 존재나 범부나 다를 바가 없다. 납자가 가슴속에 숨겨진 번뇌, 해탈, 성불 등으로 우왕좌왕하고 있는 것을 망자, 원령怨靈에 비유했다. 이 같은 사람들을 제도하기 위해 스승이 갖가지 수단으로 희롱하는 것은, 마치 정령귀수精靈鬼祟를 다스리기 위해 돈을 태우고 말을 바치고, 물을 떠 놓고 주문을 외우고, 부적을 써붙여 부르기도, 내쫓기도 하는 것과 같다. 모든 고액苦厄을 제거하고 사람들의 가슴속에 기멸起滅하는 생각을 털어내 본분사로서 가문의 평안을 얻으려면 어떻게 하면 좋을까 하는 것이 시중이다.

조산은 동산 양개의 선을 이은 조산 본적이다. 영의는 상복이다. 어느 스님이 조산에게 "영의를 걸치지 않을 때 어떠합니까"라고 물었다. 질문으로 보아 이 스님은 안목을 갖춘 것 같다. 세간에서는 상喪을 당하면 상복을 입고 상이 끝나면 벗는다. 이를 비유하여 수행할 때는 영의를 걸쳤다고 하고 대오철저할 때까지 언제나 그것을 입고 있는 것이다. 효만孝滿이라고 하는 것은 효자가 상복을 벗는 것을 말한다. 조산은 스스로 "조산, 오늘 효만했네"라고 했다. '오늘'이란 무엇을 말할까? 황벽선사의 "이처럼 행각하면 어느 곳에서 오늘이 있을까"라는 오늘과 같다. 대오철저한 지금, 여기가 '오늘'이다. 바로 지금이 효만인 것이다.

스님은 다시 "효만한 뒤에는 어떠냐"고 다그쳤다. 대오한 후는 어떠냐며 조산의 본의本義를 드러내게 하였다. 산은 "말술을 즐긴다네"라고 했다. 불법에서는 술을 엄금한다. 여기서 조산이 술을 크게 마신다는 것은 만취할 정도의 삼매다. 아침부터 밤까지 일행삼매이며 이는 평상 그대로가 삼매임을 비유한 것이다. 바로 이것이 가문의 평안임을 빗대어 말한 것이다.

천동의 노래, 앞의 두 구는 영의를 걸쳤을 때의 모습이다. 청백의 문정門庭은 청고결백淸高潔白한 가풍을 뜻한다. 조동의 가풍은 순일무잡純一無雜하며 어떠한 것도 상대하지 않고 사방의 이웃마저 끊는다. 오랫동안 문을 걸어 잠가 어떤 것도 들어갈 수 없다. 육근의 문[六根門頭]을 걸고 철저히 죽은 것이다. 육진은 어디에도 없다. 이같이 엿보게 되면 반드시 전환된다. "광명은 희미해져 기울어가는 달을 남기고"는 만월의 광명이 한순간 빛나다가 차차 어두워지는 것을 의미하니, 즉 보름 이후다. 이것이 '광명이 희미해지는 곳'이다. 대오철저하기까지는 완전히 어두웠다가 대오하면 만월의 광명이 일시에 빛나는 것이 정월 보름과 같다. 그러나 보름 이후부터는 달은 기운다. 차츰 깨달음이라는 거품이 빠지면서 광명이 기울어지는 것을 '기울어 가는 달'이라고 하였다. "효상이 나뉠 때 도리어 인에서 일어난다"는 것은 음이 극에 달하여 양이 움직이기 시작할 때를 비유한 것이다. 11월 동지가 되면 음이 다하여 양으로 변한다. 이것이 효상이 나누어질 때다. 그러면 양기陽氣가 동북동에서 일어난다. 그것이 인寅에서 일어난다고 한 것이다. 즉 음이 음에서 그치지 않고 양을 향해 움직인다. 이것도 앞의 구절과 같이 크게 한번 죽어 살아나는 것이다. 새롭게 탈상하여 비로소 천하태평의 봄이 온다. 어떠한 것도 부족함이 없는 곳으로 돌아간다. "휘청대는 걸음, 흥얼거리는 노래, 벗겨진 두건도 모른 채 산발하고 비틀거리니" 누가 상관하리오. 삼세제불도 어찌하지 못한다는 것이다. 이런 자를 술에 취한 태평무사인이라고 노래했다.

법안의 '바탕과 이름'

법 안 질 명
法眼質名

【시중】

부유하니 만덕을 갖추고 텅 비어 티끌 하나 없다. 모든 현상을 떠남이
일체 법이다. 백척간두에서 한 걸음 내딛으니 시방세계가 한몸이다.
자, 말해보라. 어느 자리에서 얻었는가.

부유만덕　탕무섬진　이일체상　즉일체법　백척간두진보　시방
富有萬德。蕩無纖塵。離一切相。卽一切法。百尺竿頭進步。十方
세계전신　차도　심마처득래
世界全身。且道。甚麼處得來。

본칙

어느 스님이 법안에게 물었다. "가르침에 의하면 '무주본에 모든 법이
존재한다'는 말이 있는데, 무주본이란 무엇입니까?" 법안이 말했다.

"형상은 바탕 이전에 생겼고 이름은 이름 이전에 비롯되었다."

거 승문법안 승교유언 종무주본입일체법 여하시무주본
擧。僧問法眼。承敎有言。從無住本立一切法。如何是無住本。
안 운 형홍미질 명기미명
眼云。形興未質。名起未名。

【송】

종적도 없고 소식도 끊겼다.

흰 구름, 뿌리가 없고, 청풍, 무슨 색인가.

하늘에 흩어진 구름에는 마음이 없고

대지를 지탱하는 청풍에는 힘이 있다.

천고의 연원을 명백히 알면 만상의 모칙模則을 만든다.

찰진刹塵의 도를 만나니 곳곳마다 보현이며

누각의 문이 열리니 일체가 미륵이다.

몰 종 적 단 소 식
沒蹤跡。斷消息。
백 운 무 근 청 풍 하 색
白雲無根。淸風何色。
산 건 개 이 비 심 지 곤 여 이 유 력
散乾蓋而非心。持坤輿而有力。
통 천 고 지 연 원 조 만 상 지 모 칙
洞千古之淵源。造萬象之模則。
찰 진 도 회 야 처 처 보 현
刹塵道會也。處處普賢。
누 각 문 개 야 두 두 미 륵
樓閣門開也。頭頭彌勒。

이 칙에서는 공안을 교리적으로 알기 쉽게 풀었다. 불교에서는 일체중생이 본래 성불이며 만 가지 덕을 구족하고 있다고 가르친다. 불교에서는 석가불이 구족하신 것을 우리도 구족하고 있다고 전제한다. 곧 중생이 갖춘 하나의 덕은 무자성이라는 덕이다. 무자성은 고정성이 없으므로 무엇이라도 될 수 있는 성능性能이 있다. 말하자면 무자성은 무아다. 자아는 관념일 뿐 실체가 없다. 마치 거북의 털, 토끼 뿔과 같은 것이다. 무아라는 사실을 진정 보았다면 이를 깨달음의 지혜라고 한다. 이 지혜가 열리면 세계 속에 무연중생이 없음을 보며 무연동체의 자비심이 자연히 솟아난다. 또한 여래의 모습 열 가지도 역시 자비의 덕상을 말한다. 이러한 자비상이 우리 중생에게도 구족되어 있음을 가르치는 것이 불교다.

"부유하니 만덕을 갖추고 텅 비어 티끌 하나 없다"는 것은 만덕의 근본이 되는 무자성, 공을 뜻한다. 모든 상은 순간적인 모습일 뿐 언제나 변화한다. 때문에 상이라고 해야 할 것이 아무것도 없다.《금강경》에서는 모든 존재는 비상非相이라고 했다. 무성無性이므로 거기에 만덕이 갖추어져 있다. 백척간두는 사상이나 이론으로는 알 수 없는 곳이다. 거기서 전진하는 것이 '진일보'다. 아무리 좋은 서적을 수없이 읽는다고 해도 한 발짝 내딛지 않고서는 그 경지에 도달하지 못한다. 이지理智로 밝히는 것은 화엄철학에서는 '의언진여依言眞如'라고 하지만 참된 진실은 '이언진여離言眞如'다. 이언진여는 언어나 사상으로, 또는 머릿속에서 헤아려서는 알 수 없는 진여다. 이 진여는 '한번 크게 죽어야 살아난다'는 것에서 체득되는 것이며 바로 '무자성' '공'의 체득을 말한다. "자, 말해보라 어느 곳에서 얻어질까." 크게 참구해보길 다그친다.

본칙의 가르침은 《유마경》〈관중생품〉에 나온다. 문수보살과 유마거사의 문답에서, 문수가 유마에게 "몸은 무엇을 본질로 삼습니까?"라고 물었다. 유마는 "탐욕을 본질로 합니다"라고 답했다. 문수는 물었다. "탐욕의 본질은요?" 유마는 답하기를 "분별망상이다." "분별망상의 본질은요?" "전도상顚倒想." "전도상의 본질은요?" "무주無住다." "무주의 본질은요?" "무주에는 본질이 없소." 유마가 말하기를 "무주의 법에서 일체의 현상이 이루어지오"라고 했다. 전도상이란 범부의 네 가지 전도다. 신身·수受·심心·법法의 네 가지에 대해서 전도상을 일으킨다. 육신은 부정한 것인데 청정하다고 생각하고, 외계로부터 받아들이는 감각은 괴로움인데 이를 낙樂이라고 생각한다. 마음은 언제나 뒤바뀌는 것인데 이를 상주불변常住不變한다고 생각하고, 만법은 무아인데 이를 실아실체實我實體로 존재한다고 생각한다. 그래서 네 가지 전도라고 한다. 홀연히 일어나는 무명도 무주에서 나온다. 청정본연도 그렇다. 물에서 일어나는 물결이 모두 물인 것과 같이 무주의 본질에서 나온 일체법이라면 일체법이 각각 무주의 본질이다. 이것이 무자無字이며 정전백수자庭前栢樹子(뜰 앞의 잣나무)다. 사상적으로 설명하면 인연소생의 법이며, 공이라고도 한다.

"법안은 말했다. '형상은 바탕 이전에 생겼고 이름은 이름 이전에 비롯되었다'"는 말은 《보장론》〈광조공유품〉에 나온다. 형태나 명칭이 머릿속에 조금이라도 그려진다면 쓸데없는 마음이 청정무구한 본래의 마음을 오염시키고 어떠한 것도 알지 못하게 한다. 선문禪門에는 "하나에는 여러 가지[多種]가 있고 둘에는 양반兩般이 없다"는 말이 있다. 하나는 무주본이며, 물이다. 여러 가지는 일체법이다. 둘은 인연인과의 모습이이며, 물결이다. 양반이 없다는 것은 성공性空이 본질이기 때문이다. 이를 '진망융즉眞妄融卽'이라고도 한다.

형태가 없으면 이름도 없다. 소리도 모습도 없다. 없음도 없다. 여기까지 오면 백척간두이니, 이제 진일보해야 한다. "흰 구름, 뿌리가 없고 청풍, 무슨 색인가"는 한 점의 흰 구름이 생겼지만 맑은 바람이 휙 불어 뿌리도 잎새도 순간 사라졌다는 의미다. 건개乾蓋는 하늘에 떠있는 흰 구름이다. 구름이 흩어지는 데는 까닭이 없다. 구름은 실체가 없기 때문에 "마음이 없다"고 하였다. 곤坤은 땅이다. 대지는 만물을 싣기 때문에 지여地輿라고 한다. 청풍은 대지를 유지하는 힘이 있다. 구름이나 바람 모두 무주본이며 참된 자기를 말한다. 마음이 없다는 것은 무주본의 본질이지만 힘이 있다는 것은 무주본의 성능을 보인 것이다. 천 년의 먼 시간의 본원을 명백히 구명해 보니 바로 지금과 떨어져 있지 않다는 것이다. 삼라만상은 무주본에서 일어났음을 알 수 있다.

찰은 대大를 의미하고 진은 소小를 의미한다. 찰진의 도라고 하는 것은 일즉일체다. "찰진刹塵마다 도를 만나니"라는 것은 어느 곳에서나 도를 만난다는 의미다. "곳곳마다 보현이며"에서 보현은 언제 어디서나 절대 만족한 자이다. 부족함이 없는 것이다. 찰나의 순간마다 도를 만나고 눈에 띄는 것마다 도라면 재재처처 모두 보현보살 아닌 것이 없다. "누각의 문이 열리니"는 순간에 알아차리는 것을 의미한다. 《화엄경》〈입법계품〉에 나온다. 미륵보살이 누각에 나아가 손가락으로 튕기니 문이 열려, 선재동자가 안으로 들어가보니 삼천대천세계와 백억의 사천하와 도솔천에 미륵이 있는 것을 본다. 미륵은 성이다. 자씨慈氏라고 번역한다. 이름은 아일다이며 무능승無能勝이라고 번역한다. 승덕勝德이 만인에게 넘치기 때문이다.

제75칙

서암의 본래면목

서 암 상 리
瑞巖常理

【시중】

그대로라고 말하는 순간 이미 변했네. 알음알이로는 이르지 못하는
곳, 말로서는 절대로 안 된다. 여기서 오히려 참구할 길이 있겠는가, 없
겠는가.

환 작 여 여 조 시 변 야　　지 부 도 처　　절 기 도 착　　저 리 환 유 참 구 분 야 무
喚作如如早是變也。智不到處。切忌道著。這裏還有參究分也無。

본칙

서암이 암두에게 물었다. "무엇이 언제나 변함없는 본래면목입니까."
암두가 말했다. "움직였어." 서암이 물었다. "움직일 때는 어떠합니
까?" 암두가 대답했다. "언제나 변함없는 본래면목을 보지 못했군." 서

암이 우두커니 생각에 잠겼다. 암두가 일렀다. "긍정한다면 근진을 벗어나지 못하고 긍정하지 못한다면 영원히 생사에 빠질 것이다."

【송】

둥근 구슬, 구멍 난 데 없고

큰 옥돌, 다듬은 데가 없다.

도인을 귀히 여김은 모나지 않아서다.

긍정조차 없으면 근과 진이 공하다.

어디에도 의지하지 않으니 참된 자유인.

해설

여여는 '본래 있는 그대로'라는 의미다. 여는 불변불이不變不異라는 뜻이며 우주 절대진리를 형용한 말로 진여眞如라고도 한다. 남전이 좌주座主에게 물었다. "《열반경》에서는 무엇으로 극칙極則을 삼는가?" 좌주는 "여여를 극칙으로 삼습니다"라고 답한다. 남전은 "여여라고 말하는 순간 이미 변해 버렸어"라고 말한다. 여여는 '그대로' '이대로'라는 뜻이다. 춘하추동도 이같이 오고 간다. 부처도 이같이 오고 간다고 해서 여래如來라고 한다. 그런데 '본 그대로' '듣는 그대로'는 체험으로만 알 수 있다. 그래서 "알음알이로는 이르지 못하는 곳, 말로서는 절대 안 된다"고 하였다.

양무제가 보리달마에게 "그대는 누구요?"라고 물었을 때 달마는 "불식不識"이라고 했다. 달마는 자신을 무엇이라고 말할 수 없는 것이다. 그 말에는 생각이 일어나기 이전의 자기, 즉 본래면목은 누구에게도 설명할 수 없는 경계라는 뜻이 내포되어 있다. "알음알이로는 이르지 못하는 곳[智不到處]", 즉 '참된 자기'를 "참구할 길이 있겠는가, 없겠는가"라고 만송은 말했다. 그러고 나서 참구할 길이 있음을 예로 들었다.

서암 사언瑞巖師彦 선사는 암두의 법을 이었다. 이 본칙에서의 서암이 어린 승이었을 때다. 처음 암두를 찾아뵙고 물은 것은 본래면목에 대해서다. 암두는 "움직였다"고 했다. 암두답지 않은 대답이지만 상대가 어린 승이기 때문에 어쩔 수 없다. 본래면목을 머리로 묘사한다면 그것은 관념이다. 때문에 다만 그대로이지 않으면 안 된다.

서암은 다시 "움직일 때는 어떠합니까?"라고 묻는다. 움직였다면 어떻게 되는 것인가. 본래면목이 없어지는 것인가. 암두는 "본래면목을 아직 보지 못했군"이라고 잘라 말했다. 서암은 머리가 휑했다. 잠시 우두커니 생각에 잠긴 것이다. 암두는 말했다. "긍정한다면 근진을 벗어나지 못하고 긍정하지 못하면 영원히 생사에 빠질 것이다." 근진根塵은 육근과 육진이고 생사는 미혹을 말한다. 긍정해도 그것은 분별망상이고 긍정하지 못한다면 역시 미망에 잠긴 범부다.

천동의 노래 첫 두 구는 암두의 마지막 두 구를 노래했다. "둥근 구슬, 구멍 난 데 없고 큰 옥돌, 다듬은 데가 없다"라고 구슬을 찬미했다. 이는 본래 완전무결한 우리 존재다. 능각稜角은 모서리다. 긍, 불긍 모두 모서리다. 둥근 원을 잃기 때문이다. "도인을 귀히 여김"은 모나지 않기 때문이다. "긍정조차 없으면 근과 진이 공하다"는 것은 긍정마저 완전히 제거[拈却]하면 비로소 근과 진이 공하다는 것이다. 대청정이 된다. 탈체脫體는 완전히 드러난 것을 의미한다. 무의는 어디에도 의지하지 않는 것이다. 탈체무의는 바로 무위진인無位眞人이다. 활탁탁은 독립하여 반려가 없음을 뜻한다. 참된 자유인이다.

제76칙

수산의 세 구

수 산 삼 구
首山三句

【시중】

일구로 삼구를 밝히고 삼구로 일구를 밝힌다. 삼과 일은 서로 교섭하지 않아 분명 향상의 길이다. 말해보라. 어느 구가 우선이겠는가?

일 구 명 삼 구　　삼 구 명 일 구　　삼 일 불 상 섭　　분 명 향 상 로　　차 도
一句明三句。　三句明一句。　三一不相涉。　分明向上路。　且道。
시 나 일 구 재 선
是那一句在先。

본칙

수산이 대중에게 말하였다. "제1구에서 알면 불조의 스승이 되고, 제2구에서 알면 인천의 스승이 되고, 제3구에서 알면 자신도 구제하지 못한다." 어떤 스님이 물었다. "화상께서는 몇 번째 구에서 아셨습니까?"

수산이 말했다. "달도 져버린 삼경에 저자 한복판을 뚫고 지나갔네."

거   수산시중운   제일구천득   여불조위사   제이구천득
擧。 首山示衆云。 第一句薦得。 與佛祖爲師。 第二句薦得。
여인천위사   제삼구천득   자구불료   승운   화상시제기구천득
與人天爲師。 第三句薦得。 自求不了。 僧云。 和尙是第幾句薦得。
산운   월락삼경천시과
山云。 月落三更穿市過。

【송】

불조의 백골, 한 꼬치로 꿰고

궁중의 물시계, 밀밀히 바늘을 옮긴다.

인천人天의 기요機要, 천균千鈞을 쏘고

먹구름이 번쩍하니 번개가 내리친다.

그 가운데 사람, 달라짐을 보라.

천한 이 만나면 귀해지고, 귀한 이 만나면 천해진다네.

구슬을 찾아낸 망상이여, 지도至道는 면면하고

죽은 소에 칼을 놀림이여, 자비심이 가득하네.

불조촉루천일천   궁루침침밀전전
佛祖髑髏穿一串。 宮漏沈沈密傳箭。
인천기요발천균   운진휘휘급비전
人天機要發千鈞。 雲陳輝輝急飛電。
개중인간전변   우천즉귀귀즉천
箇中人看轉變。 遇賤則貴貴則賤。
득주망상혜지도면면   유인망우혜적심편편
得珠罔象兮至道綿綿。 游刃亡牛兮赤心片片。

일구로 삼구를 밝힌다는 것은 일구에 삼구를 갖추었다고 하는 것으로 파주把住를 의미한다. 삼구로 일구를 밝힌다는 것은 앞과 반대다. 말하자면 삼즉일, 일즉삼이다. 섭涉은 교섭이다. 교섭하지 않는다는 것은 관계가 없다는 것이다. 하나도 둘도 셋도 모두 독립되어 있다. 그래서 삼구와 일구, 모두가 무관계이며 이는 향상의 일로라고 하였다. "자, 말해보라. 어느 구가 우선이겠는가." 향상의 일로는 매일 밥 먹고 차 마시고 하는 각각의 행동이다. 이러한 행동이 일로삼매一路三昧이며 그렇지 않으면 분별망상으로 헤매게 된다.

수산 성념首山省念 선사는 풍혈 연소의 법을 이었다. 입적하기 1년 전 시적示寂을 예언하고는 당에 올라 대중에게 게를 설한 후 안좌하여 입적했다고 한다.《종용록》제65칙에도 '수산신부'의 공안이 있다. 제1구에서 천득한다는 것은 제1구에서 법의 눈[法眼]이 열렸다는 것이다. 제1구에서 깨치게 되면 석가의 스승이 된다. 황벽이 수좌시절 때, 남전 화상의 좌복 위에 턱 앉았다. 남전이 물었다. "자네는 언제부터 불도수행을 시작했나?" 황벽이 대답했다. "위음왕威音王 이전(천지개벽 이전)부터요." 이에 남전이 말했다. "왕노사(남전의 성이 왕씨)의 손자로고. 물러가라!" 이것은 제1구에서 천득한 것이다. 삼세제불은 좌선에서 태어났음을 남전이 한마디 한 것이다. 제2구는 인천人天이다. 인천은 인간계와 천상계. 미혹과 깨달음, 중생과 부처와 같이 나누어졌다. 제3구는 탐진치의 생활이다. 스스로도 구하지 못한다. 이상의 삼구는 언어표현 대로 모두 따로따로다. '삼과 일은 무관계'라고 시중에서 밝혔다. "화상께서는 몇 번째 구에서 아셨습니까?" 수산은 대답했다. "달도 저버

린 삼경에 저자 한복판을 뚫고 지나갔네." 삼경은 밤중이다. 한밤중에
는 하나도 셋도 보이지 않는다. 적적한 도시의 한복판을 쓱 통과해버
렸다는 것이다. 대무사인大無事人이다. 송의 첫 구는 제1구를 노래했다.
한 꼬치로 꿰었다는 것은 수많은 조불祖佛과 나란히 꿰어버렸다는 뜻
이다. 대자유인이 되어 자연의 생활이 된 것을 "궁중의 물시계, 밀밀히
바늘을 옮긴다"라고 했다. 궁루宮漏는 옛날 궁중에서 사용한 물시계다.
물이 흘러감에 따라 인형이 지닌 화살이 세밀히 시간을 가리켰다. 무
심의 생활이다. 다음 두 번째 구는 제2구를 노래한 것이다. 기요機要는
뛰어난 작용이다.

천균은 돌을 발사하는 무기다. 인천人天을 위해 기요로써 진리를 보
이지만 이것은 마치 천균으로 돌을 발사하는 것과 같은 것이다. 절대
의 권위로 언제나 탄력 있는 교화를 하는 것이다. 그 교화가 "먹구름이
번쩍거리니 번개같이 내리치는 것"과 같다. 다음은 제3구다. 개중箇中
의 사람이란 그 가운데 사람이다. 그는 전변자재하며 스스로도 구하지
못하는 사람이다. 자구불료自求不了의 천인賤人인가 하면 불조의 스승
이 되는 귀인이다.

송의 마지막 구는 "달도 져버린 삼경, 저자 한복판을 뚫고 지나가버
렸네"라고 하는 수산의 말을 '망상의 구슬'에 견주어 노래한 것이다.
여기에 따르는《장자》의 고사가 있다. 황제가 적수赤水의 북쪽에서 놀
고 있을 때 구슬을 잃어버렸다. 처음 알음알이가 많은 자가 와서 찾아
보았지만 찾을 수 없었다. 눈이 흐릿한 자가 와서 찾아보았지만 역시
찾지 못했다. 마지막으로 망상이라는 장님이 와서 마침내 구슬을 찾았
다. 무자無字라는 구슬도 장님이 아니면 찾지 못한다. 이지理智나 분별
의 눈으로는 안 된다. 이 구슬을 찾으면 영구히 망설이지 않고 언제나

대도의 왕래가 자유로워진다[至道綿綿]. 면면은 계속되어 끊어지지 않는 것이다.

"죽은 소에 칼을 놀림이여"도 《장자》에 나오는 고사다. 죽은 소를 해부하는 데는 큰 칼이 필요하지 않다. 마치 소를 가지고 노는 것처럼 뼈마디마디 사이로 칼을 넣어 살을 바른다. 미혹함을 부수기 위해 깨닫지 않으면 안 되지만 깨달았다면 깨달음조차 버려야한다. 그래야만 비로소 대무심大無心의 사람이 된다. 마치 "삼경에 저자 한복판을 뚫고 지나간" 사람처럼.

제77칙

앙산의 '조금'

앙 산 수 분
仰山隨分

【시중】

공空을 그리려 붓을 대기만 하면 바로 그르친다. 모양을 내서 어쩌자
는 것인가. ○. 만송이 이미 이렇게 고정해 놓았으니 조문이 있으면 조
문을 들고 조문이 없으면 실례를 들어보라.

여 인 화 공　　하 필 즉 착　　나 감 기 모 작 양　　감 작 심 마　　　　　 만 송 이 시 로
如人畫空。下筆卽錯。那堪起模作樣。堪作甚麼。○。萬松已是露
전 삭　　유 조 반 조　　무 조 반 례
栓索。有條攀條。無條攀例。

<u>본칙</u>

어떤 스님이 앙산에게 물었다. "화상께서는 글자를 아십니까?" 앙산이
대답했다. "조금 알지." 스님이 바로 오른쪽으로 한 바퀴 빙 돌고 말하

였다. "이게 무슨 글자이지요?" 앙산이 땅에 십十 자를 썼다. 스님이 왼쪽으로 한 바퀴 돌고 말하였다. "이건 무슨 글자입니까?" 앙산이 십 자를 고쳐 만卍 자를 만들었다. 스님이 일원상을 그려 두 손으로 받들어 마치 아수라가 해와 달을 받치는 자세로 말하였다. "이건 무슨 자입니까?" 앙산이 바로 만자를 둘러싼 원을 그렸다. 스님이 바로 누지불樓至佛의 자세를 취하였다. 앙산이 말하였다. "그래, 그래, 그대가 잘 호지하라."

擧。僧問仰山。和尚還識字否。山云。隨分。僧乃右旋一匝云。是
甚麽字。山於地上書箇十字。僧左旋一匝云。是甚麽字。山改十字
作卍字。僧畫一圓相以兩手托。如修羅掌日月勢云。是甚麽字。
山乃畫圓相圍却卍字。僧乃作樓至勢。山云。如是如是。汝善護持。

【송】

도의 고리 텅 비어 차있지 않고

공이라는 글자, 아직 형태가 없다.

절묘하게 천륜지축을 돌리고

정밀하게 무위문경을 펼친다.

풀어놓고 꿰어 모으며

홀로 주유하네.

기가 현추를 발함이여, 맑은 하늘에 번개가 치고

눈에 자광을 머금음이여, 대낮에 별을 보네.

道環之虛靡盈。空印之字未形。

묘 운 천 륜 지 축　　밀 라 무 위 문 경
妙運天輪地軸。密羅武緯文經。
방 개 날 취　　독 립 주 행
放開捏聚。獨立周行。
기 발 현 추 혜 청 천 격 전　　안 함 자 광 혜 백 일 견 성
機發玄樞兮靑天激電。眼含紫光兮白日見星。

해설

공이란 진공眞空이니, 허공 같은 것이다. 진공을 그린다 해도 진공이
될 수 없다. 무자無字가 여기서는 공으로 개명되었다. 다만 붓을 들뿐
분별의 붓을 댄다면 그르친다. 기묘작양起模作樣은 이런 것일까 저런
것일까 머리로 생각하는 것을 말한다. 무엇을 만들겠다는 것인가.

전栓은 물건을 고정하는 데 쓰는 나무못이고, 삭索 역시 물건을 고정
시키는 굵은 끈이다. 이리저리 궁리하는 학인에게 만송이 힌트를 준
다. 조문이 있으면 보이고 조문이 없으면 실례를 보이라고 공안을 주
는 것이다.

앙산은 굉장한 도인이었던 것 같다. 어느 날 인도에서 나한이 날아
와 앙산 앞에 나타났다. 앙산이 어디서 왔는가를 물으니 인도에서 왔
다고 했다. 언제 인도에서 떠났는가를 물으니 오늘 아침에 떠나왔다는
것이다. 무엇을 꾸물거리고 있는가 다그치니, 산수의 경관을 보러 왔
다고 했다. 앙산이 자재신통은 그대가 위대할지 모르지만 그 같은 것
으로는 불법을 손에 들었다고 말할 수 없다고 했다. 이에 나한은 "나
는 중국에 와서 문수보살을 예배하려 했는데 예정에 없이 작은 석가를
만나뵙게 되었다"고 말했다. 그리고 인도에서 가져온 범서梵書의 패엽
경을 기념으로 남기고 앙산에게 예배한 후 다시 공중으로 날아 돌아갔

다고 한다.

　나한은 자주 앙산 처소에 나타난 것 같다. 공안에 나오는 승도 같은 나한일지도 모른다. 승이 앙산에게 글자를 아는지 묻자 앙산은 "조금 알지"라고 답했다. 나름대로 알고 있음을 드러낸 것이다. 많이 안다고 한다면 문자삼매에 묻혀있는 것이다. 승은 오른쪽으로 돌고 이게 무슨 글자인가 물었다. 우선右旋은 시계바늘이 도는 쪽이다. 앙산은 땅에 십十자를 썼다. 십은 완전함을 의미한다. 승이 이번에는 좌로 돌고 나서 이건 무슨 자냐고 묻는다. 앙산은 십자를 만卍 자로 만들었다. 만은 만덕원만이다. 만 자는 선화륜旋火輪이다. 오른쪽으로 돌면 순만[卍]이고 왼쪽으로 돌면 역만[卐]이다. 범부는 순만의 생활을 한다. 순류생사順流生死다. 생사는 미혹이다. 그러나 세상을 등진 불도수행은 역만이다. 역류생사逆流生死다. 역류생사를 뚫으면 비로소 순역초월의 참된 만 자가 손에 들린다. 수라는 아수라, 즉 강력하여 범천제석과 싸우는 마신魔神이다. 승은 아수라의 모습을 보이고 이것은 무슨 자냐고 물었다. 아수라의 자세로 해와 달을 드는 역량으로 크게 분노하는 모습을 보인 것이다. 앙산은 만 자를 둘러싼 원을 그렸다. 원에 만 자가 겹쳤다. 큰 분노도 불성의 작용이다. 본래면목이다. 승은 누지의 자세를 취했다. 누지는 인왕의 모습이다. 인왕은 현겁시대에 천불이 세상에 출현하시는 가운데 마지막 부처가 되는 것이 자신임을 알았을 때, 자신의 박복함을 슬퍼하여 울었다. 그러나 바로 생각을 고쳐먹고 "그래, 나는 먼저 성불하신 사형들의 불법을 옹호하자!"라며 웃었다. 금강밀적金剛密跡이 되니 인왕보살이다. 인왕보살은 《관음경》에는 집금강신으로 나온다. 처음에는 울고 다음에는 웃으며 '음~' 하는 자세를 취하고 있다. 이는 본래 구족한 불성의 표현이다. 앙산은 "그래! 그래! 그대가 잘 호지하라"고 하였다. 그대로 인정한 것이다.

송의 두 구는 대구對句이다. 도의 고리[道環]도 공인空印도 모두 불도를 말한다. 이를 한쪽은 고리에 비유하였고 다른 한쪽은 인印에 비유하였다. 고리 속은 텅 비었는데, 가운데가 꽉 차면 원판이지 더 이상 고리가 아니다. 이는 공을 비유한 것이지 다른 이유는 없다. 미혹에는 미혹함의 덩어리가 없고 깨달음에는 깨달음이라는 덩어리도 없다. 그 성체性體는 공이고 허虛다. 천지만물은 무시무종이다. 이를 "도의 고리, 텅 비어 차있지 않고"라고 노래했다. 이는 앙산의 경계를 노래한 것이다. "공이라는 글자, 아직 형태가 없다"도 앞의 구와 다를 바 없다. 오른쪽으로 돌던 왼쪽으로 돌던, 마치 공중에 인을 찍는 것과 같으니, 이는 승의 경계이다. "절묘하게 천륜지축을 돌리고 정밀하게 무위문경을 펼친다"는 대구다. 앙산과 승의 법전法戰이다. 하늘은 양이고 땅은 음이다. 우주를 왼쪽으로 오른쪽으로 돌리는 승의 신통묘용을 절묘하게 천륜지축을 돌린다고 했다. 무武는 살인도이고 문文은 활인검이다. 위緯는 세로줄이고 차별을 뜻하며, 경經은 가로줄로 평등을 나타낸다. 앙산이 십十을 쓰기도 만卍을 쓰기도 하고 더구나 원을 그려 승에게 보인 것은 살활자재의 친절한 대응으로, "정밀하게 무위문경을 펼친다"고 노래한 것이다. "방개날취"는 앙산을 노래한 것이다. 날취는 잡고 놓지 않는 것, 방개는 그 반대다. "독립주행"은 승이 좌로 돌고 우로 도는 것을 나타낸다. 그러나 승과 앙산은 모두 공인이며 도환이다. 언제나 홀로 서고 홀로 걷는다.

기機는 작용이며 현玄은 그윽하고 그윽한 미묘함이다. 현추는 타성일편을 뜻하니 공이다. 거기서 나온 전광석화電光石火 같은 재빠른 작용이 앙산의 활活 작용이다. 이를 "기가 현추를 발함이여, 맑은 하늘에 번개가 치고"라고 했다. 앙산의 눈빛은 남달라 자광紫光을 품고 있다.
때문에 승의 오장육부를 환히 들여다보고 대낮에 별을 볼 정도이다.
이를 "눈에 자광을 머금음이여, 대낮에 별을 보네"라고 했다. 마지막
두 구는 앙산의 범상치 않은 모습을 노래했다.

운문의 호떡

운 문 호 병
雲門餬餠

【시중】

하늘에 가치를 구하면 온 땅 가득히 대가를 지불해야 한다. 온갖 계교
로 꾸미고 구한들 크게 부끄러울 뿐이다. 그런데 진퇴를 알고 휴구를
알 자가 있을까.

문 천 색 가　박 지 상 수　백 계 경 구　일 장 마 라　환 유 지 진 퇴 식 휴 구
絃天索價。 搏地相酬。 百計經求。 一場懡㦬。 還有知進退識休咎
저 마
底麼。

본칙

어느 스님이 운문에게 물었다. "무엇이 부처를 초월하고 조사를 뛰어
넘는 말씀입니까?" 운문이 말했다. "호떡."

^거 ^{승 문 운 문} ^{여 하 시 초 불 월 조 지 담} ^{문 운} ^{호 병}
擧。僧問雲門。如何是超佛越祖之談。門云。餬餅。

【송】

호떡이 불조를 뛰어넘는 말이라지만

말에 맛이 없으니 어떻게 참구하랴.

납자가 어느 날 배부른 줄 안다면

운문의 얼굴을 본다 해도 부끄럽지 않으리라.

^{호 병 운 초 불 조 담}　^{구 중 무 미 약 위 참}
餬餅云超佛祖談。句中無味若爲參。
^{납 승 일 일 여 지 포}　^{방 견 운 문 면 불 참}
衲僧一日如知飽。方見雲門面不慙。

해설

문천統天은 하늘을 통틀어 말하는 것이며, 박지搏地는 만지滿地라고도 하는데 땅 전체에 가득하다는 의미다. 천지에 있는 대로 구하면 천지는 있는 그대로 주니 이는 운문의 접화다. 학인이 큰 기대를 가지고 최고의 깨달음을 얻으려고 스승을 대할 때, 스승은 반대로 최저의 것으로 답한다. 이것은 스승과 학인의 상견에서 서로의 기략機略이겠지만, 망상이 많은 놈은 백 가지, 천 가지 계략으로 무상無上의 고가高價를 얻으려고 해도 헛수고이며 한바탕 부끄러움일 뿐이다. 참된 학인의 활계活計는 아니다. 진퇴는 문답왕래이며 휴구는 시비선악이다. 어떻게 하면 진퇴를 알고 휴구를 알 정도의 사람이 되겠느냐고 공안을 낸다.

　승이 운문에게 물은 것은 참으로 고답적이다. "부처를 초월하고 조사를 뛰어넘는 말씀"은 불조도 알지 못하는 경계를 뜻한다. 불도를 배우고 관념으로 이를 사유하는 것은 모두 참됨이 아니며 실제로 수행에 의해 대오철저해야 한다. 미혹과 깨침마저 없을 때가 '초불월조'의 경계이니, 이 경계를 아는 자는 진퇴 휴구를 아는 자라고 노래했다.

'초불월조의 말씀'은 불조도 없는 경계다. 호떡! 석존의 일대설법 이상의 것을 다만 이 한마디로 말했다. 호떡은 맛이 없지만 한번 먹으면 영양가가 만겁이 지나도록 남아있다는 것이다. 어떻게 먹을까? 씹는 것이 좋을까 삼키는 것이 좋을까? 납승이 어느 날 배부른 것을 알면 바로 운문의 얼굴을 대해도 민망하지 않을 것이다.

제79칙

장사의 진보

_{장 사 진 보}
長沙進步

【시중】

금사탄두의 마랑부는 특별한 정신이다. 유리병 속에서 떡을 쳐야 하는
데 누가 감히 그렇게 할 수 있을까. 사람을 놀라게 하는 격랑 속으로
들어가지 않으면 원하는 물고기를 만나기 어렵다. 당당하고 의젓하게
걷는다, 이 한 구절은 무엇인가.

_{금 사 탄 두 마 랑 부   별 시 정 신   유 리 병 리 도 자 고   수 감 전 동   불 입 경}
金沙灘頭馬郎婦。別是精神。瑠璃瓶裏擣餈糕。誰敢轉動。不入驚
_{인 랑   난 봉 칭 의 어   관 행 대 보 일 구 작 마 생}
人浪。難逢稱意魚。寬行大步一句作麼生。

본칙

장사 경잠이 어떤 스님을 시켜 회화상에게 묻게 했다. "남전을 보기 전

₃₆₀

엔 어떠했습니까?" 회가 잠자코 침묵했다. 스님이 다시 물었다. "본 뒤에는 어떠합니까?" 회가 대답했다. "별다를 게 없다." 스님이 돌아와 장사에게 아뢰니 장사가 말했다. "백척간두에 앉은 이가 비록 깨달았다고 해도 진짜가 아니다. 백척간두에서 한 걸음을 내딛어야 시방세계와 온통 한몸이 된다." 스님이 물었다. "백척간두에서 어떻게 해야 한 걸음 내딛습니까?" 장사가 대답했다. "낭주의 산이요, 예주의 물이니라." 스님이 "모르겠습니다" 하니, 장사가 말했다. "사해와 오호가 왕의 덕화 속에 있느니라."

長沙令僧問會和尙。未見南泉時如何。會良久。僧云。見後如何。
會云。不可別有也。僧迴擧似沙。沙云。百尺竿頭坐底人。雖然得
入未爲眞。百尺竿頭須進步。十方世界是全身。僧云。百尺竿頭如
何進步。沙云。朗州山澧州水。僧云不會。沙云。四海五湖王
化裏。

【송】

옥인은 닭 울음소리에 꿈을 깨고

빙 둘러보니 각각의 살림살이 훤히 보인다.

소식 실은 바람과 우뢰, 겨울잠을 깨우고

말 없는 복사꽃과 오얏꽃, 오솔길 절로 나네.

때가 되어 힘써 밭갈이 하는데

누가 봄날 논두렁에 무릎 빠지는 진창을 두려워하랴.

玉人夢破一聲雞。轉盼生涯色色齊。

유 신 풍 뢰 최 출 칩   무 언 도 리 자 성 혜
有信風雷催出蟄。 無言桃李自成蹊。
급 시 절   역 경 리   수 파 춘 주 몰 경 니
及時節。力耕犁。 誰怕春疇沒脛泥。

"금사탄두의 마랑부"에 대한 고사가 있다. 당나라 헌종 때, 협우라는 지방에 불법이 좀처럼 전도되지 않았다. 그때 관음보살이 미인의 모습으로 나타나 경문을 암송하는 청년에게 시집을 가겠다고 했다. 청년들이 다투어 《법화경》을 외웠지만 그 가운데 마씨의 아들이 제일 먼저 외워 그녀를 신부로 맞게 되었다. 혼례 때 많은 사람의 선망을 받았지만 기쁨을 간직할 사이도 없이 신부가 죽어 무상함을 절실히 느꼈다. 그때 한 노승이 나타나 미인의 유래를 말했다. 그때부터 불법이 넓혀지고 금사탄두에 한 분의 관음상이 안치되었다. 대승보살의 특별한 정신으로 중생제도를 위해서는 어떠한 모습으로 나투어서라도 이루게 한다는 정신이다. 수행도 이 정도는 돼야 한다. 이것이 장사의 경계다.

"유리병 속에서 떡을 쳐야 하는데 누가 감히 그렇게 할 수 있을까." 유리병 속에서 떡을 만들려고 절굿공이를 움직이면 병이 깨져버려서 떡을 만들 수가 없다. 나를 잊고 노도격랑怒濤激浪 속으로 들어가지 않으면 참된 활발발한 물고기를 얻을 수 없다. "관행도보"는 자유롭게 큰 길을 당당히 걸어가는 것을 뜻한다. 우주대도를 활보하는 경계를 보이는 이 일구는 어떤 것인가, 시중은 공안을 제시한다.

앙산은 호남성 장사의 경잠선사를 잠대충岑大虫이라고 불렀다. 대충은 호랑이니, 경잠이 호랑이같이 무서운 화상이라는 의미다. 회화상은 여회如會(744~823)이다. 그는 남전南泉 문하의 걸물이지만 이때는 아직 깨치지 못했던 것 같다. 장사가 회화상의 경계에 의심이 생겨 승을 시켜 알아보는 것이다. 남전을 보기 전 어떠했느냐는 것은 부모에게 태어나기 이전의 소식, 머릿속에 분별망상을 그리기 전의 순진純眞을 묻는 것이다. 본래면목이 어떠하냐는 것이다. 회는 잠시 가만히 있었다. 아무 말 없이 전신을 드러낸 것이다. 장사가 시킨 대로 승은 다시 "본 후는 어떠하냐"고 물었다. 회는 즉시 "별다를 게 없다"라고 대답했다. 승의 보고를 듣고 장사는 "백척간두에서 한 걸음 내디뎌야 한다"고 했다. 즉 회화상이 깨달음을 허리에 차고 있을 뿐이어서 그것을 내려쳐야 한다는 것이다. 승은 어떻게 해야 백척간두에서 진일보할 수 있는지를 물었다. 장사는 "낭주의 산, 예주의 물"이라고만 하였다. 결국 산은 다만 산, 물은 다만 물이라고 한 것이다. 승이 "알지 못하겠다" 했다. 알 수 있는 것이 어디에 있을까? "사해오호四海五湖"는 중국의 사백여주四百余州를 뜻한다. 장사는 '모두가 왕의 땅이니 어디에 있어도 별다를 게 없다'고 했다.

송의 첫 두 구는 회화상의 깨달음의 경계를 노래했다. 옥인은 본래 면목인데, 그것이 분별망상의 꿈을 보고 있다. 그런데 남전의 일언일구, 일거일동의 지도에 의해 그 꿈이 부서져서 남전을 닭에 비유했다. 전혜는 빙 둘러보는 것이다. 깨달음의 눈으로 둘러보니 사사물물이 모두 법신의 드러남이다. 불성의 드러남이다. 이것이 생애가 되고 생활이 된다. 하지만 그것을 머릿속에서 그리고만 있다면 잘못이라는 것이다. 유신有信은 봄이 온 것을 말한다. 봄이 오면 바람이 불고 벼락이 친다. 이것이 "유신풍뢰"이다. 그러면 잠자던 벌레가 슬슬 땅위로 나온다. 장사를 풍뢰에 비유하고 회화상은 땅속의 벌레에 비유했다. 도가 원숙하면 법을 구하는 사람들이 모여드니 이를 "말 없는 복사꽃과 오얏꽃, 오솔길 절로 나네"라고 했다. "때가 되어 힘써 밭갈이 하는데"라는 것은 시절이 되면 자연히 소를 부려 밭을 간다는 것을 말한다. 곧 봄날 농작의 풍경이다. "누가 봄날 논두렁에 무릎 빠지는 진창을 두려워하랴?" 어떤 진창이라도 태연하게 수족을 담그고 열심히 농경에 임하는 것인데 어떤 백성이 논두렁 늪에 빠지는 것을 싫어하겠냐는 말이다. 회화상이 "별다를 게 없다"고 하는 것처럼 나를 잊고 자유무애하게 일하는 것이다. "사해오호, 왕화의 속"은 천하태평의 취지를 노래했다. 봄날이 되면 비가 내리고 바람 불고 지상의 모든 것이 자연히 깨어나는 것, 백성은 때가 되면 농작하는 것, 이 모두가 본래성의 작용임을 노래했다.

용아, 선판을 건네다

용 아 과 판
龍牙過板

【시중】

큰 소리는 잘 들리지 않고 큰 그릇은 늦게 이루어진다. 분주하고 시끄

럽지만 바보인 양 천 년 뒤를 느긋하게 기다린다. 말해보라. 이는 어떤

사람인가.

대 음 희 성　　　대 기 만 성　　　향 성 망 백 뇨 리 양 매 대 비 고 천 년 후 만 만
大音希聲。　大器晚成。　向盛忙百鬧裏佯呆待匕古千年後慢慢。
차 도　　　시 여 하 저 인
且道。是如何底人。

▌본칙▐

용아가 취미에게 물었다. "'조사서래의祖師西來意'가 무엇입니까?" 취

미가 말했다. "나에게 선판을 주게." 용아가 선판을 집어서 취미에게

주었다. 취미는 받자마자 바로 때렸다. 용아가 말했다. "때리니까 맞겠지만 '조사서래의祖師西來意'같은 것은 없습니다." 다시 임제에게 물었다. "조사가 서쪽에서 오신 뜻은 무엇입니까?" 임제가 말했다. "나에게 포단을 주게." 용아는 포단을 집어서 임제에게 주었다. 임제는 받자마자 바로 때렸다. 용아가 말했다. "때리니까 맞겠지만 '조사서래의祖師西來意' 같은 것은 없습니다." 용아가 나중에 원주가 되었다. 어떤 스님이 물었다. "화상께서는 예전에 취미스님과 임제스님에게 조사의 뜻을 물으셨다는데, 두 존숙께서는 (그 뜻을) 밝히셨나요?" 용아가 말하였다. "밝혔다면 밝혔겠지만 '조사의祖師意' 같은 것은 없었다."

용아문취미　여하시조사서래의　미운　여아과선판래　아취선판
龍牙問翠微。如何是祖師西來意。微云。與我過禪板來。牙取禪板
여취미　미접득변타　아운　타즉임타　요차무조사서래의
與翠微。微接得便打。牙云。打卽任打。要且無祖師西來意。
우문임제　여하시조사서래의　제운　여아장포단래　아취포단여
又問臨濟。如何是祖師西來意。濟云。與我將蒲團來。牙取蒲團與
임제　제접득변타　아운　타즉임타　요차무조사의　아후주원
臨濟。濟接得便打。牙云。打卽任打。要且無祖師意。牙後住院
승문　화상당년문취미임제조의　이존숙명야미　아운　명즉명
僧問。和尚當年問翠微臨濟祖意。二尊宿明也未。牙云。明卽明
의　요차무조사의
矣。要且無祖師意。

【송】

포단과 선판으로 용아를 대했는데

어째서 기機를 접하고도 작가가 되지 못했는가.

뜻의 성패가 눈앞에 밝혀지지 않아

천 길 낭떠러지에서 떨어질까 두려워한다.

허공에 어찌 검을 걸 것인가.

은하수에 도리어 뗏목을 띄우지.

싹트지 않은 풀에 향상香象이 있음을 알고

밑 없는 광주리에 산 뱀이 있다.

오늘 강호에 무슨 장애가 있으랴.

사방으로 통하는 나루터에 배와 수레가 있구나.

포 단 선 판 대 용 아　　하 사 당 기 부 작 가
蒲團禪板對龍牙。何事當機不作家。
미 의 성 치 명 목 하　　공 장 유 락 재 천 애
未意成褫明目下。恐將流落在天涯。
허 공 나 패 검　　성 한 각 부 사
虛空那挂劍。星漢却浮槎。
불 맹 초 해 장 향 상　　무 저 람 능 저 활 사
不萌草解藏香象。無底籃能著活蛇。
금 일 강 호 하 장 애　　통 방 진 도 유 강 거
今日江湖何障礙。通方津渡有舡車。

해설

너무 큰 소리는 잘 들리지 않고 도리어 작은 소리가 잘 들린다. 사소한 문제는 귀에 잘 들어오지만 무상도無上道, 대정각 같은 큰 문제는 귀에 잘 들어오지 않는다. 삼세제불의 감응도교感應道交의 소리도 등롱노주燈籠露柱의 설법도 굉장한 소리이기 때문에 듣는 자는 극히 드물다. 목숨 걸고 수행하는 자가 대기大器다. 기器는 기機와 같다. 대기는 늦게 이루어진다. 보통사람들이라면 시끄럽고 분주한 저잣거리에서는 조용히 있을 수 없는데 바보 같은 행색으로 앉아있는 사람이 있다. 세상과 만물이 변하는 천 년 뒤를 유유히 기다리고 있을 뿐, 천천히 급할 것 없이 어느 곳에서든 편안히 지낸다. 과연 이는 어떤 사람일까.

　'조사서래의'란 달마대사가 서쪽 인도에서 중국으로 온 연유를 말한다. 달마대사는 무엇을 전하러 중국에 온 것인가. 용아는 불법의 으뜸 가는 진리를 물은 것이다. 그것은 분명 '중생본래성불'이다. 선사들은 이를 몸으로 알게 하기 위해 온갖 수단을 다 쓴다.

　용아가 먼저 취미에게 이에 대해 물었다. 그는 바로 선판을 가져오 라고 하고는 선판을 받아 쥐자마자 단번에 용아를 때렸다. 용아는 맞 고만 있지 않고 항변했다. "때리니까 맞겠지만 '조사서래의祖師西來意' 같은 것은 없습니다"라고 했다. 용아는 다시 임제에게 가서 같은 질문 을 했다. 임제 역시 포단을 가져오라고 했고 받자마자 용아를 때렸다. 포단은 좌선할 때 엉덩이에 받치는 둥근 쿠션 같은 것으로, 이것을 좌 복 위에 놓고 앉아 좌선한다. 용아는 취미에게 한 말을 되풀이한다. "때리니까 맞겠지만 '조사서래의' 같은 것은 없다"고. 용아가 사찰을 관리하는 원주가 되었을 때 어느 승이 물었다. 예전 취미와 임제에게 조사가 서쪽에서 오신 뜻을 물었다는데 두 존숙이 그 뜻을 밝혀 보였 느냐고. 용아는 "밝혔다면 밝힌 것이겠지만 조사서래의 같은 것은 없 었다"고 했다. '조사서래의' 같은 말은 보잘것없어서 말할 필요가 없 다. 만약 말한다면 그 뜻을 그르치게 하는 것이기 때문이다.

　천동은 노래했다. 기機는 근기의 뜻이 아닌 기회, 시기의 뜻으로 그 때 또는 그 경우라고 하는 뜻이다. 용아의 질문에 대한 취미의 선판과 임제의 포단이 답으로 나왔는데, 용아가 두 번 다 작가가 될 기회를 놓 친 것은 왜일까. 성치成襯는 성패, 단안斷案이다. 상대의 것을 빼앗아 눈앞에서 자신의 재능을 드러내려는 생각은 추호도 없다. 만약 일기一 機 일경一境의 선을 자랑하려 한다면 천애天涯의 타향에서 정처 없이 방랑하는 사람이 될까 두려워한다. 그래서 당시 유행하는 법전에 나서 지 않고 바보처럼 있는 것이라고 노래한다. 허공에는 검을 걸 수 없다.

성한星漢은 하늘의 내[川], 곧 은하수다. 양쪽에 땅이 연결되어 있다고 상상하고 은하수에 뗏목을 띄우고 하늘까지 간다는 것이다. 임제도 취미도 가지 못한 곳을 용아가 간다는 의미다. "싹트지 않은 풀"이라는 것은 아직은 불법의 향기가 나지 않는 것이다. 그러나 "향상이 있음을 알고"는 뛰어난 능력을 가진 향상이 감추어져 있음을 다른 사람들은 모르지만 자신은 안다는 뜻이다. 그것은 무기용無機用의 곳에 대기용大機用이 감추어져 있다는 것이다. 밑 없는 광주리 속에 독사가 들어 있는 것도 같은 의미다. 강호는 사방팔방이니 불법이 널리 퍼져 있음을 뜻한다. 예전에는 강호에 마음대로 다닐 수 없었지만 지금은 아무 장애 없이 다닌다는 것이다. 때리든 때리지 않든 불법에 어떤 장애도 없다. 통방은 사방팔방으로 통하는 것을 의미하고 진도津渡는 나루터다. 어느 곳을 가든 참된 '조사서래의'가 있음을 "사방으로 통하는 나루터에 배와 수레가 있구나"라고 천동은 노래했다.

제81칙

현사, 고을에 이르다

현 사 도 현
玄沙到縣

【시중】

움직이면 그림자가 나타나고 깨쳤다 하면 티끌이 생긴다. (그림자와 티끌을) 들면 분명하고 놓으면 은밀하다. 본색도인이 서로 마주했을 땐 어떤 이야기를 할까.

동 즉 영 현　　각 즉 진 생　　거 기 분 명　　방 하 온 밀　　본 색 도 인 상 견　　여 하
動卽影現。覺卽塵生。舉起分明。放下穩密。本色道人相見。如何
설 화
說話。

본칙

현사가 포전 고을에 이르자 화려한 연회로 그를 영접했다. 다음 날 소당장로에게 물었다. "어제 그토록 시끄럽던 것들이 다 어디로 갔소?"

소당은 가사자락을 끌어 올렸다. 현사가 말했다. "전혀 관계가 없소."

擧。玄沙到蒲田縣。百戱迎之。次日問小塘長老。昨日許多喧鬧。
向甚麼處去也。小塘提起袈裟角。沙云。顢挑沒交涉。

【송】

깜깜한 골짜기에 배를 묶고, 맑게 흐르는 물 위로 노를 젓는다.

용과 물고기는 물이 생명임을 알지 못하니

부러진 젓가락으로 한번 휘저어 봐도 무방하다.

현사노사와 소당장로.

상자와 뚜껑, 마주치는 화살촉, 탐간과 영초.

가만히 감춤이여, 늙은 거북이 연꽃에 깃들고

유유히 노님이여, 비단 잉어 수초를 희롱한다.

夜壑藏舟。澄源著棹。
龍魚未知水爲命。折筯不妨聊一攪。
玄沙師小塘老。函蓋箭鋒。探竿影草。
潛縮也老龜巢蓮。游戱也華鱗弄藻。

움직인다고 하는 것은 분별망상이 일어남을 말한다. 범부의 견해, 인
식, 증애의 분별이 일어나면 그것에 상응하는 그림자가 나타난다. 이

것은 모두 업경業鏡의 그림자다. 그렇지만 이것이 본래공임을 깨달아도 이번에는 지견知見이나 공견空見이라는 티끌이 남는다. "들면 분명하고"는 그림자와 티끌을 들어 '이것이 무엇이지'라고 보면, 그것이 아무것도 아님이 분명함을 말한다. 그러나 그 분명함도 잡고 있으면 안된다. 그것마저 내려놓지 않으면 안 된다. 내려놓으면 은밀하여 비로소 천하태평의 자수용삼매自受用三昧가 된다. 걸어도, 먹어도, 누워도 머리에 억지 이론이 절대 남지 않는 것이 바로 은밀의 경지다. "본색도인이 서로 마주했을 때 어떤 이야기를 할까"에서 본색 도인은 진정한 수행자다. 본칙에 나오는 현사와 소당이다. 두 사람의 문답상량을 보라고 한 것이다.

복주福州의 현사 사비 종일宗―대사는 설봉 의존의 법을 이었다. 908년 74세에 시적示寂했다. 현사는 사謝씨의 셋째 아들이었다. 부친과 함께 배를 저어 남이강에서 낚시를 하다가 부친이 실수로 강에 빠졌는데 급류에 휩쓸려 구할 수가 없었다. 그때 대사는 오직 달그림자만 물에 떠있는 것을 보고 바로 무상을 느꼈다. 그리하여 모든 현상은 물에 뜬 달과 같다고 생각하고 설봉산으로 출가했다. 30세 때의 일이다. 현사는 설봉산에서 힘겨운 수행에 집중했다. 어느 날 산을 내려오는 도중에 돌부리에 채였다. 현사는 아파서 크게 소리쳤다. 바로 그때 확철했다. "이 몸, 있지 않은데 아픔은 어디서 오는고"라고 명언을 남겼다. 그리고 언제나 12두타행을 했다. 두타행은 망아妄我를 죽이는 수행이다. 스승인 설봉은 이를 기뻐하여 현사를 사두타라고 했다.

현사대사가 포전 고을에 왔을 때, 소당장로가 주관하여 대환영회를 열었다. 장로란 법을 깨친 분의 존칭이다. 대환영회 다음 날, "어제 그토록 시끄럽던 것들이 다 어디로 갔소?"라며 소당장로를 넌지시 봤다.

서로 칼을 겨눌 수 있는 안목을 갖추고 있다고 본 것이다. "소당은 가사자락을 끌어올렸다." 장로 자신이 '어디에도 가지 않았다'는 것을 보인 소식이다. 현사는 "전혀 관계가 없소"라고 했다.

요조顚挑는 아주 떨어진 것을 말하며 몰교섭은 '관계가 없음'이다. 소당이 가사 자락을 잡은 것은 '어디로 갔는가'라는 물음에 답한 것이다. 현사는 '당치도 않다. 크게 틀렸다. 완전히 관계가 없다'고 했다. 맞다는 것인가, 맞지 않다는 것인가. 말의 표면만 봐서는 안 된다. 현사는 소당의 답이 마음에 들었다. 바로 '맞다'고 대답하기보다 '당치도 않은 말이다'라고 응수한 것은 상대를 알아차리게 하는 묘한 힘이 있다. 시끄럽든 시끄럽지 않든, 모든 것이 우주 가운데서 펼쳐진 것임을 소당 장로는 가사자락을 끌어올려 보인 것이다.

야학夜壑은 깜깜한 계곡이다. 아무것도 보이지 않아 더욱 은밀하다. "배를 묶고"라는 것은 현사의 경계를 노래한 것이다. "맑게 흐르는 물[澄源] 위로 노를 젓는다"는 것은 소당장로를 노래한 것이다. 현사가 '어디로 향해 갔는가'라고 물은 것이 배를 잡아매는 것이라면, 소당이 가사자락을 들어 보인 것은 노를 젓는 것이다. 절저折筯는 부러진 젓가락이다. 용이나 물고기는 물속에 있어도 물을 잊고 산다. 물이 자신의 생명인데도 알지 못하는 것이다. 거기에 부러진 젓가락이라도 물을 한 번 휙 저으면 물이 움직이니 용이나 물고기가 이것이 물임을 알게 될 것이다. 현사도 소당도 은밀한 곳에 있지만 역시 은밀한 곳임을 잊고 있다. 서로 상대의 경계를 휘저어 보임을 천동은 노래했다. 두 사람 모두 지지 않는다. 상자와 뚜껑이 딱 맞는 것이 '함개'이며, 명궁名弓 둘이 서로 화살을 쏘아 화살촉끼리 맞부딪치는 것을 '전봉'이라 한다. 더구나 서로 '탐간영초'한다고 했다. 탐간은 사다새[鵜]의 깃을 엮어 장

대 끝에 꽂아서 물속을 더듬어 물고기를 모이게 하는 것이고, 영초는 풀을 물에 띄워 물고기가 그 그림자에 모여들도록 하는 것을 말한다. 두 가지 모두 어부가 물고기를 잡는 방법인데 선종에서는 종사宗師가 학인을 다루는 기략機略에 비유한다. 여기서는 상대의 뱃속을 탐探하는 것이 탐간이다. 자신의 뱃속을 보이지 않는 것이 영초다. 이 모두 현사와 소당의 법전法戰을 뜻한다.

　마지막 두 구는 두 선사의 훌륭한 선기禪機를 절묘하게 노래했다. 잠축潛縮은 자신의 몸을 가만히 숨기는 것이다. 거북이를 육장六藏이라 하는데 머리와 꼬리와 수족 여섯 개를 등딱지 속으로 감추기 때문이다. 두 사람 모두 늙은 거북[老龜]이어서 감쪽같이 감추니 어디에 있는지 전혀 모른다. 그러나 때로는 아름다운 잉어[華鱗]가 되어 수초 속을 노닌다. 현사의 '어디로 갔는가'라는 물음에 '가사자락을 들어' 응수한 것을 "수초를 희롱한다"고 했다.

제82칙

운문의 소리와 형상

운 문 성 색
雲門聲色

【시중】

소리와 형상에 얽매이면 어느 곳에서나 걸린다. 소리로 구하고 형상으로 보려고 하면 여래를 보지 못한다. 길 가다가 집으로 돌아간다고 하지 말라.

부 단 성 색　　시 수 처 타　　성 구 색 견　　불 견 여 래　　막 유 취 로 환 가 저 마
不斷聲色。　是隨處墮。　聲求色見。　不見如來。　莫有就路還家底麼。

본칙

운문이 대중에게 말했다. "소리를 들어 도를 깨닫고 형상을 보고 마음이 밝아졌다." 관세음보살이 돈을 가져와 호떡을 샀는데 손을 펴니 이것은 만두네.

거 운문시중운 문성오도 견색명심 관세음보살장전래매호
擧。雲門示衆云。聞聲悟道。見色明心。觀世音菩薩將錢來買餬
병 방하수각시만두
餅。放下手却是饅頭。

【송】

문을 나서서 말을 달려 참창을 쓸어버리니

세상의 자욱한 먼지, 절로 깨끗해졌다.

십이처에 남아있던 그림자마저 사라지니

삼천계에 정광명이 빛나고 있네.

출 문 약 마 소 참 창   만 국 연 진 자 소 청
出門躍馬掃攙搶。萬國煙塵自肅淸。
십 이 처 망 한 영 향   삼 천 계 방 정 광 명
十二處亡閑影響。三千界放淨光明。

해설

소리와 색은 우리를 미혹하게 한다. 그러나 때로는 깨닫게도 해준다.
안견이문眼見耳聞은 본래의 면목의 작용이지만 분별 때문에 도리어 망
상이 되기도 한다. 이 망상분별 때문에 어디서든 걸리게 된다.

《금강경》에는 "약이색견아若以色見我 이음성구아以音聲求我 시인행
사도是人行邪道 불능견여래不能見如來"라는 구절이 있다. 시중에서 "소
리로 구하고 색으로 본다"고 하는 것은 여기서 비롯됐다. 대립관념의
분별의 머리로는 진정한 여래를 보지 못한다. 범부근성이 사라지면 부
처의 설법과 형상을 만물에서 만난다. 이것이 《금강경》의 말씀이다. 안
견이문眼見耳聞의 밖, 어디에서 여래를 만날 수 있을까. 어떠한 길이든

모두 본래의 고향으로 가는 길이다. "길 가다가 집으로 돌아간다고 하지 말라"는 것은 바로 이런 뜻이다. 범부는 고향이 저 멀리 있다고 생각해서 그곳으로 돌아간다는 꿈을 갖지만 부처는 그 꿈을 깼기 때문에 언제나 집에 계신다. 이를 '상주영축산常住靈鷲山'이라고 한다.

본칙은 운문선사가 대중에게 수시垂示한 것이다. 향엄화상은 소리의 경계를 듣고 자기의 본심을 밝혔고 영운화상은 현상의 경계를 통하여 자기 심성을 깨달았다. 관세음보살이 돈을 가져와 호떡을 샀다. 호떡을 쥔 손을 펴니 만두였다. 당시 시골에서나 먹었던 호떡이지만, 그냥 얻는 것이 아니다. 가지고 있던 모든 돈을 털어야 살 수 있다. '생각'이라는 분별망상의 재산을 전부 내놓지 않으면 살 수 없다. 호떡을 샀다면 바로 버려라! 버리면 곧 상품上品의 만두가 된다. 이것이 불법이다. 관세음보살이라고 했지만 그 보살은 무한한 대비심의 보배를 지니고 있는 우리 자신의 밝은 본래성이다. 한없는 분별망상을 선뜻 내버리는 것이 오도悟道이며 명심明心이다.

참창攙搶은 추성箒星으로, 불길한 징조를 나타내는 요성妖星이다. 이것이 뜨면 천하가 어지러운 징조로 보는데, 여기서는 분별망상을 가리키며 견문성색見聞聲色을 뜻한다. 환란의 대전쟁이 일어났지만 무無라는 하나의 창으로 돌격한다. 연진煙塵은 횃불과 먼지다. 세상의 대란으로 일어나는 소란이 저절로 가라앉고 맑아진다. 분별망상의 적을 해치우면 자연히 크게 깨닫는다. 십이처는 육근六根과 육경六境이다. 지금까지 십이처는 적이 사는 집이었는데 이제 남아있던 적의 그림자마저 없어지니 완전히 궁전누각으로 변했다. 육근도 육진도 적의 진영이고 우리를 어지럽게 하는 것이라고 생각했지만 점령하여 보니 본래 나의 진영이었다. 뿌리도 잎도 없는 한적한 그림자였다. 지금은 그것

조차 없어졌다. 삼천대천세계가 완전히 저절로 광명으로 나투고 있을
뿐이다.

제83칙

도오의 간병

도 오 간 병
道吾看病

【시중】

온몸이 병인 유마, 고치기 어렵다. 이를 풀로 치료하였는데 문수가 잘
조제했다. 어찌 향상인이 안락처를 얻는 것과 같겠는가. 무엇이 안락
처인가.

통 신 주 병　　마 힐 난 전　　시 초 감 의　　문 수 선 용　　쟁 여 참 취 향 상 인
通身做病。 摩詰難痊。 是草堪醫。 文殊善用。 爭如參取向上人。
득 개 안 락 처　　여 하 시 안 락 처
得箇安樂處。 如何是安樂處。

본칙

위산이 도오에게 물었다. "어디에서 오시는가?" 도오가 말했다. "간병
하고 왔습니다." 위산이 말했다. "몇 명이나 아픈가요?" 도오가 말했

다. "아픈 사람도 있고 아프지 않은 사람도 있습니다." 위산이 말했다. "아프지 않은 사람은 바로 지두타智頭陀가 아니신지요?" 도오가 말했다. "아프고 안 아프고는 그것과 전혀 관계없습니다. 속히 말해보시오, 속히 말해보시오." 위산이 말했다. "말해본들 무슨 상관이 있소."

擧。潙山問道吾。甚麼處來。吾云。看病來。山云。有幾人病。吾云。有病者不病者。山云。不病者莫是智頭陀麼。吾云。病與不病總不干他事。速道速道。山云。道得也沒交涉。

【송】

묘약도 입으로 넘어가지 않으니
신령스런 의사라도 손 쓸 수 없다.
있는 것 같으니 그는 본래 없지 않고
텅 빈 것 같으니 본래 있지 않다.
불멸로 살아가고, 없어지지 않으니 영원하다.
완전히 위음왕 이전을 넘어
홀로 공겁 이후를 거닌다.
고요하구나, 하늘이 덮고 땅이 받들며
움직이는구나, 까마귀 날고 토끼가 달리네.

妙藥何曾過口。神醫莫能捉手。
若存也渠本非無。至虛也渠本非有。
不滅而生。不亡而壽。
全超威音之前。獨步劫空之後。

성평야천개지경　운전야오비토주
成平也天蓋地擎。運轉也鳥飛兎走。

해설

유마는 유마힐로, 석존의 교화를 실천으로 보인 최초의 거사다. 유마가 병에 걸린 이유는 중생의 병 때문이다. 중생계에 병이 있는 한 유마의 병 역시 고칠 수 없으니, 이것이 통신병이다. 시중의 '풀'은 병을 낫게 하는 것인데 이 풀을 약초로 조합하는 데는 문수가 명인이다. 《오등회원》 권2에는 "문수보살이 어느 날 선재동자에게 약을 캐오라고 했다. 동자가 대지를 보니 약이 될 만한 것이 없었다. 동자가 뜻을 받들지 못했다. 문수가 약이 될 것을 가져오라고 말했다. 동자가 풀 한포기를 문수에게 올렸다. 문수는 받고 말하기를, '이 약은 사람을 죽이기도 살리기도 한다고 했다'"라고 나와있다.

　시중에서 문수는 한포기 풀을 잘 조제해서 온몸이 아픈 유마를 낫게 한다. 그렇지만 이 풀은 병을 낫게 하거나 낫게 하지 않거나 하는 양단에 있기 때문에 참된 불조佛祖의 영약靈藥이라고 할 수 없다. 쟁여爭如는 '어찌 같겠는가'라는 말이다. 이는 신심身心이 함께 탈락되고, 생사를 떠나고, 병·불병不病을 넘어선 향상인向上人이 병과 약, 미혹과 깨달음이라고 할 것 없는 대안락의 경계를 얻는 것과 같겠느냐는 것이다. 차라리 안락처로 곧바로 나아가는 것이 좋지 않느냐는 것이다. 그러면 이러한 안락처는 어디에 있느냐며 공안을 제시한다.

　위산은 백장회해의 법을 이었다. 도오는 도오 원지道吾圓智이며 운암 담성의 친형으로 약산 유엄의 법을 이었다. 위산은 마조계이며 도오는 석두계로서 육조 혜능 문하 양대 산맥의 수장首將선사의 계통이다. 위산은 도오에게 어느 곳에서 왔는가를 물었다. 두 살 연상인 위산이 도오를 살피며 법전을 걸자 도오는 간병하고 왔다고 대답했다. 《범망경》에는 여덟 가지 복전福田 가운데 첫 번째가 간병복전이라 했다. 복전은 복덕의 뿌리를 심는 밭이다. 위산은 아픈 자가 몇 명이나 있느냐고 물으며 도오의 심경을 살폈다. 도오는 아픈 자도 있고 아프지 않은 자도 있다고 말했다. 산은 "아프지 않은 사람은 바로 지두타智頭陀가 아니신가?"라고 했다. '두타'라는 명칭은 자신이 쓸 때는 겸손이지만 타인을 부를 때는 경어가 된다. 도오가 두타행을 닦고 있음을 알 수 있다. 만송노인은 위산의 물음을 '함호陷虎의 기機'라고 했다. 즉 '범을 추락시키는 기세'다. 그러나 도오는 곧바로 "아프고 안 아프고는 전혀 그것과 관계없습니다. 속히 말해보시오, 속히 말해보시오"라고 했다. 도오는 위산의 함정에 아랑곳하지 않고 덤볐다. 여기서 '타他'란 병·불병과 관계없는 '그것'이다. 그것은 말을 붙일 수 없는 것인데 '속히 말해보시오'라고 도오는 대들었다. 위산은 태연하게 "말해본들 '그것'과는 전혀 상관이 없다"고 잘라 말한다. 몰교섭沒交涉은 관계없음이다.

천동은 앞의 두 구에서 '그것'을 노래했다. '어떠한 묘약이라도 병·불병과 관계없는 사람에게는 먹게 하지 않고, 어떠한 명의라도 병·불병과 관계없는 사람은 진찰하지 않는다'고 했다. 병·불병을 초월한 본래인 즉 '그것'은 묘체妙體이기 때문에, 그[渠]는 있는 것 같지만 본래부터 없지도 않고 있지도 않았다. 지허至虛는 진공眞空이다. 그는 진공같아 본래부터 있지도 않고 없지도 않다. 무한한 과거로부터 무한한 미래로 살아가는 '그'임을, "불멸로 살아가며 없어지지 않고 영원하다"고 했으며, "완전히 위음왕 이전을 넘어 홀로 공겁 이후를 걷는다"

라고 하였다. 위음은 위음왕불이라고 하는 과거무량겁의 고불古佛이다. 공겁은 이 세계가 부수어지고 공으로 돌아간 시대를 뜻한다. 말하자면 '그'는 영원히 살아가는 법신불이라는 것이다. 이를 실증實證한 것이 석존의 깨달음이다. 마지막 구는 '그'의 작용과 자유무애함을 노래했다. 성평成平은 고요함이고 운전運轉은 움직임이다. 고요한 법신불의 그를 "하늘이 만물을 덮고 땅이 모든 것을 받들고 있다"고 했으며, 그의 자유자재함을 까마귀가 날고 토끼가 달리는 것에 비유했다. 까마귀와 토끼는 각각 태양과 달을 의미한다. 해와 달이 번갈아 뜨고 지는 것 같이 그의 운전이 무애함을 노래한 것이다.

구지의 손가락

구 지 일 지
俱胝一指

【시중】

하나를 들으면 천 가지를 깨닫고 하나를 알면 천 가지를 따른다. 상근

기는 한 번의 해결로 모든 것을 알지만 중하근기는 많이 들어도 믿지

않는다. 간단명료한 그 자리를 시험 삼아 드러내 보일 테니 보라!

일 문 천 오　　일 해 천 종　　상 사 일 결 일 체 료　　중 하 다 문 다 불 신
一聞千悟。一解千從。上士一決一切了。中下多聞多不信。

극 적 간 당 처　시 염 출 간
剋的簡當處。試拈出看。

구지화상은 질문을 받기만 하면 늘 손가락 하나를 치켜세운다.

거 구지화상 범유소문 지수일지
擧。俱胝和尙。凡有所問。只豎一指。

【송】

구지노자의 지두선

삼십 년을 써도 다함이 없다.

진실로 도인에게는 방외술이 있지만

끝내 속물의 눈에는 보이지 않는다.

소득은 심히 간결하나

시설은 무한하다.

대천찰해를 털끝으로 삼키니

비늘 달린 용은 무한한데 누구의 손에 떨어질까.

대단하구나. 임공이 낚싯대를 잡으니.

선사는 다시 손가락 하나를 치켜들며 말한다.

"보라."

구지노자지두선 삼십년래용부잔
俱胝老子指頭禪。三十年來用不殘。
신유도인방외술 요무속물안전간
信有道人方外術。了無俗物眼前看。
소득심간 시설미관
所得甚簡。施設弥寬。
대천찰해음모단 인룡무한낙수수
大千刹海飮毛端。鱗龍無限落誰手。
진중임공파조간 사부수기일지운
珍重任公把釣竿。師復豎起一指云。
간
看。

하나를 들으면 천 가지를 깨닫고 하나를 알면 천 가지를 따른다는 것은 같은 뜻이다. 단 한 번으로 해결이 되니, 말하자면 구지화상의 손가락선이다. 상근기는 한 번에 모든 것을 알고, 중하근기는 많이 들어도 믿지 않는다. 반신반의하는 것이 하下 중의 하근기다. 선수행에는 지식도 학문도 필요 없으니 이것이 상근기다. 극적간당剋的簡當이라는 것은 빼도 박도 못하는 곳, 이것이 본칙에 나오니 잘 참구해보라!

　구지의 본명은 알 수 없다. 그는 '구지불모대준제보살'이라고 하는 《관음경》을 읽는 것을 삼매로 하는 도인이다. 어느 날 실제實際라는 비구니가 와서 법전法戰을 걸었는데 구지는 단 한마디도 하지 못했다. 거기서 비로소 눈이 뜨여 분발심이 일어났다. 구지는 다시 행각에 나서기로 했다. 그때 호법신이 나타나 "잠시 기다리시오. 머지않아 육신대보살이 이곳으로 오니 그분에게 법요를 들으시오"라고 했다. 천룡화상이 온 것이다. 천룡은 대매법상의 법을 이었으며 마조의 손제자다. 구지화상은 천룡에게 니승한테 비참하게 깨진 것을 말하고 불법의 대의를 물었다. 그러자 천룡화상은 다만 손가락 하나를 세워 보였다. 구지는 활연대오했다. 그때부터 누구든 불법을 물으면 손가락 하나를 내보일 뿐이었다. 한 평생 자유롭게 사람들을 지도할 수 있었다. 어린 동자에게도 손가락 하나로 깨닫게 했다는 이야기가 《무문관》에 나오며, 송에서 구지노사는 손가락 선을 한평생 써먹어도 다하지 않았다고 했다. 방외는 미오, 범성, 시비, 득실에 있지 않다는 뜻이다. 도인은 방외의 기술이 있어 속물의 안전眼前에 보이지 않는다. 소득은 심히 간단했지만 일생 써먹어도 끝이 없다. 어떠한 시설이라도 자유롭다.

대천찰해는 삼천대천세계다. 털끝 하나로 전부 마신다. 크고 작다는 것은 범부의 망상으로, 비교에서 말미암은 순간의 환영이다. 손가락 하나로 무엇이든 알게 됨이 이런 이치다. 인룡鱗龍은 훌륭한 수행자를 비유한다. 실은 누구라도 인룡이다. 그러나 누구의 손에 떨어질까. 말할 것도 없이 구지의 손에 떨어진다.

진중珍重은 대단하다는 찬사의 말이다. 구지를 임공으로 비유했다. 임공이 큰 물고기를 낚은 이야기가 있다. 대천찰해에 손가락 낚싯대를 척 드리워 대물을 낚아 올리는 것이다. 무無자라는 낚싯대로 본래의 자기를 낚아 올리는 것이다. 대단하다. 사師는 천동선사다. 천동이 손가락 하나를 들어 보이며 '구지와 이것은 같은가, 다른가, 자, 보라!'라고 우레와 같이 말했다. 보이지 않으면 선방으로 가서 앉아라! 좌선이 일지一指다.

제85칙

국사탑의 모양

국 사 탑 양
國師塔樣

【시중】

허공을 쳐서 부술 수 있는 망치로 산악을 잘라 열어젖히는 솜씨가 있

어야, 비로소 본래 꿰맨 자국이 없는 곳, 허물이나 상처가 보이지 않는

곳에 이른다. 자, 누가 과연 그런 사람인가?

유 타 파 허 공 저 검 추　　벽 개 화 악 저 수 단　　시 도 원 무 봉 하 처　　불 견 하
有打破虛空底鉆鎚。　擘開華嶽底手段。　始到元無縫罅處。　不見瑕
흔 처　　차 수 시 임 마 인
痕處。且誰是恁麼人。

본칙

숙종황제가 충국사에게 물었다. "백 년 후에 바라는 것이 있습니까?"

국사가 말했다. "노승에게 무봉탑을 세워주시오." 황제가 국사에게 말

했다. "국사께서 생각하는 탑 모양을 말씀해 보시오." 국사가 잠시 침묵하다 말했다. "아시겠습니까?" 황제가 "모르겠습니다"라고 하니 국사가 말했다. "저에게 탐원이라는 법제자가 있는데 이 일을 알 것입니다." 나중에 황제가 탐원을 불러 "무슨 뜻이오?" 하고 물었다. 원이 말했다. "상주의 남쪽, 담주의 북쪽, 그 가운데 황금으로 가득 찬 나라가 있습니다. 그림자 없는 나무 밑에서 함께 배에 타니 유리 전각에는 알음알이가 없습니다."

거 숙종제문충국사 백년후소수하물 국사운 여노승작개무봉
擧。肅宗帝問忠國師。百年後所須何物。國師云。與老僧作箇無縫
탑 제왈청사탑양 국사양구운 회마 제운불회 국사운 오유
塔。帝曰請師塔樣。國師良久云。會麼。帝云不會。國師云。吾有
부법제자탐원 각암차사 후제조탐원 문차의여하 원운
付法弟子耽源。却諳此事。後帝詔耽源。問此意如何。源云。
상지남 담지북 중유황금충일국 무영수하합동강 유리전상무
相之南。譚之北。中有黃金充一國。無影樹下合同舡。琉璃殿上無
지 식
知識。

【송】

고적하니 아득하고 아득하며, 둥그니 미려하고 원만하네.

눈길 닿지 않으니 높고 웅장하며

달이 떨어진 못은 텅 비어 칠흑 같다.

구름 걷히니 산은 수척하고 가을 정취가 풍요롭다.

팔괘 위치 바르고, 오행 기운 조화로우니

몸은 이미 안에 있는데, 본 적이 있는가.

남양의 부자여, 도리어 있음을 아는 듯하고

서축의 불조여, 어떻게 해볼 도리가 없다.

고 회 회　원 타 타
孤迴迴。圓陀陀。

안 력 진 처 고 아 아　월 락 담 공 야 색 중
眼力盡處高峨峨。月落潭空夜色重。

운 수 산 수 추 용 다
雲收山瘦秋容多。

팔 괘 위 정　오 행 기 화　신 선 재 리 견 래 마
八卦位正。五行氣和。身先在裏見來麼。

남 양 부 자 혜 각 사 지 유　서 축 불 조 혜 무 여 내 하
南陽父子兮却似知有。西竺佛祖兮無如奈何。

해설

공空은 무아이며 무자성이니, 고정됨이 없다. 소승불교에서는 모든 존재를 75위로 분류하여 공이 됨을 보이고, 대승에서는 이를 100위로 분석하여 공임을 보인다. 모든 경전이 아무리 길거나 짧아도 모두 공을 설명했다. 그래서 불교를 공교空敎, 허교虛敎라고 한다.

　섣부르게 깨달은 자는 입으로 공을 말하면서 대아만, 대아견에 사로잡혀 있어서 더 이상 듣지도 닦지도 않는다. 진정한 공성이 체험되어야만 '아상, 인상, 중생상, 수자상'이라는 집착의 견해가 부서진다. 어느 정도 깨침이 있다고 하는 자는 부처의 경지에는 들었다고 해도 마구니의 경지에서는 자유롭지 못하다. 그러므로 허공을 타파하는 망치[鉆鎚]가 필요하다. 화악華嶽은 화산華山이라고도 하는데 어설픈 깨침을 비유한다. 벽개擘開는 잘라 여는 것이다. 제대로 깨침의 경지에 이르지 않은 자는 궁극에 가로막는 장애, 즉 망상분별을 거두어내야 한다. 그렇게 되면 "본래 꿰맨 자국이 없는 곳, 상처가 없는 곳에 이른다"고 했다.

　하瑕는 옥의 티, 흔痕은 자국이다. 이 구句는 중생본래부처 자리로

돌아가는 것을 뜻한다. 본래 청정하여 어떠한 모양이나 흔적, 자국 등이 없는 것이다. 그 언저리에 이르렀다면 망견과 망상이 일어난다. 대오철저하기까지는 스승의 가르침이 필요하다. 스승에게 귀가 먹을 정도로 크게 호통을 듣거나, 온몸이 아플 정도로 몽둥이를 얻어맞기도 하면서 궁극에는 망상분별 의심의 흔적을 지워야 하는 것이다. 두타행의 순간 홀연히 "꿰맨 자국이 없는 곳, 상처가 없는 곳"에 이른다. 그렇다면 "과연 누가 그런 사람인가?"

충忠국사는 제42칙에도 등장했다. '백 년 후'란 천화遷化를 뜻하니, 곧 입적 이후다. 숙종은 충국사에게 천화 후 바라는 것이 무엇인가를 물었다. 국사는 바로 최상의 진리[第一義諦]를 말했다. "노승에게 무봉탑을 세워주시오." 무봉탑은 계란형태의 탑이다. 여기서 노승은 충국사가 아닌 영원히 불생불멸하는 노승이므로 석탑이 아닌 무봉탑을 세운다. 미오迷悟, 범성凡聖, 자타自他, 득실得失이라는 꿰맨 자리가 본래 없는 탑이다. 이 석탑은 우주에 하나밖에 없다. 이를 만든다는 것은 황제가 이 탑을 발견하고 생활하는 것이며 곧 충국사의 소망이다. 황제는 무지한 자가 아니므로 다시 넌지시 탑 형태를 물었다. 꿰맨 자국이 없는 탑은 바로 제불이며 나 자신이며 우주다. 자타가 하나인 탑이다. 그러나 인연이 되면 산, 강, 그대, 나라는 형태로 나타난다. 이를 머리로 생각하면 꿰맨 자국이 된다. 머리로 그려서는 안 된다. 국사는 잠시 있다가 "알겠소?"라고 되물었다. 말하자면 무봉탑의 형태를 보았느냐는 것이다. 황제는 "모르겠다"며 진정 모르겠음을 말했다. 국사는 자상하게 제자 탐원을 소개하고 그가 이 일을 알 것이라고 했다. 국사가 천화한 후, 황제는 탐원을 불러 이 일을 물었다. 탐원은 설명해야 알아들을 것 같은 황제이므로 친절하게 말했다. 상相은 모습이고 담譚은 이야기로 성색聲色을 말하는 것이다. "그 가운데에 황금으로 가득 찬 나라"라는 것은 무구정광여래의 금빛 찬란함을 뜻한다. 말하자면 자신이다. "그림자 없는 나무"란 대소, 장단, 미오, 범성이라는 이견二見 대립의 그림자가 어디에도 없다는 뜻이다. 시방법계가 투철하여 눈에 걸리는 것이 없고 "함께 배에 타니" 거기에는 부처, 중생, 부모, 아이, 남녀가 있지만 모두 무영수無影樹다. 전 우주는 유리전각이다. 지식도 무지도 없이 완전히 드러나있다. 천동은 무영수를 첫 구절에서 노래했다.

고孤는 유일하여 둘도 없다는 의미다. 회迥는 아득함이니, 높고 낮음의 한계가 없다. 타타陀陀는 범어로서 원만하고 미려함을 뜻한다. 이어서 무봉탑을 여러 각도에서 묘사한다. 탑의 높이는 "눈길도 닿지 않고 높고 웅장하다." "달이 떨어진 못"은 달빛마저 없는 칠흑같은 세계다. 이는 미오범성 능소자타能所自他가 털끝도 보이지 않는다는 것이다. 못에 달그림자가 없는 것을 "텅 비었다"고 하였다. "야색중夜色重"은 칠흑 같은 어두움을 뜻한다. 미오·범성 같은 쓸데없는 구름이 걷히니 "산도 수척하고 가을 정취가 풍요로운 것"이다. 팔괘와 오행은 천지만물을 설명하는 중국철학이다. 무극에서 태극이 생기고 태극에서 음양이 나뉘어 오행이 된다. 거기에서 주역의 팔괘로 천지만물을 설명한다. 천지만물이 올바르게 서로 조화롭다. 전신이 그대로 무봉탑이니 안도 밖도 없다. "그러니 본 적이 있는가"라고 자문自問한다. 남양의 부자는 충국사와 탐원이다. 이들이 이 무봉탑을 알았다고 한다면 크게 잘못이다. 지知는 망각妄覺이다. 안다고 해도 맞지 않고 모른다고 해도 맞지 않다. 이를 "도리어 있음을 아는 듯하고"라고 했다. 서축은 천축 인도다. 석가, 달마라고 해도 이 무영탑을 "어떻게 해볼 도리가 없다."

제86칙

임제의 대오

임 제 대 오
臨濟大悟

【시중】

구리 머리와 철 이마, 천인의 눈과 독룡의 눈동자, 독수리 부리와 물고
기의 아가미, 곰의 심장과 표범의 담낭. 금강검 밑에서는 이러한 계략
이 용납되지 않고 한 술수도 얻지 못한다. 무엇 때문에 이런가.

동 두 철 액　　천 안 용 정　　조 취 어 시　　웅 심 표 담　　금 강 검 하 시 계 불 납
銅頭鐵額。　天眼龍睛。　雕觜魚顋。　熊心豹膽。　金剛劍下是計不納。
일 주 불 획　　위 심 마 여 차
一籌不獲。　為甚麼如此。

본칙

임제가 황벽에게 물었다. "불법의 적적 대의가 무엇입니까?" 황벽이
바로 때렸다. 이러한 일이 세 차례, 이에 황벽을 떠나 대우에게 갔다.

대우가 물었다. "어디서 왔는가?" 임제가 말했다. "황벽에게서 왔습니다." 대우가 말했다. "황벽이 어떤 말이라도 하던가?" 임제가 말했다. "제가 불법의 핵심을 세 번 여쭈었는데 세 번 다 몽둥이로 맞았습니다. 허물이 있었는지 어떤지 모르겠습니다." 대우가 말했다. "황벽이 그 같은 노파심으로 그대를 위하여 엄청난 수고를 하였는데, 도리어 무슨 허물이 있었는지 물으러 왔구나." 임제는 이 한마디에 크게 깨쳤다.

擧。臨濟問黃蘗。如何是佛法的的大意。蘗便打。如是三度乃辭蘗。見大愚。愚問。甚麼處來。濟云。黃蘗來。愚云。黃蘗有何言句。濟云。某甲三問佛法的的大意。三度喫棒。不知有過無過。愚云。黃蘗恁麼老婆為你得徹困。更來問有過無過。濟於言下大悟。

【송】

아홉 겹으로 싼 봉황
천리를 달리는 명마.
진풍, 피리를 울리고
신령한 작용, 추를 움직이네.
불쑥 나오니 번개처럼 빠르고
미혹의 구름 사라지니 태양이 고고하다.
호랑이 수염을 잡은 것을 보았는가.
그는 대단한 대장부다.

九包之鶵。千里之駒。
真風度篇。靈機發樞。

벽면래시비전급　　미운파처태양고
劈面來時飛電急。迷雲破處太陽孤。

날호수　　견야무　　개시웅웅대장부
捋虎鬚。見也無。箇是雄雄大丈夫。

해설

시중의 전반부 4구는 임제를 빗대어 나타내고 있다. 머리가 단단하여 어떠한 바람에도 흔들리지 않고, 눈빛이 형형하며, 어떠한 것도 뚫고 씹어서 으깨며, 담이 커 용맹한 자라도 조사祖師 문하 접득의 금강보검 아래서는 어떠한 계략도 용납되지 않는다. 금강검은 본칙에 나오는 황벽의 살활殺活보검이다. "구리 머리와 철 이마"를 가진 임제이지만 황벽을 만나서는 어찌하지 못한다. 잠깐 생각해볼 겨를도 없다. 어째서 그런가.

황벽을 만나기 전 임제는 불교학을 했다. 불교 교리를 확실히 알고 행업이 면밀했지만 선수행은 하지 않았다. 황벽의 도량에 와서야 처음 선수행을 했다. 진실로 행지行持가 면밀한 수행으로 3년이 지났다. 임제를 살피고 있었던 수좌 목주睦州화상이 임제에게 물었다. "여기 온 지 얼마나 되었는가?" 임제가 "3년이 되었습니다"라고 대답했다. "이제 독참獨參할 때가 되지 않았는가"라고 넌지시 떠보았다. "그렇습니다만 따로 여쭈어볼게 없어서 독참하지 않고 있습니다." "그래도 독참하는 것이오." "불법은 알고 있기 때문에 독참해도 여쭐 게 없습니다." "그런가, 그렇다면 가르쳐주지. 어떤 것이 불법의 적적 대의大意인가를 묻게." "예"라며 임제는 그대로 그 가르침을 따랐다. 임제는 수좌화상의 지도로 황벽처소로 갔다. "불법의 적적 대의가 무엇입니까?"라고 물었다. 말이 끝나기도 전에 황벽은 바로 20방을 내리쳤다. 임제가 돌아왔을 때 수좌화상은 "어땠는가?"라고 했다. "말씀하신 대로 불법의 적적대의가 무엇인지를 여쭈니 황벽선사가 20방이나 때렸습니다." "그런가, 한 번 더 가게." "예" 하고는 바로 갔다. 역시 황벽에게 20방을 얻어맞고 돌아왔다. "어땠는가?" "또 맞았습니다." "그런가, 한 번 더 가게." "예" 하고 또 갔다. 세 번째로 불법의 대의를 묻고 또 맞았다. 마음이 동요되어 수좌화상에게 다른 도량으로 갈 것을 말했다. 화상은 "그런가. 가려고 하는 것도 좋지만 3년간이나 이곳에서 신세를 졌으니 노장님에게 인사를 하고 가는 것이 좋지 않겠는가." "물론 인사를 해야지요." 수좌화상이 먼저 황벽노사에게 귀띔을 해 두었다. 황벽선사가 "강남의 대우화상 처소로 가게"라고 임제를 지도했다. 임제는 그대로 순응하고 대우에게 갔다. "어디서 왔는가?"라고 물었다. "황벽선사의 처소에서 왔습니다." "황벽이 어떤 지도라도 해주시던가?" "예, 제가 세 번 불법의 가장 긴요한 대의를 여쭈니 세 번 모두 심하게 때리셨습니다. 도대체 무슨 허물이라도 있었는지요?" 대우가 크게 염려하며 말했다. "황벽은 친절한 화상이라고 들었는데 그대를 위해 그렇게까지 친절하셨단 말인가. 그런데 여기 와서 무슨 잘못이 있었는지 묻는 것은 또 뭔가." 이 말을 듣고 임제는 바로 깨쳤다.

천동은 노래했다. "아홉 겹으로 싼 봉황"이라는 것은 봉황의 새끼지만 여기서는 아홉 가지의 특장을 말한다. "천리를 달리는 명마"는 하루에 천리를 달리는 날쌘 말이다. 두 구는 임제의 소질을 뜻한다. "진풍, 피리 울리고 신령한 작용, 추를 움직이네"는 임제의 종풍과 무애자재한 선기禪機를 뜻한다. 벽면劈面은 예고도 없이 갑작스러운 것을 의미한다. 황벽의 60방棒도, 목주가 황벽선사에게 인사하고 가라는 것[一

挨一拶]도 그렇다. 그것이 번개처럼 빨랐다. 임제는 순간 대오大悟했다. 깨달아보니 미혹의 구름은 어디에도 없고 홀로 태양이 빛나고 있을 뿐이다. "호랑이 수염을 잡았는데"는 임제가 황벽의 처소에 돌아와 황벽의 멱살을 잡은 것이다. "보았는가"는 이 정신을 보았는가, 아직인가 우리에게 묻는 것이다. 임제는 금세 "대단한 대장부"가 되었다. 본래 대장부의 기질이 있었는데 이제 그 본래면목이 드러난 것이다.

제87칙

소산의 유무

소 산 유 무
疎山有無

【시중】

문이 닫히려 할 때 살짝 건드리면 곧바로 열리고, 배가 가라앉으려고

할 때 한 번의 삿대질로 곧바로 떠오른다. 거상 계곡에 떨어지면 돌아

나올 길이 없고 전괄은 하늘로 통하는 문이 하나 있다. 말해보라. 어디

를 향해 갈 것인가.

문 욕 합 일 찰 변 개 　 강 욕 침 일 고 변 전 　 거 상 입 곡 무 귀 로 　 전 괄 통 천
門欲闔一拶便開。 舡欲沈一篙便轉。 車箱入谷無歸路。 箭筈通天
유 일 문 　 차 도 　 향 심 마 처 거
有一門。 且道。 向甚麼處去。

본칙

소산이 위산에게 가자마자 물었다. "선사께서 말씀하시기를 '유구와

398

무구는 등 넝쿨이 나무에 얽힌 것과 같다'고 하셨는데 홀연히 나무가 쓰러지고 등 넝쿨이 말라버리면 그 구는 어디로 돌아갑니까?" 위산은 껄껄하며 크게 웃었다. 소산이 말했다. "제가 사천 리 밖에서 가재를 팔아가면서 왔는데 화상께서는 왜 조롱하십니까?" 위산은 시자를 불렀다. "돈을 가져다 이 상좌에게 주게." 그리고는 다시 당부하였다. "훗날 독안룡이 그대를 점검해줄 걸세." 훗날 명소에게 가서 앞서 있었던 얘기를 거론하니 명소가 말하였다. "위산은 완전무결한데 단지 지음을 만나지 못했구나." 소산이 다시 물었다. "나무가 쓰러지고 등 넝쿨이 말라버린다면 그 구句는 어디로 돌아갑니까?" 명소가 말했다. "위산을 또다시 웃게 만드는군." 소산은 이 말 끝에 깨쳤다. 그리고는 말했다. "위산선사는 원래 웃음 속에 칼이 있었네요."

擧。 踈山到潙山便問。 承師有言。 有句無句。 如藤倚樹。
忽然樹倒藤枯。 句歸何處。 潙山呵呵大笑。 踈山云。 某甲四千里賣
布單來。 和尙何得相弄。 潙喚侍者。 取錢還這上座。 遂囑云。
向後有獨眼龍。 爲子點破去在。 後到明昭擧前話。 昭云。 潙山可謂
頭正尾正。 只是不遇知音。 踈復問。 樹倒藤枯。 句歸何處。 昭云。
更使潙山笑轉新。 踈於言下有省。 乃云。 潙山元來笑裏有刀。

【송】

등 넝쿨이 마르고 나무 쓰러짐을 위산에게 물으니

크게 웃고 껄껄댐을 어찌 등한시할 손가.

웃음 속에 칼 있음을 간파한 것.

말과 생각의 길도 없고 기관도 끊어졌다.

등 고 수 도 문 위 산　　대 소 가 가 기 등 한
藤枯樹倒問溈山。　大笑呵呵豈等閑。
소 리 유 도 규 득 파　　언 사 무 로 절 기 관
笑裏有刀窺得破。　言思無路絶機關。

해설

시중의 첫 두 구는 수행납자가 분별망상으로 뒤엉켜 심신이 피곤해 있
을 때 선사가 약간만이라도 살짝 건드려주면 눈이 열리는 것을 뜻한
다. 다음 두 구는 두보의 시에서 인용한 것이다. 거상은 계곡 이름이고
전괄은 봉우리 이름이다. "거상 계곡에 떨어지면 나올 수 없다"는 것
은 분별망상의 계곡에 떨어져 꼼짝하지 못하는 납자를 말한다. 여기서
는 소산을 가리킨다.

　전괄의 험준한 산은 은산철벽이이니 분별망상으로는 절대 오를 수
없는 산이다. 산마루에 빛이 들어오는 작은 구멍이 있고 그 구멍을 빠
져나가면 산 정상에 선다. 소산이 대오하는 것과 관련된다. 망상보따
리를 갖고 있다면 결코 오를 수 없다. "말해보라. 어디를 향해 갈 것인
가"라고 시중은 우리를 흔들어본다.

　소산의 광인光仁선사는 동산 양개의 법을 이었다. 이때는 아직 눈이
열리지 않았을 때다. 우리들 범부의 머리는 늘 유·무 등의 이원대립적
개념으로 가득하다. 곧 차별과 평등의 세계다. 둘 중 어느 한 곳에 기
울고 있다. 불교에서는 무자성을 무라고 하고 인연을 유라고 한다. 그
러나 유와 무는 하나다. 유만의 것도 무만의 것도 없는 사실을 범부는
모른다. 반면 유는 무에 의해 성립되고 무는 유에 의해 성립하고 있다.
무, 본래면목, 부모미생 이전은 각각 무의 일이다. 나다, 너다 하는 것

은 모두 유다. 넝쿨과 나무는 둘이지만 넝쿨은 넝쿨이다. 유의 넝쿨과 무의 넝쿨이 서로 얽혀있다고 비유한다. 이를 "유구와 무구는 등 넝쿨이 나무에 얽힌 것과 같다"고 말한 것이다. 그런데 "홀연히 등 넝쿨이 마르고 나무가 쓰러지면 참된 제1구는 어디로 향하는가"라고 머리를 내밀자 한 번 삿대질[一篙]로 휘저어버린다. 선사는 웃어버렸다 '한 번 건드린 것[一抶]'이다. 소산은 위산의 법문이 들리지 않았다. 크게 얼굴을 붉히며 말했다. "사천 리 밖에서 포단[家財]을 팔아가며 이곳에 왔는데 화상은 저를 비웃고 있네요." 위산은 당장 시자를 불러 가재를 팔아가며 왔다는 소산에게 여비를 주라고 했다. 재산을 팔아가며 왔다는 소산을 잠시 달래주는 것이다. 그리고 예언하였다. "훗날, 독안룡이 그대를 점검해 줄 걸세." 독안룡이란 한쪽 눈만을 가진 자이며 그 안광이 예리하고 탁월한 자를 말한다. 여기서는 자주 명소다. 점파點破는 속어로서 장해물障害物을 부숴 없앤다는 뜻인데 인가를 말한다. 소산이 명소에 가서 앞서 있었던 이야기를 거론하니 명소는 "위산은 완전무결한데 단지 지음을 만나지 못했구나"라고 했다. 두정미정頭正尾正은 처음부터 끝까지 정확하다는 뜻이다. 종풍이 바르다는 말이다. 말할 것은 말하고 말하지 않아도 될 것은 말하지 않는 것이 위산의 설법이다. 위산은 정확히 보여주었는데 다만 그대가 눈 어두운 장님이라 보지 못했다는 것이다. 소산은 이 말의 언저리도 몰라서 명소에게, 위산한테 물었던 것을 다시 물었다. 소는 "위산을 또다시 웃게 만드는군"이라고 했다. '나는 달리 말해줄 게 없네. 또 한 번 위산을 크게 웃게 만드는구나'라고 한 것이다. 소산은 이 한마디에 깨쳤다. 위산의 대소大笑가 손에 들어온 것이다. 소산은 이를 "위산선사는 원래 웃음 속에 칼이 있었네요"라고 자신의 점파를 드러냈다. 위산이 웃음으로 활인도·살인도를 동시에 나타냈음을 소산은 간파한 것이다.

천동은 소산의 깨침의 과정을 간소하게 노래했다. "등 넝쿨이 마르고 나무가 쓰러짐을 위산에게 물었다"는 것은 유·무에 걸려 옴짝달싹 못하고 있는 자신을 보고 위산에게 와서 물은 것이다. 이미 소산은 빛나고 있었으니 위산은 큰 웃음으로 적절히 응대했다. 웃음 속에 칼이 있는데 어찌 이를 외면할까. 웃음이 분별망상을 단번에 잘라주었음을 알아챘다. 언사言思는 말과 사상이다. 언사의 길이 끊어졌다는 것은 유·무 어디에도 기울지 않는, 유라고 해도 무라고 해도, 또는 둘 다 아니라고 해도 상관없는 것이다. 때문에 별다른 장치가 필요 없음을 "절기관" 즉 "기관도 끊어졌다"고 했다.

제88칙

《능엄경》의 '보이지 않음'

능 엄 불 견
楞嚴不見

【시중】

보이든, 보이지 않든 대낮에 등을 밝힌 격이고, 보임도 없고 보이지 않음도 없음은 한밤중에 먹물을 뿌려놓은 격이다. 만일 보고 듣는 것이 헛것임을 믿게 되면 소리와 형상이 허공의 꽃과 같음을 알게 된다. 자, 일러보라. 가르침 가운데 오히려 납승이 이야기할 것이 있는가.

유 견 유 불 견　　일 오 점 등　　무 견 무 불 견　　야 반 발 묵　　약 신 견 문 여 환
有見有不見。日午點燈。無見無不見。夜半潑墨。若信見聞如幻
예　　방 지 성 색 약 공 화　　차 도　　교 중 환 유 납 승 설 화 마
瞖。方知聲色若空花。且道。教中還有衲僧說話麼。

본칙

《능엄경》에 이르되, "내가 보이지 않을 때, 내가 보이지 않음을 어째서

보이지 않는다고 하는가. 만약 보이지 않음을 본다고 하면 자연 그것은 보이지 않는 상이 아니다. 내가 보이지 않음을 보이지 않는다 함은 자연 물체가 아니기 때문이다. 어찌 그대(본래자기)가 아니겠는가.

거　능엄경운　오불견시　하불견오불견지처　약견불견　자연비
擧。楞嚴經云。吾不見時。何不見吾不見之處。若見不見。自然非
피불견지상　약불견오불견지지　자연비물　운하비여
彼不見之相。若不見吾不見之地。自然非物。云何非汝。

【송】

창해는 완전히 마르고 태허로 충만하다.

납승, 코가 우뚝하고

옛 부처, 혀가 짧다.

붉은 실, 아홉 구비를 건너고

옥으로 만든 베틀, 한 번 만에 구른다.

바로 상봉하니, 누가 그를 알랴.

그 사람 짝할 이 없음을 비로소 확신한다.

창 해 역 건　　태 허 충 만
滄海瀝乾。太虛充滿。
납 승 비 공 장　　고 불 설 두 단
衲僧鼻孔長。古佛舌頭短。
주 사 도 구 곡　　옥 기 재 일 전
珠絲度九曲。玉機纔一轉。
직 하 상 봉 수 식 거　　시 신 사 인 불 합 반
直下相逢誰識渠。始信斯人不合伴。

보이든, 보이지 않든 어떤 허물도 없다. 그래서 마치 대낮에 등을 밝힌 것과 같고, 또한 보임도 없고 보이지 않음도 없음은 마치 한밤중에 먹물을 뿌린 것 같다고 했다. 대낮과 한밤중은 그저 밝고 어두울 뿐이다. 밝아서 보이고 어두워서 보이지 않는다고 하는 것은 망상이다. 만약 보고 들음이 헛것이라고 믿으면 소리와 형태가 허공의 꽃과 같음을 알게 된다는 것이다. 헛것과 허공의 꽃은 같은 의미다. 있지도 않는 것을 있다고 여기는 것은 자신의 업경業鏡에 따라 판단하기 때문이다. 그래서 철학은 망상학이라고도 한다. 견문은 주관적으로, 성색은 객관적으로 취급하는 것이다. 보는 것도 보이는 것도 듣는 것도 들리는 것도 모두 헛것이다. 이렇다, 저렇다 할 것 없이 본래자기의 진면목을 분명히 보이는 것이 설법인데 이러한 가르침 가운데 납승이 이야기할 것이 있겠느냐고 본칙을 보인다.

《능엄경》은 범어 경전을 한역한 것인데, 이를 우리말로 번역하면 그 내용이 어렵게 느껴진다. 그러나 뜻을 알고 읽으면 그렇게 난해하지는 않다. 개념이나 인식의 세계는 사람들에게 가르칠 수 있지만 물이 차고 따뜻한 것은 스스로 마셔보아야 아는 것이지 설명으로 알게 할 수는 없다. 경에서 "나"는 석존이다. "내가 보이지 않을 때"라는 것은 능소자타能所自他 시비득실是非得失 등 모든 것이 끊어진 세계다. 이러한 세계는 보이지 않는 세계이며 석존 자신도 계시지 않는 세계다. 타인도 절대 이 세계를 볼 수 없다. "만일 보이지 않음을 본다고 하면 자연 그것은 보이지 않는 상이 아니다." 만약 보이지 않는 세계를 보인다고 한다면 그것은 거짓이다. 그것이 저 보이지 않는[不見] 참된 상이 아닌 것은 당연한 것이다. "보이지 않음을 보이지 않는다고 함은 자연 물체가 아니기 때문이다"라는 것은, 물질이라는 명상名相이 끊어져 있음을 의미한다. 그것은 "그대(아난) 본래자기가 아니겠는가"라고 한 것이다. 육근六根과 육경六境을 서로 대치하여 보는 것은 범부다. 육경은 육근의 광명이다. 시방세계는 자신의 광명이자 전신全身이다. "천상천하 유아독존"이라고 하는 것은 바로 이를 뜻한다.

창해는 대해大海다. 사상, 번뇌, 망상, 집착의 바다다. 역瀝은 물이 마른 것이며 역건瀝乾은 한 방울도 남아있지 않은 것이니, 이는 망상의 물이 완전히 말랐다는 것이다. 견불견의 초월이다. 태허로 충만하여 분명하고 완전히 드러났다. 시방세계가 자신의 전신이다. 이는 본래인을 만났을 때 비로소 말할 수 있다. "납승, 코가 우뚝하고"라는 의미는 위장됨이 전혀 없다는 것이다. "옛 부처, 혀가 짧다"란, 부처는 설법하지 않는다는 의미다. 앞의 구와 대구對句다. 창해가 마르고 태허로 충만한 세계는 부처도 설할 것이 없다는 것이다. 다음 구도 대구다. 붉은 실과 옥 베틀, 구곡九曲과 일전一轉이 대구이지만 같은 정신이다. 구곡에는 전설이 있다. 공자가 진나라에 천거될 때 아홉 번 굽은 구슬에 실을 꿰라는 어려운 문제를 받았다. 공자는 구멍 난 양쪽 끝에 꿀을 바르고 벌의 몸에 실을 감아, 구슬에 실을 꿰는 데 성공한다. 분별망상의 구멍은 좀처럼 꿰지지 않는다. 죽을힘을 다해 구멍을 통과하는 것은 옥 베틀이 겨우 한 번 구르는 것과 맞먹는다. "바로 상봉하니, 누가 그를 알랴"에서 바로[直下]는 틈새 없이 '곧바로'다. 그는 바로 지금의 나이고 둘이 아니다. 이를 알기나 할까. 확신하는가. 절대 동반자는 없으니, 동반자에 의지하는 것은 범부다. 홀로 유유자적하며 어느 곳에서든 '유아독존'인 자가 대장부임을 천동은 노래했다.

동산의 '풀 한 포기 없는 곳'

동 산 무 초
洞山無草

【시중】

움직이면 몸이 천 길 아래 묻히고, 움직이지 않으면 그 자리에 싹이 난다. 바로 양변을 흩어버리고 중간도 내려놓는다. 다시 짚신을 사서 행각을 나서야 비로소 얻는다.

동 즉 매 신 천 장 거　　　부 동 즉 당 처 생 묘　　　직 수 양 두 살 개 거　　　중 간 방 하
動則埋身千丈擧。　不動則當處生苗。　直須兩頭撒開擧。　中間放下。
갱 매 초 혜 행 각 시 득
更買草鞋行脚始得。

본칙

동산이 대중에게 말하였다. "초가을 늦여름, 형제들은 동쪽이든 서쪽이든 만 리에 풀 한 포기 없는 곳을 향해 곧바로 가야 한다." 또 말하였

다. "그런데 풀 한 포기 없는 만 리를 어떻게 갈까?" 석상이 말했다.

"문을 나서면 바로 풀입니다." 대양이 말했다. "바로 말해서, 문을 나서

지 않아도 역시 풀은 끝없이 펼쳐져 있습니다."

擧。洞山示衆云。秋初夏末。兄弟或東或西。直須向萬里無寸草處

去。又云。只如萬里無寸草處。作麼生去。石霜云。出門便是草。

大陽云。直道。不出門亦是草漫漫地。

【송】

풀이 끝없이 펼쳐졌으니

문 안과 밖을 그대 스스로 보라.

가시나무 숲속에서는 발 디디기 쉬우나

달밤 주렴 밖에서는 몸 뒤척이기 어렵다.

보라! 보라! 어떤 것인가.

다만 노목 되어 추위에 떨고 메마른 것 같지만

춘풍 따라 불탄 들판으로 든다.

草漫漫。門裏門外君自看。

莉棘林中下脚易。夜明簾外轉身難。

看看。幾何般。

且隨老木同寒瘠。將逐春風入燒瘢。

시중은 먼저 동動과 부동不動의 대구對句를 넘는 수행을 하지 않으면 안 되는 것을 보인다. 움직인다는 것은 상황에 집착하는 것이다. 집착하게 되면 완전히 장님이 되어 천 길 낭떠러지에 떨어지기 쉽고, "움직이지 않으면 그 자리에 싹이 난다"고 했다. 싹은 뿌리[根]이다. 움직이지 않을 때는 적멸의 세계다. 미혹함이나 깨달음에 얽매이지 않고 사바든 정토든 관심이 없으며 어떤 것에도 움직이지 않는다. 이를 잠시 가만히 바라보면 뿌리가 내린다.

"바로 양변을 흩어버리고 중간도 내려놓는다"고 했다. 양두兩頭는 동과 부동이다. 모든 것은 이변二邊이다. 생사열반, 번뇌보리가 모두 양두다. 살개撒開는 흩어버리는 것이다. 이렇게 양변을 여의면 동이 곧 부동이 된다. 바로 중도, 즉 중간이 된다는 것이다. 하지만 이 또한 망상이다. 중간, 중도에 집착하면 역시 자유롭지 않다. 중간이라고 하는 것마저 내려놓아야 한다. 이것 역시 머릿속에서만 그림을 그려서는 안 되고, 실제로 행각하여 선지식을 찾아다니며 불꽃 같은 수행을 하지 않으면 체득하지 못한다.

"초가을 늦여름"은 선원의 하안거 해제일이다. 이날부터 선방수좌들은 각각 제방을 자유로이 행각한다. 동쪽으로 가든 서쪽으로 가든 "만 리에 풀 한 포기 없는 곳을 향해 곧바로 가야 한다"고 동산은 수시垂示한다. 풀이라는 종자는 착각의 자아다. 그 종자에서 이원대립의 풀이 돋고, 이해득실, 취사증애의 풀이 가득 생겨난다. 때문에 어떤 풀도 있어서는 안 되며 풀이 없는 곳을 향해 가야 한다. "그런데 풀 한포기 없는 만 리를 어떻게 갈까?"라고 했다. 이는 견성하지 않은 자에게는 풀 한포기 없는[無寸草] 세계가 보이지 않는다는 의미다. 능소자타의 견해, 취사증애의 식정識情을 버린 자는 저절로 무촌초에 이른다. 석상은 "문을 나서면 바로 풀"이라고 했다. 문을 나선다는 것은 미오迷悟에 걸리는 것이다. 깨닫고 싶다고 좌선하는 것은 '문을 나서는 것'이다. 동산의 5대 법손인 대양 경현선사는 "문을 나서지 않아도 역시 풀이 끝없이 펼쳐져 있습니다"고 했다. "문을 나서지 않고"는 적정의 세계에 갇혀있는 자다. "초만만지"의 지地는 조사助詞다. "문을 나서지 않아도 역시 풀이 끝없다"는 것은 "문을 나서면 바로 풀"이라는 말의 대구이면서 공안 제시다. 동·부동動不動을 시사한다.

"풀이 끝없이 펼쳐졌다!"고 노래를 시작한다. 동산도 석상도 대양도 풀만을 말하고 있다. 동산은 문을 나가 풀이 없는 곳을 향하라고 제시하고 석상은 문을 나서도 풀, 대양은 나서지 않아도 풀이라고 선사들은 말했다. 그러나 송에는 "그대 각자가 문안과 밖을 보라!"고 했다. 형극림荊棘林은 가시덤불의 숲으로 망상분별의 세계에 비유했다. 발을 내디딤은 뛰어넘는다는 것을 의미한다. 분별망상의 세계임을 알고 뛰어넘는다는 것이다. 이것은 비교적 쉬운 일이겠으나 야명염외夜明簾外에서 몸을 뒤척이기는 쉽지 않다고 했다. 야명염외는 달이 밝은 창에 발을 내려놓은 방 밖이다. 밖에서 발 안쪽은 보이지 않는다. 향상의 정위正位의 세계에서 한번 크게 몸을 뒤척이는 것은 어렵다는 것이다. 범부의 머리로는 절대 알 수 없는 세계를 비유했다. 기하반幾何般에서 반般은 개箇와 같은 뜻이다. 풀이 우거져있으니 어떤 것이 있는지 잘 보라는 것은, 전후좌우가 풀 천지이니 잘 보고 조심하라고 당부하는 의미다. 마지막 구는 무촌초無寸草의 세계를 노래했다. 노목老木은 적정과 고요함을 비유한다. 한척寒瘠은 한겨울에 마르고 쓸쓸함을 뜻한다. "노목이 되어 추위에 떨고 메마른 것 같지만"은 취사증애의 범부의 정情도 깨달음 같은 열기도 없이, 겨울이 되면 겨울의 인연 따라 그렇게 있어야 하는 것을 의미한다. 소반燒瘢은 오래된 풀을 태운 자취를 말한다. 봄이 되니 불탄 자리에 춘풍이 불어 새싹이 푸릇푸릇 돋아 무성하게 됨을 "춘풍에 따라 불탄 들판으로 든다"고 하였다.

제90칙

앙산, 삼가 아뢰다

앙 산 근 백
仰山謹白

【시중】

굴원이 홀로 깨어있는 것, 바로 이것은 술에 몹시 취한 것이다. 앙산이
말한 꿈속의 일은 흡사 생시와도 같다. 말해보라. 만송이 이렇게 말하
고 그대들은 이렇게 듣고 있으니. 자, 말해보라. 이것이 생시인가, 꿈
인가.

굴 원 독 성   정 시 란 취   앙 산 설 몽   흡 사 각 시   차 도   만 송 임 마 설
屈原獨醒。正是爛醉。仰山說夢。恰似覺時。且道。萬松恁麼說。
제 인 임 마 청   차 도   시 각 시 몽
諸人恁麼聴。且道。是覺是夢。

본칙

앙산이 꿈에 미륵의 처소에 가서 두 번째 자리에 앉았다. (어떤) 존자

가 아뢰었다. "오늘은 두 번째 자리에 있는 분이 설법할 차례입니다."

앙산은 바로 일어나서 추를 치고 말했다. "마하연의 법은 사구를 여의

고 백비를 끊었습니다. 삼가 아룁니다."

【송】

꿈속에 가사를 걸치고 기구를 참례하니

여러 성현 나란히 우측에 앉아있네.

임무를 사양 않고 건추를 울리니

설법은 두려움 없어 사자후로다.

마음은 편안함이 바다와 같고

담의 크기는 말[斗]과 같다.

교목, 눈물이 흐르고

조개의 창자, 구슬이 나온다.

헛소리에 누가 알까, 자신의 기機가 누설되었음을.

큰 눈썹으로 웃는다, 집안의 허물을 드러냈음을.

사구를 여의고 백비가 끊어져

마대사의 부자는 병을 치료하지 않는다.

교 목 루 류　　방 장 주 부
鮫目泪流。蚌腸珠剖。
섬 어 수 지 설 아 기　　방 미 응 소 양 가 추
讒語誰知泄我機。龐眉應笑揚家醜。
이 사 구 절 백 비　　마 사 부 자 병 휴 의
離四句絶百非。馬師父子病休醫。

해설

굴원은 청렴결백한 사람의 상징이다. 그는 초나라의 정치가로서 혼탁한 정치에 대해 분개하고 앞날을 걱정하다가 멱라강汨羅江에 빠져 죽었다. 죽기 직전 자신의 심경을 "세상이 모두 탁하지만 나만이 홀로 맑아 있네. 뭇사람들이 모두 취해도 나만 홀로 깨어있구나[擧世皆濁我獨淸 衆人皆醉我獨醒]'라는 시로 남겼다. 이 시구詩句에는 그의 성향이 보인다. 보통 인간사회에서는 굴원과 같은 정의로운 사람이 나와 정치를 해줄 것을 기대한다. 그러나 불도의 견지에서 말하면 맑고 혼탁함을 보고 있는 자를 취해있다고 한다. 홀로 스스로를 맑다고 하는 자를 자기명예에 취해있다고 하는 것이다. 이견二見 대치의 미혹한 술에 취했기 때문이다. 불도를 닦는 자는 자고 있어도 깨어있어도 안심의 경계, 생활의 태도가 다르지 않다. 그것이 오매일여寤寐一如의 종지다.

공자는 "구丘도 쇠퇴衰頹했구나. 요즈음에는 꿈에 주공周公이 통 보이지 않는 것을 보면"이라고 했다. 공자는 주공을 이상적인 분이라고 경모했다. 젊었을 때는 주공을 자주 꿈에 보았는데 늙어서는 기력이 쇠퇴하였는지, 도념道念이 옅어졌는지, 주공을 꿈에 보지 못하는 것을 한탄한 것이다. 사람들은 꿈에 대한 믿음이 있다. 좋고 나쁜 것을 은근히 정해놓기 때문에 꿈을 꾸고 난 다음 호불호好不好가 일어난다. 그러나 선자禪者들에게는 꿈과 생시가 다르지 않다. 그래서 만송은 "앙산이 말한 꿈속의 일은 흡사 생시와도 같다"고 했다. 만송은 다시 "이렇게 말하고 그대들은 이렇게 듣고 있으니, 이것이 생시인가, 꿈인가"를 참구하기를 촉구한다. 오매일여의 종지를 본칙에서 참구하도록 하는 것이다.

이 칙은 오매일여의 자성청정심 삼매를 보이고 있다. 미륵보살은 일생보처의 보살이라 하는데, 도솔천의 왕궁에서 대기하고 있다. 석존 멸후 56억 7천만 년이 되어 불법이 이 세상에서 없어지면 미륵보살이 부처가 되어 세계에 출현한다.

앙산은 꿈에 미륵이 있는 도솔왕궁에 가서 두 번째 자리에 앉았다. 존자가 그곳에 모인 대중에게 두 번째 자리에 앉은 앙산께서 설법할 차례라고 하였다. 앙산은 일어나 백추白椎하여 말하기를 "마하연[大乘]의 법은 사구를 여의고 백비를 끊었다"고 하였다. 주위를 환기하기 위하여 망치로 종을 치는 것을 백추라고 한다. 마하연은 범어이며 대승이라고 한역한다. 사구는 일一, 이異, 쌍역雙亦, 쌍비雙非다. 백비는 사구를 서로 조합하여 백으로 한 것이다. 이래저래 전부 백으로 통한다. 여의고 끊었다고 하는 것은 모든 것을 초월했다는 의미로서 여기서의 '마하연의 법'은 무無자이며 본칙의 화두가 된다. 견성은 설명이나 이론이 필요없다. 사구 백비라는 설법을 버리고 나면 누구라도 마하연의 법을 얻는다. 마하연법을 얻음이 그대로 견성이다.

납衲은 가사이다. 기구耆舊는 덕망이 있는 나이 많은 자를 말하는데, 여기서는 미륵보살을 뜻한다. 앙산이 가사를 걸치고 내궁에 가서 미륵보살을 참례한 것이다. 그곳에는 이미 여러 성현이 나란히 앙산의 우측에 앉아있었다. 오른쪽으로 갈수록 낮은 자리로서, 왼쪽부터 제1좌,

제2좌로 센다. 앙산은 제2좌다. 인仁은 임任과 같다. 앙산은 임무를 사양하지 않고 건추를 울렸다. 건추는 범어 Ghanta의 음역, 성명聲鳴이라 번역한다. 앙산은 건추를 울리고 설법을 하였는데 무외無畏의 설법이었다. 마치 사자가 소리치는 것처럼 쩌렁쩌렁했다. 대오大悟가 철저한 탓이다. 내로라하는 대선배인 석존과 미륵 등이 앉은 앞에서 제일의의 법을 설했지만 전혀 불안하지 않았다. 오히려 담담하고 맑아 대해와 같이 고요하여 바닥이 보이지 않는다. 그러한 앙산을 천동은 "담의 크기가 말과 같다"고 했다. 말하자면 담력의 크기가 산과 같아서 사람들 앞에서 조금도 흔들림이 없음을 말한다. "교목, 눈물이 흐르고 조개의 창자, 구슬이 나온다." 여기에는 전설이 있다. 《술이기述異記》에따르면 남해에 물고기같이 생긴 사람이 살았는데 그를 교인鮫人이라고 불렀다. 교인이 울면 눈물이 구슬이 된다고 한다. 또한 조개의 창자를 꺼내 달빛에 비추면 구슬이 나온다고 한다. 이는 진주를 말한다. 섬어譫語는 말이 많은 것을 뜻한다. 그 가운데 천기를 누설한 것이다. 법의 가장 큰 뜻을 드러냈다. 방미龐眉는 큰 눈썹이다. 미륵보살을 비롯한 많은 존자가 앙산의 설법을 듣고 모두 웃는 얼굴을 하고 있는 것을 표현한 것이다. '참 잘했다'는 모습이다. 그러나 집안의 추함을 드러냈다고 노래했다. "사구를 여의고 백비가 끊어져 마대사의 부자는 병을 치료하지 않는다"는 것은 이미 6칙에 '마조백흑馬祖白黑'의 공안에 나왔다. "'사구를 여의고 백비를 끊은 저에게 서래의西來意를 말씀해 주십시오'라고 어느 승이 마대사에게 물었다. 그때 마대사는 '내가 오늘 피곤하니 말할 수 없다. 지장에게 묻거라'라고 했다. 승이 지장에게 가서 같은 질문을 하니 지장은 '내가 오늘 머리가 좀 아파 말해 줄 수 없으니 해海형에게 가서 물어보라'고 했다. 승이 회해화상에게 가서 물으니 '나는 알 수 없다'고 말했다." 마대사의 병도 지장의 병도 의사나 약으로 치료가 되지 않는다. 오로지 마하연법으로 지내고 있음을 보이는 것이다. 앙산의 생시도 꿈도 마하연법에 있음을 천동은 노래했다.

남전의 모란

남 전 모 란
南泉牡丹

【시중】

앙산은 꿈속의 일을 진실이라 했고, 남전은 깨어있음을 가리켜 허망하다고 했다. 만약 깸과 꿈이 본래 없음을 안다면 비로소 허망과 진실의 대립이 끊어졌음을 믿는다. 말해보라. 이런 사람은 어떤 안목을 갖추었는가.

앙산이몽중위실　남전지각처위허　약지각몽원무　시신허실절
仰山以夢中爲實。南泉指覺處爲虛。若知覺夢元無。始信虛實絶
대　　차도　　사인구심마안
待。且道。斯人具甚麼眼。

본칙

남전화상에게 육긍대부가 물었다. "조법사는 참 특출한 분이네요. 천지가 한 뿌리고 만물이 한몸이라고 말할 줄 알았으니까요." 남전은 뜰 앞의 모란을 가리키며 말했다. "대부여, 요즘 사람들은 이 꽃 한 송이를 꿈속에서 보고 있는 것 같아."

거　남 전 인 육 궁 대 부 운　조 법 사 야 심 기 특　해 도 천 지 동 근 만 물 일
擧。南泉因陸亙大夫云。肇法師也甚奇特。解道天地同根萬物一
체　전 지 정 전 모 란 운　대 부 시 인 견 차 일 주 화 여 몽 상 사
體。泉指庭前牡丹云。大夫時人見此一株花如夢相似。

【송】

이미離微한 조화의 근원을 꿰뚫어

분분히 출몰하는 그 문을 본다.

마음은 겁 밖에 놀면서 무엇이 있는가를 묻고

눈길을 몸 앞으로 돌리니 묘한 존재임을 안다.

호랑이 으르렁거려 소소蕭蕭하니 바위를 스치는 듯하고

용의 울음 퍼져나가니 골짜기 구름이 짙어졌네.

남전이 사람들의 꿈을 깨워

당당히 보처존임을 알게 했다.

조 철 이 미 조 화 근　분 분 출 몰 견 기 문
照徹離微造化根。紛紛出沒見其門。
유 신 겁 외 문 하 유　착 안 신 전 지 묘 존
游神劫外問何有。著眼身前知妙存。
호 소 소 소 암 취 작　용 음 염 염 동 운 혼
虎嘯蕭蕭巖吹作。龍吟冉冉洞雲昏。
남 전 점 파 시 인 몽　요 식 당 당 보 처 존
南泉點破時人夢。要識堂堂補處尊。

앙산은 꿈에 미륵처소로 가서 두 번째 자리에 앉았다가 설법 순서가 되어 종을 치고 나서 "마하연법은 사구를 여의고 백비를 끊었습니다. 삼가 아룁니다"라고 말한 것이 앞의 칙에 나와있다. 이것은 실로 꿈일까.

이번에는 남전의 차례다. 남전이 눈앞에 있는 모란을 가리키며 육긍대부에게 말했다. "요즘 사람들은 이 꽃 한 송이를 꿈속에서 보고 있는 것 같아." 꿈 깬 것을 가리켜 허망하다는 것은 현실을 꿈으로 취급하는 것이다. "만약 깸과 꿈, 본래 없음을 안다면 비로소 허망과 진실의 대립이 끊어졌음을 믿는다"는 말은 현실과 꿈과의 차이마저 없어져 버렸다는 뜻이다.《금강경》에는 "모든 것은 만들어진 것이며 꿈과 환영과 거품과 그림자와 같다"라는 경구가 있다. 일체가 꿈이라고 한다면 깨어있다고 하는 현실마저 없는 것이다. 이를 깨치면 허와 실의 대립이 끊어지게 된다. 본칙은 이런 사람의 안목이 어떤 것인지를 불러낸다.

남전은 조주 종심의 스승이다. 그의 '남전참묘'는 유명한 공안이 되었다. 대부는 당시 지방장관 정도의 관리이며, 여기서는 남전에게 참선을 배우는 거사다. 조법사는 구마라집 문하의 4철哲 가운데 한 사람으로, 노장老莊의 학을 좋아하여 심요心要라 주장하였으나 그 뒤 지겸支謙이 번역한《유마경維摩經》을 읽고 나서 불교에 귀의하였다. 그때부터 구마라집을 사사師事하고 역경 사업에 종사하다가 진晋나라 의희義熙 10년, 장안에서 세수 31세로 입적하였다. 저서로는《반야무지론般若無知論》《열반무명론涅槃無名論》《보장론寶藏論》《부진공론不眞空論》 등을 합한《조론》이 있다. 그는《열반무명론》에서 "도는 깨달음이고 깨달음은 바로 참됨이다. 참되다는 것은 유무를 같게 보는 것이다.

같게 보면 바로 그와 내가 둘이 아니고 따라서 천지와 내가 같은 뿌리이다. 만물과 우리가 한몸이다"라고 했다.

본칙에는 '우리'라는 말이 생략되었다. 이것은 또 다른 문제를 일으킨다. '나를 제외하고 만물이 같다, 같은 뿌리다, 한몸이다'라고 한다면 관념적 철학에 불과하기 때문이다. 여기서 '우리'는 매우 중요하다. '나'를 주체로 하여 만물을 보는 것이 바로 승조의 깨침이기 때문이다. 《벽암록》에는 "천지와 나는 동근, 만물과 나는 한몸"이라는 말이 있다. 육긍대부가 남전에게 질문할 때는 아직 무안자無眼子다. 주관과 객관이 둘이 아님을 알고는 있지만 이는 이지理智나 사상에서일 뿐이다. 그러나 육긍은 승조의 말에 감흥하여 남전에게 물었다. 남전은 안목을 갖게 하려고 다음과 같이 설법하는 것이다. 뜰 앞에 모란을 가리키며 '대부여, 요즘 사람들은 말이야, 이 목단을 보는 것이 꿈에서 보는 것과 같아'라고. '요즘 사람'이란 예의를 차린 말이다. 바로 대부를 지칭하는 것이다. 이 한 포기 목단이 진실로 보이는가! 제대로 바라보고 꽃과 내가 하나가 된다면 이는 마치 꿈인지 생시인지조차도 모를 뿐이다. 이것이 남전의 어의語義다. 꽃만을 바라보고 있다면 대부는 깨어있는 것이 아니다. 꽃을 본 것은 누구인가. 바로 나다. '이를 알아차리지 못하는가'라고 남전은 넌지시 일깨운다.

이미離微는 조법사의 《보장론》〈이미체묘품離微體妙品〉에 나온다. 이는 주관, 미는 객관을 가리킨다. 대자연은 조화造化이다. 불법에서는 제법연기諸法緣起라고 하는데, 만법이 인연에 의해 생기고 인연에 따라 없어짐을 의미한다. 인연소생의 법이기 때문에 '나'는 바로 공이라고 설한다. 주관도 객관도 인연의 모습이므로 자성은 공이다. 이것은 불법에 대한 설명이다. 설명은 머리로 그리는 그림이니 이 사실을 꿰뚫어 아는 것을 '조철照徹'이라고 한다. 주관과 객관이라고 하는 만법 조화의 근원을 철저히 증명하지 않으면 안 된다. 이것이 '증오證悟'이다. 분분은 사물의 양이 많은 것을 뜻한다. 출몰은 출입이다. 이離로 들어가고 미微로 나온다고 하는 말은 《보장론》에 있기 때문에 "분분히 출몰"한다고 노래한 것이다. 문은 육근문六根門으로, 안·이·비·설·신·의 문이다. 육근의 근을 꿰뚫고 문을 본다는 것이다. 천동은 육진이 출몰하는 육근의 문까지 잘 보는 남전의 안정眼睛을 찬탄했다. 다음 두 구는 남전의 접화 방식을 노래했다. 신神은 마음이다. 겁외는 분별 밖이다. 이는 주관과 객관이라는 망상이 없다는 것이다. 남전에게는 이것이 없기 때문에 동근이며 한몸이다. 겁외와 신전身前은 대구對句다. 몸 앞의 목단에 눈길을 돌리니 반야의 묘지妙智가 불쑥 드러난 것이다. 꿈같은 일이다. 남전의 한마디는 호랑이가 으르렁대는 것 같고 용의 울음 같다고 했는데, 이는 절대의 권위를 나타낸다. 소소蕭蕭는 쓸쓸함이고, 염염은 머리카락이 펄럭이는 모양이다. 남전의 설법은 호랑이가 으르렁대어 바람이 일어나고 용이 울어 구름이 짙어져 일어나는 것과 같다는 것이다. 시인時人은 직접적으로는 육긍대부이지만 간접적으로는 당시 일반 사람들을 가리킨다. 오늘날의 우리라고도 볼 수 있다. 보처존은 일생보처의 보살로, 부처가 될 후보자이며, 구체적으로는 미륵존이다. 남전은 목단의 설법으로써 우리의 악몽을 깨워 우리 모두 미륵존임을 알게 하려 했다고 천동은 노래했다.

제92칙

운문의 보배

운 문 일 보
雲門一寶

【시중】

유희신통 대삼매를 얻고 중생의 말이 다라니임을 이해한다. 목주는 '진나라의 탁락찬'을 끌어 제치고, 설봉은 남산 별비사를 희롱한다. 이 사람을 알겠는가.

득 유 희 신 통 대 삼 매
得游戲神通大三昧。
해 중 생 어 언 다 라 니
觧衆生語言陀羅尼。
예 전 목 주 진 시 탁 락 찬
拽轉睦州秦時𫐐轹鑽。
농 출 설 봉 남 산 별 비 사
弄出雪峯南山𪔀鼻蛇。
환 식 득 차 인 마
還識得此人麼。

본칙

운문대사가 말하였다. "건곤의 안, 우주 사이에 한 보물이 있는데, 비밀리 형산에 있다. 등롱을 들고 불전 속으로 향하니, 삼문이 등롱 위로

온다."

擧。雲門大師云。乾坤之內。宇宙之間。中有一寶。祕在形山。
拈燈籠向佛殿裏。將三門來燈籠上。

【송】

허다한 생각을 거둠은 번잡함이 싫어서다.

돌아온 곳이 어딘가, 바로 이 생애네.

도끼 자루 썩은 나무꾼, 길 없음을 의심하고

나무에 걸린 호공, 별스런 집이 있네.

한밤의 금빛 물결, 달그림자 떠있고

가을바람 쌓인 눈, 억새꽃을 휘감는다.

추운 물고기, 바닥에 엎드려 미끼를 물지 않고

흥이 다한 청명한 노래로 도리어 뱃머리를 돌리네.

收卷餘懷厭事華。歸來何處是生涯。
爛柯樵子疑無路。挂樹壺公妙有家。
夜水金波浮桂影。秋風雪陣擁蘆花。
寒魚著底不吞餌。興盡清歌却轉槎。

해설

유희삼매는 《법화경》 〈묘음품〉에 나오는 16삼매의 하나다. 유희신통은 어린아이가 노는 것처럼 모든 일을 무심히 자유롭게 행하는 것을 말한다. 삼매는 범어로 정수正受라는 뜻이다. 들은 그대로 듣고 본 대로 보는 것이다. "중생의 말이 다라니"도 역시《법화경》〈약왕품〉에 나온다. 다라니는 범어이며 능지能持 또는 총지總持라고 번역한다. 여러 가지 선법을 모아 그것을 잘 수지하는 것으로, 중생의 한마디가 다라니이며 진언이라고 확실히 알 때 이 말을 한다. "탁락찬"은 진의 진시황제가 만리장성을 쌓을 때 사용한 기구다. 나중에는 너무 커서 사용할 수 없는 물건을 가리키는 말로 바뀌었다. 목주는 수행자를 야단칠 때 이 말을 자주 사용했다고 한다.

운문이 목주를 세 번이나 찾아갔는데 세 번째 때 목주가 운문의 멱살을 잡고 "자 말해보라! 말해봐!"라고 윽박지르니 운문은 다만 머뭇거렸다. 목주가 바로 "진나라의 탁락찬 같은 놈아!"라고 노여워하며 문 밖으로 밀쳐내고 문을 꽝 닫았을 때 운문의 한쪽 발이 끼었다. "아얏" 하고 비명을 지른 순간 운문은 대오했다고 한다. 이 인연으로 "목주는 진나라의 탁락찬을 끌어 제치고"라 했다.

설봉은 설봉산에 있는 의존선사다. 별비사는 머리가 거북이 같은 큰 독사를 뜻한다. 설봉이 어느 때 "남산에 한 마리 별비사가 있다. 그대들은 아주 잘 보아야 한다"라고 대중에게 말하고 법을 거양했다고 한다. 농출은 자유롭게 다룬다는 뜻이다. 설봉의 별비사도 손안에 있다고 하는 것이다. 목주도 설봉도 이처럼 자유로이 이끌어 돌릴 정도로 굉장한 사람인데, 그런 사람을 알고 있느냐며 시중에서 운문을 다룬다.

"비밀리 형산에 있다"는 것은《보장론》에 나온다. 건곤은 천지, 우주는 시간과 공간이다. 곧 시방과 삼세를 아울러 말한다. 그 가운데 하나의 보물이 있다는 것은 우주의 일품 보배가 있다고 하는 것이다. 둘도 없는 일품, '우주'나 '나'가 그것이다. 그것은 바로 본래면목, 참된 자기이니 이것을 살피고 있는 자체도 훌륭한 보배이다. 그것이 여래의 덕상이다. 그 때문에 '형산形山에 비재秘在'한다고 하는 것이다. 형은 형태인데 이를 산으로 보아 형산이라고 했다. 이는 곧 육신이다. 비재는 감추어져 있는 것이 아닌 보는 대로 듣는 대로 느껴지는 것이므로 비재다. 이는 불조佛祖도 가르치지 않는다. 이 일보一寶를 운문은 다음과 같이 밝힌다. "등롱을 들고 불전 속으로 향하니, 삼문이 등롱 위로 온다." 등롱은 석등이고 삼문이란 입구가 세 곳으로 된 절 입구의 문이다. 예전에는 이 삼문을 공문空門·무상문無相門·무작문無作門이라 했다. 삼문이 등롱 위로 온다고 하니 이상하다. '굉장한 삼문이 작은 등롱 위로'라는 것은 머릿속의 크고 작은 망상을 뜻한다. 그래서 굉장한 표현을 든 것이다. 산천초목이 안중에 있다고 해도 이상하지 않다. 안중에 없으면 보이지 않는다. "삼문이 등롱위로 온다"는 표현은 대소장단·유무득실을 초월하는 종지를 울려 퍼지게 한다는 의미다.

이를 거두어 하나의 공안으로 삼았다. 그것은 "번잡함을 싫어하기 때문"이다. 저 일보一寶가 돌아가는 곳은 어디인가를 궁구하면 우주도 건곤도 모두 우리 손안에 있음을 깨치게 된다. 그 과정에서 일보에 집착한다면, 왕질王質이 동자들의 바둑을 두는 것을 보느라 도끼 자루가 썩는 것을 알아차리지 못하고 돌아오는 길도 잊어버린 것과 같다. 본래공을 여의지 않으면, 비장방費長房이 선약을 파는 노인의 나무에 걸린 항아리 속으로 들어가 거기에 별천지가 있고 굉장한 궁전이 세워져 있었음을 보는 것과 같다. 이 두 구는 운문의 자수용삼매自受用三昧의 교묘함을 노래한 것이다.

계영桂影은 달그림자다. 밤에 달그림자가 물에 비쳐 금파은파의 물결이 일어난다. 이것은 무엇을 노래한 것일까. 우리에게 본래 구족한 일보一寶의 광명이 빛나고 있음을 뜻한다. 설진雪陳은 눈이 쌓인 것을 의미한다. 여기서는 억새꽃을 형용하고 있다. "쌓인 눈, 억새꽃을 휘감는다"는 것은, 눈인지 억새꽃인지 분간이 안 가는 하얗게 빛나는 광경을 말한다. 이는 일보의 교결명백한 작용이다. 이런 광명삼매를 어떻게 얻을까. 청가淸歌는 뱃노래의 맑은 소리다. 사樣는 배다. "뱃머리를 돌리다"라는 것은 집으로 돌아간다는 뜻이다. 이 마지막 두 구도 무한한 정서를 나타내고 있다. 친절히 물고기에게 미끼를 주어도 바닥에 납작 엎드려 물지 않으려 하니 어쩔 수 없다. 흥은 없지만 구성지게 노래를 부르며 어부는 뱃머리를 돌린다. 이 또한 일보를 떠나지 않는 광경이다.

노조의 알지 못함

노 조 불 회
魯祖不會

【시중】

형산의 옥으로 까치를 치고, 늙은 쥐는 금을 물었다. 진정 그 보배로움을 알지 못하면 제 쓰임새를 알 수 없는 법. 그러니 옷 안의 구슬을 알아차릴 자가 과연 있을까.

형 진 저 작　노 서 함 금　불 식 기 보　부 득 기 용　환 유 돈 성 의 주 저 마
荊珍抵鵲。 老鼠啣金。 不識其寶。 不得其用。 還有頓省衣珠底麼。

본칙

노조가 남전에게 물었다. "사람들은 마니주를 알지 못하지만, 여래장 속에 온전히 갖춰져 있다고 합니다. 이 '장'이 무엇입니까?" 남전이 대답했다. "왕노사가 그대와 왕래하는 것이 바로 이것이다." 노조가 말했

다. "왕래하지 않는다면요?" 남전이 말했다. "역시 '장'이다." 노조가
말했다. "구슬은 무엇입니까?" 남전이 "사조여!"라고 불렀다. 노조가
"예." 하고 답했다. 남전이 말했다. "가라. 그대는 내 말을 알지 못하는
구나."

擧。魯祖問南泉。摩尼珠人不識。如來藏裏親收得。如何是藏。
泉云。王老師與汝往來者是。祖云。不往來者。泉云亦是藏。
祖云。如何是珠。泉召云師祖。祖應諾。泉云去。汝不會我語。

【송】

시비를 분별하고 득실을 밝힌다.

그것은 마음을 따르고 모든 것은 손바닥에 있다.

왕래해도 왕래하지 않아도

다만 저 모두가 장藏이다.

왕은 공이 있는 자에게 그것을 상으로 주었고

황제는 망상罔象으로부터 그것을 얻었다.

중심축을 돌리고 뛰어난 기량을 지닌

명안납승은 불분명함이 없다.

別是非。明得喪。
應之心。指諸掌。
往來不往來。只這俱是藏。
輪王賞之有功。黃帝得之罔象。
轉樞機能伎倆。明眼衲僧無鹵莽。

형진은 형산이라는 곳에서 나오는 옥구슬을 뜻한다. 형산 부근의 아이들은 그곳에서 나오는 보배의 옥을 알지 못하고 작은 돌멩이라 여겨 그것을 까치에게 던진다. 쥐는 금을 물고 가도 그것이 무엇인지 모른다. 그 보배로움도 가치도 모르고 또한 사용할 수도 없다. 의주衣珠는 옷 속에 넣은 보배구슬을 뜻한다. 이와 관련된 고사가《법화경》〈오백제자품〉에 나온다. 어느 부자가 가난한 친구를 두고 먼 나라로 가게 되었다. 떠나기 전날, 두 사람은 술을 맘껏 마셨다. 가난한 친구는 술에 취해 정신을 잃어버렸다. 떠날 시간이 되어도 친구는 깨어나지 못했다. 자신이 떠난 후 가난한 친구가 생활이 곤란하지 않도록 보배구슬을 가지고 왔지만 주지 못했다. 그래서 잠자는 친구의 소매 속에 구슬을 넣어 꿰매주고 떠났다. 그러나 친구는 술에서 깨고 나서도 자신의 옷 속에 구슬이 들어 있는지도 모르고 계속 가난하게 생활했다는 내용이다. 이것은 본래 구족하고 있는 불성을 모르고 미망의 생활을 계속하는 것에 비유한 것이다. 노조魯祖는 사조師祖를 오기誤記한 것이다. 본칙내용에 남전선사가 "사조여!"라고 부른 것을 보면 알 수 있다. 운제 사조雲際師祖선사는 남전의 제자다.

마니는 범어이며 여의如意로 번역한다. 마니주는 여의보주이니, 생각대로 되게 한다는 보배구슬이다. 이 보배는 누구나 가지고 있지만 그것을 알지 못하는 범부는 자유롭지 못하다. 부처는 이를 알아 사용하므로 무애자재하다. 여래장이란 여의주가 들어있는 창고다. 이를 표현하여 "여래장 속에 온전히 갖춰져 있다고 합니다"고 했다.《능가경》에도 "적멸을 이름하여 일심이라 하고 일심을 여래장이라고 한다"라고 하였다. 여래장은 일심, 불성이니, 곧 참된 자기다. 수득收得은 자신의 것으로 한다는 의미다. 모든 중생은 무시겁래로 본래 법성삼매에 있다. 언제나 불성삼매, 일심삼매, 여래장삼매다. 이것이 '온전히 갖춰져 있는 것'이다. 그런데 사조는 장이 무엇인지를 듣기 위해 온 것이다. 남전은 "왕노사와 그대가 왕래하는 것이 바로 이것이다"라고 했다. 왕노사는 남전 자신인데, 남전의 성이 왕씨이므로 사람들은 '왕노사'라고 불렀던 것이다. 왕래는 문답왕래이니 물으면 답하는 것이다. "여래장? 지금 노승이 그대와 문답하는 그것이 완전히 여래장이야!" 사조는 다시 "왕래하지 않는다면요?"라고 물었다. 바보스런 질문이지만 모르기 때문에 정직하게 물었다. 남전은 "그것도 역시 여래장이다"라고 일축한다. 그래도 사조는 알지 못했다. 다시 물었다. "구슬은 무엇입니까." 사조는 마니주와 여래장을 따로 생각한 것이다. 정신을 놓고 있는 것이다. 남전은 "사조여!"라고 불렀다. 그는 생각 없이 "예"라고 했다. 바로 여의보주가 빛나고 있다. 이것은 마니주의 움직임이다. 그러나 이것을 알지 못하면 어쩔 수 없다. 남전은 "가라! 내 말을 알지 못하고 있으니!"라고 호통쳤다. 남전의 마니주가 번쩍 빛나고 있음이 보인다.

　득상得喪은 득실이다. 여래장은 시비득실을 명료히 판단하여 어떠한 사량분별 없이도 손이 자연히 움직이고 자유자재하다. 문답하는 것도 하지 않는 것도 이 모두 여래장이며 여의보주다. 윤왕輪王은 《법화경》 〈안락행품〉에 나온다. 전륜왕이 공적이 많은 부하에게 마니주를 주는 것처럼 납승들에게도 그렇다. 화두를 들고 악전고투하여 활연대오할 때 비로소 여의보주를 얻는다. 남전도 자재한 공적이 있는 자에게 보배구슬을 준다. 망상罔象은 제76칙의 송에도 나온다. 황제가 구슬을 잃었을 때 눈과 귀가 밝은 사람들은 찾지 못했는데 망상이라는 장님이 찾아 가져왔다고 한다. 사람들이 구족한 여의보주는 사상·개념·분별 망상妄想의 눈이나 귀로는 찾을 수 없다. 그러한 눈이나 귀가 망가지고 자신마저 잊어버릴 때 비로소 보인다. 견성이다. 추樞는 차바퀴의 중심 축이다. 가장 중요한 작용이므로 추기樞機라고 한다. 추기를 굴리는 것도 기량이 뛰어남도 같은 것이다. 대오철저한 명안의 납승도 자칫 잘못하면 미끄러지기 쉽다. 신중하고 철저해야 한다. 노망鹵莽은 불분명하다는 뜻이다. 명안종사는 미숙함이 없이 철저하고 분명하다고 노래했다. 이는 남전 왕노사다.

제94칙

동산의 불안

동 산 불 안
洞山不安

【시중】

아래에서는 위를 논하지 못하고 천한 자는 존귀한 자를 움직이지 못한다. 비록 자신을 추스르고 남을 따른다 해도 아직은 낮은 지위에 있는 자가 높은 지위에 있는 자에게 폐를 끼쳐서는 안 된다. 사대가 조화롭지 못할 땐 어떻게 시봉해야 하는가.

하 불 론 상　비 부 동 존　수 능 섭 기 종 타　미 가 이 경 로 중　사 대 부 조 시
下不論上。卑不動尊。雖能攝己從他。未可以輕勞重。四大不調時
여 하 시 양
如何侍養。

본칙

동산이 편치 않았다. 어떤 스님이 물었다. "화상께서 병이 나셨는데 병

들지 않은 자도 있습니까?" 동산은 말했다. "있소." 스님이 다시 물었

다. "병들지 않은 자가 화상을 돌보나요?" 동산이 말했다. "노승이 그

를 돌본다." 스님이 말했다. "화상께서 그를 돌볼 땐 어떻습니까?" 동

산이 말했다. "병을 보지 않는다."

거   동산불안   승문   화상병   환유불병자마   산운   유   승운
擧。洞山不安。僧問。和尙病。還有不病者麼。山云。有。僧云。

불병자환간화상부   산운   노승간타유분   승운   화상간타시여
不病者還看和尙否。山云。老僧看他有分。僧云。和尙看他時如

하   산운   즉불견유병
何。山云。則不見有病。

【송】

육신을 벗어버리고, 붉은 살덩어리도 내던져버렸다.

지금 그 자리, 코가 반듯하고 바로 해골도 말라버렸다.

늙은 의사는 종래의 병을 보지 않고

어린 아들은 마주봐도 접근하기 어렵다.

들에 물이 마른 가을, 고인 물도 줄어들고

흰 구름 끊긴 곳에 옛 산이 스산하다.

모름지기 진력할 일이지 속지 말라.

무공이 다해 그는 위位로 나아가고

고결하여 그대와 동반同盤하지 않는다.

사 각 취 피 대   염 전 적 육 단
卸却臭皮袋。拈轉赤肉團。

당 두 비 공 정   직 하 촉 루 건
當頭鼻孔正。直下髑髏乾。

노 의 불 견 종 래 벽   소 자 상 간 향 근 난
老醫不見從來癖。少子相看向近難。

야 수 수 시 추 료 퇴   백 운 단 처 구 산 한
野水瘦時秋潦退。白雲斷處舊山寒。

해설

시중에서 높은 자와 낮은 자, 존귀하고 천한 자의 위아래 질서를 설한
다. 자신을 잘 제어하고 타인에게 순종한다고 해도 낮은 지위에 있는
자는 높은 지위에 있는 자에게 누를 끼쳐서는 안 된다.

　병이 났을 때는 어떻게 시봉해야 하는지를 본칙은 내보였다. 병중에
있는 동산화상에게 한 스님이 문병을 와서 물었다. "화상은 병이 났지
만 병이 나지 않는 자도 있는가." 화상은 바로 "있고말고!"라고 했다.
그러면 '그가 간병을 하는가' 다시 물었다. 화상은 "노승이 그를 돌본
다"고 하였다. 노승은 누구인가. 절대 병이 나지 않는 여래장이다. 오
위법五位法에서 정위正位에 해당한다. 여기서 그는 화상이다. 즉 편
위偏位다. 스님은 다시 바꾸어 "화상이 그를 간병할 때는 어떤가" 묻는
다. "병 없음을 본다." 즉 본래 무병을 보는 것이 참된 간병이라는 것이
다. 정편오위正偏五位의 위位를 여실히 보인다.

　괵지는 먼저 동산화상의 신심탈락身心脫落의 경계, 자유자재의 평상
심을 노래했다. 취피대, 적육단은 육신을 뜻한다. 이를 다 탈각했다는
것은 육신에 매이지 않고 자유롭게 육신을 사용한다는 것이다. 이를
"코는 반듯하고 말라버린 해골"이라고 하여 분별망상이 완전히 없어
졌음을 말했다.

　노의와 소자는 화상과 묻는 승이지만 좀 더 깊은 의미는 본래 병이

없는 노승과 병을 보인 화상이다. 노의와 소자가 상견해도 접근하기 어렵다는 것은 본래 둘이 아니기 때문에 접근이 있을 수 없다. 무병의 동산이 병들어 있고 병들어 있는 동산이 무병이므로 그렇다. "들에 물이 마른 가을, 고인 물도 줄어들고, 흰 구름 끊긴 곳에 옛 산이 스산하다." 동산이 수행한 경계를 가을의 정취로 노래했다. 료潦는 큰 물, 고인 물이다. 가을 끝자락이 되면 냇가의 물도 차츰 말라간다. 하늘도 푸르고 산자락의 나뭇잎도 말라 떨어지니 스산한 감이 없지 않다. 여름의 열기가 식어가는 것이다. 법집마저 완전히 벗어버린 경계를 뜻한다. 초절勦絶은 전심전력의 뜻이다. 만한顢頇은 속인다는 의미다. 사람을 속여서는 안 되지만 자신을 속여서는 더욱 안 된다. 자신을 속이는 것은 스스로를 바보로 만드는 일이다. 중도에서 깨달음을 얻었다고 자만하는 것도 자신을 속이는 것이다. '중생본래부처'라고 하는 것에서 쉽게 속게 된다. 그러므로 "모름지기 진력할 일이지 속지 말라"고 했다. 대오철저를 공위功位라고 하니 이는 성공한 위다. 거기서부터 공공위共功位로 나아가는 것이다. 거기서 또한 마지막이 공공위功功位다. 공이 무공으로 돌아간 위다. 깨달은 것 같은 냄새도 없고, 중생 제도 같은 색채도 없고, 자연히 도가 행해져 교화의 실實이 높아간다. 그것이 무공이다. 그 '무공을 전진한다'는 것은 무공을 자유로이 사용하는 것이다. 무공도 또한 초월한다고 하는 것이 "그는 위位로 나아간다"고 하는 것이다. 고표는 고고다. 고봉孤峯이라고도 한다. 놀라운 높은 경계다. 반盤은 식기다. 동반할 수 없다는 것은 '밥을 같이 먹지 않는다'는 뜻이다. 병에도 불병에도 동석하지 않는 특별한 생애를 가지고 있다는 의미를 "고결하여 그대와 동반하지 않는다"고 노래했다.

제95칙

임제의 한 획

임 제 일 획
臨濟一畫

【시중】

부처가 와도 패고 마구니가 와도 패버린다. 이치에 맞아도 삼십 방, 이

치에 맞지 않아도 삼십 방. 이는 은혜와 원수를 잘못 알았기 때문인가,

선악의 분별이 없기 때문인가? 한번 말해보라.

불 래 야 타　　마 래 야 타　　유 리 삼 십　　무 리 삼 십　　위 부 시 착 인 은 수
佛來也打。魔來也打。有理三十。無理三十。爲復是錯認恩讐。
위 부 시 불 분 량 선　　시 도 간
爲復是不分良善。試道看。

본칙

임제가 원주에게 어디서 오는지 물었다. 원주가 말했다. "마을에서 쌀

을 팔고 왔습니다." 임제가 말했다. "다 팔았는가?" 원주가 말했다. "다

팔았습니다." 임제가 주장자로 한 획을 긋고 말했다. "그러면 이것도 팔았는가?" 원주가 바로 "할!" 하자, 임제가 바로 후려쳤다. 후일, 전좌가 왔을 때 앞의 일을 말해주었다. 전좌가 말했다. "원주가 화상의 뜻을 이해하지 못했군요." 임제가 말했다. "그렇다면 그대는 어떻게 할 건가?" 전좌가 바로 절을 하자 임제는 역시 후려쳤다.

거 임제문원주심처래 주운 주중조황미래 제운 조득진마
擧。臨濟問院主甚處來。主云。州中糶黃米來。濟云。糶得盡麼。

주운 조득진 제이주장일획운 환조득저개마 주변할
主云。糶得盡。濟以拄杖一畫云。還糶得這箇麼。主便喝。

제변타 차전좌지거전화 좌운 원주불회화상의 제운 니우
濟便打。次典座至擧前話。座云。院主不會和尚意。濟云。你又

작마생 좌변예배 제역타
作麼生。座便禮拜。濟亦打。

【송】

임제의 뛰어난 기, 격조가 높아

방망이의 눈으로 가는 터럭조차 가려내네.

여우와 토끼 쓸어내는 가풍의 준엄함.

물고기, 용으로 변함에 번개 불에 태우네.

활인검, 살인도.

허공에 기대어 눈[雪]을 바라봄이 취모검보다 날카롭다.

하나같이 영令을 행하나 그 맛이 다르니

아픔을 꿰뚫는 자, 과연 있을까.

임제전기격조고 방두유안변추호
臨濟全機格調高。棒頭有眼辨秋毫。

소제호토가풍준 변화어룡전화소
掃除狐兔家風峻。變化魚龍電火燒。

활인검 살인도 의천조설리취모
活人劍。殺人刀。倚天照雪利吹毛

일 등 령 행 자 미 별　　심 분 통 처 시 수 조
一等令行滋味別。十分痛處是誰遭。

해설

부처가 와도 마구니가 와도 허락하지 않고 때린다는 것은 무슨 의미일
까? 상대가 눈을 뜨지 못했다면 뜨게 하고 상대가 무엇을 가지고 있다
면 그것을 뺏어버린다. 깨달아도, 견식見識을 가지고 있다 해도, 임제
는 여지없이 내리친다. 이치에 맞든 안 맞든 삼십 방이다. 어떤 바른
이론이라도 한계가 있다. 불도에서는 어떠한 고상한 철학이라도 그것
을 이등품二等品으로 취급한다. 그렇기 때문에 합당한 어떤 이치라도
삼십 방은 당연하다. 더구나 아무리 모든 이론을 초월한 것이라고 해
도 궁극에 가서는 한계점에 이르고 만다. 그래서 이치에 맞지 않아도
삼십 방이다. 시중의 마지막 두 구는 스승이 학인을 원수로 생각해서
매질을 한 것이 아니라 자비의 회초리임을 은근히 암시한다. 바보 같
은 놈은 스승을 원수로 여기니, 진정한 스승의 마음을 모르는 것이다.
"선악의 구별이 없다"는 것은 선악을 분간 못한다는 의미다. 본분本分
의 종사라면 함부로 매질을 해낼 리 없다.

　원주는 절의 살림살이를 맡는 소임이다. 원주가 나가고 들어오는 것
을 절에서는 점검한다. 황미는 현미다. 조糶는 쌀을 판다는 글자다. 임
제 의현선사는 원주에게 어디를 다녀오느냐고 묻는다. 원주는 마을에
서 쌀을 팔고 왔다고 한다. 선사는 모두 팔았는가를 물었다. 원주는 몽
땅 다 팔았다고 했다. 선사의 점검은 시작되었다. 선사는 주장자로 일
획을 긋고 "이것도 팔았는가"라고 물었다. 원주가 바로 "할!" 하자 선

사는 바로 후려쳤다. 왜 쳤을까? 여기서부터 참구할 시점이다.

전좌가 들어왔다. 전좌는 주방의 총책임자다. 선사가 앞의 일을 말하니, 전좌는 원주가 화상의 뜻을 몰랐다고 했다. 선사가 "그렇다면 그대는 어떻게 할 건가"라고 물었다. 전좌가 곧바로 절하자 선사는 다짜고짜 후려쳤다. 끝까지 다그쳐 빼앗는 것이 임제선법이다. 학인은 이럴 때 스승을 원수로 여기기 쉽다.

전기全機란 놀랄만한 작용이다. 선사의 기는 격조가 높다고 했다. 이는 위엄과 엄격함, 세밀하고 치밀함이 함께 들어있다는 의미다. 적재적소에서 적절한 가르침을 편다. 호토狐兎는 작은 물건이고 어룡魚龍은 큰 물건을 상징한다. 이를 원주와 전좌에 비유하기도 한다. 수행자 머릿속의 분별망상을 완전히 청소하는 임제의 가풍을 예리하고 준엄하다고 노래했다. 내리치는 방망이에 잉어를 용으로 변하게 하고 전광석화電光石火 속에 꼬리를 태워 승천시키는 임제의 수단을 찬미했다. 취모는 명검이다. 임제의 할과 방은 절대권위다. 살인도와 활인검은 선사가 학인을 접화할 때 여탈자재與奪自在한 선기禪機를 뜻한다. 이 도와 검은 동시에 작용하여 그 모양이 취모의 명검보다 예리하다는 것이다. 일등一等은 동등同等이다. 원주와 전좌에게 동등하게 한 방으로 법령을 행하지만 그 맛은 각각이다. 일할一喝 역시 마찬가지다. 방棒과 할의 아픔을 꿰뚫는 자가 과연 있을까? 천동은 이렇게 수행자들에게 촉구한다.

제96칙

구봉의 긍정하지 않음

구 봉 불 긍
九峯不肯

【시중】

운거는 계의 구슬이 사리라는 것에 관심 없고 구봉은 앉은 채로 입적

하는 것을 좋아하지 않았다. 우두는 수많은 새가 꽃을 물어오는 것을

바라지 않았고, 황벽은 잔을 띄워 강을 건너는 걸 부러워하지 않았다.

일러보라. 특별히 무슨 뛰어난 점이 있는 것인가.

운 거 불 빙 계 주 사 리　　구 봉 불 애 좌 탈 입 망　　우 두 불 요 백 조 함 화　　황
雲居不憑戒珠舍利。　九峯不愛坐脫立亡。　牛頭不要百鳥嘀花。　黃
벽 불 선 부 배 도 수　　차 도 별 유 하 장 처
蘗不羨浮杯渡水。且道別有何長處。

본칙

구봉이 석상 처소에서 시자로 있었는데 석상이 입적한 뒤, 대중이 선

당의 수좌에게 주지 소임을 맡아 달라 청하고 있었다. 구봉은 이를 수긍치 않다가 말했다. "내가 그에게 문제를 내 시험해볼 테니 기다려봐라. 만일 그가 스승의 뜻을 안다면 스승을 시봉하듯이 할 것이다."라고. 그리고 나서 수자에게 물었다. "스승께서 이르시기를, '쉬고 또 쉬고, 일념이 만념, 식은 재나 마른 나무같이, 한 폭의 흰 비단처럼'이라 하셨습니다. 이는 무슨 일을 밝히신 것인지, 자, 말해보시오." 수좌가 말했다. "한 가지 색으로 환한 것이오." 구봉이 말했다. "그렇다면 아직 스승의 뜻을 알지 못했소." 수좌가 말했다. "스님은 저를 수긍하지 않습니까? 그렇다면 향을 준비해주시겠소?" 수좌가 이어 향을 사르며 말했다. "내가 만일 스승의 뜻을 알지 못했다면, 향 연기가 피어오를 때 몸을 벗지 못할 것이오." 말을 마치자 바로 앉아서 입적했다. 이에 구봉이 그의 등을 어루만지며 말했다. "좌탈입망도 때에 따라 할 수 있겠지만 이것으로는 스승의 뜻을 꿈에도 보지 못했소."

거 구봉재석상작시자 상천화후 중욕청당중수좌접속주지
舉。九峯在石霜作侍者。霜遷化後。衆欲請堂中首座接續住持。
봉불긍내운 대모갑문과 약회선사의 여선사시봉 수문선사
峯不肯乃云。待某甲問過。若會先師意。如先師侍奉。遂問先師
도 휴거헐거 일념이만년거 한회고목거 일조백련거 차도
道。休去歇去。一念萬年去。寒灰枯木去。一條白練去。且道。
명심마변사 좌운 명일색변사 봉운 임마즉미회선사의재
明甚麼邊事。座云。明一色邊事。峯云。恁麼則未會先師意在。
좌운 니불긍아 나장향래 좌내분향운 아약불회선사의
座云。你不肯我。那裝香來。座乃焚香云。我若不會先師意。
향연기처탈거부득 언흘변좌탈 봉내무기배운 좌탈입망즉불
香煙起處脫去不得。言訖便坐脫。峯乃撫其背云。坐脫立亡則不
무 선사의미몽견재
無。先師意未夢見在。

【송】

석상의 종풍, 구봉에게 친히 전해졌다.

442

향 연기로 벗어났어도 정맥을 통하기는 어렵다.

달빛 어린 둥지에 깃든 학, 천년의 꿈을 꾸고

설옥에 있는 사람, 일색의 공에 미혹하다.

앉아서 시방十方을 끊는다 해도 이마에 상처뿐

치밀히 한 걸음 더 나아가야 비룡을 보리라.

석 상 일 종　친 전 구 봉
石霜一宗。親傳九峯。

향 연 탈 거　정 맥 난 통
香煙脫去。正脈難通。

월 소 학 작 천 년 몽　설 옥 인 미 일 색 공
月巢鶴作千年夢。雪屋人迷一色功。

좌 단 시 방 유 점 액　밀 이 일 보 간 비 룡
坐斷十方猶點額。密移一步看飛龍。

해설

운거선사는 동산 양개의 선법을 이었다. 계주戒珠와 사리는 같다. 사리
는 범어인데, 영골靈骨이라고도 한다. 생전에 계율을 잘 지킨 공덕이
있으면 화장했을 때 보석 같은 구슬이 나온다고 한다. 그래서 사리를
계주라고 하는 것이다. 대개의 선덕先德들은 사리에 대한 믿음이 있고
귀하다고 생각했다. 그러나 선가에서는 사리라는 것에 관심 두지 않는
것이다. 운거선사가 시자를 시켜 한 암주의 도인에게 허리띠 같은 것
을 드렸다. 암주가 어머니로부터 받은 것이 있기 때문에 필요 없다고
하여 받지 않았다. 그래서 운거가 다시 시자에게, 어머니로부터 태어
나기 이전 어떤 것을 입고 있었는지를 묻게 하니 암주는 한마디도 하
지 못했다. 그 후, 암주가 천화遷化하여 화장하니 사리가 나왔다. 암주

의 제자가 사리를 수습하여 가지고 와서 운거에게 보였다. 선사는 "8곡斛 4두斗가 나와도 그것이 무슨 소용이 있는가. 그보다도 일찍이 한마디 물었을 때 적절한 대답을 하는 것이 더 낫지 않았는가"라고 하니 사리가 바로 물로 변해 흘러버렸다고 한다.

"구봉은 앉은 채로 입적하는 것을 좋아하지 않았고 우두는 수많은 새가 꽃을 물어오는 것을 바라지 않았다." 우두는 우두 법융으로 4조 도신선사의 법을 이었다. 우두산 석실에서 좌선을 하고 있을 때 새가 매일 예쁜 꽃을 물어와 주위에 뿌려놓고 공양찬탄을 했다고 한다. 4조가 그 영기靈氣를 멀리서 느끼고 그 영기가 나오는 우두산 석실을 방문했다. 도신선사가 법융을 만나 "시자는 없는가"라고 물었다. 그때 호랑이 두 마리가 나와 4조가 놀랬다. 법융이 "저것들이 있습니다"라고 인사했다. 법융이 일어나 용무가 있었던지 나갔을 때 4조는 법융이 앉았던 좌복 위에 "불佛"이라는 글자가 크게 쓰여있음을 보았다. 법융이 돌아와 좌선하려고 하는데 "불"자를 보고 조금은 주저했다. 4조가 "이게 있었네"라고 응수했다. 그 후 법융이 4조의 제자가 되어 본격적으로 수행에 들었다. 그때부터 새들이 꽃을 봉헌하지 않았다 한다. 자신의 훌륭함이나 존귀함을 사람들에게 보인다든가 새나 짐승까지 느끼게 한다는 것 등은 아직 완전한 깨침이 아니다. 진정한 수행은 향상일로向上一路일 뿐 새나 짐승들과 지낸다거나 세상 사람들의 비위를 맞춘다거나 하는 것은 그다지 칭찬할 만한 일이 못 된다는 것을 보인다.

"황벽은 잔을 띄워 강 건너는 것을 부러워하지 않았다"는 것에는 일화가 있다. 황벽선사가 천태산으로 가는 도중 한 승려를 만나 동행하였는데, 서로 이야기하면서 가다가 강을 만났다. 다리도 배도 없어 황벽이 곤란해하니 그 승이 "함께 건너갑시다"라고 했다. 황벽이 "그대가 먼저 건너보시오"라고 하니 그 승은 쓰고 있었던 삿갓을 물 위에 떠우고 거기에 올라 건넜다. 황벽이 노여워하며 "그대 같은 소인배와 동행했다는 것이 부끄럽네. 신통력으로 의기양양한 놈을 만났다니 한 대 후려갈기고 싶구면!"이라고 하니 그 승이 "과연 대승의 법기法器로 다"라고 찬탄했다고 한다. 이상 네 가지 일을 들어 본칙을 보인다.

담주 석상산의 경제慶諸선사는 도오道吾의 법을 이었고 약산 유엄의 손제자다. 구봉은 석상선사의 법을 이었다. 당중의 수좌는 좌선당 가운데 제일좌第一座다. 석상선사의 천화 후 수좌화상을 석상사의 주지로 요청하려고 하는 것이다. 구봉은 이를 수긍하지 않았다. 문과問過는 문제를 내어 시험하는 것이다. 구봉은 수좌에게 시험문제를 내어, 이를 안다면 스승의 뜻을 아는 것이니 시봉을 잘 할 것이라고 했다.

휴거休去 등의 거去는 석상의 유명한 '칠거七去' 중 하나로서 여기서는 다섯 개를 들었다. 이것은 구봉이 석상선사의 말을 수좌에게 시험한 것이다. "자, 일러보시오. 이는 무슨 일을 밝히신 것이오?"라고 물었다. 수좌는 "일색으로 환한 것이오"라고 했다. 깨달음의 세계가 환하다는 것은 형편없는 대답이다. 평등일색의 세계는 얕은 견성이다. 일체가 평등일색으로 보인다는 것이다. 이것은 근본지根本智, 곧 깨달음의 근본이 되는 것이다. 표면의 차별의 모습에 속지 않고 내면의 불성평등의 세계를 본 것이다. 이것은 깨달음의 입구이며, 평등성지라고도, 혜안이라고도 한다. 평등성지라고 해도 명암심천明暗深淺의 기량과는 상당히 차가 있다. 얕은 견성이라면 바로 본래의 범부의 견해로 돌아온다. 평등성지가 밝다면 더욱 나아가 묘관찰지妙觀察智를 열지 않으면 안 된다. 내면의 평등이 확실히 보이면 그 눈으로 표면의 차별의 세계를 다시 명확히 보게 된다. 그것을 묘관찰지, 후득지後得智, 법안法眼

이라고 한다. 구봉은 "그렇다면 아직 스승의 뜻을 알지 못했소"라고
하여 석상화상의 정신을 완전히 이어받지 못했다고 단언했다. 이에 대
해 수좌는 이의를 제기하며 "그대가 나를 수긍하지 못한다면 향을 준
비해 주시오"라고 말했다. 구봉이 향과 향로를 가지고 왔다. 수좌는 말
했다. "내가 만일 스승의 뜻을 알지 못했다면, 향 연기가 피어오를 때
벗어나지 못할 것이오." 말을 마치자 바로 앉아서 입적했다. 향을 피우
고 그 연기가 아직 꺼지지 않을 때 수좌는 앉은 그대로 죽음을 보인 것
이니 무심정無心定에 든 것이다. 곧 가사假死의 상태가 된 것이다. 그러
나 이것은 깨달음과는 무관하다. 구봉은 수좌의 등을 어루만지며 "좌
탈입망도 때에 따라 할 수 있겠지만 이것으로는 스승의 뜻을 꿈에도
보지 못했소"라고 했다. 입망立亡은 선채로 죽는 것으로, 이것도 정
력定力으로 할 수 있다. 구봉은 수좌의 선정삼매는 칭송하지만 선사先
師의 뜻을 정녕 알지 못했음을 재차 단언했다.

　일종一宗은 대정신, 종풍이다. 정맥은 정전正傳의 법맥이다. 석상의
선지가 구봉에게 전하고, 향 연기로 벗어나도 정맥을 통하기 어렵다.
다음 두 구는 사물을 빌어 교묘히 종의宗意를 노래했다. 달빛 어린 둥
지는 구봉을, 설옥雪屋에 있는 사람은 수좌를 가리킨다. "달빛 어린 둥
지에 깃든 학, 천년의 꿈을 꾸고"는 구봉의 경계를 자유자재로 하늘을
나는 학에 비유함에 반해, "설옥에 있는 사람, 일색의 공에 미혹하다"
는 것은 수좌의 깨달음의 병을 노래했다. "앉아서 시방十方을 끊는다
해도 이마에 상처뿐, 치밀하게 한 걸음 더 나아가야 비룡을 보리라."
마지막 두 구는 수좌의 한심스러운 수행을 말했다. 잉어가 우문삼급禹
門三級의 폭포를 뛰어올라야 용이 된다는 고사를 인용했다. 점액點額은
잉어가 폭포를 뛰어오르는 도중, 바위에 이마를 부딪쳐 물에 밀려나는

것을 뜻하니, 바로 등용문에서 낙제하는 것을 의미한다. "앉아서 시방을 끊고"는 수좌가 일색一色의 세계에 주착하는 것을 말한다. 이것을 잉어의 점액에 비유했다. 잉어가 비룡이 되려면 한 걸음 더 나아가 시방세계에 전신을 내던지지 않으면 안 된다. 천동은 수좌에 대한 안타까움을 이렇게 노래했다.

제97칙

광제의 복두

광 제 복 두
光帝幞頭

【시중】

달마가 양무제를 만난 것은 본래 마음을 전하기 위함이고 염관이 대중
을 알아본 것은 뛰어난 안목이었다. 천하가 태평하고 국왕이 장수하니
천자의 위엄을 침범하지 못한다. 해와 달, 풍경이 멈추고, 사계가 역력
하니 풍화를 빛나게 한다. 인왕과 법왕이 상견할 때 도대체 무슨 일을
이야기할까?

달 마 조 양 무   본 위 전 심   염 관 식 대 중   불 방 구 안   천 하 태 평
達磨朝梁武。 本爲傳心。 鹽官識大中。 不妨具眼。 天下太平。
국 왕 장 수   불 범 천 위   일 월 정 경   사 시 화 적   유 광 풍 화
國王長壽。 不犯天威。 日月停景。 四時和適。 有光風化。
인 왕 법 왕   상 견   합 담 하 사
人王法王。 相見。 合談何事。

동광제가 흥화에게 말했다. "과인이 중원의 제일가는 보물을 가지고 있소만 그 값을 매길 사람이 없소." 흥화가 말했다. "폐하의 보물을 볼 수 있을까요?" 황제가 양손으로 복두의 두 끈을 끌어당겼다. 흥화가 말했다. "군왕의 보물에 누가 감히 값을 매기겠습니까?"

擧。同光帝謂興化曰。寡人收得中原一寶。只是無人酬價。化云。
借陛下寶看。帝以兩手引幞頭脚。化云。君王之寶。誰敢酬價。

【송】

군왕의 속마음, 지음에게 말하고

천하가 해바라기 같은 마음으로 정성을 다한다.

중원의 값없는 보배를 꺼내 보이니

조벽과 연금에 비할 바 아니구나.

중원의 보배, 흥화에게 보이니

한줄기 밝은 광채, 값 매기기 어렵다.

황제의 업적, 만세의 스승이 될 만하고

금륜의 광명, 사천하를 빛내는구나.

君王底意語知音。 天下傾誠葵藿心。
撥出中原無價寶。 不同趙璧與燕金。
中原之寶呈興化。 一段光明難定價。
帝業堪爲萬世師。 金輪景耀四天下。

달마대사는 무슨 이유로 150여 세에 인도에서 중국으로 가서 양무제를 만났는가. 이는 다만 불심인佛心印을 전하기 위해서임은 두말할 것도 없다. 염관 제안(?~842)은 제25칙에 나왔고 대중은 당의 선종황제의 연호이다. 선종은 일찍이 무종 때 죽을 뻔 한 적이 있었다. 그 후 평민으로 변장해 출가했다. 참선 중 황벽이 세 번이나 후려친 것도 그 당시다. 염관이 도량에 와서 대중人中이 보통사람이 아니라는 것을 알고 정중히 대했다. 당시 무종이 제위에 있었고 그는 불교를 배척하는 정책을 폈다. 5, 6년이 지나 무종은 큰 병이 들어 고생하다가 타계했다. 그래서 갑자기 대중이 머문 절이 분주하게 되었다. 염관이 시절이 도래했음을 알고 대중에게 제위에 오르거든 불법을 흥륭시킬 것을 부탁했다. 선종宣宗이 위位에 올라 불법을 크게 융성시켰다. 그래서 이러한 연유에서 염관이 안목이 뛰어났다고 한다. "천하가 태평하고 국왕이 장수하니 천자의 위엄을 침범하지 못한다"라는 것은 전거가 있다. 옛날 인도에 마명이라는 외도가 있었는데 지혜가 뛰어나고 변설이 좋아 의론에 당할 자가 없었다. 어느 날 제10조 협脇존자가 나와 마명과 법론을 여니, 대중이 구름같이 모였다. 협존자는 천자 앞에서 싸우는 태도는 옳지 않다고 생각하고 격론을 피할 방침으로 "나는 늙고 더구나 멀리서 왔기 때문에 먼저 말씀해 보시오"라고 했다. 마명은 협존자에게 "당신이 먼저 무엇이든지 주장해 보시지요. 저는 각각 논파해 보겠소"라고 했다. 협존자는 다음과 같이 말했다. "지금 천하는 태평하고 대왕은 장수하시고 국토는 풍요롭고 안락하며 어떠한 재앙도 없습니다." 마명은 이론異論을 제기할 여지가 없어 완전히 졌다. 이후 협존자의 제자가 되었다.

"해와 달, 풍경이 멈추고 사계가 역력하니"는 부傅대사의 말이다. 이는 양무제가 중운전重雲殿에서 경을 강의하고 있을 때 유중劉中이라는 사람의 청에 의해 말한 것이다. 이는 곧 천자의 덕을 찬탄한 말이다. "풍화를 빛나게 하다"는 것은 천자의 덕화가 더욱 빛난다는 의미다. 인왕은 세간의 왕, 법왕은 출세간의 왕이다. "인왕과 법왕이 상견할 때 도대체 무슨 이야기를 할까"라고 하여 본칙을 보인다.

동광同光은 중국 5대 10국시대 후당 초대 황제인 장종莊宗 이존욱李存勗(885~926)의 연호이다. 흥화는 임제의 법을 이은 존장存獎선사이니, 곧 법왕이다. 중원은 중국 본토이지만 여기서는 천하를 가리킨다. 천하에 제일가는 한 보물을 가졌다는 것이다. 한 보물은 무無자다. 본래자기다. 이를 어느 누구도 값을 매기는 사람이 없다는 것이다. 이러니 화상이 한번 값을 매겨보라고 자신만만하게 말한다. 화선사는 폐하가 가진 보물을 볼 수 있는가를 물었다. 이 말은 황제가 가지고 있다는 보물, 즉 본래면목, 자기광명, 자수용自受用삼매가 어느 정도인지 시험하는 것이다. "황제는 양손으로 복두의 끈을 끌어당겼다." 복두각幞頭脚이라는 것은 머리에 쓴 두건의 양쪽 끈이다. 관의 끈을 양 손으로 잡아당겨 용안을 살짝 내보인 것이다. 황제는 '이대로다'라고 보였다. 장종황제가 그 진의를 흥화존장에게 말했다. 흥화는 "군왕의 보물에 누가 감히 값을 매기겠습니까"라며 정말 훌륭한 보물이라고 찬탄했다. 삼세제불도 값을 매길 수 없는 자유자재한 보장寶藏을 보인 것이다. 황제와 흥화는 서로 지음의 동지다. 각기 일척안一隻眼을 갖추고 있어 서로 법전을 펼 수 있는 사이다.

규곽葵藿은 해바라기 꽃이다. 언제나 태양을 향해 있는 해바라기처럼 민심이 천자에게로 향한 모습을 보였다. 자기 본래의 불심을 닦은 성스런 천자가 위에 있으면 치세가 바르고 신하와 백성도 기쁘게 복종한다. 철출撥出은 꺼내 보이는 것이다. 무가無價는 중원의 보배가 가진 무한대의 가치를 말한다. 조벽趙璧이나 연금燕金과는 비교가 안 된다고 한다. 조벽은 진왕秦王이 15성과 교환하자고 했던 조씨 연성連城의 구슬이다. 연금은 보배로, 연燕의 소왕昭王이 황금대臺를 지어놓고 천하의 선비들을 불렀다고 하는 데서 비롯된 말이다. 조벽이나 연금은 물질의 보배로서 언젠가는 부서져 없어지고 만다. 무가의 보배는 영원히 빛이 나고 자타를 구제하는 불과佛果이다. "중원의 보배, 흥화에게 보이니 한 줄기 밝은 광채, 값 매기기 어렵다." 동광제와 흥화선사는 지음의 관계이기 때문에 그 보배가 광명이 나고 값을 정하기 어려울 정도라는 것이다. 성스런 천자의 치업治業은 만세의 스승이 된다. 인도에 금륜, 은륜, 동륜, 철륜 등 사륜왕四輪王의 설이 있다. 철륜왕은 수미산의 남방을 다스리고 동륜왕은 동남, 은륜왕은 동서남, 금륜왕은 동서남북으로 활보한다. 경륜은 광명이다. 금륜왕의 광명은 동서남북의 사주四洲에 미친다는 것이다. 천동은 인왕과 법왕의 보배의 광채를 이렇게 비유했다.

제98칙

동산의 간절함

동 산 상 절
洞山常切

【시중】

구봉은 혀를 끊어 석상의 뒤를 이었고, 조산은 머리를 베어 동산을 저 버리지 않았다. 고인들은 혀 세 치로 이렇게 치밀한데, 자, 사람들을 위하는 수단이 어느 곳에 있는가?

구 봉 절 설　　　추 화 석 상　　조 산 작 두　　불 고 동 령　　고 인 삼 촌 득 임 마 밀
九峯截舌。　追和石霜。　曹山斫頭。　不辜洞嶺。　古人三寸得恁麼密。
차 위 인 수 단 재 심 마 처
且爲人手段在甚麼處。

본칙

어떤 스님이 동산에게 물었다. "삼신 가운데 어느 몸이 제수諸數에 떨어지지 않습니까?" 동산이 말했다. "나는 언제나 여기서 간절하다."

거 승문동산 삼신중나신불타제수 산운 오상우차절
舉。僧問洞山。三身中那身不墮諸數。山云。吾常于此切。

【송】

세상에 들지 않고 연을 따르지 않는다.

천지가 열리기 이전에 가전家傳이 있었구나.

흰 억새꽃, 스산한 가을바람, 강이 저무네.

옛 언덕, 돌아가는 배, 한 줄기 물안개.

불 입 세 미 순 연　　겁 호 공 처 유 가 전
不入世未循緣。劫壺空處有家傳。
백 빈 풍 세 추 강 모　　고 안 강 귀 일 대 연
白蘋風細秋江暮。古岸舡歸一帶煙。

해설

구봉 도건九峰道虔은 석상의 법을 이었다. 조산 본적曹山本寂은 동산 양
개의 법을 이었다. 구봉과 조산 모두 스승을 빛낸 이들이다. 어느 승이
석상에게 조사가 서래한 뜻이 무엇인지 물었다. 석상은 바로 이를 꽉
물었다. 입을 열지 않겠다는 것이다. 석상이 천화한 후, 승이 법을 이은
구봉에게 석상의 이를 꽉 문 뜻이 무엇인지를 물었다. 구봉은 "나는 오
히려 혀를 끊을지언정 국왕의 휘諱를 말하지 않겠다"고 했다. 휘는 본
명이므로 이것을 말하는 것은 극히 불경스런 일이다. 석상의 '조사서
래의'를 드러내 보인다는 것은 도저히 불가능한 일이라는 것을 이렇게
말했다. 어느 승이 동산에게 물었다. "삼신 가운데 어느 몸이 제수諸數
에 떨어지지 않습니까." 동산은 "나는 언제나 여기서 간절하다"라고

했다. 나중에 승이 조산에게 물었다. "앞의 동산대사가 '나는 여기에서 간절하다'고 하는 뜻은 무엇입니까"라고. 이때 조산은 "머리가 필요하다면 베어 가져가라"고 답했다. 동령洞嶺은 동산이다. 동산의 불법을 완전히 드러냈다. 동산의 은혜를 저버리지 않은 것이다. "고인들은 혀세 치로 이렇게 치밀한데" 자, 어디에 사람들을 위한 수완 역량이 있는가라고 본칙을 내보인다.

삼신은 법신·보신·응신이다. 삼신은 즉 여래이며 하나다. 여래가 각각 존재하는 것이 아니다. 본칙에서 승은 어떤 이유에서인지 동산에게 삼신 중 어느 몸이 분별개념에 떨어지지 않는지를 물었다. 동산은 "나는 언제나 여기서 간절하다"고 딱 잘라 말했다. 제수諸數란 가지가지 개념과 사상을 뜻한다. '제수에 떨어지지 않는다'는 것은 수량에 떨어지지 않는다는 것이다. 법수나 그 명목에 걸려 진정한 일을 알지 못하는 것을 '제수에 떨어진다'고 하는 것이다. 묻는 승은 제수에 떨어지는 부처와 떨어지지 않는 부처가 따로 있다고 생각하는 것 같다. 동산의 답은 명쾌했다. "나는 바로 여기에서 간절하다"고 한 것이다. 동산의 법을 이은 조산은 동산의 이 같은 간절한 정신을 물었을 때 제수에 떨어지는 듯한 설명은 하지 않았다. "머리가 필요하면 잘라가라"라고 단호하게 대답했다. 동산대사를 만나고자 한다면, 그것은 "언제나 여기에서 간절하다"고 하는 말을 제대로 이해하는 데 있음을 조산은 이렇게 말한 것이다.

천동은 동산의 평상을 노래하는 것으로 시작했다. 세상에 들어가지 않고 인연에 따르지 않는다는 것은 분별망상의 세계에 머물지 않음을 말한다. 세상에 있어도 세상에 빠지지 않고 연에 응하여서도 연에 이끌리지 않는다. "나는 언제나 여기에서 간절하다"는 동산의 자수용삼매의 경계를 노래한 것이다. 겁호공처劫壺空處는 천지가 열리기 이전, 곧 분별망상이 일어나기 이전을 가리킨다. 거기에 동산의 종풍이 있고 가전家傳이 있다고 했다. 호壺는 '호중壺中의 천지'라고 하여 세계를 말한다. 백빈白蘋은 하얀 꽃이 휘날리는 억새다. 거기에 가을바람이 스산하게 분다. 저녁노을에 강은 물들고, "옛 언덕, 돌아가는 배, 한 줄기 물안개"는 동산의 은밀한 가풍을 노래한 것이다.

제99칙

운문의 발우와 물통

운 문 발 통
雲門鉢桶

【시중】

바둑에는 별도의 지식이 있고, 술에는 술배가 따로 있다. 간교한 토끼
는 구멍을 세 개 파고, 교활한 원숭이는 만 가지 꾀를 부린다. 그런데
완고한 사람이 있으니, 일러보라. 이는 누구인가.

기 유 별 지　　　주 유 별 장　　　교 토 삼 혈　　　활 서 만 행　　　갱 유 개 효 두 저
棊有別智。　酒有別腸。　狡兔三穴。　猾胥萬倖。　更有箇誵頭底。
차 도 시 수
且道是誰。

본칙

어떤 스님이 운문에게 물었다. "어떤 것이 진진삼매입니까?" 운문이
말했다. "발우 속의 밥이요, 통 속의 물이다."

거　승문운문　여하진진삼매　문운　발리반　통리수
舉。僧問雲門。如何塵塵三昧。門云。鉢裏飯。桶裏水。

【송】

발우 속의 밥, 통 속의 물

입을 열어 속마음 보여주며 지기를 찾네.

헤아리려 하면 바로 2기, 3기에 떨어진다.

대면하면 홀연히 천만 리 멀어진다.

소양의 스승, 조금 드러냈다.

금을 자르는 뜻이여, 누구와 서로 같을까.

견고한 마음이여, 홀로 능히 이 같을 뿐이네.

발리반통리수　개구견담구지기
鉢裏飯桶裏水。開口見膽求知已。
의사변락이삼기　대면홀성천만리
擬思便落二三機。對面忽成千萬里。
소양사교사자
韶陽師較些子。
단금지의혜수여상동　비석지심혜독능여차
斷金之義兮誰與相同。匪石之心兮獨能如此。

해설

바둑을 두는 데도 천재나 귀재가 있고, 술을 아무리 마셔도 전혀 취하지 않는 자가 있다. 토끼와 원숭이는 저마다 특별한 습성이 있다. 토끼가 구멍을 두 개 이상 파는 것은 죽음을 면하려는 것이고, 원숭이는 언제나 신출귀몰한 요행을 저지른다. 그래서 그들을 교활하다고 하였다.

　여기에서는 운문에게 묻는 승의 능란함을 뜻하지만 운문을 당해내지 못함을 본칙에서 보인다. 진진塵塵은 육안으로는 도저히 볼 수 없을 정도의 티끌이며 또한 마음을 어지럽게 하는 것이다. 육근을 통해 색·성·향·미·촉·법이 생기고 이것은 마음을 혼란하게 하는 원인이 된다고 하여 육진이라고 한다. 그러나 이렇게 일어나는 진을 싫어하지 않고 그대로 내버려두면 진은 그대로 '참된 자기'임을 알게 되니 '무색성향미촉법'이다. 진진이 도리어 삼매가 되었기 때문이다. 이를 운문은 "발우 속의 밥, 물통 속의 물"이라고 하였다. 이래저래 수많은 복잡한 생각을 하고 있는 승에게 운문은 이 한마디로써 '할喝'을 한 것이다. 입을 열어 불법을 완전히 드러내어 지기知己를 구한 것이다. 그러나 이를 생각하여 알려고 하면 2·3기機에 떨어지고 또한 운문과 대면하면 천만 리 멀어져버린다.

소양의 운문대사는 저의를 살짝 드러냈지만 거기에는 금을 자를 정도의 예리함이 있다. 단금斷金은 지음동지知音同志라는 것이다.《주역》에 "두 사람, 마음을 같이하면 그 예리함, 금을 자른다. 마음을 같이한다는 것은 그 향기 난과 같다"라고 했다. 금과 철을 자를 정도로 예리한 힘이 나온다는 것이다. 지기 두 사람이 힘을 합하면 그 같은 위대함이 나오지만 그런 지기가 어디에 있을까. 즉 '운문과 같은 사람이 누가 있을까'를 "누구와 서로 같을까"라고 노래했다. 비석지심匪石之心은 심지가 견고한 것이다. 운문은 부처나 마구니가 앞에 나타난다고 해도 절대 흔들림이 없는 자세를 가졌음을 뜻한다. 운문 같은 선사는 고금에도 없는 단 한 사람만이라는 안타까움을 "홀로 능히 이 같을 뿐이네"라고 천동은 극찬한다.

낭야의 산하

낭 야 산 하
瑯瑯山河

【시중】

한마디 말이 나라를 흥하게도 하고 망하게도 한다. 이 약이 사람을 죽이기도 하고 살리기도 한다. 어진 자가 그것을 보면 인仁이라 하고 지혜로운 자가 그것을 보면 지智라고 한다. 말해보라. 이로움과 해로움이 어디에 있는가.

일 언 가 이 흥 방　　　 일 언 가 이 상 방　　　 차 약 역 능 살 인　　　 차 약 역 능 활 인
一言可以興邦。 一言可以喪邦。 此藥亦能殺人。 此藥亦能活人。
인 자 견 지 위 지 인　　　 지 자 견 지 위 지 지　　　 차 도 이 해 재 심 마 처
仁者見之謂之仁。 智者見之謂之智。 且道利害在甚麼處。

본칙

어떤 스님이 낭야 각화상에게 물었다. "청정하여 본래 그러한데 어째

서 홀연히 산하대지가 생겨났습니까?" 각이 말했다. "청정하여 본래
그러한데 어째서 홀연히 산하대지가 생겨났지?"

거 　 승문낭야각화상 　 청정본연 　 운하홀생산하대지 　 각운
擧。 僧問瑯琊覺和尙。 淸淨本然。 云何忽生山河大地。 覺云。
청정본연 　 운하홀생산하대지
淸淨本然。 云何忽生山河大地。

【송】

있음을 보고 있음이라 하지 않고

손바닥을 뒤집고 엎는다.

낭야산 속의 사람,

구담의 후손으로 떨어지지 않았구나.

견유불유 　 번수복수
見有不有。 翻手覆手。
낭야산리인 　 불락구담후
瑯琊山裏人。 不落瞿曇後。

해설

말 한마디가 나라를 흥하게도 망하게도 한다는 말은 《논어》에 나온다.
이 의미는 선장禪匠의 말이 불도를 세우기도 허물기도 한다는 것이다.
약도 이와 마찬가지로 쓰기에 따라 독이 되기도, 약이 되기도 한다. 인
자는 인자의 입장에서 인이라 하고 지자는 지자의 입장에서 지智라고
하는 것이다. 이는 《주역》에 나온다. 불도의 입장에서 볼 때 유교의 인
은 불도의 자비에 해당하고, 유교의 지는 불도의 지혜에 해당된다. 불

도의 지혜는 반야의 지혜이며 깨달음의 지혜다. 불도의 지혜는 절대지이지만 세간의 지혜는 상대지다. 세간의 인이나 지는 대립적이지만 불도의 자비는 대립을 끊는다. 이를 무연동체無緣同體의 자비라고 한다. 절대의 지혜는 문수의 평등성지平等性智이며 절대의 자비는 보현이나 관음의 묘관찰지妙觀察智의 작용이다. 그래서 부처의 경계는 지혜와 자비가 원만하다. 절대의 지혜와 자비로 선사가 학인을 대할 때 저절로 적절한 살활자재殺活自在의 작용이 튀어나온다. 본칙에서는 낭야각화상의 지도에 해로움과 이로움이 어디에 있는지 보도록 한다.

낭야산의 혜각화상은 분양 선소선사의 법을 이었으며 여기에 나오는 승은 장수에 사는 강사 자옥子璿이다. 승은 《수능엄경》에 나오는 내용을 인용하였다. 경에 "부루나존자가 부처님에게 여쭈었다. '육근六根·육진六塵·오음五陰·십이처十二處·십팔계十八界·산하대지 등 모두 어째서 유위전변有爲轉變의 상相이 생기고 삼계육도三界六道를 윤회하는 것입니까'"라고 나온다. 세간의 모든 것이 여래장이며 청정하여 본래 그러한 것이라면 어째서 산하대지 등의 변화무상變化無常한 형상이 생기고 윤회하는 것인가를 승은 물은 것이다. 각화상은 승이 물은 것과 동일하게 물었지만 그 되물음의 느낌은 전혀 다르다. 인자를 보고 인이라고 한 것처럼 승은 산하대지와 삼계육도를 불결한 것으로 보았다. 그러나 화상은 "그것은 청정하여 본래 그러한 것이지 않는가"라고 되물었다. 이 한마디로 스님을 죽이고 살린 것이다. 이러한 지도를 적마賊馬에 올라타 적을 쫓는다고 한다. 이 말은 지식으로는 이해되지 않으며, 실참실구實參實究해야 이해할 수 있다. "어째서[云何]"가 참구다. 승은 이 말로 의문을 나타냈지만 화상은 절대 그렇지 않다. 묻는 스님의 생각을 단번에 잘라 다시 소생시키는 도구가 된다. 승은 바로 크게 깨달았다.

굉지는, 먼저 자옥강사가 청정본연인데 어째서 산하대지로 되었는 가라는 물음에 낭야는 산하대지가 청정본연임을 손을 뒤집고 엎는 것 으로 노래했다. 손바닥도 손이고 손등도 손이다. 화상은 청정본연의 실제를 보였다. 구담은 범어 고타마의 음역으로, 지최승地最勝이라고 한역한다. 지상에서 가장 뛰어난 종족이라는 의미다. 낭야산 속의 사 람은 낭야 각화상이다. 천동은 그가 석존의 뒤를 잇기만 한 하찮은 존 재가 아니라 석존 이상의 방편과 진실이 있음을 "구담의 후손으로 떨 어지지 않았구나"라며 칭송했다.

옮긴이의 글

인도에서 발생한 불교는 교학의 체제를 갖추어 시대별로 변천, 전개되었다. 그리고 그 핵심사상인 '자성청정심' '심성본정'은 불변의 사상이자 근간으로 남았다. 불멸 후 대승불교시대(B.C. 1세기)에 이르면 실천불교를 중시하게 되며, 이러한 대승불교사상이 중국을 비롯한 동아시아 불교의 중심사상이 되었다.

중국 남북조시대, 인도에서 보리달마가 도래했을 즈음 중국불교는 지론학파地論宗가 지배적이었다. 지론종에서는 유식학을 실증하기 위하여 선정의 실천을 중요시하였고, 또한 실제로 널리 행해지기도 하였다. 초기 선종은 그들을 중심으로 한 북조北朝의 불교계 가운데서 성장했다. 특히 지론종 남도파에 의해 제작되었다고 추정되는《대승기신론》은 초기 선종(마조 도일 이전)에서 극히 중시되었으며, 이는 3조 승찬

이 '자성청정심'을 《신심명信心銘》의 주제어로 삼고 있는 데서도 알 수 있다. 보리달마 전법의 핵심이 되는 '이입사행理入四行'은 "인간에게 갖추어진 진성眞性을 벽관이라는 관법수행으로 드러나게 해야 한다"는 의미를 가진다. 이때의 진성이 바로 '청정심'이다. 보리달마의 선은 부처를 찾고 부처가 되는 것이 아니라, 자신이 부처 그대로임을 깨닫는 것이다.

이러한 보리달마의 선지禪旨는 7, 8세기 중기 선종(마조 도일 이후)에서 '마음이 곧 부처' '일상의 작용이 부처'라는 교시가 되고, 당대 선사들이 제자들을 지도하는 데 있어 종지가 되었다. 선사들은 학인을 접할 때 본래 면목인 '자성청정'을 체득하였는지를 다양한 수단과 방법으로 살폈다. 이러한 화풍化風은 먼저 초기 선종에서 남·북 양종으로 나누어진다. 북종은 자성청정심을 드러내기 위해 타좌打坐를 중시하는 경향이 짙었고, 남종은 직관주의적 방법으로서 견성 즉 돈오頓悟를 주창하였다. 특히 남종은 '정혜쌍수'의 입장에서 그간의 '자교오종藉敎悟宗(교의에 근거하여 진리를 깨치는 것)'의 선풍을 경시하고 '불립문자, 교외별전'의 종풍을 확립했다.

육조 혜능의 남종선 계보는 마조계와 석두계로 나뉘어 발전했다. 중당 이후 마조 도일의 선이 먼저 주류가 되고, 다음으로 석두 희천의 계통이 제2의 주류가 되어 선종의 교단은 재구성된다. 마조계의 선은 '즉심시불卽心是佛' 즉 '옷 입고 밥 먹는 일상생활의 작용이 바로 부처'라는 것이며, 이에 반하여 석두계의 선은 현실태現實態의 자기와는 다른 차원에서 '본래성의 자기'를 발견하려고 했다. 즉 '양미동목揚眉動目(눈썹을 치켜뜨고 눈을 굴림) 이전의 마음(이를 석두계에서는 渠, 他, 伊, 주인공, 한 사람, 1월 등으로 표현하였음)을 찾는 것'이다. 이 두 계파는 다시 실천수행의 방법과 화풍에 따라 오가五家의 가풍으로 나누어진다. 마조계는 위앙종, 임제종으로, 석두계는 조동종, 운문종, 법안종 등으로 나뉘었다. 마조계의 기본 정신은 당대는 물론 송대에도 선의 기본 경향으로 자리 잡으며 강한 영향력을 가졌다. 그러나 송대의 납자들은 당대선적인 생각의 극복을 과제로 하여 새로운 사상과 실천 방식을 지향했다. 이는 후일 송대 선의 특색이 되었고 이 같은 흐름은 이후 중국 선종의 형식화된 방식의 선으로 안착된다.

송대는 한마디로 선의 제도화 시대였다. 선종이 국가의 정치·경제·문화의 제도 속으로 편입되면서 선종 내부의 기구나 수행태도도 제도적으로 규격화되고 정비된다. 송대에는 주요한 선원이 관사官寺로 조정의 지배하에 놓이고 주지의 임면이나 이동이 관청의 인허가하에 행해지게 되었다. 이러한 추세 속에 선원 내부에서도 국가나 황제를 위한 기도가 정례화 되고 관료기구와 비슷한 계층적인 직무체계가 조직되어―그 대표적인 것이 선원대중의 소임을 조직하는 용상방龍象榜―여러 가지 규칙이 〈청규〉라는 이름으로 성문화되었다. 수행 면에서도 교재와 교수법이 점차 규격화되었다. 선자들의 선문답은 다양하게 수집되어 선문禪門 공유의 고전으로 만들어졌고, 또한 이를 공안으로 삼아 실참 참구하는 것이 수행의 중심이 된 것이다.

'공안'으로서 형성되기 이전 사자師資의 '문답'은 달마전법의 상승을 존중하고 깨달음의 경지에 이르게 하며 법을 전수하는 수단이었다. 말하자면 문답을 통해 자성청정심을 드러내는 계기가 되도록 한 것이며 또한, 학인은 자신의 수행을 통해 현현顯現한 자성청정심을 스승에게 문답의 형식을 통해 보이는 수단이었다. 이러한 선문답은 보리달마에서부터 시작되었지만 당말 송대에 이르면 공안선으로, 공안선은 다시 문자선과 간화선으로 변천, 전개된다. 보리달마에서 중기 선종에 이르기까지 선문답을 살펴보면 문답의 형태가 약간씩 변형되어 가는 것을 알 수 있다.

보리달마는 마음이 '불안'하다는 혜가에게 "그대의 불안한 마음을 내놓아 보라"고 하는 말로 단박 깨치게 하였고, 북종 신수는 "종소리를 들었는가, 그 소리는 칠 때 있는가, 치기 전에 있었는가"라고 하여 심지에 몰두한 납자에게 질문을 통해 확철대오의 심경을 드러내게 했다. 또한 "나뭇가지 끝에서 좌선할 수 있는가" "그대는 벽을 뚫고 나갈 수 있는가"와 같은 질문을 통해 납자가 '백척간두진일보'하여 자성을 깨우치도록 도왔다. 중기 선종으로 내려오면 문답은 사자師資 사이의 대화를 통해 깨우치게 하는 수단이 된다. 남종계 마조는 백장과 산책할 때 날아가는 오리를 보고 즉시 "뭔가?" 하고 물었다. 백장은 "오리입니다"라고 대답했다. 이에 "어디로 갔나?" "날아가 버렸습니다."라고 하니, 마조는 바로 그의 코를 비틀었다. 백장은 생각 없이 비명을 질렀다. 마조는 "날아갔다는데 이렇게 있지 않는가"라고 했다. 이에 백장은 대오했다. 문답을 통해 심지를 깨우치게 한 것이다. 마조와 쌍벽을 이루는 석두는 스승 청원 행사의 심부름으로 마조의 스승 남악 회양화상에게 가서 예배하고 먼저 물었다. "여러 성인도 그리워하지 않고 저의 본래의 마음조차도 중히 여기지 않을 때, 이것은 무엇입니까?" 이번에는 학인 쪽에서 자신의 심경에 대해 묻는 경우다. 마조계 조주에게 어느 승이 "조사가 서쪽에서 온 뜻이 무엇인가요[祖師西來意]?"라고 묻자, "뜰 앞의 잣나무"라고 했다. 그 승이 "화상은 저에게 어떤 물건(경계)으로 보이려고 하지 마십시오"라고 하자, "나는 어떤 사물을 보이는 것이 아니야"라고 했다. 다시 승이 똑같은 질문을 하자 역시 같은 대답을 했다. 이렇게 깨침이라는 목적을 향해 사자 사이의 문답이 이루어지는 방향으로 변화하며 전개되는 것이다.

이렇게 선승들의 문답을 기록하고 선의 전등傳燈을 정리한 것으로 대표적인 것이《조당집》(952)이며, 1701인의 선승들의 어록과 행록이 수집되어 '전법의 계보'라는 형태로 구성된 것이 송대의《경덕전등록》(1004)이다. 이《전등록》을 '1700칙의 공안'이라고도 한다. 이《전등록》은 송대 선의 질적인 전환을 이끈 선종사의 금자탑이다. 1001년에 입적한 법제선사까지, 당대 선종의 가장 화려한 전개를 구축한 기록이다. 이《전등록》을 통해 여러 선사의 행실을 만날 수 있다. 기술은 조당집의 기사를 이었으며, 각 선사에 대한 기록도 세련과 윤색이 현저해, 이를 통해 중국 선종사를 총괄한다는 의도가 내포되어 있다고 볼 수 있다. 이후 각 계통에서 전해 내려온 선사들의 어록이 정본定本으로 확정되고 인쇄되어, 이를 통해 사대부 계층으로 독자층이 크게 확장되었다. 이는 많은 신자를 얻는 기회가 되었고, 동시에 지식계급의 현학적인 취미에 응하여 그들의 지적인 장엄이 되는 경향이 되기도 하였다. 선사들의 개별적인 어록을 집성한 것이 차례로 등장하고 편집된 어록집도 다수 출판되었다. 계보를 거슬러 올라가면《고존숙高尊宿어록》48권,《사가四家어록》,《황룡사가록》,《자명慈明사가록》등이 이에 해당한다. 이들은 종파의 정당성을 주장하려는 의도로 편집된 것이었고, 나아가 직접 조사의 깨침의 말을 보이려는 의도도 있었을 것이다.

《전등록》의 영향을 받아 남송 말에 오등록을 종합 재편집한 것이《오등회원五燈會元》(1252)이다. 이후 등사 편찬 사업은 계속되어 청대에까지 이른다. 이 같은 각종 어록 가운데서 간결한 화제話題를 모아 다양하게 코멘트를 붙인 것이 공안집이다. 당대의 선승들은 저마다 학습기를 마치고 실천으로 옮겨 갈등 끝에 대오하는 경우가 많았지만, 송대의 선승들은 이지적인 경향이 강했으며 당대의 선승들같이 산야에서 각고의 시기를 지내는 경우는 드물었다. 그 때문에 종래의 경험을 모아 쌓고 그것을 교과서로 하여 다양하게 대응하는 모습이 나타나게 된다. 결국 깨달음에 이르는 과정이 조직화되었고, 학습을 반복하는 가운데 내실을 체득하는 방향으로 자리 잡게 되었다. 이를 위한 교과서가 공안집이며, 그 대표적인 것으로《벽암록碧巖集》《종용록從容錄》《무문관無門關》등이 있다.

송대에는 사자師資의 선문답을 공안으로 삼아 승속을 막론하고 참구하는 방법이 널리 퍼지게 된다. 참구 방법은 크게 문자선과 간화선으로 나누어진다. 문자선은 공안의 비평이나 재해석을 통하여 선의 이치를 밝히는 것이다. 반면 간화선은 특정한 하나의 공안에 온 몸과 정신을 집중하여, 한계점에 이르면 모든 생각 생각이 크게 부서지고 끊어져 본래면목을 투득透得하게 하는 선법이다. 시대구분으로 말한다면 송대는 공안선의 시대로서, 북송기는 문자선이 주류였고 북송 말에는 간화선이 가세하였다. 문자선은 북송 초 분양 선소汾陽善昭(임제종)에서 비롯된다. 선사들의 선문답[古則] 100칙을 뽑아 시를 붙인《분양송고汾陽頌古》(1017~1021)가 있다. 그 후 문자선의 정점에 이른 것이 설두 중현雪竇重顯(운문계)의《설두송고》다. 분양 선소와 마찬가지로 설두 자신이 선별한 백 칙의 공안에 시를 붙인 것이다. 당시 문학적인 소양이 풍부한 중현의〈송고백칙〉은 높이 평가되었는데, 이를 원오 극근圜悟克勤(1063~1135, 임제종계)이 강의하고 제자들이 편집하여 한 권의 책으로 만든 것이《벽암록》(1125)이다.《벽암록》은 수시垂示, 본칙, 평창評唱, 송, 송의 평창으로 구성되어 있다. 수시는 본칙에 대한 평가를 고답적으로 말하는 것이고, 본칙은 정형화된 공안을 기록한 것이다. 거기에 착어着語가 붙어 비평적·주석적인 역할을 한다. 평창은 해석 또는 강석講釋을 말한다. 송은 본칙에 대한 달의적達意的인 감흥시라고 볼 수 있고 마지막 송의 평창은 송의 주석을 뜻한다. 대단히 번쇄한 구성으로 내용은 주석적이고 형식은 고정적이다. 즉 '고칙'이라고 할 수 있는 대표적인 문답을 일반화하였으며 그 해석에 이르기까지 정리되고 체계화되어 있다. 공안과 송고에 대해 상세하게 논평하고, 공안 가운데 등장한 인물에 대한 고사故事를 기록하였으며, 화두 소개 등을 자세히 하였다.

이와 거의 유사한 형태로 약 100년 후 나타난, 또 하나의 공안집이 바로 만송 행수萬松行秀(1166~1246)의 《종용록》(1223)이다. 《종용록》의 구성 역시 시중, 본칙, 본칙착어, 본칙평창, 송, 송의 착어와 송의 평창으로 되어 있다. 5년 뒤, 두 공안집보다는 간략하지만, 간화선으로 투득한 무문 혜개無門慧開(1182~1260, 임제종 양기파)가 고칙 48칙을 수집하여 그 진의를 참작하면서 자신의 깨침을 표명한 《무문관》(1228)이 나왔다. 이를 후세에서는 송대 선문의 '3대 공안집'이라고 말한다.

《벽암록》의 형태를 답습한 《종용록》이 세상에 나오게 된 것은 만송 문하의 납자들의 원력보다는 원元의 중신重臣이자 요나라 황족 출신 야율초재耶律楚材(1190~1244)거사의 요청에 의한 것이다. 그는 25세에, 불도수행을 원하던 중 지기인 청계거사 진수옥과 성안사 징澄노사의 권유로 만송의 문하에 입문하였다. 27세 때 깨달음을 만송으로부터 인가받고 담연湛然거사 종원從源이라는 법호를 받았다. 만송은 가사와 부법付法의 게송을 주고 "이같이 뛰어난 제자는 사법제자 41인중에 있지 않다"고 칭송했다. 초재는 만송의 회하에서 선법의 진수를 호부護符로 간직했다. 만송노사에게 서신을 보내기를 아홉 번, 그러고도 무려 7년의 세월을 기다려 이루어진 것이《종용록》이다.

《종용록》의 저자 만송 행수는 만송노인이라고도 하며 하남성 출신으로 성은 채蔡씨다. 형주邢州(하북성) 정토사의 빈윤贇允에게서 낙발落髮하고 후에 경수사 승묵광勝黙光에게 참문하였다. 자주磁州(하남성) 대명사에서 설암 만雪巖滿(?~1206)에게 2년간 수학하고 정토사로 다시 돌아와 암자를 짓고 만송헌萬松軒이라 했다. 금의 명창 4년(1193), 27세 때 장종章宗(1189~1209 재위)황제의 칙勅에 의해 설법하고 금란가사를 받았다. 그 후 각지의 명찰에 두루 주석하면서 많은 제자들을 양성했다. 대도大都(북경)의 앙산 서은사와 보은 홍제사에도 머물렀다. 그 사이에 몽고족이 침입하여 금은 천흥 3년(1234)에 멸망하고 원나라가 들어섰다. 만송은 연경의 보은사 안에 종용암을 짓고 주석하면서 58세에 《종용록》을 완성하였고 이듬해 간행하였다. 만송은 유교, 도교에 정통하고 대장경을 세 번이나 열람하였으며, 만년에는 종용암에 머물다가 81세(1246)에 입적했다. 문하에는 원대에 도교의 이지상李志常과 대론하여 크게 굴복시킨 설정 복유雪庭福裕(1203~1275), 임천 종윤林泉從倫(생몰년 미상), 기옥 지온其玉至溫(1217~1267), 이병산李屛山(1185~1231), 야율초재 등과 같은 뛰어난 제자들이 있다.

《종용록》은 천동산 굉지 정각(1091~1157, 조동계)이 운문계 설두 중현의 송고頌古를 보고 스스로 공안 백 칙을 뽑아 거기에 송을 붙인 것이기 때문에 처음에는《굉지송고》라고 했다. 송고란 조사祖師가 남긴 고칙 공안에 게송으로서 간결하게 종의宗意를 선양한 것을 말한다. 그 후, 만송이 종용암에 살면서 앞서 말한 것처럼 초재의 의뢰에 의해 시중示衆을 붙이고,《굉지송고》의 본칙과 송고에 단평과 장평을 제창하는 등,《벽암집》과 같은 체제로 정리하였다. 이 때문에《만송노인평창천동각화상송고종용암록萬松老人評唱天童覺和尙頌古從容庵錄》이라 불렀고 이를 약칭한 것이《종용록》이다.

굉지는 습주隰州(산서성) 출신이다. 11세 때 정명사에서 득도하고 18세 때 제방의 선지식을 참예할 뜻을 세우고 여주汝州(하남성)의 고목법성(1071~1128)에게 갔다. 그는 동산 문하 7세의 부용 도계(1043~1118)의 법을 이었다. 굉지는 동산정계正系의 선에 기연機緣을 얻은 것이다. 법성의 지시에 따라 부용 아래 단하 자순(1064~1117) 문하에 들어갔다. 자순 아래서 크게 깨달은 후, 1120년 자순이 수주隨州(호북성) 대홍산大洪山을 거느림에 따라 그곳에서 서기를 맡고, 이듬해 수좌首座가 되었다. 자순의 법을 이어 1124년, 사주泗州(안휘성)의 보조사普照寺에서 머물며 집필한 것이 〈굉지송고백칙〉이며,《굉지광록》(9권) 제2권에 수록되어 있는 〈사주보조각화상송고〉가 이것이다. 1127년, 서주舒州(안휘성)의 태평사, 강주江州의 여산 능인사에 머물고 있을 때 굉지는 원오 극근을 만났다. 1129년 천동산(절강성)에 주지로 가지만 천동산은 가난하고 당사堂舍도 협소했다. 그의 부임 이후 가람이 완비되고 대승당은 완전히 청규에 따라 건축되었고 1200인의 운수납자를 수용하기에 어울리는 선원으로 갖추어졌다. 그곳에 30년간 머물러 그를 '천동 중흥의 조祖'라고 하였다. 당시 종풍은 당말 오대의 난세와 더불어 그 폐단이 심해졌지만 이를 타파하고 정전正傳의 종풍을 거양했다. 굉지의 활약이 크게 세상에 인정되고 좌선과 묵조가 그 선풍의 지표가 되어 묵조선, 굉지선이라고 불렀다.《종용록》의 송고에서도 볼 수 있듯이, 문사文辭가 극히 교묘하여 설두와 나란히 공문孔門의 자유子游·자

하子夏, 시단詩壇의 이백李白·두보杜甫에 비견되었다. 대혜 종고와 더불어 선문禪門의 2대 감로문이라고 불렸다.

굉지는 원오의 문하 대혜 종고와는 사후를 부탁할 정도의 도우道友 관계였지만 선수행 방법과 지도 방침은 서로 달랐다.《벽암록》은 임제계 선이 성행하던 시대에 교과서로서의 의미가 강한 것에 비해《종용록》은 묵조선의 선풍을 담고 있다.

《종용록》의 100칙의 구성을 보면, 칙의 선별과 배열, 각 칙의 제목이《벽암록》과는 다르다.《벽암록》은 각 칙의 흐름이 무자無字 공안에 상응하는 것을 중심으로 나열하였고 고칙의 제목만으로 공안이 될 수 있도록 했다. 반면에《종용록》은 선종의 역사를 암시하는 듯 각 칙을 배열하였다. 제1칙이 '세존, 자리에 오르시다[世尊陞座]', 제2칙이 '달마의 확연[達磨廓然]', 다음 칙이 달마의 스승 반야다라에 관계되는 공안이며 마조계와 석두계의 선사들의 공안이 거의 연대별로 나열되었다. 또한 제목은 본칙의 내용에 대한 요지로 했다.《종용록》과《벽암록》의 고칙을 대조해 보면, 양쪽에 동일한 칙은 29개 칙이며, 그중 운문과 관계되는 칙이 가장 많다. 고칙의 선별방식에서 두 공안집의 선맥의 특징을 볼 수 있으며, 동일한 고칙에 대해서도 그 취급 방식이나 송의 형태와 정취가 각기 다르게 나타나 있음을 본다.《종용록》의 각 칙에 관계되는 선사는 무려 68명이며 마조계가 30명, 석두계는 38명이다. 이 중 운문 문언의 경우, 고칙과 다른 고칙의 본칙에 나타나 있는 것을 합하면 14개 칙이다.《벽암록》에도 이와 마찬가지다. 양 공안집의 고칙에서 운문의 고칙이 많다는 것은 당시 선종계에 운문선의 영향이 지대했음을 짐작할 수 있게 한다.

운문은 설봉 의존의 법을 이었다. 당말 9세기 후반에서 10세기의 선의 주류는 남북으로 갈리는데, 당시 '북에 조주, 남에 설봉이 있다'라는 말이 회자될 정도로 두 선은 쌍벽을 이루었다. 수행 납자들은 남과 북을 끊임없이 왕래하며 상대와 스스로의 선을 검증했다. 잠시 이 두 부류의 선관과 종풍을 살펴보면, 조주에게는 긴 설법이 없다. 승의 물음에 대한 답은 언제나 직절直截하며 단적端的이다. 그의 말은 얕은 근기로는 이해가 안 돼 '문전門前 청소를 밥 먹듯이 했다'고 한다. 언제나 말만을 사용할 뿐 몽둥이나 할을 사용하지 않았기에 그의 선을 '구순피선口唇皮禪'이라 했다.

설봉은 조주와는 달리 누구나 포용할 만한 교육자적인 타입이다. 문하에 언제나 천 명이 넘는 대교단을 형성하고 있었다. 학인들의 물음에 대한 그의 답은 상대의 근기에 따라 친절한 내용과 표현으로 제시되었다. 조주는 "내가 30년 조주에 살고 있지만 지금까지 이렇다 할 만한 선사가 오지 않았다. 와서는 일박一泊하고 밥 먹고 급히 살기 좋은 곳으로 간다"라고 했다. '살기 좋은 곳[軟暖處]'은 설봉 교단을 가리킨다. 복건 지방에 독립왕국을 세운 왕씨 일족의 돈독한 비호를 받고 경제적으로도 혜택을 받으면서 자상한 지도를 받고 탁마하는 설봉 문하였다. 조주는 또다시 "남쪽에서 온 납자라면 무언가 짊어진 물건을 내려놓지. 또 북에서 납자가 왔다면 거꾸로 물건을 올려놓는 것이야"라고 했다. '물건을 내려놓는다'는 것은 설봉의 불법, 단적으로 설봉선이라고 하는 물건이다. 조주에서 보면 설봉의 선은 모범답안밖에는 안 되는 선이었다. 조주는 설봉의 처소에서 온 다른 승에게 "내 처소에는 불법이 없다. 불법은 모조리 남쪽에 있다. 그러니 그대는 남쪽으로 가는 게 좋다"고 깨우쳐주기도 하였다. 《종용록》에는 조주와 관계되는 고칙이 일곱 가지 있다.

설봉의 문하에는 스승을 심하게 비판한 현사 사비와 운문 문언이 있다. 《설봉록》에 보면 자주 이 두 제자가 자신을 꼼짝 못하게 한다는 설봉의 말이 솔직하게 기록되어 있다. 이는 한편으로 훌륭한 제자임을 은근히 치켜세우는 일이 되겠지만, 운문의 경우를 보면 설봉이 그렇게 말한 것이 이해된다. 현사는 임제선에 대해 예리하게 비판하였고 운문은 조주선에 대해 깊이 숭경崇敬하여, 스승인 설봉의 선을 꿰뚫고 그 위로 투출透出하는 경지를 보였다. 《운문광록》에 운문은 "나는 지금까지 언제나 '모든 소리는 부처의 소리요, 모든 색은 부처의 색이다. 대지 전체가 법신이다'라고 해 왔지만, 불법 가운데서의 견해로만 보아 잘못 말해 버렸다. 지금 나는 주장拄杖을 보면 다만 주장이라고 할 뿐이고, 집을 보면 집이라고 할 뿐이다"라고 했다. '대지전체가 법신'이라는 말은 설봉의 '시방세계 전부가 내 눈이다'라고 한 말이 내포되었다. 그러나 이를 운문은 나중에 '잘못 말해버렸다'고 토로하며 주장은 그대로 주장일 뿐 법신으로 승화시킬 필요가 없다는 것이다. 운문은 설봉의 선을 뚫고 나아가 법신마저 뛰어 넘은 것이다. 이는 주장을 법신화하여 "어라, 나의 주장은 지금 용이 되어 천지를 삼키네"《종용록》24칙)라고 하며, '운문은 설봉의 면전에서 부르르 떨었다'는 것에서 살필 수 있다. 자기에 안주한 자기를 완전히 탈피한 자기변혁으로서의 '자기향상自己向上'을 보인 것이다. 이 같은 운문의 선은 "여러 성인도 그리워하지 않고 자신의 영靈마저도 귀히 여기지 않는다"《조당집》권4)라고 한 석두 희천(700~790)의 선이 근간이 되었음을 알 수 있다. 말하자면 어떠한 성스러움도 거부하면서 자신마저도 극복하는 '자기향상'이 석두계선이다.

운문은 참예하는 납자들의 접화에서 언제나 불법을 일자관一字關으로 표현했다. 즉 '호떡' '기둥[露柱]' '수미산' 등 아주 짧은 한마디다. 또한 학인에게 먼저 질문하고 대신 답하는 방식으로 선을 고쳐시켜, 그 가르침은 북송의 선계를 석권했다.

납자들의 공안 참구는 자신의 본래성을 깨치게 하거나 깨침을 증명해 주는 기연이 된다. 공안선으로 자성청정심을 투득함은 바로 석존의 '본래성불'의 교의를 깨닫는 것과 직결된다. 불교가 '참된 자아'를 깨치게 하는 수행의 종교라는 것을 송대의 운수雲水들과 사대부들은 공안집을 통해 알았다. 말하자면 공안집이 본래성, 영성의 깨침에 방과 할이 되고 "높고 높은 산정에 서고 깊고 깊은 바다 밑을 갈수 있게[高高山頂立 深深海底行]"하는 죽비가 되었다.

'불립문자'라고 하지만, 선불교에는 방대한 문헌이 전해온다. 대부분 선승의 말을 기록한 것이며 선의 법등法燈을 정리한 것이다. 일반적으로 어록이라고 하면 선사가 입적할 때, 그의 유덕을 찬탄하기 위해 생전의 설법을 중심으로 모은 개인의 어집語集을 말하지만, 선의 어록에는 이것에 그치지 않고 수많은 선승들의 어록집인 《전등록》 같은 등사燈史도, 백가지 고칙에 송을 붙인 〈송고頌古〉와 이에 해설을 덧붙인 공안집도 포함된다. 이러한 선 문헌은 중국 당唐대에 발생하였지만 지금도 세상에서 빛을 발하는 것은, 많은 사람들이 선의 어언語言을 감상鑑賞하고 고승들에게 사숙私淑하여 자신의 인생을 보다 깊이 납득해 보려고 하는 데 있다고 생각한다. 특히 송宋대의 공안집을 읽어보면 우선 난해한 어구와 어휘에 멍해지고 한 치도 이해되지 않아 일언반구도 나아갈 수 없다. 선문답의 경계가 손에 들어오지 않는 것이다. 그러나 여기에 그치지 않고 계속 선 특유의 어휘를 파 들어가면, 차츰 안개가 걷히듯이 선문답의 현장에 임하게 되고 자연스럽게 읽힘을 느끼게 된다. 백장 회해선사와 동시대 활약한 석두계 약산 유엄화상이 "언어를 절각絶却할 수는 없다. 나는 지금 그대들을 위해 말을 사용하여 말이 없는 곳으로 가게 할 뿐이다"라는 것은 이를 두고 하신 말씀이라고 생각한다. 선문답에서의 '그것[這箇, 渠, 他, 말 없는 곳]'을 깨침에는 언어로써 들어감을 강조했다. 경청鏡淸선사 역시 "깨침을 언어로 표현하지 못하고서는 깨쳤다고 할 수 없다"고 하셨다. 선사들에게 언어는 깨침을 위한 절대 필요한 도구이며 깨침의 표현이었다. 송대의 선이 먼저 '문자선'에서 비롯됨은 이미 당대의 이러한 선사상에서 출발했다고 할 수 있을 것이다.

필자가 공안집의 해설에 여러 해를 보낸 것도 역시 "말로서 말 없는 곳"에 이르기 위한 것일지도 모른다.《종용록》의 해설이 잘못되어 도리어 '말 없는 곳'이 안개로 덮였다면 사정없는 방棒과 할喝을 마다하지 않고 받을 것이다. 필자가《종용록》을 해설하게 된 것은 '공안집 특강'이라는 대학원 강의에《종용록》을 교재로 쓴 것이 계기였다. 2013년 초겨울, 강의가 끝났을 때 몇몇 대학원생들이 강의가 계속되기를 원했다. 그래서 '종용록윤독회'를 결성하고, 2014년 1월부터 연구실에서 매주 1회 3시간 동안 읽어 갔다. 철저한 문헌검증과 번역 그리고 난상토론과 함께 윤독을 진행했다. 윤독과 필자의 해설이 거의 마무리되면서 우리들은 출판을 생각했다.《종용록》내용에 모두가 매료되었고, 우리의 작업이 다른 번역서에 비해 특장이 있다고 생각되어, 우리들만이 아는 공안집으로 두기는 아쉽다고 여겼기 때문이다. 또한 선방의 납자들에게 공안을 참구하는 데 일조하고 싶었고, 선에 관심 있는 분들에게도《종용록》의 경지를 보이고 싶어서였다. 출간을 결정하고 나서 설

불리 보아서는 안 된다는 생각으로 처음부터 다시 정독했다. 교정과 수정, 한문구절이 이해가 안 될 때는 각 방면의 전문가에게 묻거나 이미 번역되어 출간된 책을 참조하여 풀어나갔다. 이렇게 하기를 3회, 결국 3년 반이라는 시간을 보냈고 마침내 2017년 8월 말에 원고가 정리되었다. 윤독에 마지막까지 동참한 학생은 류상윤, 한창호, 전무규, 한용국 등이었다.

《종용록》의 해설집이 간행되기까지는 대학원 선학과 지도학생들의 남다른 안목과 열정이 있었기에, 이 지면을 통해 고마움을 전한다. 그들은 이번 공안집의 이해를 바탕으로 실참 참구를 하고 있다. 이를 볼 때 공안집의 가치와 위력을 다시 한 번 가늠하게 된다. 종용록윤독회에 간간히 참석하여 번역에 도움을 주시고, 선방의 납자들이 주로 펼쳐 보는 공안집을 세간에서도 볼 수 있도록 선뜻 출판에 응해 주신 김영사 대표님과 관계자 여러분에게 감사한다. 이 책이 제방의 납자들의 공안참구에 조금이라도 도움이 된다면 한층 보람이 있을 것 같다. 이 책이 완성되도록 호지護持해 주신 불조佛祖와 이끌어 주신 선지식께 깊이 감사의 정례頂禮를 올린다.

2018년 5월

경운실耕雲室에서 혜원慧謜

부

록

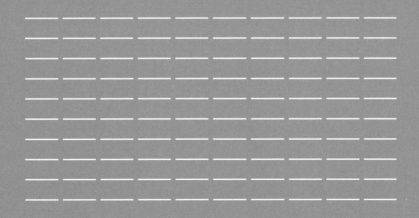

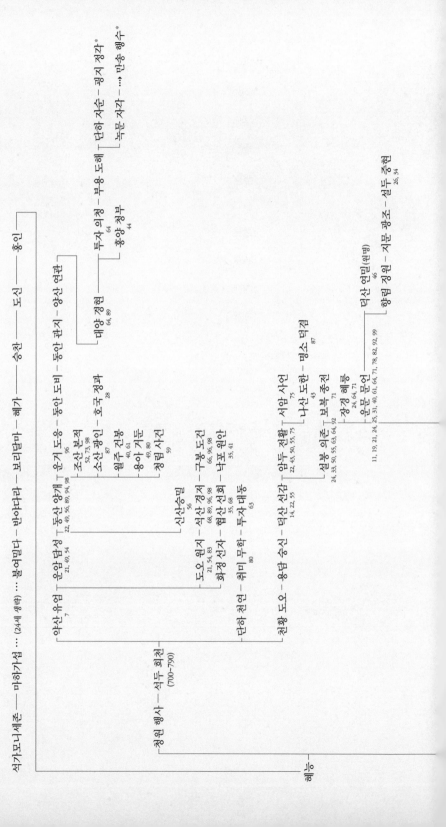

《종용록》등장 선사 불조법계도

석가모니세존 —— 마하가섭 … (24세 생략) … 불여밀다 – 반야다라 – 보리달마 – 혜가 —— 승찬 —— 도신 —— 홍인

청원 행사 – 석두 희천
(700~790)

약산 유엄
7

운암 담성 ┬ 동산 양개 ┬ 운거 도응 – 동안 도비 – 동안 관지 – 양산 연관
21, 49, 54   22, 49, 56, 89, 94, 98 96

조산 본적
52, 73, 98

소산 광인 – 호국 정과
87   28

월주 건봉
40, 61

용아 거둔
49, 80

청림 사건
59

신산승밀
56

도오 원지 – 석산 경저 – 구봉 도건
21, 54, 83   68, 89, 96, 98   66, 96, 98

화정 선자 – 협산 선회 – 낙포 원안
35, 68   35, 41

단하 천연 – 취미 무학 – 투자 대동
80   63

천황 도오 – 용담 숭신 – 덕산 선감 ┬ 암두 전활 – 서암 사언
14, 22, 55   22, 43, 50, 55, 75   75

나산 도한 – 명소 덕겸
43   87

설봉 의존 ┬ 보복 종전
24, 33, 50, 55, 63, 64, 92   71

장경 혜릉
24, 64, 71

운문 문언
11, 19, 21, 24, 25, 31, 40, 61, 64, 71, 78, 82, 92, 99

덕산 연밀 (원명)
46

향림 징원 – 지문 광조 – 설두 중현
26, 34

투자 의청 – 부용 도해 ┬ 단하 자순 – 광지 정각*
64, 89   └ 녹문 자각 – … 만송 행수*

대양 경현
64, 89

홍양 청부
44

혜능

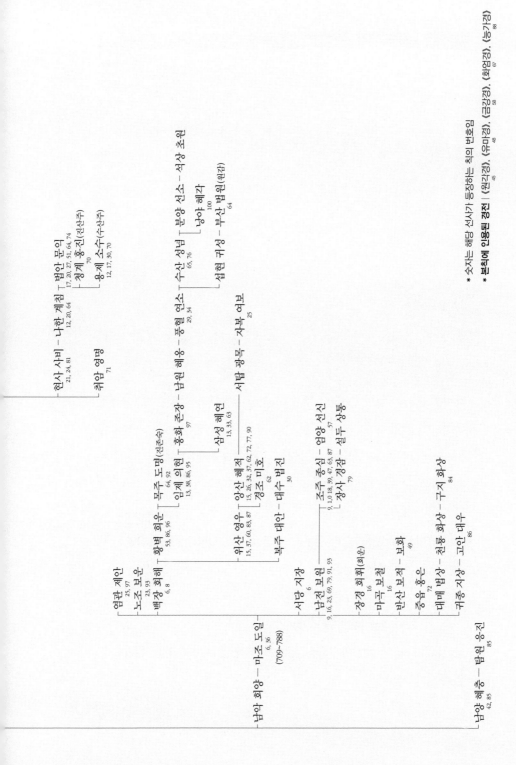

현사 사비 ― 나한 계침 ┬ 법안 문익
21, 24, 81   12, 20, 64   17, 20, 27, 51, 64, 74
                               ├ 청계 홍진 (진산주)
                               │   70
취암 영명   └ 용제 소수 (수산주)
71   12, 17, 30, 70

현사 사비
목주 도명 (진존숙)
64, 92

황벽 희운 ┬ 임제 의현 ┬ 흥화 존장 ― 남원 혜옹 ― 풍혈 연소 ┬ 수산 성념 ┬ 분양 선소 ― 석상 초원
53, 86, 96 13, 38, 86, 95   97   29, 34   65, 76   100
          │   └ 섭현 귀성 ― 부산 법원 (원감)
          └ 삼성 혜연   64
             13, 33, 63

위산 영우 ┬ 앙산 혜적 ― 서탑 광목 ― 자복 여보
15, 37, 60, 83, 87 15, 26, 32, 37, 62, 72, 77, 90   25
          └ 경조 미호
             62
복주 대안 ― 대수 법진
          30

서당 지장
6
남전 보원 ┬ 조주 종심 ― 엄양 선신
9, 16, 23, 69, 79, 91, 93 9, 1,0 18, 39, 47, 63, 87   57
          └ 장사 경잠 ― 설두 상룡
             79

장경 회휘 (회운)
16
마곡 보철
16
반산 보적 ― 보화
          49
중읍 홍은
72
대매 법상 ― 천룡 화상 ― 구지 화상
귀종 지상 ― 고안 대우
                    86

염관 제안
25, 97
노조 보운
23, 93
백장 회해
6, 8

남악 회양 ―― 마조 도일
         6, 36
         (709~788)

남양 혜충 ―― 탐원 응진
42, 85   85

* 숫자는 해당 선사가 등장하는 책의 번호임

* 본서에 인용된 경전 | 《원각경》, 《유마경》, 《금강경》, 《화엄경》, 《능가경》
                          48   45   58   67   88

《종용록》 등장 선사 행장

각상좌覺上座 조주 종심의 법을 이었다. 뛰어난 변재와 기봉機鋒이 예리하여 각철자覺鐵觜라고 한 것인지, 아니면 분양汾陽의 제자 자각慈覺선사인지 불분명하다. 아버지가 형양태수衡陽太守로 갔다가 죽자, 그 관을 지고 남양으로 돌아오던 길에 풍주豐州 약산의 고찰을 지나다가 갑자기 생각을 돌이켜 출가했다. 여러 곳을 행각하다가 저주滁州의 낭야산에 절을 짓고, 임제의 종풍을 선양했다. 당시 사람들은 명주明州의 설두 중현雪竇重顯과 함께 두 감로문甘露門이라 불렀다.

경조 미호京兆米胡, 미상 경조京兆의 미米선사 혹은 미칠사米七師라고도 불린다. 남악 회양의 4세손. 앙산과 함께 참문하여 위산의 법을 이었다.

구봉 도건九峯道虔, 미상　오대五代 때의 승려. 복주 후관 출신으로 성은 유劉씨다. 여러 법회를 찾아다녔는데 후에 석상의 인가를 받았다. 늑담의 보봉선원에서 교화했다. 제자 중에는 고려 태조 왕건에게 국사 대우를 받은 현휘玄暉(879~941)도 있다. 어느 날 제자가 물었다. "불佛·법法 두 글자가 마치 원수와 같을 때는 어떠합니까?" 구봉이 대답했다. "토끼의 뿔은 그대 마음대로 가져도 되지만 토끼는 나에게 돌려주게." 그러자 제자가 말했다. "토끼에게 어떻게 뿔이 있겠습니까?" 선사가 답했다. "불·법 두 글자는 무엇에 근거하여 세웠는가?" 다시 제자가 말하기를 "세우지 않은 자는 어떠합니까?" 하니 선사는 말했다. "토끼가 없다고는 할 수 없지."

구지俱胝, 미상　당대의 구지는 여러 지역을 행각하다가 대매 법상의 제자 천룡화상에게 참예했다. 그때 천룡은 손가락 하나를 세워 보여 홀연히 대오했다. 그 후 구지는 선을 묻는 자에게는 일지一指를 세우는 것으로 답했다.

나산 도한羅山道閑, 미상　오대 때의 승려. 복주 장계 사람으로 성은 진陳씨다. 구산龜山에서 출가하여 구족계를 받은 뒤 여러 지역을 편력하였다. 이어 암두의 문하에 들어가 깨달음을 얻고 그의 법을 이었다. 훗날 청량산에 있었는데, 민왕閩王이 스님의 선법에 감동하여 복주 나산에 머물게 하고, 법보法寶선사라 했다.

나한 계침羅漢桂琛, 867~975　지장원에 머물러 지장 계침이라고도 하고, 나한원에서도 오랫동안 지내 나한 계침이라고도 한다. 청원 행사

문하이며 절강성 상산常山 출신이다. 성은 이씨다. 현사 사비의 법을 계승했고, 문하에 법안 문익이 나왔다.

낙포 원안洛浦元安, 833~897   협산의 법손이다. 경과 논에 이르기까지 해박하게 통달하지 않은 것이 없었다. 처음에 취미翠微를 찾고, 다음에 임제臨濟에게 참법하여 그들 각각에게 얻은 바가 있었다.

남양 혜충南陽慧忠, ?~775   절강성 제기諸暨 출신이며 성은 염冉씨다. 출생 연도는 알수 없지만 130여 세를 살았다고 한다. 육조 혜능의 법을 이었다. 혜능 입적 후 오령五嶺·광동성·절강성 등 명산을 두루 행각하였고, 남양의 백애산 당자곡觉子谷에서 40여 년 좌선했다. 당시 당나라 황제 숙종은 칙을 내려(762) 혜충을 수도로 오게 하여 제자의 예를 갖추고 국사라고 호칭했다. 숙종이 죽고 대종代宗이 집권한 후에도 혜충은 16년간 응기설법했다. 각지의 납자들이 다투어 국사에게 참했는데, 그중에 남전 보원, 마곡 보철 등도 있었다. 국사는 천자에게 청하여 경관이 빼어난 무당산武當山에 연창사를, 당자곡에 장수사를 개창했다. 향엄은 위산 영우의 '부모미생전 본래면목'에 대한 질문에 답하지 못하다가, 이 산에 들어가 국사의 묘 앞에 초암을 짓고 좌선 단련하던 어느 날, 돌멩이가 대나무에 부딪치는 소리에 깨쳤다. 국사는 여기서 일체경을 섭렵하였고, 경전을 가벼이 여기는 당시의 선종을 비판했다. 대종은 국사가 천화할 즈음, 국사에게 백 년 후 필요로 하는 것이 무엇이겠는가를 물었다. 이에 국사는 무봉탑無縫塔을 세워달라고 했다. 황제가 "어떤 모양이 좋은가"를 물으니 국사는 잠시 있다가 "알겠습니까"라고 했다. 천자가 "잘 모르겠소"라고 하니, "내 법을 이은 탐원耽源應眞에게 들어보시오"라고 말했다. 무봉탑은 납자들의 화두가되었다. 그의 어록은 현존하지 않지만 설법 기록이 《조당집》과 《경덕전등록》에 있다.

남전 보원南泉普願, 748~834　하남성 정주鄭州 신정新鄭 출신이며 성은왕씨다. 보리달마의 도량 숭산과 거리가 가깝다. 마조의 법을 이었으며 백장, 서당과 사형제간이고 방온龐蘊거사와 동문이다. 10세 때 부모의 허락을 받아 출가했다. 처음 율을 배우고 《능가경》과 《화엄경》, 삼론학 등을 공부했으나 진리는 교리에 있지 않다고 단정하고 바로 강서성 마조도량 개원사로 갔다. 그때가 30세다. 마조는 "불교의 경전은 서당의 손에 들어갔고 조사의 선은 백장의 손에 있고 보원만이 홀로 이모든 것을 벗어났다"라고 보원의 도를 평했다. 문하에 조주가 나왔으며 《종용록》에는 7곳에 남전의 법전法戰이 나타나 있다. '남전참묘南泉斬猫'는 《벽암록》과 《무문관》에도 들어있다.

낭야 혜각瑯琊慧覺, 미상　북송의 임제종 선사. 분양 선소의 법을 이었다. 분양 문하 6선지식 중 한 사람이다. 저주滁州의 낭야산으로 들어가임제의 종풍을 크게 떨쳤다. 당시 사람들은 설두와 더불어 그 시대의두 감로문甘露門이라 칭했다.

노조 보운魯祖寶雲, 미상　안휘성 노조산에서 교화를 한 중당中唐시대의 선사. 마조의 법을 이었다. 본칙에 나오는 것 이외에 몇 개의 선문답이 더 전하는데 그중 하나는 다음과 같다. 동산이 보러 와서 절을 하고 모시고 섰다가 잠깐 만에 나가더니 다시 들어왔다. 대사가 그에게 말했다. "그렇기 때문에 이렇구나." 동산이 말했다. "많은 사람들이 수긍하지 않습니다." 대사가 말했다. "내가 어찌해야 그대의 말재주를 감당하겠는가." 이에 몇 달 동안 시봉을 하였다.

대수 법진大隨法眞, 834~919   사천성 염정현 출신. 성은 진陳씨. 어릴 때 혜의사慧義寺에 들어가 출가한 뒤 운수행각을 하면서 약산, 운암, 도오, 동산 등 60여 선지식을 참견하였고 장경 대안의 법을 이었다. 말년에 입이 비뚤어지는 병을 앓았는데 임종시 상당하여 "이 병을 고쳐 줄 자가 있으면 나와보라" 하였지만 아무도 나서지 않자 스스로 입을 밀어 바로잡은 후 열반에 들었다고 한다.

대양 경현大陽警玄, 942~1027   호북성 출신으로 성은 장씨. 숭효사의 주지였던 둘째 삼촌인 지통에게 출가, 뒤에 양산 연관의 법을 이었다. 저서에 《대양명안대사십팔반묘어大陽明安大師十八般妙語》 1권이 있다.

대우, 미상   남악 문하인 여산의 귀종 지상의 법을 이었다. 임제 의현을 접화하여 깨닫게 했다.

덕산 선감德山宣鑑, 780~865   사천성 검남劍南 출신으로 성은 주周씨다. 어려서 출가하여 율장과 여러 경론을 배웠다. 후에 용담 숭신의 법을 계승했다. 위산 영우 등에게 참문한 후 호남성 무릉의 덕산에 주석했다. 그의 문하에서 설봉 의존과 암두 전활 등이 나왔다.

덕산 원명德山圓明, 미상   운문 문언의 제자로 오대와 송나라 초기 사람이다. 운문삼구雲門三句를 제창했으니, 함개건곤函蓋乾坤(일체 존재가 진여 자체임)·절단중류截斷衆流(미혹의 근원을 절단하고 진여 자체가 되어버리는 곳에 수행자의 요결이 있음)·수파축랑隨波逐浪(행자에 대한 지도는 상황에 응해 적절해야 함)이 그것이다.

도오 원지道吾圓智, 769~835   강서성 해혼海昏 출신. 성은 장張씨이며, 도오 또는 종지宗智로 불린다. 어릴 때 열반화상涅槃和尙을 따라 출가했고, 나중에 약산 유엄 문하에 들어가 심인心印을 얻고 법을 이었다. 여러 산을 두루 다니다가 호남성 장사長沙 도오산道吾山에 들어가 선풍을 크게 떨쳤다. 운암 담성의 속가 형이지만 출가는 운암이 먼저 했다.

동산 양개洞山良价, 807~869   절강성 회계會稽 출신으로 성은 유兪씨다. 남전 보원과 위산 영우 등에게 참문하였고 운암 담성의 법을 이었다. 이후 강서성 예장豫章에서 종풍을 드날렸다. 859년에 신풍산新豊山에서 지내다가 후에 장시성 동산洞山의 보리원普利院으로 옮겨 종풍선양에 힘썼다. 동산이란 호가 이때 붙여졌다. 문하에 조산 본적, 운거 도응, 소산 광인 등 제자가 언제나 수백 명에 이르렀고, 그의 교단은 조동종으로 대성하였다.

마곡 보철麻谷寶徹, 미상   마조 도일의 법을 이었고, 포주蒲州 마곡산에서 머물렀다.

마조 도일馬祖道一, 709~788   중국 사천성 한주漢州 출신. 성이 마씨이므로 마조, 마대사 등으로 존칭된다. 처음 처적(648~734) 밑에서 출가했고, 나중 남악 회향(677~744)의 문하에서 10년 수행 후 법을 얻었다. 복건성·강서성에 머물다가 769년 강서성 홍주洪州 개원사에서 지냈다. 그의 법석은 번영하여 선지식이 117명이나 나왔으며 그의 교단을 홍주종이라고 했다. '평상심이 도' '이대로의 마음이 바로 부처' '도는 닦아서 얻어지는 것이 아니다'라는 유명한 어록이 있다.

명소 덕겸明昭德謙, 미상 당말 오대의 승려로 명초明招라고도 하며, 암두 전활의 법손이다. 임종할 즈음 상당하여 대중들에게 고하여 뒷일을 맡겼다. 그날 밤 발을 뻗으면서 시자에게 말했다. "옛날 석가여래는 두 발을 내보이면서 백 가지 보배 광명을 놓으셨는데 오늘 나는 얼마만큼의 광명을 놓는다고 보는가." 시자가 대답했다. "옛날 학림(사라쌍수의 숲)이 오늘의 화상이십니다." 선사는 손으로 눈썹을 쓰다듬으면서 말했다. "나를 저버리는 것이 아닌가."

목주 도명睦州道明, 780~877 황벽 희운의 제자. 도종으로도 불린다. 강남 사람으로 성은 진陳씨다. 목주의 용흥사에서 은거하며 짚신을 삼아 모친을 봉양했다 하여 진포혜陳蒲鞋라고도 한다. 경·율·론 3장에 통달하고 평소 학인을 제접할 때, 번개같이 빠르고 거칠게 법을 썼다. 가르침을 구하러 온 운문 문언의 발을 문틀에 끼게 함으로써 극심한 고통 속에 깨닫도록 유도한 일화가 있을 정도로 엄격한 선승이었다.

반야다라, 미상 보리달마의 법을 이은 선종 27조다. 어려서 부모를 잃고 출가 후 스스로 영락瓔珞이라고 했다. 대세지보살의 응신이라고 하는 26조 불여밀다不如密多의 제자가 되었다. 당 황제의 축연에 많은 스님들이 참석하여 대승경전을 독송하는데 반야다라의 일행만이 정좌하여 참선했다. 황제가 불만스러워 하다가 선사에게 왜 독경을 하지 않는가를 물었다. 이에 '입식할 때는 오음에 있지 않고[入息不居陰界] 출식할 때는 모든 인연을 끊는[出息不涉衆緣]' 방식으로 수많은 경전을 독송한다고 대답한 말은 유명하다.

백장 회해 百丈懷海, 749~814   복건성 장락長樂 출신. 어릴 때 모친을 따라 절에 갔을 때 불상을 가리키며 "저분은 누군가요?"라고 물었다. "부처님이시다." "앉아있는 모습이 사람과 같기 때문에 나도 저분같이 될지도 모르겠네요" 하며 기뻐했다고 한다. 출가 이후 대승불교를 깊게 공부하고 대장경을 정독했다. 마조 문하에 들어간 것은 21세였다. 그의 '일일부작일일불식日日不作日日不食'에는 선농일치의 수선의 정신이 잘 나타나 있고, 또한 그가 제정한 〈청규淸規〉를 통하여 선종 사원 특유의 생활양식이 처음으로 보급되었다.

법안 문익 法眼文益, 885~958   절강성 여항餘杭 출신이다. 속성은 노魯 씨이며 7세 때 출가하였고, 당대의 율사인 희각希覺 율사의 문하에서 율을 익혔다. 나한 계침의 법을 계승했다. 남당의 황제 이씨에게 초청되어 강소성 금릉의 청량원에 머물며 포교했다. 그의 문손들은 나중에 법안종으로 불렸다. 그의 저술로 5가家 개념의 기원이 된 《종문십규론宗門十規論》이 있다.

보리달마 菩提達摩, 5세기   중국 선종의 초조. 《속고승전》(7세기)에는 남천축 바라문으로 태어났다고 하고, 《약변대승입도사행》의 담림의 서

문에는 남천축의 대바라문국왕의 셋째 아들로 기록하고 있다. 보리달
마는 중국 남쪽으로 와서 북위로 건너가 각 지역에서 사람들을 교화했
고, 그 가운데서도 도육과 혜가라는 두 승려가 열심히 따라 배워 안심
법의 벽관壁觀과 일상의 실천을 위한 네 가지 법의 가르침을 받았다고
한다. 그러나 달마의 선정 지도는 경전의 문구에 근거하지 않았기 때
문에 강한 비판을 받기도 했다. 달마 전기의 성립 과정에 대한 개요는
북종계의 등사燈史인 《능가사자기》《전법보기》에 있고, 하택 신회
(684~758)와 그 문하에 의해 서천 28조설이 등장한다. 마조 도일의 홍
주종 계통의 《보림전》(801)에서는 서천 28조설을 통설로 완성시켰다.
이와 함께 달마와 양무제의 문답, 중국에의 도래와 천화遷化, 전의傳衣
설 등이 덧붙여진다. 달마의 저술로는 《이입사행론二入四行論》이 있다.
달마는 《유마경》《능가경》을 중시하고 반야와 유심唯心의 실천에 노력
하였으며 스스로의 존재를 자각시키는 새로운 교화법을 사용했다.

보복 종전 保福從展. ?~928   오대 때의 선사. 복주 사람이고, 성은 진陳
씨다. 15살 때 설봉에게 출가하여 그 법을 이었다. 정명 4년(918) 장주
자사 왕공이 보복선원에 머물게 하자 개당하여 제자들을 가르쳐 사람
들이 보복화상이라 불렀다. 장경 혜릉과 사형제 사이로 《조당집》과
《전등록》에 그와의 문답이 다수 전한다.

보화普化, 미상   마조의 문하인 반산 보적에게서 대오하였다. 보화종普
化宗의 개조開祖로, 성품이 기이하였다. 임제가 사는 마을에서 요령을
흔들며 "밝게 되면 밝음을 치고[明頭來也打] 어둡게 되면 어둠을 친다
[暗頭來也打]"고 노래하고 다녔다. 차별과 무차별의 세계를 넘어서 일

체가 공이라는 것마저 제거해야 함을 말한 것이다. 임제와 친밀하여 임제의 교화를 도왔다. 스스로 관 속에 들어가 입적했다.

부산 법원 浮山法遠, 991~1067 하남성 정주 출신이며 성은 왕王씨다. 임제종 선사로 법호는 원감圓鑒, 원록공遠錄公이다. 삼교 지숭화상에게 출가하였고 스스로 시석노인柴石老人이라 칭하였다. 후에 섭현 귀성葉縣歸省의 법을 이었는데 구양수도 한때 그의 문하에서 수행한 적이 있다. 불조의 깊은 뜻을 담은 '부산구대浮山九帶'라는 특이한 선리禪理를 남겼다.

삼성 혜연 三聖慧然, 미상 진주 삼성원에 머물렀다. 임제 의현의 법을 계승했고 《임제록》을 찬술했다. 앙산 혜적, 향엄 지한, 설봉 의존 등에게도 참예했다.

서당 지장 西堂智藏, 735~814 건화虔化 사람으로 성은 료廖씨다. 8세 때 출가하여 25세 때 계를 받은 후 마조 문하에서 수학하였다. 후에 마조는 지장을 남양 혜충국사에게 보내어 수학하게 하였다. 지장과 백장 회해와 남전 보원을 합하여 홍주문하삼대사라고 칭한다. 한편 신라 승려 도의道義는 입당入唐하여 지장 문하에서 심법을 배우고 법맥을 이어 받아, 신라로 귀국한 후(821) 남종선을 신라에 전파하였으며 구산선문의 하나인 가지산파迦智山派를 열었다.

서암 사언 瑞巖師彦, 미상 당말의 승려로 복건성 출신이다. 성은 허씨. 어릴 때 출가하여 계를 엄격히 지켰으며 암두 전활의 법을 이었다.

석상 경저石霜慶諸, 807~888　도오 원지道吾圓智의 법을 이었다. 석상산에 머문 20년 동안 오직 좌선에 몰두하여 그 모습이 마치 나무가 꺾인 그루터기 같았으므로 고목상枯木象이라 불렸다. 많은 제자를 길러 내었으며, 그의 제자 중에는 신라 출신들로 사굴산문 범일의 제자인 행적行寂(832~916)과 흠충欽忠, 법허法虛 등이 있었다.

설두 중현雪竇重顯, 980~1053　사천성 수주遂州 출신으로 성은 이씨다. 어려서 출가하여 향림 징원의 제자인 지문 광조의 법을 이었다. 절강성 영파의 설두산에 머무르며 종풍을 드날려 '운문종'의 중흥자라고 한다. 낭야 혜각과 같은 시기에 활약하여 그들을 '두 감로문'이라고 하였다. 그의 송고 100칙은 유명하다. 후에 원오 극근이 여기에 제창하여《벽암록》(1125)을 저술했다.

설봉 의존雪峯義存, 822~908　복건성 천주泉州 남안 출신이며 성은 증曾씨다. 12세에 출가, 부용 영훈과 동산 양개 등의 문하에서 수행하다가 양개의 지시로 덕산 선감을 찾아가 암두 전활의 도움으로 깨달았고 덕산의 법을 이었다. 설봉산에 주석하며 현사 사비, 장경 혜릉, 운문 문언 등 많은 제자를 양성했다.《종용록》의 일곱 칙이 설봉과 관계된다.

소산 광인疎山匡仁, 미상　당말 오대의 선승으로 향엄 지한 등에게 참예하다가 마침내 동산 양개의 법을 이었다. 몸이 왜소해 왜사숙矮師叔, 왜사리矮闍梨라 불렸다고 한다. 고려 태조의 스승이었던 경보慶甫(868~947)가 소산의 심인心印을 받고 귀국하였다.

수산 성념首山省念, 926~993 당말 오대 임제종 선사. 구족계를 받은 후 총림을 편력하며 두타행을 닦았다고 한다.《법화경》을 암송해 염법화念法華라 불렸다. 풍혈 연소風穴延沼 선사의 법을 이었고 임제의 선풍을 거양했다.

수산주脩山主, 미상 용제 소수龍濟紹脩. 나한 계침의 법을 계승했으며 용제산에 머물렀다. 그의 전기는 알 수 없다.

습득拾得, 미상 당대의 승려로 풍간豊干이 산에서 주워와 길렀다고 하여 그것(습득)이 이름이 되어버렸고, 천태산 국청사에 은거했다고 한다. 한산·습득·풍간을 '국청삼은國淸三隱'이라고 한다.《한산시》말미에 풍간·습득의 시를 붙여 송대에는《삼은집》또는《삼은시》라고도 했다.

승조僧肇, 384~414 처음 노장老莊의 가르침을 공부하다가《유마경》을 읽고 출가했다. 구마라집의 경론 정리 작업을 도왔는데 4대 제자 중 한 사람으로《조론肇論》과 같은 출중한 논문으로 유명했다. 구마라집한테 배운 반야중관 사상에 기초해 새로운 반야공의 의미를 드러냈다.

신산 승밀神山僧密, 미상 운암의 제자로, 동산 양개와 사형제간이다. 본칙의 '밀사백'이라는 호칭은 동산의 제자들이 스승의 사형에 대한 존칭으로 사용한 것이다.

암두 전활巖頭全豁, 828~887 복건성 남안南安 출신이며 성은 가柯씨다. 설봉 의존, 흠산 문수와 함께 수행, 앙산 혜적에게 참예하고 다시 덕산 선감에게서 법을 이었다. 나중에 동정호에 있는 와룡산臥龍山, 암두巖頭에서 종풍宗風을 크게 날려 암두 전활로 불렸다. 광계光啓 3년 4월 도적떼가 일어나 칼날을 들이댔지만 태연자약하게 크게 할喝하고 입적했다. 할 소리가 수십 리까지 들렸다고 한다.

앙산 혜적仰山慧寂, 814~890 소주 출신이며 성은 엽葉씨다. 17세에 출가하여 수학하다가 위산의 법을 이었다. '조사선'이라는 말을 처음으로 사용하여 '여래선'과 구분하였다. 앙산의 제자중 순지順之(858년 유학)는 통일신라 사람으로, 귀국 후 9산문 중 가지산문迦智山門을 형성했다.

약산 유엄藥山惟儼, 751~834 강주絳州 출신. 17세 때 출가, 석두 희천의 법을 이었다. 불사량不思量을 사량하는 것이 비사량非思量이라는 그의 공안은 유명하다. 선사가 약산에 올라 야정夜靜 정진을 하고 있을 때 앞산에서 둥근 달이 환하게 떠오르는 것을 보고 크게 웃었는데 그 웃음소리에 산 아래 동네사람들이 놀라 모두 뛰쳐나왔다는 일화가 있다. 시인 백거이의 선 생활에 크게 영향을 주었다.

엄양 선신嚴陽善信, ?~904 조주의 법을 이었으며, 엄양산에서 주석하였다. 호랑이와 뱀 한 마리씩을 반려로 삼았다. 세상 사람들이 그 덕행을 귀히 여겨 엄양존자嚴陽尊者라 칭했다.

염관 제안鹽官齊安, ?~842 강서의 마조에게 참예하여 법을 이었다. 대중大中 황제가 왕위에 오르기 전 그를 스승으로 모시며 문답하였다고 전한다. 제안의 선법을 이은 신라의 선승 범일梵日(810~889)은 후일 신라의 구산선문중 하나인 사굴산파闍堀山派를 개창하였다.

용아 거둔龍牙居遁, 835~923 무주 남성 출신. 성은 곽郭씨. 법명이 거둔이다. 14세에 길주 만전사滿田寺에 출가하여 숭악에서 구족계를 받았다. 처음에 취미와 임제를 참예하고, 다시 덕산, 백마 등에게 참문하였지만 동산 양개를 만나 계합하여 그의 법을 이었다. 용아가 그린 반신 자화상을 놓고 제자인 보자報慈가 찬을 지었다. "해는 연이은 산에 솟고, 달은 창문에 둥글다. 몸이 없는 것이 아니라 전체를 드러내고 싶지 않기 때문이다."

우두 법융牛頭法融, 594~657 모산茅山 대명大明의 제자이며 우두선을 개조했다. 대명은 삼론종을 대성한 승전僧詮·법랑法朗을 이은 가상嘉祥대사 길장(549~623)의 제자다.

운거 도응雲居道膺, 853~902 유주幽州 옥전玉田 출신으로 성은 왕王씨다. 어릴 때 출가하고 25세에 범양範陽 연수사延壽寺에서 구족계를 받았다. 처음에는 삼봉암三峰庵에서 거주하다가, 뒤에 운거산雲居山에서 수행하였다. 동산 양개에게 깨달음을 얻은 후에 그의 법을 이었다.

운문 문언雲門文偃, 864~949 절강성 가흥嘉興 출신으로 성은 장張씨다. 어려서 출가하여 설봉 의존의 법을 이었다. 여러 곳을 두루 편력하였고, 소주의 영수선원에서 지내다 운문산으로 옮겼는데 천여 명의 수행승이 모여 들었다고 한다. 후일 운문종이라는 일파가 형성되어 5대 말에서 북송에 걸쳐 그 가풍이 크게 번성했다. 그의 가풍은 일자관—字關 등 언구를 종횡으로 구사하여 긴요한 뜻을 제시하는 특색이 있다.

운암 담성 雲巖曇晟, 782~841 강서성 종릉鍾陵 건창建昌 출신이다. 성은 왕王씨다. 어릴 때 석문石門에서 출가하여 처음에 백장을 참예하고 20여 년을 지냈지만 현지玄旨를 깨닫지 못했다. 회해가 입적한 뒤 풍주澧州 약산 유엄에게 가서 그 법을 이었다. 나중에 호남성 담주潭州 운암산에 머물면서 종풍을 크게 일으켜 운암 담성으로 불렸다. 동산 양개와 신산 승밀 등이 그의 법을 이었다.

월주 건봉越州乾峯, 미상 동산 양개의 제자. 자세한 행적은 전하지 않고 《경덕전등록》의 〈건봉화상〉 장에 두 편의 문답이 전하며, 《종용록》 외에도 《무문관》과 《선문염송》에 그의 공안이 실려 있다.

위산 영우潙山靈祐, 771~853 복건성 장계長溪 출신으로 성은 조趙씨다. 15세에 출가하여 경과 율을 배운 후 백장 회해의 법을 이었다. 호남성 위산에 머물 때 수많은 납자들이 모여들었으며 앙산 혜적이 그의 제자다. 이들 문파는 후에 위앙종이라고 불렸다.

유철마劉鐵磨, 미상 성은 유씨. 니승尼僧으로 위산 영우의 제자다. 위산이 입적한 후 십리쯤 떨어진 곳에 초암을 짓고 정진했다. 《벽암록》에 위산과 유철마의 관계를 '두 거울이 서로 비춰 보이는 모습이 전혀 없는 것 같다'고 했다.

임제 의현臨濟義玄, ?~866   산동성 출신이다. 임제는 진주鎭州 임제원을 말한다. 임제종의 개조로 만당기(836~907)에 활약하였다. 어려서 출가하여 경론을 깊게 배우고 법상·율을 터득했지만 '안심'을 얻지 못했다. 모든 것을 버리고 선에 뜻을 두고 황벽 희운의 법을 계승했다. 수많은 제자를 배출하였고 격한 선풍을 드날렸다. 마조, 백장, 황벽, 임제로의 흐름을 '사가四家'라고 칭한다. 선종 오가의 하나다.

자복 여보資福如寶, 미상   당말 오대의 선사로 앙산 혜적의 법을 이은 서탑 광목西塔光穆의 제자다. 어떤 중이 물었다. 본칙 이외에 몇 가지 선문답이 전하는데 그중 하나는 다음과 같다. "어떤 것이 기틀에 맞추는 구절입니까?" 여보가 잠자코 있으니 또 물었다. "어떤 것이 현묘한 취지입니까?" 여보가 말했다. "그대는 나를 위해 문을 닫아주게."

장경 혜릉長慶慧稜, 854~932   항주 해염현 사람으로 성은 손孫씨. 13세에 출가하여 영운 지근, 설봉 의존, 현사 사비 등을 참예하였는데 처음에는 별로 뛰어난 점이 없었다. 설봉이 추천한 사마의법死馬醫法의 수행으로 2년 반 동안 치열한 참선 뒤에야 깨침이 있었다. 30년간 설봉의 제자가 되어 그의 법을 계승하였다.

장경 회운章敬懷惲, ?~818   천주泉州 동안同安 사람으로 마조의 법을 이었다. 성은 사謝씨이고 회휘懷暉라고도 한다. 신라 승려인 현욱玄昱(787~868)이 입당하여 장경 회운으로부터 법을 받고 귀국하여 구산선문 중 일파인 봉림산파鳳林山波를 형성한다.

장사 경잠長沙景岑, 미상　　남전 보원의 제자. 어려서 출가해 남전을 참예하여 법을 이었다. 호남성 장사의 녹원사에 주석하면서 법을 폈으므로 '장사화상'이라 불리기도 했다. 선기를 드러낼 때의 모습이 마치 큰 호랑이[大蟲] 같다 하여 '잠대충'이라 불리기도 하였다.

조산 본적曹山本寂, 840~901　　천주泉州 포전 출신이며 성은 황씨다. 조산에 살았으며 동산 양개의 법을 이었다. 동산오위설의 대성자이며 정편오위송正偏五位頌이 있다. 오위五位는 현상에 나타난 깨달음의 세계를, 대립적 개념이나 관계에서 다섯 가지로 유형화한 체계적인 선 해석이다. 특히 조산이 조동오위를 동산의 교화의 표준으로 삼음에 따라 조동종의 특색이 종풍으로 확립되었다.

조주 종심趙州從諗, 778~897　　산동성 조주 학향郝鄕 출신이다. 성은 학씨다. 어려서 출가하여 남전 보원의 법을 이었다. 60세의 나이에 행각하며 황벽 희운, 염관 제안 등에게 역참歷參한 후 80세에 조주 관음원에 주석했다. 이후 40여 년 독자적인 종풍을 드날리다 120세에 입적했다. 그의 많은 문답들이 공안으로 참구의 대상이 되었다.《종용록》에는 7곳에 나타나 있다.

중읍 홍은中邑洪恩, 미상　　마조 문하 선지식 중 한 사람으로 마조의 선법을 이었고, 낭주朗州의 중읍에 머물렀다. 본칙에 소개되는 문답 앞부분에는, 앙산이 계를 준 홍은에게 인사를 하자 홍은이 손뼉을 치면서 "화화(연약한 사람)"라고 하니 앙산이 동쪽 편에 섰다가 다시 서쪽 편에 섰고, 또 중앙으로 옮겨 섰다가 예를 올리고 물러났다고 한다.

진산주進山主, 미상 청계 홍진淸溪洪進. 나한 계침의 법을 이었다. 법안 문익, 용제 소수(수산주)와 동문으로 《경덕전등록》에 그의 문답이 전한다.

청림 사건靑林師虔, ?~904 절강성 항주 출신으로 성은 진씨다. 처음에는 협산을 섬기다가 나중에 동산의 법을 이었다. 수주隨州 토문土門의 소청림난야小靑林蘭若에서 살아 청림화상으로도 불린다. 만년에는 후동산선사後洞山禪師라고 불렸다. 어떤 이가 선사에게 말했다. "아주 간단하면서도 알기 쉬운 말씀 한마디를 스님께서 해주십시오." 선사가 대답했다. "석가는 방문을 닫았고 유마힐은 입을 다물었다."

청원 행사靑原行思, ?~740 그는 청원산 정거사靜居寺에서 지냈다. 6조 혜능의 법을 이었다. 그의 문하에 석두 희천이 있으며 석두계에서 5가家 중 조동종, 운문종, 법안종이 나왔다.

취미 무학翠微無學, 미상 당대의 승려로 단하 천연의 법을 이었다. 하루는 선사가 나한에게 공양을 올리는데 어떤 스님이 물었다. "오늘 나한에게 공양을 올리시면 나한께서 오시나요?" 선사가 말했다. "그대는 매일 먹고 마시지 않는가?" 대답이 없자 선사가 말했다. "영리한 사람이 드물군."

취암 영명翠巖永明, 미상 오대 때의 승려. 절강성 호주湖州 오흥 출신. 설봉 의존의 법을 이었다. 취암 영참翠嵓令參이라고도 한다. 일찍이 명주 취암산에 머물면서 법석을 크게 열었다. 선정쌍수禪淨雙修로 유명한 영명 연수永明延壽(904~975)가 그의 제자이다.

탐원 응진眈源應眞, 미상   혜충국사의 법을 이었다. 본래는 마조의 문인이었는데 혜충의 시자가 되었다. 위앙종의 앙산 혜적에게 혜충국사의 일원상을 전달했으며, 혜충국사가 등장하는 선어록에 몇 차례 등장한다.

투자 대동投子大同, 819~914   속성이 유劉씨로서 서주舒州 회령懷寧 출신이다. 처음에는 보당사保唐寺 만滿선사에게서 화엄경을 배웠는데 별 소득이 없자 취미 무학의 문하로 들어가 대오했다. 안휘성 동성현에 있는 투자산에 들어가 수행에 힘썼는데 이곳은 훗날 투자 의청이 거주한 곳이다. 선사에겐 뛰어난 제자들이 많았는데, 특히 고려에서 유학 온 찬유璨幽(869~958)가 직접 투자에게 사사하고 고려에 조동종을 전했다.

투자 의청投子義靑, 1032~1083   법상종을 배웠고 화엄종도 연구하였다. 임제종의 부산 법원浮山法遠, 원감圓鑑의 일깨움을 받은 후 조동종의 대양 경현大陽警玄의 법을 이었다. 조동종의 7대 조사로《화엄경》에 뛰어나 청화엄靑華嚴이라 불렸다.

풍혈 연소風穴延沼, 896~973   임제종 남원 혜옹의 제자. 절강 사람으로, 성은 유劉씨다. 어렸을 때부터 많은 책을 두루 읽었고,《법화현의》를 배우고 지관정혜를 익혔다. 장흥 2년(931) 여주의 풍혈고사風穴古寺에 들어가 7년 동안 머물렀는데, 대중들이 구름같이 몰려들고 신도들이 절을 중건하여 총림이 되었다. 법상에 올라 게송을 읊고 가부좌를 맺은 상태에서 열반하였다. 입적하기 하루 전 손수 글을 써서 단월들에게 이별을 알렸다고 한다.

한산寒山, 미상   당대의 승려로 알려졌지만 실재했는지는 알 수 없다. 한산과 습득은 풍간豊干의 좌우에 있어 문수·보현의 화신이라고 한다. 위산 영우가 천태산에서 만났고(《조당집》 16, 《송고승전》 권11), 조주 종심이 만나 문답을 했다(《고존숙어록》 권14)는 등의 기록이 있다. 《한산시》가 있다.

현사 사비玄沙師備, 835~908   복건성 민후閩候 출신이며 성은 사謝씨다. 그는 어부였다. 29세 때 부용산 영훈靈訓선사에게 출가, 강호江湖여러 곳을 다니며 참구하다가 설봉 의존이 그의 법기法器를 알아보고 접화했고, 그를 비두타備頭陀라 불렀다. 현사는 '조사서래의'를 체증하고 《수능엄경》을 읽고 마음의 본성을 인식했다. 그는 '강종삼구綱宗三句'로서 학인을 지도했다. 강종은 선법의 종의宗意를 분명히 하는 것인데, 평등의 도리, 차별을 넘어선 묘유의 도리, 이사理事·사사事事의 묘유의 경지 등이 삼구이다. 또한 모든 현상에 대해 보지 못하고 듣지 못하고 말하지 못하는 병을 가진 자를 어떻게 구제할까, 만약 구제할 수 없다면 불법은 영험이 없는 것이 된다고 문제를 제기한 것이 '현사삼종병인'이다. 나중에 이것은 공안이 되어 실제로 맹농아盲聾啞를 어떻게 구제할까 하는 문제로까지 진전한다. 설봉과 현사는 석두의 선을 왕성하게 했다. 898년 왕심지가 안국원으로 초빙하여 설법한 후 이름이 떨쳤고, 참여하는 수행승이 700명에 이르렀다.

협산 선회夾山善會, 805~881 광주廣州 현정峴亭 출신으로 성은 료廖씨이다. 아홉 살 때 담주 용아산에서 출가하여 20세에 구족계를 받았다. 경론에 통달하여 학식의 바다라고 불릴 정도였다. 그는 특히 농사를 지으며 수행하는 농선병행農禪倂行의 전통을 세운 인물로 유명하며 농선병행은 제자인 낙포 원안에 의해서 더욱 확고해졌다.

호국 정과護國淨果, 미상 오대 후진後晉의 수주 수성산 호국원 정과대사. 수징守澄 정과라고도 한다. 청원 행사의 5세손인 무주 소산 광인의 법손이다.

황벽 희운黃蘗希運, 미상 복건성 민후閩侯 출신이다. 어려서 출가하였다. 황벽이 남전 보원에게 참례하고 나오려고 할 때, 전송하던 남전이 키가 2미터나 되는 황벽이 작은 모자를 쓴 것을 보고 말했다. "어이! 자네 같은 거구가 작은 모자를 쓰다니?"라고 하니, 황벽은 "천만에요! 삼천대천세계도 다 덮었네요"라고 말하고 인사하고 나가버렸다는 일화가 있다. 백장 회해의 법을 이었고, 임제종 개조인 임제 의현과 배휴가 그의 제자다. 강서성 종릉의 황벽산에서 머물며 교화했다. 배휴(797~870)는 황벽을 존경하여 그의 법어를 모아《전심법요》(857)와《완릉록》을 냈다.

흥양 청부興陽淸剖, 미상 송나라 때 승려. 대양 경현의 법을 이었다. 복엄 심승과 함께 대양 문하의 뛰어난 인물로 평가된다.

흥화 존장興化存奬, 830~925 하북 계현 사람으로 성은 공孔씨다. 대중

502

5년(851) 반산에서 구족계를 받았고, 나중에 임제 문하에 들어가 그의 법을 이었다. 위부의 한공의 요청으로 위부 흥화사에 머물러 임제의 선풍을 널리 떨치면서 인근 사대부들의 존숭을 받아 세칭 흥화 존장으로 불린다. 법사法嗣에 장휘와 행간 등이 있다. 저서에《흥화선사어록》이 있다.

참고문헌

《祖堂集》(柳田聖山 主編, 日本:中文出版社)

《景德傳燈錄》(《대정장》권51)

《宋高僧傳》(《대정장》권50)

駒澤大學《禪學大辭典》上·下(東京:大修館書店, 1978)

田上太秀·石井修道 編著《禪の思想辭典》(東京:東京書籍, 2008)

竹村牧男《禪の思想を知る事典》(東京:東京堂出版, 2014)

古賀英彦《禪語辭典》(京都:思文閣出版, 1992)

安谷白雲《禪の心髓 從容錄》(春秋社, 1979)

原田弘道《從容錄》(大藏出版, 1993)

《從容錄》상·중·하(장경각, 1993)

석지현 역주·해설《從容錄》5권(민족사, 2015)

Thomas Cleary, Book of Serenity: One Hundred Zen dialogues,(Boston, Shambhala, 1998)

Gerry Shishin Wick, The Book of Equanimity:Illuminating Classic Zen Koans, (Boston, Wisdom Publication, 2005))